JN098621

標準 特許法

第8版

高林 龍 【著】
TAKABAYASHI Ryu

Patent Law From
the Ground Up

有斐閣

●標準 特許法〔第8版〕──目次

特許権の概要　　　　　　　　　　　　　　　　　　　23

特許権侵害　　　　　　　　　　　　　　121

第3章

特許権の利用　　　　　　　　　　　215

第4章

特許取得手続　245

第5章

特許行政争訟 　　　　　　　　　267

第6章

権利侵害救済手続　305

第7章

実用新案法　　　　　　　　　　　　　　　351

【ケース研究】

　（1）中空ゴルフクラブヘッド事件（知財高中間判平21・6・29判時2077・123）*164*
　（2）BBS並行輸入事件（最三小判平9・7・1民集51・6・2299）*198*
　（3）高速旋回式バレル研磨法事件（最三小判平4・4・28民集46・4・245）*298*

はじめに——凡例を兼ねて

1　特許法を学ぶ意義

　本書は，知的財産権法のうちの特許法の基本を解説するものである。

　2002（平14）年7月に，情報化時代における知的財産立国をめざすわが国の基本的知的財産政策を描いた知的財産戦略大綱が発表され，その中では，大学をはじめとする教育機関における知的財産教育の重要性が指摘された。そして，大綱に示した知的財産に関する施策を計画的に推進することを目的とした知的財産基本法が，同年11月末には早くも成立した。また，司法制度改革の重要な要素となる新たな法曹養成教育機関として法科大学院が2004（平16）年4月にいっせいに開校したが，法科大学院における専門性のある実務法曹養成の方策の一つとして知的財産権法分野の充実も強調されている。このような現代において，知的財産権法の基礎的知識を得ておくことの重要性はますます高まっているということができる。

　知的財産権法の取り扱う対象は広いが，この分野を代表する法律は，その構成においても，歴史においても，分野全体に占める重要性においても，特許法であるといえる。より身近な法律としては著作権法があるが，特許法を十分に理解したうえで著作権法の学習に進んだ方が，知的財産権法全体の体系の理解がしやすいように思われる。

2　本書の性格

　本書は，法学部学生ばかりではなく，他学部の学生や，法科大学院の学生，あるいは社会人まで含めた，知的財産権法を学ぶ者を広く読者に想定して執筆したものである。早稲田大学法学部の3・4年生向け講義のために蓄積してきた講義案をもとにして，より広い読者に読んでもらえるよう次のようなことに心がけながら執筆した。

　①　章や節の最初の個所で，これから述べる内容の概略を説明するようにした。これは，講義の最初に，その日話す内容を簡単に述べておくと学生の理解が深まるという経験からである。また，初学者は自分が全体の中のどの

部分を勉強しているのかを見失いやすいので，道に迷いやすい個所では全体に占める位置づけを示すようにした。

②　具体例をできるだけたくさん挙げた。それも，技術的にあまり高度すぎることなく一般にも理解できるものを吟味して選んだ。発明や特許は抽象的な言葉だけで理解することはできないからである。

③　難解な専門用語は言い換えたり，説明を付加したりして，わかりやすくすることを図った。法律用語についてはもちろんであるが，そのほか，当業者，引用例など，業界用語についても，初学者が戸惑わないように解説してある。

④　ただし，本書は，書名は『標準 特許法』であるが，すべての面において「標準」であることを企図したものではない。特許法のすべての分野に触れ，そこで標準的，すなわち通説的な見解を述べ，多数の判例を引用した基本書が，初学者にとって有用であることは十分に承知している。しかし，本書は，これとは異なり，私が17年間にわたり裁判官として実務に携わり，その後28年間にわたり法学部で講義を行い，さらにその後弁護士として実務に復帰した経験に基づいて，叙述すべき部分にメリハリを付けたし，また，判例・通説がいずれであるかを明示したうえでではあるが，自説を展開している個所も少なからずある。総花的な叙述の概説書より，一つの立場から書かれた概説書の方が，興味も湧くし，記憶にも残る。これは，今から50年以上昔のことになるが，我妻栄先生の名著である一連の『民法講義』（岩波書店）を使って民法の勉強を初めてしたときから，私に刷り込まれている教訓である。

3　本書の読みかた

したがって，本書を読むときは，次のようなことに留意してもらいたい。

①　本書は基本的には，序章から第1章，第2章と，順を追って読んでもらうことを想定している。後ろの記述を知ってからでないとよく理解できない説明が先に来ている個所もあるが，そのようなところにはその旨を指摘している。まずは一通り最後まで読んで，理解できなかったところは前に戻って読む，というようにしてほしい。

②　本文より小さな活字で書かれている部分も，できるだけ飛ばさずに読

んでもらいたい。本書ではその部分が非常に多い。ここに書いてあるのは，いわゆる注ではなく，用語の解説であったり，誤解しやすい点についての指摘であったり，そこで説明しているのが全体の中でどこに位置づけられるものであるかの説明であったりする。また，本文で「前述」「後述」とあるときに，この部分を指していることも少なくない。すくなくとも最初は，読み飛ばさないことを強く勧める。

③　特許法の勉強は本書だけで完結するものではない。本書では概要を解説したが，資格試験などのためには細かく覚えておくべき制度もある。また，本書では【ケース研究】として，均等論，並行輸入と審決取消判決の拘束力の３つの分野について具体的事案に基づいた立体的な説明をしているが，詳細に把握しておくべき判例・先例がこれに尽きるものでもない。ただ，本書の内容を理解していれば，そのような勉強もそれほど困難ではないはずである。

4　凡　例

①　法令は，原則として 2023 年 11 月 1 日現在で成立しているものに基づいて記述した。

②　カッコ内では法令につき略語を用いた。有斐閣『六法全書』巻末の「法令名略語」に準拠し，以下の略語を用いた。

意匠：意匠法	特許：特許法
行訴：行政事件訴訟法	特許協力約：特許協力条約
憲：日本国憲法	特許令：特許法施行令
工業所有権手続特：工業所有権に関する手続等の特例に関する法律	特許則：特許法施行規則
	特許登：特許登録令
裁：裁判所法	独禁：私的独占の禁止及び公正取引の確保に関する法律（独占禁止法）
商：商法	不正競争：不正競争防止法
商標：商標法	弁理士：弁理士法
新案：実用新案法	民：民法
人訴：人事訴訟法	民執：民事執行法
信託：信託法	民訴：民事訴訟法
知財高裁：知的財産高等裁判所設置法	民訴規：民事訴訟規則
仲裁：仲裁法	民調：民事調停法
著作：著作権法	民保：民事保全法

③　判例集・判例データベースについては以下の略語を用いた。

民集：『最高裁判所民事判例集』
刑集：『最高裁判所刑事判例集』
下民集：『下級裁判所民事裁判例集』
無体裁集：『無体財産権関係民事・行政裁判例集』
知的裁集：『知的財産権関係民事・行政裁判例集』
行裁例集：『行政事件裁判例集』
判時：『判例時報』（判例時報社）
判タ：『判例タイムズ』（判例タイムズ社）
特企：『特許と企業』（日本科学振興財団）
金商：『金融・商事判例』（経済法令研究会）
LEX/DB：TKC法律情報データベース　LEX/DBインターネット（TKC）

④　定期刊行物については以下のもののみ略語を用いた。

L & T：Law & Technology（民事法研究会）
ジュリ：ジュリスト（有斐閣）
曹時：法曹時報（法曹会）
知管：知財管理（日本知的財産協会）
特管：特許管理（日本特許協会）

⑤　文献については以下のもののみ略語を用いた。

高林・著作権：高林龍『標準著作権法〔第5版〕』（2022年・有斐閣）
竹田：竹田和彦『特許の知識〔第8版〕』（2006年・ダイヤモンド社）
中山：中山信弘『特許法〔第4版〕』（2019年・弘文堂）
入門：島並良＝上野達弘＝横山久芳『特許法入門〔第2版〕』（2021年・有斐閣）
吉藤：吉藤幸朔『特許法概説〔第13版〕』（1998年・有斐閣）

知的財産権と特許

《この章の課題》

　特許権は知的財産権の一部であり，特許法は知的財産権法の一部である。

　たとえば，民法の場合は，総則，物権法，担保物権法，債権総論，債権各論，親族法，相続法の7つの分野に分かれ，教科書も数冊に分かれているが，すべての分野に共通する概念である「民法」として括ることができるし，「民法」という法律が存在している。しかし，「知的財産権法」という名前の法律は存在せず，保護対象や保護方法ごとに別々の法律となっている。そこで，法律ごとの相違を理解したうえで，まとまった概念としての知的財産保護法制の体系を理解しておく必要がある。

　本章では，知的財産全体を概観したうえで，知的財産保護法制全体の中で特許の占める位置を把握することをめざす。

①　知的財産とは

1　知的財産という用語の意味

(1)　知的財産（Intellectual Property）とは，人間の知能的活動によって産み出された成果物，すなわち情報である。しかし，逆は必ずしも真ではなく，人間が頭脳によって産み出した情報がすべて知的財産であるとはいえない。

　世の中に存在する多数の情報は，まずは有用情報と無用情報に分けることができる*1。無用情報には，本来的に役に立たない情報*2と，たとえば犯罪のための情報のように役に立たせるべきでない情報とがある。また，有用情報は，ある特定の者に独占させてもよい有用情報と，万人のものとして開放しておく方がよい有用情報に分けることができる。政策的判断から特定の者に独占させてよいとされる有用情報が知的財産であり，この有用情報に法的保護を与えるための法が知的財産権法である。

> ＊1　ただし，有用情報と無用情報の区別は固定的なものではない。たとえば，個々の情報は無用情報であったとしても，これが膨大なデータとなると有用情報となり知的財産として保護対象となる場合もありうる。
>
> ＊2　有体財産の場合にはたとえ全くの無価値物であっても物として現に存在しているので，その物に対する所有権の成立は否定されない。しかし，知的財産の場合には，産み出されては消えていく無価値な情報まで知的財産と構成する必要性はない。したがって，知的財産を正確に定義するならば，知的財産とは法的保護に値する情報すなわち知的財産権の対象物というしかない。

(2)　情報は目に見えないものであるから，内容を把握するためには他人に伝達できる形式が必要である。

　知的財産の代表である著作物と発明の場合を例にとって説明しよう。著作物は思想や感情が外部に認識できるように表現されていなければならない。この場合いったん表現されれば足りるから，たとえばCDや書籍のように表現物が媒体に固定される必要はない。そして，媒体が著作物となるのではないから，媒体が破壊され廃棄されても著作権が無くなるものではない。また，特許の対象となる発明の場合は，保護対象は頭

脳の産物である技術的思想というアイディアであるが，このままでは他者に伝達することができないから，その内容を明細書と呼ばれる書面に記載して，他の者でも理解し利用できるようにしなければならない。この書面での指示に従って作成した発明の実施品が発明なのではなく，この実施品が壊れても特許権が無くなるものでないことは著作権の場合と同様である*3。

＊3　CDや書籍を破損しても音楽や言語としての著作物は消滅せず，発明を実施した機械が壊れても発明自体が消滅しないのと同様に，彫刻や絵画を破損しても美術の著作物は消滅しない。その場合には，彫刻や絵画の著作権はどこにあるのであろうか？　また，言語の著作物中には講演も含まれ（著作10条1項1号），著作権が成立するためには講演が媒体に固定される必要はない（これに対し，映画の場合には固定が要件となる：著作2条3項）。そうすると，誰も録音もせず，講演会場を出た途端に誰の記憶にも残らないような講演の著作物はどこに存在するのであろうか？　答えは②2「所有権とその背後に控える知的財産権の分離」を参照。

(3)　民法に規定する権利の客体，すなわち排他的支配権の及ぶ対象は有体物に限られる（民85条）*4。有体「物」概念を物理的な意味での有体物に限らず，「法律上の排他的支配の可能性」がある範囲にまで拡大する（我妻栄『新訂民法総則（民法講義Ⅰ）』［1965年・岩波書店］202頁）ことで，電気，熱，エネルギーなどを有体物に含ませることができるが，民法上は無体「物」はありえない*5。そして，物に対する排他的支配権である物権は，民法その他の法律によらなければ創設することはできない（物権法定主義：民175条）。それゆえに，物権類似の排他的支配権を有する権利を創設するため，さらには人間が産み出した「無体」の情報に排他的支配権を及ぼすために，民法の特別法として特許法や著作権法などの各知的財産権法が制定されている。

＊4　有体物を直接に支配して使用・収益・処分できる排他的な権利を**物権**という（我妻栄『新訂　物権法（民法講義Ⅱ）』［1983年・岩波書店］9頁）。**債権**とは特定の相手方に対して一定の給付を請求する権利である。すなわち，物権は誰にでも主張できる絶対的権利であるのに比し，債権は相手方にのみ主張できる相対的権利である。

　　なお，他人の権利の侵害は**不法行為**となる（民709条）が，この場合の権利とは物権，債権といった厳格な意味での権利でなくとも，保護に値する利

益であれば足りる（大判大 14・11・28 民集 4・670〈大学湯事件〉。この事件は，いわゆる暖簾である「大学湯」との名称を権利として保護する法律がなかった場合であっても，これを無断で使用するのは不法行為になるとした，有名な判例である）。この趣旨に沿って 2004（平 16）年改正民法 709 条は「他人の権利又は法律上保護される利益」の侵害が不法行為となると明記するに至っている。しかしながら，不法行為に対する救済としては，利益を侵害されることで被った損害を金銭により回復するのが原則であり，不法行為を原因として差止めを請求することはできない。そこで，特別法である各知的財産権法は，差止請求の根拠規定（たとえば特許 100 条）を置いている。

＊5　2002（平 14）年特許法改正で，物の発明にプログラムが含まれることになったが，立法作業にあたっては，「物の発明」との定義にいう「物」が有体物に限られるべきか否かとの議論があった。しかし，特許法にいう「物の発明」とは，技術的思想である発明が生産，使用，あるいは譲渡のできる対象として具現化されていて，かつ発明の構成要件として経時的要素を含まない場合をいうものであって，民法に定義する「物」を意味するものではない。この点は後に述べる。

　なお，2023（令 5）年不正競争防止法改正で 2 条 1 項 3 号の形態模倣行為に現実空間での製品をメタバース空間で再現して提供等する行為が包含されることになった。この改正がどのような理論的根拠に基づいて有体物と無体物の形態を類似としたのかについては議論の余地があるように思われる。

(4)　知的財産権との文言のほかに，知的所有権，無体財産権あるいは工業所有権という名称も用いられる。知的財産権と知的所有権はいずれも「Intellectual Property」の和訳であり，無体財産権は「Immaterialgüterrechts」の和訳であって，いずれも同一概念である。**工業所有権**（Industrial Property）は知的財産権のうち，権利が特許庁の行政処分により発生する特許権，実用新案権，意匠権および商標権のことを指す意味で使用される場合が多い[6]。

　＊6　2002 年 7 月に公表された知的財産戦略大綱では，無体財産権あるいは知的所有権との名称を廃止して知的財産権に統一することが提案され，その後に成立した知的財産基本法でも知的財産権の用語が統一的に使用されている。そこで，本書では特別の事情のないかぎり知的財産，知的財産権との文言を使用することにする。また同大綱は，工業所有権に代えて産業財産権と呼ぶことも提案しているが，本書では従来どおり工業所有権あるいは工業所有権（産業財産権）と呼ぶことにする。

(5) 世界知的所有権機関（World Intellectual Property Organization：WIPO）設立条約は，2条(viii)に，次のように広範な定義規定を置いている。

「知的所有権」とは，

文芸，美術及び学術の著作物

実演家の実演，レコード及び放送

人間の活動のすべての分野における発明

科学的発見

意匠

商標，サービス・マーク及び商号その他の商業上の表示

不正競争に対する保護

に関する権利並びに産業，学術，文芸又は美術の分野における知的活動から生ずる他のすべての権利をいう。

(6) 知的財産基本法は，2条で，知的財産および知的財産権について次のように定義している。

1　この法律で「知的財産」とは，発明，考案，植物の新品種，意匠，著作物その他の人間の創造的活動により生み出されるもの（発見又は解明がされた自然の法則又は現象であって，産業上の利用可能性があるものを含む。），商標，商号その他事業活動に用いられる商品又は役務を表示するもの及び営業秘密その他の事業活動に有用な技術上又は営業上の情報をいう。

2　この法律で「知的財産権」とは，特許権，実用新案権，育成者権，意匠権，著作権，商標権その他の知的財産に関して法令により定められた権利又は法律上保護される利益に係る権利をいう。

2　知的財産の範囲

(1) 人間が頭脳によって産み出した情報の中で，排他的支配権を及ぼして保護するにふさわしいとして特別法が制定されているものはいくつかあるが，その代表は，著作権法と特許法である。

著作権法は文化的創作活動により産み出された表現を保護するため，特許法は産業上利用できる技術思想（発明）を保護するために制定されている。その他，発明よりレベルの低い技術思想である考案を保護する

ための実用新案法，工業的デザインを保護するための意匠法，流通過程で商品やサービスの出所の識別機能を果たす商標を保護するための商標法があり，さらに植物新品種を保護する種苗法や半導体レイアウトの創作を保護する半導体集積回路配置法（半導体集積回路の回路配置に関する法律）があるほか，紛らわしい名称や商号の使用を規制する商法12条，会社法8条，これらの保護の間隙を埋める法律として不正競争防止法がある[7]。

> ＊7　なお，2014（平26）年に「特定農林水産物等の名称の保護に関する法律」（いわゆる地理的表示保護法）が制定されたが，同法は行政規制法であって，私人に財産権を与えたり民事的救済を認める制度ではないので，知的財産権法には分類されない。

(2)　知的財産としての保護対象は前記のとおり本来的に広いが，近時の科学技術の発達によってますます拡大している。たとえば，ヒトゲノム解析による人間の遺伝子情報や，これらを利用した医薬品の開発（創薬），コンピュータ・ソフトウェアの特許権や著作権による保護，あるいはインターネットを利用した電子商取引（e-commerce）もしくはビジネス方法の特許化など，先端技術の開発は常に知的財産権の保護範囲を拡大してきた[8]。

> ＊8　逆に，従来は知的財産として認識されてこなかった生物資源や伝統的知識などを知的財産として保護するようにとの要求が，開発途上国などから起こってきており注目されている。生物資源を利用した医薬品の開発や伝統的知識に依拠した音楽など，従来は先進国が勝手に開発途上国から採取した素材をもとに特許化したりレコード化したりして利益を得てきたという歴史がある。

3　知的財産保護の目的

> 特許法第1条（目的）　この法律は，発明の保護及び利用を図ることにより，発明を奨励し，もつて産業の発達に寄与することを目的とする。
> 実用新案法第1条（目的）　この法律は，物品の形状，構造又は組合せに係る考案の保護及び利用を図ることにより，その考案を奨励し，もつて産業の発達に寄与することを目的とする。
> 意匠法第1条（目的）　この法律は，意匠の保護及び利用を図る

ことにより，意匠の創作を奨励し，もつて産業の発達に寄与することを目的とする。

商標法第１条（目的）　この法律は，商標を保護することにより，商標の使用をする者の業務上の信用の維持を図り，もつて産業の発達に寄与し，あわせて需要者の利益を保護することを目的とする。

著作権法第１条（目的）　この法律は，著作物並びに実演，レコード，放送及び有線放送に関し著作者の権利及びこれに隣接する権利を定め，これらの文化的所産の公正な利用に留意しつつ，著作者等の権利の保護を図り，もつて文化の発展に寄与することを目的とする。

不正競争防止法第１条（目的）　この法律は，事業者間の公正な競争及びこれに関する国際約束の的確な実施を確保するため，不正競争の防止及び不正競争に係る損害賠償に関する措置等を講じ，もって国民経済の健全な発展に寄与することを目的とする。

(1)　知的財産権法は，人間の精神的所産に対して保護を与えることにより，特許法，実用新案法，意匠法および商標法のいわゆる工業所有権法（産業財産権法）にあっては，各法律の１条に明記されているように，産業の発達に寄与することを目的とし，また，著作権法は１条に規定されているように，文化の発展に寄与することを目的とする。

さらに，商標法は，紛らわしい商標の使用を規制して流通秩序を維持することにより，商標を一つの指標として流通過程にある商品を購入したりサービスの提供を受ける需要者の利益保護をも目的としているし，不正競争防止法は１条に明記されているように，事業者間の公正な競争環境を維持することによって国民経済の健全な発展に寄与することを目的としている。

(2)　精神的所産に対する保護としては，たとえば特許法では，発明を秘匿することなく公開し，技術の発展に寄与した代償として，発明者または権利の承継人に対して出願から 20 年間発明を独占的排他的に実施する権利を与えることで，発明完成の労苦に報い，新たな開発意欲を生じさせる。著作権法では，文化的に創作され表現された著作物

に関して原則として著作者の死後70年間の独占権を与えて利益を得させることにより，更なる創作意欲を起こさせる。

　これに対して，たとえば商標は新たな創作によって産み出されるものではないが，流通過程における商品等の出所の指標として顧客を惹きつける力があると同時に流通秩序の維持にも貢献するものであるとして，一定期間の独占が認められる。

　(3)　知的財産権のうちの工業所有権（産業財産権）と称される特許権，実用新案権，意匠権および商標権は，特許庁に対して出願と呼ばれる行為すなわち権利の設定を求める申立てを行い，この申立てが権利成立のための要件を具備しているか否かが吟味された結果，これを認める行政処分が行われ，特許庁に備え置かれた登録原簿にその旨の登録がされて初めて権利が発生する[*9]。一方，著作権は，著作者の著作という行為のほかは登録等を要することなく権利が発生する。しかし，いずれの権利にあっても，権利発生のための要件あるいは権利の内容に関しては，国家としての産業政策的ないしは文化政策的な配慮から決せられ，変更することができるものであって，天賦の人権としてアプリオリにその内容が決定されるものではない[*10]。

　*9　ただし，実用新案の場合は，特許庁に対する出願が形式的要件を具備していれば登録が認められ，その他の工業所有権（産業財産権）の場合はさらに実体的要件を具備しているか否かの審査が行われたうえで登録が認められる点で相違している。この点は後に述べる。

　*10　知的財産権の保護は国家により恩恵として国民に与えられるものなのか，権利を創作した者に備わる権利としてのものなのかとの議論がある（君嶋祐子「特許処分の法的性質」日本工業所有権法学会年報21号［1998年］1頁）。法定の要件を具備するかぎり権利を取得できるという意味で，権利付与は国家の裁量によるものでない（清瀬一郎『特許法原理〔復刻版〕』［1998年・学術選書］9頁参照）とする点には異論はない。なお，知的財産権，特に創作法である特許権保護の制度趣旨についての考え方は伝統的には自然権論と産業政策論（インセンティブ論）に分類されるが，現在では産業政策的見地が重視されている（吉藤9頁）。

② 知的財産保護の特色

1 知的財産権の物権性

(1) 知的財産権が知的所有権とも呼ばれることからわかるように，知的財産権と物権の一つである所有権とは類似している。そもそも知的財産権法は，無体物に排他的支配権を与えるために有体物に対する排他的支配権である物権の概念を借用しているのであるから，この指摘はいわば当然のことである。

(2) しかし，逆に有体物の所有権と相違する側面として以下の各点を挙げることもできる。知的財産権を有体物に対する物権と比較して考察する場合には，類似点ばかりではなく，下記相違点についても常に留意しておく必要がある。

a 存続期間の制限があること（有限性）[*1]。
b 有体物のように権利の及ぶ範囲が明確でないこと（不明確性）。たとえば，特許発明の技術的範囲や，商標や意匠の類否，著作物の複製権侵害の成否など，知的財産権の外延の認定には常に困難を伴う。
c 排他的に占有（準占有：民205条）することが困難であること。そのため，容易に侵害されてしまう反面，他者が権利を侵害したとしても権利は重畳的に占有が可能であり，権利者自身の利用が妨げられるものではないから，損害額の認定に困難を伴う。
d 権利者の意に反してもその情報を利用することが社会にとって有用である場合は，公正利用を確保する必要が生ずること。そもそも，知的財産権は法的保護に値すると認められる範囲内で成立するものであるから，たとえば，特許の場合の裁定実施制度（特許93条など）や，著作権の制限規定（著作30条以下）など，公の利用を優先すべき場合が法定されている。

*1 新たな創作をした者に対する報償として与えられる知的財産権は，一定期間経過後にはこの創作物を公衆に開放することが独占権付与のいわば必須の条件となっている。これに対して商標は，新たな創作性に着目して権利が付与されるのではないから，流通過程で商品等の出所の指標としての作用を奏

しており流通秩序の形成に役立っている間は，商標の独占をずっと認めても
益こそあれ害はない。そこで，商標権は10年ごとに更新することで永遠の
保護を受けることも可能となっている。

　なお，有体物の所有権には存続期限はないが，土地以外の有体物はいずれ
は物としての存在が消滅する運命にあり，その時点で所有権も消滅する。こ
れに比して，知的財産の場合は物理的な意味での権利の消滅はありえず，こ
の意味からも法的に存続期限を設ける必要性があるといえる。

(3) 　また，物権に譬えられる知的財産といえども，その内容が常に
独占的排他権として認められるものではない。

　たとえば，ミュージシャン（実演家）はその演奏が録音されている商
業用レコード（CD）を他人へ貸与する権利（貸与権：著作95条の3）を有
するが，この権利は発売後一定期間を経過すると物権的な排他的権利で
はなく，単なる報酬請求権に転化して，弱体化する。

　著作権法第95条の3（貸与権等） 実演家は，その実演をそれ
　　が録音されている商業用レコードの貸与により公衆に提供する
　　権利を専有する。
　2　前項の規定は，最初に販売された日から起算して1月以上
　　12月を超えない範囲内において政令で定める期間を経過した
　　商業用レコード（複製されているレコードのすべてが当該商業
　　用レコードと同一であるものを含む。以下「期間経過商業用レ
　　コード」という。）の貸与による場合には，適用しない。
　3　商業用レコードの公衆への貸与を営業として行う者（以下
　　「貸レコード業者」という。）は，期間経過商業用レコードの貸
　　与により実演を公衆に提供した場合には，当該実演（著作隣接
　　権の存続期間内のものに限る。）に係る実演家に相当な額の報
　　酬を支払わなければならない。［4項以下略］

2　所有権とその背後に控える知的財産権の分離

(1) 　著作物におけるCDや特許における発明の実施品は，情報を具
体化したものであって，情報はそのバックにある，より抽象的
な無体のものである（⇒ 1 1(2)）。したがって，情報を具体化したものが
後に消滅しようとも，また，音楽や講演の場合のように一回表現された

だけで固定されなかった著作物であっても，無体のものとして存在しつづけている。ただ，著作物の内容を立証することが難しいにすぎない*2。

*2　著作権は登録等をすることなく創作によって直ちに成立し，原則として著作者の死後70年間保護される。たとえば，人間の一日の行動を考えてみても，その中で多くの著作活動をし，多くの著作権が観念上は成立している。しかし，そのうちで真に価値のあるものは実はごく少数に限られており，多くのものはその存在すら忘れ去られている。したがって，日常的な意味でいうならば，著作物は日々発生し，日々姿を隠してしまっているといってよい。

(2)　所有権と知的財産権の分離の具体例として，絵画を譲渡した場合の所有権と著作権の分離の例を挙げることができる。絵画を購入した者は絵画の所有権を取得するだけで，著作権を取得するのではない。そして，著作者はその美術の著作物を原作品により公に展示する権利（展示権：著作25条）を専有し，原作品の所有者はこの展示権を有しない。ただし，美術の著作物を購入した者が作品をいっさい展示できないとするのは不都合であることから，著作権の制限として，原作品の所有者が公に展示することは許している（著作45条1項）。しかし，原作品の所有者は，一般公衆に開放されている屋外などでこれを展示することはできない（同条2項）し，作品を複製して複製物を他に販売することなどは，当然にできない。

> 著作権法第18条（公表権）　著作者は，その著作物でまだ公表されていないもの（その同意を得ないで公表された著作物を含む。以下この条において同じ。）を公衆に提供し，又は提示する権利を有する。当該著作物を原著作物とする二次的著作物についても，同様とする。[2項以下略]
>
> 著作権法第21条（複製権）　著作者は，その著作物を複製する権利を専有する。
>
> 著作権法第25条（展示権）　著作者は，その美術の著作物又はまだ発行されていない写真の著作物をこれらの原作品により公に展示する権利を専有する。
>
> 著作権法第45条（美術の著作物等の原作品の所有者による展示）　美術の著作物若しくは写真の著作物の原作品の所有者又はその同意を得た者は，これらの著作物をその原作品により公に展示

することができる。
2　前項の規定は，美術の著作物の原作品を街路，公園その他一
般公衆に開放されている屋外の場所又は建造物の外壁その他一
般公衆の見やすい屋外の場所に恒常的に設置する場合には，適
用しない。

（3）　判例としては，三島由紀夫が出した手紙の受取人がその手紙の
内容を転載して出版できるか否かが問題になった事例（東京高
判平 12・5・23 判時 1725・165〈『剣と寒紅』事件〉）がある。この事例は，三
島由紀夫から数通の手紙を受領していた Y が，自らの執筆書籍中にこの
未公表の三島由紀夫の手紙内容をそのまま掲載したところ，三島由紀夫
の遺族らが，損害賠償および名誉回復措置として新聞広告を求めたもの
である。判決は請求を認容した。手紙であっても内容によっては著作権
が成立し，その受取人は手紙の所有権は取得するものの，著作権を譲り
受けたのではない。したがって，手紙受領者が所有者としてこれを燃や
すことや廃棄することはできるが，公表することは著作者人格権のうち
の公表権（著作 18 条）侵害であり，複製することは著作（財産）権のうち
の複製権（同法 21 条）の侵害となる。

3　国際協調の重要性

（1）　知的財産権，特に工業所有権（産業財産権）保護は一国の産業政
策と密接不可分であって，権利は原則として国単位で成立し，
その国の領域内でのみ効力を生じ，また保護される（属地主義，権利独立
の原則）。世界統一特許制度の成立が望まれてはいるものの，いわば見果
てぬ夢ともいうべく，実現は困難な状況にある。

しかし，知的財産権を実施・利用した商品は容易に国境を越えて流通
することから，流通先の国ごとに改めて知的財産権の登録を経なければ
ならない不便さや，その際の各国の知的財産権保護法制が異なることな
どによる不便さは，従前から認識されていた。工業所有権の保護に関す
るパリ条約が最初に締結されたのは 1883 年であり，文学的及び美術的
著作物の保護に関するベルヌ条約が最初に締結されたのが 1886 年であ

ることは，この分野での国際的協調が早い時期から重要性を有していたことを示している。

　また，一国で適法に知的財産権を実施・利用した製品が流通に置かれた場合に，この製品を他国に輸出して，その国の権利者の了解なくその国で流通に置くことがその国における知的財産権の侵害になるか否かとの問題（真正商品の並行輸入*3)）も大いに議論されている。

*3　典型的な事例として商標の分野での真正商品の並行輸入の場合を簡単に説明する。たとえば，Xが著名商標を日本と米国で出願して登録を得ている場合に，Xが米国国内でこの商標を付した製品を販売したところ，輸入業者であるYが米国で購入したこの商品を日本へ輸入して日本国内で販売したとする。この場合，Xは同一商標を付した同一製品を日本国内では米国国内より高額で販売していたことなどの事情から，Yが勝手に米国からX製品を輸入して販売するのは，Xの日本における商標権の侵害行為であるとして，差し止めたい。これが認められるか否かが真正商品の並行輸入問題である。同一商標を付した同一品質の製品である場合には真正商品の並行輸入は商標権侵害とはならないとするのが現在の判例（たとえば最一小判平15・2・27民事57・2・125〈フレッドペリー事件〉）・通説である。なお，特許製品の並行輸入については第2章第5節③で【ケース研究2】として後述する。

(2)　特に最近の交通手段の飛躍的進展や，インターネットの普及によって，国境を越えての商品や情報の流通にとどまらず，国家主権の発動の最たるものというべき裁判制度にしても，同一内容の権利をめぐる訴訟に関して裁判地によって訴訟手続や結論が異なることによる不便さが指摘されている。そして，これらの問題に対処するための条約により，知的財産権法にとどまらず訴訟手続法をも調和させていく必要性が増大している。

(3)　その過程では，米国の特異な特許制度（先発明主義*4など）や訴訟制度（陪審制度*5や懲罰的損害賠償制度*6など）と調和を図るうえでの問題や，開発途上国と先進国間の利害対立などの解決困難な問題も多い。

*4　米国が2011（平23）年まで採用していた先発明主義と，他の諸国が採用している先願主義との違いなどについては，後述する（⇒第1章第2節⑤2）。

*5　陪審とは，事実認定を法律家でなく一般市民の中から無作為で選ばれた陪

審員が行う制度のことをいう。民事事件については，陪審制の発祥の地であるイギリスでも名誉毀損，誣告等の限られた事項以外では1933年に廃止されているが，米国では訴額が20ドルを超える民事事件について当事者が陪審による審理を受ける権利が憲法上（連邦憲法第7修正）保障されている。

* 6　不法行為が悪意をもって行われた場合に，損害を塡補するための賠償に加えて，法違反抑止目的のための制裁として加えられる損害賠償のことをいう。英米法に属する法域では広く認められているが，その中でも若干の法域は，これを否定ないし大幅に制限している（田中英夫『英米法総論　下』[1980年・東京大学出版会] 547頁）。米国の連邦特許法上は，故意による特許権侵害の場合は塡補賠償の3倍の範囲まで懲罰的損害賠償を課することができる。

③ 知的財産権の分類方法

1　登録により生ずる権利と創作自体により生ずる権利

　知的財産権のうち，工業所有権（産業財産権）と称される特許権，意匠権および商標権は，出願人の申立てが権利成立のための要件を具備しているか否かが特許庁によって吟味される手続を経て，特許庁に備え置かれた登録原簿にその旨の登録がされて初めて権利が発生する。実用新案権は，出願人の申立てに対しては特許庁による権利成立のための実体的要件の吟味はされないが，形式的要件の吟味を経て登録原簿に登録されて初めて権利が発生する点では，特許権等と同様である。種苗法による植物育成者権も半導体集積回路の回路配置権も登録によって発生する。

　一方，著作権は著作者の著作という行為のほかは登録等を要することなく権利が発生する。

　商法12条と会社法8条は登記された名称や商号と紛らわしい名称や商号の使用を規制するものであるが，商業登記によって権利が発生するものではない。また，不正競争防止法による保護も後述のように権利を付与する法制ではないから，本分類になじまない。

2 創作法と標識法

　従前存在しなかった情報を新たに創作した場合に，その創作性のゆえにこの情報を創作した者に独占を許す法制度として，文化的創作に関する著作権法，技術的創作に関する特許法および実用新案法がある。新規な工業的デザインを保護する意匠法も創作法であり，種苗法および半導体集積回路配置法も創作法に分類できる。

　一方，流通過程における商品の出所を示す標識である商標を保護する商標法は，商標が新規な創作であるから保護されるのではなく，付された商標ごとに異なる出所であることを示す特徴があれば保護される。このことから，商標法は標識法と呼ばれる。商法 12 条や会社法 8 条による登記名称や商号の保護も標識を保護するものといえる。

　不正競争防止法は，たとえば周知表示と紛らわしい出所表示の使用を禁止する規定などの分野では標識法としての側面を有し，ノウハウ等の秘匿情報の開示を規制する規定などの分野では創作法としての側面を有し，双方の性格を備えている。

3 利益侵害行為規制法と権利付与法

　不正競争防止法は利益侵害行為規制法であって，権利を創設して付与するものではない。同法は，法定された態様による利益侵害を不正競争行為として禁止するもので，民法 709 条（不法行為法）の特別法である。前述のように，原則的には民法 709 条に基づいて差止めを請求することはできないが，不正競争防止法は損害賠償請求のほかに差止請求も認めている（不正競争 3 条）。

　不正競争防止法により保護される利益は必ずしも権利として確立しておらず，財産権として使用収益および処分できるものではない。この点で，特許法や著作権法などの権利付与法と異なっている。保護対象は，周知な商標や商品形態，技術的あるいは営業上のノウハウ，さらに誹謗中傷行為の禁止など広範にわたる。商法 12 条や会社法 8 条による登記名称や商号の保護も不正競争防止法による保護に類似している。

　その他の知的財産権法である，特許法，実用新案法，意匠法，商標法，

特許法・実用新案法 意匠法 半導体集積回路配置法 種苗法	登録による 権利発生	創作法	権利付与法	権利保護機能 産業発達促進機能
商標法		標識法		権利保護機能 産業発達促進機能 競業秩序維持機能
著作権法	創作自体 による 権利発生	創作法		権利保護機能 文化発展寄与機能
不正競争防止法	—	創作法と標 識法の両面	利益侵害行 為規制法	権利(利益)保護機能 競業秩序維持機能
商法 12 条 会社法 8 条	—	標識法		

　著作権法，半導体集積回路配置法および種苗法はいずれも権利付与法で
ある。

④ 知的財産権法の機能

1　権利（利益）保護機能

　権利付与法の体裁を採用していない不正競争防止法も含め，すべての
知的財産権法は知的財産権あるいは知的情報によって産出される利益を
保護する機能を有する。

2　産業発達促進機能と競業秩序維持機能

　工業所有権法（産業財産権法）と称される特許法，実用新案法，意匠法
および商標法はいずれも一国の産業発達に寄与することを目的としてお
り，産業発達促進機能があるが，保護に濃淡があり，創作法である特許
法，実用新案法および意匠法は産業発達促進機能が大きく，標識法であ
る商標法は産業発達促進機能よりはむしろ競業秩序維持機能が大きく働

く。不正競争防止法も読んで字のごとくに競業秩序維持機能を有し，半導体集積回路配置法や種苗法は産業発達促進機能を有するということができる。

　特許法，実用新案法や意匠法は，前掲各１条の目的にも競業秩序維持に触れた文言はなく，その機能は十分に認識されていなかった。しかし，現在ではむしろ特許権の行使による過度の独占が適正な競業秩序を破壊する場合もあるのではないかとして，独占禁止法との関係で議論されることも多い。

3　文化発展寄与機能

　伝統的には，著作権法は産業発達促進機能ではなく文化的発展に寄与する機能を有している。しかし，1985（昭60）年著作権法改正でコンピュータ・プログラムが著作権で保護されるようになって以後，著作権法にも産業発達促進機能が加味されたといえる*。

　以上に述べた分類および機能を各法にあてはめると左頁上の表のとおりである。

　　*　著作権の保護期間は原則として著作者の死後70年である（著作51条2項）ため，創作時から起算すると100年を超える保護期間となる場合もある。このような長期の保護期間は産業発達促進機能と調和しないのではないかとの議論もある。

⑤　知的財産権法と他の法律・条約との関連

1　民法との関連

　物権法　　知的財産権法のうちの権利付与法では，無体の知的財産に対して，有体物に対する物権（排他的支配権）類似の権利が与えられる。有体に対する権利か無体に対する権利かによっておのずから性質に相違があることは前述のとおりであるが，知的財産権法の理解には民法（物権法）に対する理解が不可欠である。

　債権法　　知的財産権の実施・利用関係では，有体財産権の場合と同

様に契約などの債権関係が発生する。その他，会社の従業員が職務として完成した発明や著作物についての権利の帰属・譲渡や譲渡の対価額の認定の場面などでも民法（債権法）のうちの契約法と接点がある。

不法行為法　知的財産権の侵害行為は不法行為であり，損害賠償等の根拠条文である民法709条以下が参照される。また，知的財産権法独自の損害額の推定規定（たとえば特許102条）の解釈にあたって民法（不法行為法）の理解が前提となる。

2　民事訴訟法との関連

知的財産権が侵害された場合に救済を求める訴訟（侵害訴訟）や，知的財産権の出願手続等における特許庁の審決に対する不服申立訴訟（審決取消訴訟）の関係で民訴法と接点があるのは当然であるほか，特許庁での出願手続中の審判手続には民訴法の規定が多く準用されている（特許151条など）。

3　行政事件訴訟法との関連

前述の審決取消訴訟は特許庁の審決という行政処分の取消しを求める行政訴訟であることから，行政事件訴訟法と接点がある。

4　労働法との関連

会社の従業員が職務として完成した発明や著作物についての権利の帰属・譲渡や譲渡の対価額の認定の場面などは民法（債権法）との接点があることは前述した。そのほか特許法35条に登場する勤務規則や使用者と従業者間の協議などの場面や，従業者の，あるいは退職後の営業秘密の保持義務などの場面では労働法との接点もある。

5　独占禁止法との関連

知的財産権の行使と認められる行為には独占禁止法は適用されない（独禁21条）。したがって，重要な権利の場合には，実施契約を締結するか否か，誰と締結するか，実施料の額をいくらにするかなどについて，権利者の立場は当然に強くなる。しかし，たとえば実施契約を締結する

にあたって知的財産権と関係のない権利等と抱き合わせての契約締結を強要などする行為は，公正な競業秩序を破壊するものとして独占禁止法違反となる。

また，不正競争防止法と独占禁止法はともに競業関係を規制する法律として密接な関係にある。

6 条約との関連

知的財産権保護の特色として国際協調の重要性が挙げられることについては前述した。そのための多くの条約が締結され，わが国もこれに加入している。

ここでは知的財産全分野における代表的なものを概略列挙するにとどめ，特許法をめぐる条約に関しては第8章であらためて説明する。

パリ条約　「工業所有権の保護に関するパリ条約」の略称である。内国民待遇の原則（内外人平等の原則）（2条），優先権制度（4条）および権利独立の原則（4条の2，6条(3)）を柱とする。優先権制度とは工業所有権（産業財産権）の登録を各国で行わなければならない不利益（出願日の前後によって発明が公知になってしまって登録できなくなる場合がある）を回避するためのものである。ただし，特許協力条約とは異なって，各国ごとに現実に出願手続をとらなくてはならない。1883年成立。

特許協力条約（PCT）　特許の出願手続を共通化して，一つの国に出願すれば指定した他の国でも同時に出願したものと扱ってもらえるようにする制度を創設する条約。1970年成立。

TRIPs協定　「知的所有権の貿易関連の側面に関する協定」の略称。知的財産権法全般について実体面での調和を実現しようとするものであり，遵守すべき最低限度の実体条項を網羅している。1994年成立。

特許法条約（PLT）　各国で異なる特許出願等に関する手続の統一化および簡素化を目的として，出願人の利便性および負担軽減を図る条約。2000年成立。

ベルヌ条約　「文学的及び美術的著作物の保護に関するベルヌ条約」の略称である。内国民待遇の原則（5条(1)），無方式主義（5条(2)），死後50年の保護期間（7条(1)）および著作者人格権の保護（6条の2）を

柱とする。1886年成立。米国は1989年に加盟した。

万国著作権条約　無方式主義を採用するベルヌ条約に加盟せず，方式主義を採用していた諸国とベルヌ条約加盟国との調整をするための条約で，©，著作者名と発行年月日の表示があれば方式主義国でも著作権保護が受けられるようにするもの。米国がベルヌ条約に加盟した後には重要性を喪失している。1952年成立。

マドリッド・プロトコル　「標章の国際登録に関するマドリッド協定の1989年6月27日にマドリッドで採択された議定書」の略称。プロトコルにおける国際商標登録制度では，本国の特許庁への一度の手続で複数の締約国での商標権取得が可能になった。

商標法条約（TLT）　各国での商標制度の手続面を簡素化して調和を図り，利用者の利便性の向上をめざす条約。1994年成立。

⑥ 知的財産に関係する機関など

1　特許庁

　特許庁は経済産業省の外局として設置され，特許庁長官の下に「発明，実用新案，意匠及び商標に関する事務を行うことを通じて，経済及び産業の発展を図ることを任務と」（経済産業省設置法22条）し，「工業所有権に関する出願書類の方式審査，工業所有権の登録，工業所有権に関する審査，審判及び指導その他の工業所有権の保護及び利用に関する事務」（同法23条）などをつかさどる*。

　特に重要な任務は，工業所有権（産業財産権）についての出願の審査および審判であり，これを担当するのが審査官および審判官である。

　審査官は，一定の級以上の職員のうち，4年以上特許庁で審査の事務に従事した者などであって，独立行政法人工業所有権情報・研修館で所定の研修を修了した者である（特許令4条）。審査実務は審査官が1人で担当する。審査官の判断に不服がある場合には当事者から審判が申し立てられ，この審判を担当するのが審判官である。審判官は審査官の職に

さらに5年以上あった者などであって，独立行政法人工業所有権情報・研修館で所定の研修を修了した者である（特許令5条）。3名から5名で職務を担当する。

　＊　　なお，不正競争防止法にかかわる事務については経済産業省知的財産政策室が，半導体集積回路の回路配置利用権の登録事務は経済産業大臣から機関登録を受けた一般財団法人ソフトウェア情報センター（SOFTIC）が，種苗法にかかわる事務については農林水産省生産局知的財産課がつかさどっている。また，産業財産権にかかわる審決取消訴訟や知的財産権関係侵害訴訟を担当する裁判所については，第5章第3節②＊1，第6章第2節④＊1などを参照。

2　弁理士

　知的財産に関する専門家（弁理士1条）として，特許庁に対する出願手続の代理人になれるのが弁理士（弁理士4条1項）であり，2023（令5）年3月末現在で全国に1万2088（内393は弁理士法人）人いる。弁理士以外の者は報酬を得て代理人として出願手続等を行うことはできない（弁理士75条）。弁理士の業務はこの特許庁に対する出願手続代理のほか，特許等の紛争について補佐人として裁判所に出頭して陳述すること（弁理士5条1項）および審決取消訴訟について訴訟代理人になること（同法6条）が主であった。2000（平12）年の新弁理士法は，弁理士の業務範囲をさらに拡大し，特許等の紛争についての仲裁手続の代理人になること（同法4条2項2号），特許や著作権の通常実施契約締結代理や相談業務（同条3項）なども行えるとした。そして，特許等の紛争について弁護士と同様の訴訟代理権を与えるとの内容の弁理士法改正法が2002（平14）年に成立した。ただし，弁護士が同一の依頼者から受任している事件に限られ，かつ民事訴訟実務に関する研修を受けて修了して特定侵害訴訟代理業務試験に合格し，その旨の付記を受ける必要がある（弁理士6条の2，15条の2）。

　弁理士は弁理士試験に合格した者のほか，弁護士や特許庁で7年以上審判官または審査官の職務に従事した者がなることができる（弁理士7条）。弁理士試験は短答式試験と論文式筆記試験および口述試験からなる。短答式試験は特許法＋実用新案法，意匠法，商標法の3法と，工業

所有権に関する条約，著作権法及び不正競争防止法を対象としており，1回合格すると2年間再受験は免除される。論文式筆記試験は，必修科目としての特許法＋実用新案法，意匠法，商標法の3法と選択科目として理系科目のほか「民法」（総則，物権，債権が範囲）のうちの1科目が課される。口述試験に不合格であっても必修科目に合格した者は2年間，選択科目に合格した者は永久に同試験が免除される。論文式筆記試験の試験科目も，文科系の受験生は，特許法＋実用新案法，意匠法，商標法の3法のほか選択科目として民法の問題に答えればよいから，受験して合格するのは十分に可能である。

2004（平16）年には法科大学院が立ち上げられ，年間1500人ほどの法曹が誕生している。そのような時代には，何の専門もない弁護士の活躍する場は狭まってくると思われる。文系の学生が知的財産権法を学び，さらに技術をも学んで弁理士資格や弁護士資格を取得することは，魅力的な選択であろう。

3　文化庁

文化庁は文部科学省に属し，文化の振興および国際文化交流の振興を図るとともに，宗教に関する行政事務を適切に行うことを任務とする（文部科学省設置法27条）。

産業財産権の場合と異なり，著作権は登録等の手続を経ることなく創作行為によって成立するが，公示する必要性が高い事項や権利移転の際の取引の安全を図るための登録制度が設けられている（著作75条以下）。登録は文化庁長官が登録原簿に記載して行う（著作78条1項）が，これらの手続を実際に行うのは長官官房著作権課である。また，プログラムの著作権に関する登録は文化庁長官により指定を受けた一般財団法人ソフトウェア情報センターが行っている。ただし，出願と登録が権利発生の要件となっている特許を扱う特許庁の人員的，施設的規模に比して，登録が任意である著作権を扱う文化庁長官官房著作権課の人員的，設備的規模は圧倒的に小さい。

第1章

特許権の概要

《この章の課題》

　本章では，どんな要件を満たしたときに，誰が特許権を取得でき，取得するといつまで何ができるのか，を説明する。

　特許を取得するためには，特許に値する発明であること（実体的要件）のほかに一定の手続をふむこと（手続的要件）が必要であるが，手続的要件は大部分を後に別の章で扱い（⇒第4章），本章では主に実体的要件を説明する（⇒第1節・第2節）。

　特許権を取得できるのは，発明者，または特許を受ける権利を発明者から取得した者である。第3節では発明者の意義と，特許を受ける権利の取得をめぐる諸問題を検討する。

　特許権は発明を独占する権利であるから，他人が許可なく発明を利用（実施）することを禁止できるが，どんな利用がその対象となるかを検討するのが第4節である。

　特許権には有効期間がある。どんなときに特許権が消滅するのかを第5節で説明する。

第 1 節　特許権の保護対象
——「発明」とは何か

1　総 説

　特許として保護の対象となるものは，まず「発明」でなければならない。発明であって，さらに一定の要件（第2節で述べる）を満たして初めて，特許登録を受けられる。

　それでは，「発明」とは何か。特許法2条1項は，

　　この法律で「発明」とは，自然法則を利用した技術的思想の創作のう
　　ち高度のものをいう。

と定義している。このように発明を正面から定義している立法例は諸外国にはほとんどない。日本でも，旧特許法には発明の定義規定はなく，1959（昭34）年の現行法制定に際して初めて導入された。

　この条文によれば，発明とは，次の条件すべてを満たすものということになる。

　　・自然法則を利用していること
　　・技術的思想であること
　　・創作であること
　　・高度のものであること

　いずれも抽象的であり，文言の理解は容易ではない。条文の意味を，以下（3～6）で一つひとつはっきりさせていくことにする。ただその前に，発明には2種類あるとされているので，そのことについて説明する。

② 発明の種類

発明は,「物の発明」と「方法の発明」に分類される（特許2条3項）*。

> *　特許法には発明の種類に関する定義規定はなく,むしろ発明の実施に関する定義規定（特許2条3項）として,物の発明における実施,方法の発明における実施,物を生産する方法の発明における実施について定めている。発明の実施の定義規定の詳細については第4節③1を参照のこと。

1　物の発明

物の発明とは,技術的思想である発明が,生産,使用,あるいは譲渡のできる対象として具現化されていて,かつ発明の構成要素として経時的要素を含まない場合をいう。機械の分野でいう装置や部品,化学の分野でいう化学物質,電気の分野でいう電気回路などは,いずれも物の発明である。

2002（平14）年特許法改正で,物の発明でいう「物」にはコンピュータ・プログラムが含まれる旨がカッコ書きで明確化された（特許2条3項1号）。民法上の「物」が有体物を意味し,無体物は包含されないことは前述（⇒序章①1⑶）のとおりである。しかし,物の発明における「物」という概念は,民法上の排他的独占権を与えられる対象物である「物」と同様の概念である必然性はないから,物の発明にコンピュータ・プログラムを含ませても概念上の矛盾はない。ただし,物の発明にコンピュータ・プログラムが含まれることにはなったが,すべてのコンピュータ・プログラムが発明といえることになったのではない。この点は,発明の定義規定の解釈をめぐって大いに議論されてきた問題であるから,後に詳述する（⇒③2「コンピュータ・ソフトウェア関連発明」）。

2　方法の発明

方法の発明は,さらに,「（単純）方法」と「物を生産する方法」の発明に分類される。いずれも構成要件中に経時的要素を包含してい

る点で物の発明と区別される。

　「物を生産する方法」の発明とは，たとえば，「A物質とB物質を何度に加熱してCを混ぜてDを製造する方法」などと表現することができる発明であって，その方法を実施した結果として物が生産され，その物が使用や販売の対象となる場合をいう（特許2条3項3号）。

　一方，「（単純）方法」の発明とは，たとえば，ベルトコンベアー上のタラをピアノ線を利用して胸ビレの位置を確定して整列させたうえで，ある位置にセットされた刃物で機械的に順次タラの頭を切断し，タラコを傷つけずに取り出す方法などである。この発明は，たとえば玉子ケースから玉子をうまく取り出す方法と同じように，発明を実施した結果は，単にうまくタラコが取り出せただけであって，物の生産を伴わない。この点で，物を生産する方法の発明と区別される。したがって，単純な方法の発明を実施することとは，すなわちその方法を使用すること（特許2条3項2号）に限られ，物の使用や譲渡等の実施態様はないことになる。

　物を生産する方法の発明か単純方法の発明かは後述（⇒第2章第1節 ②4）の特許請求の範囲にどのように記載しているかによって判断される（最二小判平11・7・16民集53・6・957〈生理活性物質測定法事件〉）。測量方法，分析方法，通信方法，運転方法などはいずれも生産物を伴わない単純な方法の発明である。

③ 自然法則の利用

1　意　義

　自然法則とは，自然界において経験的に見いだされる物理的，化学的，生物的な法則性をもつ原理・原則のことをいう[*1]。したがって，たとえば経済学上の原則，スポーツやゲームのルールなどは人為的な取決めであって，自然法則とはいえない。

　また，自然法則そのものは発明ではないから，自然法則を見いだすこ

と自体は発明とはいえない。たとえば，Ａ物質とＢ物質を混合すると発熱するとの自然法則を見いだしたとしても，この法則自体が発明に該当するのではなく，この発熱作用を何らかの形で利用して初めて発明となる[*2]。

　自然現象や数学の解法（アルゴリズム）などの抽象的概念も，単にこれを見いだしただけでは，自然法則を見いだした場合と同様に発明の対象ではない。しかし，これらを利用して具体的結果を生じさせる場合には発明と認められる場合がある。

> [*1]　米国特許法は「発明（invention）とは発明および発見をいう」（100条）と定義するのみで，発明は自然法則を利用したものでなくてはならないとの限定はない。また，判例は「人間によって作られた太陽の下にある何でも」が特許対象になるとしている。ただし，「自然法則，自然現象および抽象的アイディア」のみは例外である（Diamond v. Diehr, 450 U.S. 175 (1981)）。

> [*2]　たとえば，スピルリナプラテンシスというある種の藍藻類に生体に対する色揚げ効果があることは自然法則であり，これを見いだしただけでは発明とはならないが，この藍藻類を赤色系錦鯉に餌として与えて錦鯉の赤色を鮮やかにする飼育方法とするならば，自然法則の単なる発見を超えて発明となる（東京高判平2・2・13判時1348・139〈錦鯉飼育方法事件〉）。

　逆に，自然法則に反するものも，自然法則を利用していないという意味で，発明とはなりえない。その代表例が「永久機関」である。永久機関の特許出願は数知れないが，永久機関はエネルギー保存の法則に反するから，たとえば東京高判昭48・6・29（判タ298・255，特許判例百選〔第2版〕6事件）の「無限動力発生方法」のようなものは発明とはいえない[*3]。

> [*3]　自然法則に反するものは自然法則を利用していないから発明該当性がないとする上述の考え方のほかに，自然法則に反する発明は実施することができないから発明該当性がないとする説もある。後説では，実施できない発明の中には，自然法則に反する結果絶対に実施できない発明と，明細書での開示が不十分であるために現状では実施できない発明が含まれることになる。この点は ④2「未完成発明の項」で再度説明する。

　自然法則を利用していれば，経験的にこの法則を見いだしただけで，その法則性の理論的説明ができなかったり，理論的説明が誤っていた場合であっても，発明としての要件は充足する。たとえば，上述の

「錦鯉飼育方法事件」判例の事案の場合に，発明者自身は，スピルリナプラテンシスが金魚や錦鯉の赤色を鮮やかにする理由についての認識を欠いていたとしても，経験や実験によりその結果が一定の確実性をもって確認される場合には自然法則を利用した発明として成立できる。また，A，B，Cの3要件を加えることで一定の結果が得られると発明者は認識していたものの，実はC要件は全く不要であり，A，B要件だけでも一定の結果が生じる場合であっても，A，B，Cの3つを要件とする発明として成立できる[*4]。

＊4　ただし，この場合に，第三者がより効率的にA，B要件だけを用いて同様の結果を生じさせた場合には，A，B，Cを要件とする発明とは別発明となってしまい，権利侵害を主張できないことになる。この点は技術的範囲の認定の項で説明する。

米国特許法では発明の客体が自然法則を利用したものとの限定がないこと前述のとおりである。そのために，米国では，コンピュータ・ソフトウェア，遺伝子やビジネス方法などに特許性を広く認めやすいとして，わが国でもこれらの分野に広く特許を成立させるために，特許法に規定する自然法則の利用という要件を削除すべきであるとの議論があった。

しかし，ビジネス方法につき特許性を認めたとして著名な米国連邦巡回控訴裁判所（Court of Appeals for the Federal Circuit）の State Street Bank & Trust Co. v. Signature Financial Group Inc., 149 F. 3d 1368（Fed. Cir. 1998）事件でも，特許の対象となるためには，「有用で，具体的でかつ現実的な結果（useful, concrete and tangible results）」をもたらすことが必要であるとされており，その後，連邦最高裁判所の Bilski v. Kappos, 561 U.S. 593（2010）事件では，方法発明が特許の対象となるためには当該方法が特定の装置と結合していることや対象物を他の状態に変換するものであることも一つの基準（Machine or Transformation Test）になるとされ，さらに Alice Corp. Pty. Ltd. v. CLS Bank Int'l, 134 S.Ct. 2347（2014）事件では，抽象的アイディアを特許対象となる発明に変換させるためには付加的要素が必要であるとされるなど，米国においても特許の対象となるためにはわが国の「自然法則の利用」に類似する

要件の充足が近時ますます求められるようになってきている[*5]。

＊5　米国ではその後連邦最高裁で発明該当性について触れた判決は出されていないが，米国特許商標庁（USPTO）の実務ガイドラインでわが国より発明該当性を厳しく判断することが示され，その後も同ガイドラインの改訂がされるなどして，実務における発明該当性についてその判断基準は揺らいでいるが，現状ではコンピュータ・プログラムや遺伝子情報などについてはわが国よりも発明該当性が厳しく判断される傾向にある。

2　コンピュータ・ソフトウェア関連発明

　　かつて，コンピュータ・ソフトウェアは著作権法で保護すべきか，特許法（あるいは産業上の創作保護法としての特別法）で保護すべきかをめぐって大論争があったが，1985（昭60）年著作権法改正によりコンピュータ・プログラムが著作物として保護されるようになり（著作10条1項9号），この論争はいったん立法的に解決されたように思われた。

　しかし，その後，特許権による保護の方が独占性において著作権よりも厚いことに起因して[*6]，ソフトウェアを著作物としてのみならず特許発明としても保護できないかという論争が再燃していた[*7]。

＊6　ソフトウェアの場合の著作権法による保護と特許法による保護の長短を比較してみよう。著作物としての保護は，なんら登録等の手続を経ることなく創作により権利が成立し，保護期間も公表後あるいは著作者の死後70年と長期である点が長所であるが，著作権は表現を保護するものであってアイディアを保護するものではないから，相手方が，当該プログラムに依拠してこれを複製・翻案等したのではなく，独自に開発した結果同様なものになった場合には権利が及ばないとの欠点がある。特許としての保護は，逆に，権利取得のためには出願手続の結果特許が登録される必要があり，保護期間も出願後20年ではあるが，相手方製品が特許発明の技術的範囲に属するものであるならば，かりに独自に開発したものであっても権利が及ぶ点が長所となる。

＊7　ただし，従前から，たとえばデータの機械的処理の手順をコンピュータで実現した装置（ハードウェア）などの場合には，当然に，発明として特許が成立できた。この場合，発明はソフトウェアとして成立するのではなく，ソフトウェアをいわば一部品として組み込んだ装置として成立する。このような特許権をめぐる判例としては，たとえば，診療受付票発行方法発明に関する大阪地判平5・11・30判時1483・111などがある。

コンピュータ・ソフトウェアは，単体では，電子計算機に情報処理を行わせるための指令の手順にすぎず，人の思考過程を表現したものとして著作物性は認められても，自然法則を利用するものとはいえないという立場もあろう。しかし，単純な機械に関する発明の場合であっても，機械が自然法則を利用している以上はその機械の操作方法も自然法則を利用していると説明することができるのと同様に，たとえば自動車エンジンに効果的に燃料を噴射するための制御用プログラムなどの場合を想定するならば，その指令の集合体が果たす解決手段に着目して，これを自然法則を利用した発明と認めてよいであろう*8。だがこの場合にも，このソフトウェア自体は制御方法として「方法の発明」に分類されるものなのか，記憶媒体に格納されている「物の発明」に分類されるものなのかなどについて見解が分かれていた。

　　＊8　欧州特許条約（EPC）52条は，コンピュータ・プログラム自体は発明としての保護適格性がないと規定している。しかし，解釈上，そこにいうコンピュータ・プログラム自体とは，何らの技術的性質（technical character）のないプログラムをいうとされ，既知の技術に対する技術的貢献が認められれば，保護適格性が認められるとする。また，米国においても，前述の連邦最高裁判所のAlice Corp. Pty. Ltd. v. CLS Bank Int'l, 134 S.Ct. 2347（2014）事件はプログラムの発明該当性が問われた事案であるが，わが国の「自然法則の利用」に類似した基準を満たすことが必要であるとしている。

2002（平14）年改正特許法2条3項1号は，前述のとおり，物の発明における「物」にプログラム等が含まれることをカッコ書きで規定し，同条4項にプログラム等とは「プログラム（電子計算機に対する指令であつて，一の結果を得ることができるように組み合わされたものをいう。以下この項において同じ。）その他電子計算機による処理の用に供する情報であつてプログラムに準ずるものをいう」と規定した。これによって，プログラムが物の発明となりうることは明らかになったが，プログラムが常に自然法則を利用したもの，すなわち発明と認められることになったのではない。たとえば，ワープロソフトやゲームソフトであっても，作成されたプログラムがハードウェアで有機的に処理されて一定の結果を産み出す点で自然法則の利用性が認められるし*9，かりに「商品の売上げ予測装置」（過去の商品の売上げの変動要因である天候，曜日，

行事，競合店の状況などのデータに基づき，今後の商品の売上げを予測するシステム）のように経済的ないし商業的有用性に重点が置かれるビジネス方法に関する発明であっても，コンピュータを使用することで特許を取得できる場合もある。しかし，たとえば微分方程式の計算方法が自然法則を利用したものとはいえないのと同様に，計算方法を実践するソフトウェアとしただけでは自然法則を利用したものとはいえない。計算方法についての情報処理の手順を具体的に示したうえで，これがいかに計算装置（ハードウェア）において実現されるのかを明らかにすることで自然法則を利用したものと評価することができることになる*10。

＊9　特許庁での出願審査は審査基準（特許・実用新案審査基準，特許・実用新案審査ハンドブック）に従って判断される。この審査基準は公表されているが出願手続に関する特許庁における内規にすぎず，行政手続法5条にいう「審査基準」として定められたものではない（特許195条の3）から，法規範としての拘束力はない（知財高大判平17・11・11判時1911・48〈パラメータ特許事件〉参照）。しかし，この基準に適合しない出願は拒絶されるし，拒絶を争う者が現れて，裁判所によってその当否が審理判断されるまでは従わざるをえないという大きな影響力を有している。なお，コンピュータ・ソフトウェア関連発明については従前は特許・実用新案審査基準の第Ⅶ部第1章とされていたが，2015（平27）年から特許・実用新案審査ハンドブック附属書B第1章に移行している。

＊10　対象となったソフトウェア関連発明の成立を否定する判断過程でソフトウェアの発明該当性について判断を加えた判例として，東京高判平16・12・21判時1891・139〈回路シミュレーション方法事件〉，知財高判平20・2・29判時2012・97〈短縮表現生成方法事件〉や知財高判平26・9・24 LEX/DB 25446653〈知識ベースシステム事件〉などが，肯定する過程で発明該当性について判断を加えた判例として知財高判平20・6・24判時2026・123〈歯科治療システム事件〉などがある。回路シミュレーション方法事件判決は，半導体集積回路における電気的特性を，実際の回路ではなく数学的モデルに置き換えて仮想的に明らかにする方法に関する発明についてのものであるが，本願発明においては，単なる数学的課題の解析方法自体や数学的な計算手順が示されているにすぎず，これと現実の電気回路との関連性が明確でないことなどを理由として，発明該当性を否定した。ソフトウェアは結局，情報処理を数学的な演算の枠組みに置き換えて，演算処理を可能としたものであるから，計算方法や計算結果がどのようにして具体的に実現され活用されるのかが発明として成立するか否かの判断の分かれ目となる。

工程中に人間の精神活動に基づく処理が必須とされているとしても，
その情報処理がハードウェアといった技術的手段を用いて具体的に
実現されているならば自然法則を利用しているといえる場合もある（前
掲知財高判平20・6・24〈歯科治療システム事件〉）し，逆に，なんら機械力
を利用していないならば自然法則の利用性は認められない。このことは，
広告宣伝方法が技術的手段（機械力）を用いるものとして発明になる場
合も，人間の行為に依拠したものとして発明にならない場合もあ
る[*11]のと同様である。

> ＊11　電柱および広告板を数個の組として電柱に付した拘止具で一定期間ごと
> に移動順回して掲示して，広告効果を大きくしようとする広告方法は，人間
> の動作によるものであって，自然力を利用したものではない（東京高判昭
> 31・12・25行裁例集7・12・3157〈電柱広告方法事件〉参照）。また，欧文
> 字，数字，記号等を適当に組み合わせて電報用の暗号を作成する方法も，自
> 然力を利用した手段を施したものではない（最一小判昭28・4・30民集
> 7・4・461〈電信暗号方法事件〉参照）。経理知識が乏しい者でも貸借対照
> 表を理解できるように工夫した資金別貸借対照表は，一定の経済法則ないし
> 会計法則を利用した人間の精神活動そのものを対象とする創作であるから，
> 自然法則を利用した創作ということはできない（東京地判平15・1・20判
> 時1809・3〈資金別貸借対照表事件〉。同様の趣旨を述べるものとして知財
> 高判平28・2・24判タ1437・130〈省エネ行動シート事件〉がある）。しか
> し，ソフトウェア関連発明において，かりに会計上の情報処理を実現する構
> 成要素中に伝票と手作業で実現できる構成要素が含まれていたとしても，こ
> れをコンピュータ・プログラムにより処理する構成が具体的に組み合わされ
> て特定されている場合には，自然法則を利用した技術的創作に該当する（知
> 財高判平21・5・25判時2105・105〈旅行業向け会計処理装置事件〉）。

3　ビジネス関連発明

　　前述の米国のステート・ストリート・バンク事件判決は，米国には
ビジネス方法は特許となりえないとする原則（business method
exception）はないと判示した。米国では自然法則の利用が発明の成立要
件となっていないことから，この判例によれば，ビジネス方法であれば
何でも特許が取れてしまうことになるという誤解がわが国に生じ，わが
国でもこれに対抗する趣旨で，特許法の発明の定義規定を改正すべきで
あるとする議論が起こるとともに，いわゆる「ビジネスモデル特許」ブ

ームが沸き起こった。しかし，わが国では発明は自然法則を利用するものでなくてはならず，米国でもこれに類似する要件が必要とされていることは前述のとおりであって，これらの要件を充足しない純粋なビジネス方法については，発明とは認められない*12。

*12　自然法則の利用という要件のない米国では，たとえば「パッティングの方法」についての特許（米国特許第5616089号）が成立しているとか，わが国でもソフトウェアを利用しない単純な「婚礼引き出物の贈呈方法」についての特許（第3023658号）が成立していることなどが喧伝されたが，審査の網を潜って成立した特異な例をもって，実務を一般化することには慎重でなければならない。なお，婚礼引き出物の贈呈方法特許については後日の異議申立てにより取消決定がされている。

　わが国でも，米国同様に，ビジネス方法であればすべて特許となりえないとする原則があるわけではなく*13，自然法則を利用するビジネス方法であれば発明と認められる。そして，自然法則を利用したビジネス方法としてはコンピュータ・ソフトを利用するもの，たとえば，文書処理ソフトや表計算ソフトを利用した効率的文書作成管理システムなどがありうる。しかし，このようなソフトウェアと関連しない純粋なビジネス方法については現行法では発明とはいえないし*14，立法政策上も，発明として特定の者に特許による独占を認めるべきではない。

*13　わが国でも，従前からソフトウェア関連発明の一形態としてビジネス関連発明が特許として成立している。たとえば，1995年だけでも800件を超えるビジネス関連発明が出願公開されていた。また，特許庁は，ビジネス関連発明はコンピュータ・ソフトウェア関連発明として出願審査を行う旨を何度も広報し，1999年にはその趣旨の「ビジネス関連発明に関する審査における取扱いについて」との指針を発表した。これらの結果もあって，現在は一時の「ビジネスモデル特許」ブームも沈静化している。

*14　知財高判平30・10・17 LEX/DB 25449747〈ステーキの提供システム事件〉は，ステーキ店において店員が札やシールや計量機などを用いて客にステーキを提供する，ソフトウェアと関連しないシステム（ビジネス方法）の発明について自然法則の利用性を認めた。ソフトウェアに関連しないが，見易さ等で工夫を凝らした紙やシートを用いる発明であっても，自然法則の利用性を否定した前2の*11記載の資金別貸借対照表事件や省エネ行動シート事件の判示と対比するならば，本件で用いられているシールや計量機など

については何らの工夫も加えられておらず，その物を本来の用法に沿って使っているだけであることからも，疑問が残る。

④ 技術的思想

1 意義

　発明は思想（観念）であり，具体的な物（形態）そのものではない。著作権法で保護される著作物は，思想または感情を創作的に「表現したもの」であり，表現される以前の思想や感情そのものが保護されるのではないが，特許法が保護する発明は，技術的「思想」であって，これが具現化した「もの」ではない。

　たとえば，断面が丸形状の鉛筆しかない世界で，断面を多角形とした鉛筆を発明した場合を考えてみよう。この場合には発明が単純であるから，その物自体が発明であるかのように思える。しかし，具体的な鉛筆の色や寸法や何角形であるかにかかわらず，断面をいずれにせよ多角形状として，断面が丸形状の鉛筆に比して転がりにくくしたというアイディアが発明である。ただし，人間の頭脳中にあるアイディアを伝達可能な情報とするためには，これを書面（明細書と呼ばれる）に記載して，他の者でも理解して利用できるようにする必要がある。そして，文書化された対象物から発明者のアイディアが何かを認定する手続が，特許発明の技術的範囲の解釈（⇒第2章第1節）である。

　コンピュータ・ソフトウェアは著作権の保護対象としての情報であるが，単にこれを提示するだけでは技術ということはできず，ハードウェアと協働することによって生ずる結果に着目して発明該当性が認められることは前述した。また，技術という以上は，一定の目的を達するための具体的手段として，実施可能性と反復可能性のあるものでなければならない。他の者が行っても同じ結果に到達することができなくてはならず，個人の技量や演奏技術などとは異なる。ただし，前述のように，米国ではゴルフのパッティングの方法特許も成立しているし[*1]，フォークボールの投球方法にしても，これを理論的に分析し反復可能性を

見いだしてピッチングマシンに応用した場合を想定してみれば，技術的思想ということができる。しかし，これを人間の動作によって行うのであれば，理論どおりに実施できるものではなく，技量によって結果が左右されることになるから，発明とは認められない。

＊1　パッティング方法であっても，かりに，個人の技量にかかわらず科学的分析の結果として合理的な方法を見いだし，これをロボットにやらせたならば，わが国でも発明として認められることになる。この点は，医療行為と医療機器との関連などを含めて後述する。

　なお，当該技術内容の反復実施については，必ずしも100％の確率で可能である必要はない。この点につき最三小判平12・2・29（民集54・2・709〈黄桃の育種増殖法事件〉）は，桃の新品種の育種増殖方法の発明における育種過程に関して，科学的にその植物を再現することが，当該の技術分野における通常の知識を有する者（このような者を略して「当業者」と呼ぶ）において可能であれば足り，その確率が高いことを要しないとして，反復実施可能性を認めている*2。

＊2　ただし，上記のような育種方法とか生物に関する発明など以外の場合，特に機械や電気の分野の発明にあっては，通常は高度の確率で反復実施ができる場合が多く，わずかな確率でしか効果が得られない場合には，有用性のない発明となり特許取得のインセンティブが働かないであろう。

2　未完成発明

　発明は，その技術内容を他者が行っても同様な結果が反復できなければならないことは前述した。ところで，当該の技術分野における通常の知識を有する者（当業者）がこの技術内容を反復実施するためには，これが具体的・客観的なものとして構成されていなければならない。このように，技術内容が「反復実施可能性」「具体性」および「客観性」を欠いている場合には発明は未完成であり，特許法2条1項にいう「発明」に該当しないとするのが判例（最三小判昭44・1・28民集23・1・54〈原子力発生装置事件〉，最一小判昭52・10・13民集31・6・805〈獣医用組成物事件〉）である。前掲最三小判平12・2・29〈黄桃の育種増殖法事件〉も同様の判示をしている。

しかし，自然法則に反する結果，絶対に実施不可能なものが特許法2条1項にいう発明に該当しないのは当然としても[*3]，技術内容が具体的・客観的に構成されていないために，出願時点で反復実施ができないもののすべてが特許法2条1項にいう発明に該当しないということはできない。つまり，技術内容が具体的・客観的に構成されていない場合であっても，たとえば，技術内容の開示のしかたが稚拙であるために，当業者が反復実施できるような具体的・客観的な構成となっていないにすぎないときは，特許法2条1項にいう発明該当性は認めたうえで，開示のしかたが不十分であることを理由に特許としての成立を否定すべきであろう[*4]。

　*3　ただし，自然法則に反するものは本来的に発明とはいえないから，未完成発明ではなく，むしろ非発明というべきである。

　*4　現在の特許出願実務（特許・実用新案審査基準）では未完成発明という文言自体いっさい使用されていない。発明該当性のないものとして挙げられている類型は，自然法則自体，単なる発見であって創作でないもの，自然法則に反するもの，自然法則を利用していないもの，技術的思想でないもののほか，課題を解決するための手段は示されているものの，その手段によっては，課題を解決することが明らかに不可能なものに限られている。そして，目的達成のための手段の一部やすべてを欠くもの（たとえば，炭素，水素，酸素および窒素を適当に結合させるグルタミン酸の製造法）であっても，発明該当性は否定せずに出願審査を進め，特許法36条の出願書類における開示要件の審査を行っている。

判例などで未完成発明として登場したものには，水泳用のコースロープ用フロートを特殊な形状とすることで，泳者が発生させる波をこのフロートで乱反射させて，泳者のスピードアップを図るとの発明（東京高判昭52・11・30無体裁集9・2・738〈コースロープ用フロート事件〉）や化学物質が単に確認され製造できるとするだけでその有用性が開示されていない発明（東京高判平15・1・29 LEX/DB28080917〈イソミダールまたはピラゾール誘導体事件〉）のほか，音声選択装置によって呼びかけに応じて応答する人形の発明（吉藤61頁）などがある。コースロープ用フロート事件の場合には，技術内容が具体的かつ客観的に構成されておらず，単なる思いつきや課題の提示がされているだけであって，その手段によって

当該目的を達することが明らかに不可能な場合といえるから，発明該当性自体が否定されてもやむをえないし，有用性の明らかでない化学物質の場合も，創作性のない単なる発見にすぎず「非発明」というべきであるから，発明該当性自体否定されてよい。一方，呼びかけに応答する人形の場合には，1968（昭43）年の出願時点では，技術内容が「反復実施可能性」「具体性」および「客観性」を欠いている場合に該当するが，後日の技術革新によってこれが可能になることはありえた（現在のエレクトロニクス技術をもってすれば，人の音声に応じて言葉を発する装置は開発可能である）事例であるから，出願時点においては未完成発明と呼ぶにふさわしい発明として，特許法2条1項にいう発明該当性を否定すべき例といえる[*5]。

＊5　特許法29条1項柱書にいう発明ではないとして出願が拒絶された場合には，後日明細書をどのように補正しても特許登録を得ることはできない（東京高判平5・6・3判時1493・126〈回転体固定具事件〉参照）。一方，特許法36条にいう明細書の記載要件や実施可能要件の不具備を理由として出願が拒絶された場合には，後日の明細書補正によって特許要件を具備できる可能性が残る（ただし，1993（平5）年特許法改正により，明細書の補正がより制限され，新規事項の追加は許されなくなった。この点は，出願手続の項で後述する）。また，発明該当性が否定された場合には，当該出願には後願排除効（先願主義の下においては同一発明については先に出願した者が優先し，後願を排除することができる）が働かない（東京高判平13・4・25 LEX/DB 28060862〈タピオカ澱粉事件〉，斉藤真由美＝井上典之「発明の未完成」竹田稔監修『特許審査・審判の法理と課題』（2002年・発明協会）109頁参照。ただし，明細書の記載要件不具備を理由とする場合でも拒絶査定が確定したならば後願排除効が失われる［特許39条5項］ことには注意しておくべきである）。単なる思いつきで出願された発明が先願となり，その後に本当にそのアイデアを実現して出願した者が権利化しようとすることを妨害するようなことがあってはならないことなどからも，発明該当性の認定は慎重に行われる必要がある。

　なお，知財高判令2・11・10 LEX/DB 25571156（ガラス板合紙用木材パルプ紙事件）は，先願発明は未完成であるから後願排除効がないとの主張に対して，先願発明は未完成とはいえないと判示した近時の例である。

5 創 作

1 発見と発明の相違

発見とは以前から存在するものを見つけだすことであるが，発明は人が創作したもの，すなわち発明される以前には存在しなかったものである。ただし，米国連邦憲法は発明者による発見を連邦法で保護する旨規定しており，米国特許法100条も「発明とは発明および発見をいう」と発明と発見を区別せずに定義している。突き詰めて考えると両者の区別は曖昧である。また，発見が発明の出発点になっていることも多い*1。

> *1　たとえば，前述のスピルリナプラテンシスという藍藻類は自然界に存在するから，これを見いだすこと自体は発見であって発明ではない。また，この藍藻類に生体に対する色揚げ効果があることは自然法則であるから，これを見いだしただけでも発明とはならない。しかし，この藍藻類を赤色系錦鯉に餌として与えて錦鯉の赤色を鮮やかにする飼育方法とするならば，単なる発見を超えた発明となる（前掲［3＊2］東京高判平2・2・13〈錦鯉飼育方法事件〉）。

2 用途発明

物の未知の属性（性質）を発見し，この属性により，その物が新たな用途への使用に適することを見いだしたことに基づく発明を用途発明と呼ぶ。用途発明は，前述の錦鯉飼育方法事件のような「方法の発明」としても，たとえば，「化学物質Aからなる防腐剤」というように「物の発明」としても成立する（知財高判平23・3・23判時2111・100〈スーパーオキサイドアニオン分解剤事件〉参照）。いずれの場合にも，ある物質の属性を見いだすことは発見にすぎないものの，その発見を特定の用途に利用した点の創作性*2に着目して発明と認められるものである。

> *2　ある物質の誰でもが認識できる属性を，そのまま用途として利用しても，それは何ら新規な創作でもなく発明に該当しない。たとえば新規物が非常に重いという属性（性質）があることから，これを重石に使うことを着想した

としても，用途発明というに値しない。

　なお，用途発明の成立にはある物質の属性が新たな発見といえることと，その用途が新たなものといえることの双方が必要となる。たとえば知財高判令4・12・13 LEX/DB 25572506〈前腕部骨折抑制剤事件〉は，骨粗鬆症の抑制に有効であることが知られていたある化合物が非外傷性の前腕部骨折の抑制に有効であることを見いだしたとしても，別発明としては成立しないと判断している一方で，知財高判平26・9・24 LEX/DB 25446655〈芝草品質の改良方法事件〉は，ある化合物が芝生を緑色に着色するのに有効であること（着色剤としての用途）が知られていたが，芝草に対して生理的に働きかけて品質を良くすることで緑色をより豊かにすること（成長調整剤としての用途）を見いだした場合には別発明として成立すると判断している。

　用途発明の前提となる物には何らの限定もない。しかし，機械や装置の場合には，その物の用途は当初から限定されている[*3]のが通常であるから，新たな用途が見いだされる例は少なく，用途発明の多くは化学物質発明やバイオ関連発明の場合に登場する。

　後述のように，新規な化学物質（たとえば化学物質B）は「物質B」という物の発明としても成立するが，その化学物質の新たな用途として，たとえばその粘着性に着眼して接着剤としての用途を見いだした場合には，「物質Bからなる接着剤」としての用途発明が成立する。その後接着剤として利用している間にこれが甘いことを発見して工夫を凝らした結果，物質Bを合成甘味料とする用途が見いだされた場合，前の用途発明とは異なる用途発明として「物質Bからなる甘味料」が成立するし，さらにその使用の過程で増毛効果が発見された場合には異なる用途発明として「物質Bからなる増毛剤」も別発明として成立しうる[*4]。

*3　たとえば，前述の断面を多角形状とした鉛筆の発明を考えてみても，「鉛筆」という名称がすなわち筆記具であることを前提としているから，これを他の用途に利用することは想定できない。かりに，断面を多角形状とした柱状物とする広い範囲を包含する発明としたとしても，その物の性質から想定されている以外の用途を見いだすことは困難であろう。

*4　「物質Bからなる接着剤」や「物質Bからなる甘味料」について物の発明として特許権を取得した場合でも，他者が物質Bを製造すること自体は権利侵害ではなく，これが接着剤や甘味料となって初めて権利侵害となる。近時，科学技術の進展により後述（→3化学物質の発明該当性）の新規で有用な化学物質の発明が成立する余地が少なくなりつつあることから，医薬の用法・

用量限定発明とか機能性食品発明などといった用途発明が出願される例が増加しているが，用途発明の場合には＊2記載のようにその成立の場面でも権利行使の場面でも解決の容易でない問題点が多いことには注意しておく必要がある。

3　化学物質の発明該当性

1975（昭50）年特許法改正で，従来は不特許事由とされていた化学方法により製造されるべき物質の発明が，不特許事由から除外された（なお，化学物質が不特許事由とされていた根拠などに関しては⇒第2節⑦）。

　天然に存在する化学物質を見いだすことは発見にすぎず，その製造方法が創作として発明になるという考え方もかつてあった。しかし，天然物として単一化合物の形のままで存在するものを見いだすことは発見にすぎないとしても，化学方法により未知の物質を作り出し，その物質の多様な属性のうちの一つの有用性を見いだしたときには＊5，現行法上は（その用途に限られない）化学物質自体の特許を取得できる。このような物質そのものを対象とする発明を「絶対的物質クレーム」と呼ぶ。

> ＊5　機械や装置など物の発明の場合は，前述のように，当然に想定された特定の用途（有用性）が存在している。しかし，化学物質の場合，合成によって得られる物質は無限というに等しく存在し，その物質自体は何らの用途（有用性）も前提としていない。そこで，化学物質が発明となるためには，その物質の一つの有用性が見いだされることが創作性の要件として必要になる（⇒④2「未完成発明」）。この場合の有用性は，特許要件としての産業上の利用可能性とは別の，発明としての成立要件であり，実際に試験することによりその有用性を証明するか，その試験結果から当業者にその有用性が認識できることが必要である（東京高判平6・3・22知的裁集26・1・199〈除草剤性イミダゾール等誘導体類事件〉）。

　ただし，たとえば化学物質Aの一つの有用性として，糖尿病治療薬としての用途を初めて見いだした場合に，前述のように「物質Aからなる糖尿病治療薬」として用途発明の成立を認めるにとどめず，何ら用途の限定のない「物質A」として絶対的物質クレームの成立を認めるべきであるかには，法改正の時点において大いに議論があった＊6。

> ＊6　物質Aが発明として成立するならば，その後に物質Aに当初の発明者が想定していなかった用途が見いだされた場合，これが用途発明として成立する

ことは別問題として，物質Aの発明は後の用途発明をも包含するものとなる。つまり，物資Aの発明につき特許権が成立すると，その後に見いだされるこの物質のあらゆる用途を実施する発明は，すべてその特許権の侵害となってしまう。なお，吉藤180頁注2は，通水用具としての用途のある管を初めて発明した者が，管の構成自体について特許を取得した場合に，後日この管に柱としての用途があることを見いだした者が用途発明を取得したとしても，前発明者の許諾なくして用途発明を実施できないことは，化学物質の場合と何ら異ならないとするが，化学物質以外の場合も同列に説明できるとする点には違和感が残る。

4 生物関連発明

(1) 生命体

天然物として存在する化学物質の場合と同様に，動植物などの生命体は自然の創造物である。しかし，たとえば，天然物として数多く存在する微生物中から人為的に単離して格別の有用性を見いだした場合など，化学物質と同様に創作性のある発明と認められてよい場合もある。わが国では，1979（昭54）年に「微生物の発明に関する運用基準」が発表され，創製された微生物自体も特許可能であるとして運用されている。そして，実際に，1981（昭56）年には微生物自体の特許が認められた[7][8]。

> ＊7　ただし，微生物に関する発明は，地中から採取した微生物を利用する場合がほとんどであるため，出願書類に詳細に記載しても，微生物自体を入手できないと，発明内容を理解することが困難である。そこで，微生物を利用した発明について特許出願する者は，その微生物が容易に入手できる場合を除き，微生物を特許庁長官の指定機関（独立行政法人産業技術総合研究所　特許生物寄託センター）などに寄託する必要がある（特許則27条の2）。

> ＊8　米国では，連邦最高裁判例（Diamond v. Chakrabarty, 447 U.S. 303 (1980)）が，原油の構成物質を分解するバクテリアについて，人為的に創製された生きた微生物は特許可能な対象であると判示して，生命体に対する特許付与の道を開いた。

わが国では，動植物について交配などによって新たな有用性のある品種を生み出した場合には，創作性のある発明と認められる場合が

あり*9，植物の場合は種苗法による重複保護も可能である。また，後述の遺伝子工学的な方法で動植物を生み出した場合にも特許法による保護が可能である*10。

＊9　1985（昭60）年には，交配によってできた5倍体ヨモギ（染色体数が通常の5倍あるもの）についての植物特許（回虫駆除薬サキトニンの高含有率ペンタヨモギの特許）が，1989（平元）年には受精卵を容易に採取できる子宮角短縮豚の動物特許が，1991（平3）年にはヒト白内障に酷似する疾患を遺伝的に発症するラットの動物特許が成立している。

＊10　米国では交配等の方法で育成された植物品種は植物特許（Plant Patent）としてあるいは植物品種保護法による保護を受けることができ，遺伝子工学的な方法で動植物が生み出された場合には特許法で保護を受けることができる。一方で，欧州特許条約（EPC）53条は，動植物の品種および動植物の生産のための本質的に生物学的な方法を特許保護の対象から除外している。しかし，1998年に発効した指令（バイオテクノロジー発明の法的保護に関する指令）では，動植物に関する発明は特定の品種に限定されない場合は特許可能であるとされ，また，微生物学的方法または他の技術的方法（たとえば遺伝子工学的な動植物の生産方法など）またはそのような方法から得られたものの特許可能性は妨げられないとされていた。その後の変遷を経て現在（2020年）では，交配や淘汰などの自然現象のみを用いた本質的に生物学的な方法から得られた動植物や植物材料は特許の対象とはならないとの意見が拡大審判部（欧州特許条約での条約解釈の統一を図るために欧州特許庁に設けられている組織）で示され，注目されている。

(2) 遺伝子

　特許庁の出願実務（特許・実用新案審査基準の第Ⅶ部第2章「生物関連発明」）においては，遺伝子についても化学物質の発明該当性と同様の立場が採用されている。すなわち，遺伝子は，塩基配列により特定し，当該遺伝子の機能等を記載することで発明として成立しうるが，この場合も化学物質の場合と同様に，その遺伝子の利用可能な用途が判明し，実施可能でなければならないとされている。たとえば，生命の設計図というべきゲノムを分析してその全配列を読み取ること自体は，すでに存在する物の構造を見いだしたにすぎないが，一部分であれその機能を分析して，医薬品への利用可能性を見いだした場合には，発明該当性が生ずるとされている*11 *12。

*11 なお米国では，連邦最高裁判所が Association for Molecular Pathology v. Myriad Genetics Inc. 566 U.S. 66 (2013) 事件において，ヒトの DNA 断片自体は見いだされる以前から天然に存在していたものであるから，これを単離しただけでは，たとえこれが重要かつ有用な遺伝子であることを見いだしたとしても，物の発明としての適格性がないと判示していることに注目しておく必要がある。

*12 遺伝子の配列は，無数に存在する化学物質とは異なって，有限な情報であることや，遺伝子の特定配列部分の機能はコンピュータを利用すればある程度推定できることからも，遺伝子配列部分に机上で確認される有用性があるというだけで，前述の化学物質の場合と同様にいわゆる「絶対的遺伝子配列クレーム」として当該遺伝子配列自体に発明該当性を認めて，特許権による独占を認めてしまうことには危惧がある。遺伝子関連発明においては，具体性のない推定上の機能を指摘しただけでは遺伝子自体の特許を認めるべきではないし，かりに特許が認められたとしても，権利行使の段階では，出願時点で認識していない特殊な用途・機能が後に見いだされた場合であるならば，この特許の効力はその特殊な用途・機能へは及ばないと解釈すべきであろう。なお，フランスでは 2004 年に知的財産法典が改正され，遺伝子関連発明については物質特許を得ることはできず，機能ごとに特許権が細分化されることになっている（井関涼子「総論」日本工業所有権法学会年報 40 号 [2017 年] 63 頁）。

⑥ 高度性

　発明といえるためには，「高度のもの」でなければならない。しかし，この要件には実務上の意義はほとんどない。第 2 節で解説する特許要件のうちの「進歩性」の有無においてまとめて判断されるからである。

　実用新案法 2 条 1 項は「『考案』とは，自然法則を利用した技術的思想の創作をいう」と規定しており，「高度のもの」という要件がないこと以外は発明と共通である。つまり，技術的思想のうちの高度なものが発明であり，この限定のないものが考案であって，小発明とも呼ばれる。ただし，程度の問題にすぎず（もっとも，考案からは「高度」な技術的思想の創作が除外されてはいないから，考案は必ずしも発明より低レベルでな

ければならないというわけではない），出願手続の途中で，発明としての出願を考案に（新案10条），または考案としての出願を発明に（特許46条），変更することもできる（⇒第4章第2節④出願の変更）。

第2節　特許の要件
——どんな発明なら特許がとれるか

① 総　説

特許法2条1項の規定に該当する発明であっても，それだけで特許がとれるわけではない。特許権を与えてその発明の特定の者による独占を認めるためには，それに見合う社会的貢献のある発明でなければならない。発明が特許を受けることができるための要件を特許要件という。特許の要件については，特許法29条が定めている。

> **特許法第29条（特許の要件）**　産業上利用することができる発明をした者は，次に掲げる発明を除き，その発明について特許を受けることができる。
> 　一　特許出願前に日本国内又は外国において公然知られた発明
> 　二　特許出願前に日本国内又は外国において公然実施をされた発明
> 　三　特許出願前に日本国内又は外国において，頒布された刊行物に記載された発明又は電気通信回線を通じて公衆に利用可能となつた発明
> 2　特許出願前にその発明の属する技術の分野における通常の知識を有する者が前項各号に掲げる発明に基いて容易に発明をすることができたときは，その発明については，同項の規定にかかわらず，特許を受けることができない。

この条文から，発明が特許を受けるためには，

・産業上の利用可能性があること（1項柱書）

・新規性があること（公知〔1項1号〕・公用〔同項2号〕・刊行物記載〔同項3号〕のものでないこと）

・進歩性があること（容易に考えつくものでないこと〔2項〕）

という条件を満たすことが必要であるといえる。以下では，それぞれの具体的中身を検討する（②～④）。

さらに特許を受けるための実体的要件として拡大先願が存在しないこと（29条の2⇒⑥）が求められるが，拡大先願を理解するうえでは特許を受けるための手続的要件である先願（39条⇒⑤）を理解する必要があるので，これらについても解説する。

最後に特許を受けることができない発明についても触れる（⑦）。

② 産業上の利用可能性

1 意 義

🔘 産業は工業に限らず[*1]，鉱業，農業，水産業，林業，牧畜業なども広く含む。

> [*1] 旧特許法（大正10年法）1条は「新規ナル工業的発明ヲ為シタル者ハ其ノ発明ニ付特許ヲ受クルコトヲ得」と規定していたが，この場合も工業的発明に限られず，産業上に利用しうる発明であればよいとするのが通説（清瀬一郎『特許法原理〔復刻版〕』〔1998年・学術選書〕112頁）であった。なお，意匠法は「工業上利用することができる意匠」（意匠3条1項）を対象としており，工業的方法により量産されるものに限られている。

🔘 経済性は不必要である。むしろ，たとえば電球や電話のような先駆的な発明であっても，当初はランプや電信などに比して，設備投資等の面で不経済であり，利用可能性が少ないと思う者も多かったといわれているが，産業上の利用可能性は否定できない。また，産業上の利用可能性の反面，技術的不利益を伴うものであっても差し支えないが[*2]，しかし，たとえば「鉄骨を縦横に埋設した堅固なコンクリートの塀で日本列島を覆って台風を防止する装置」のようなもの（吉藤73頁）は，理

論上目的達成は可能であろうから発明該当性は認められようが，技術的経済的不利益が大きすぎて産業上の利用可能性がない。

> ＊2　たとえば，紙幣にパンチ孔を穿設することで，紙幣の耐久性が劣ることになるとの技術的不利益が生じたとしても，パンチ孔の存在により盲人でも正確に紙幣を識別できるようになるという優れた技術的効果を達成する発明は，産業上利用できる発明に該当する（東京高判昭61・12・25無体裁集18・3・579〈紙幣事件〉）。

　化学物質や生物関連発明で発明該当性が認められるためには有用性（用途）が見いだされることが必要であることは前述したが，それ以外の，たとえば機械や装置などの物の発明にあっては，当然に何らかの有用性（用途）が存在している。結局は，これらの有用性（用途）があるとして発明該当性が認められる発明であるにもかかわらず，産業上の利用可能性の認められない発明というのは，次に述べる医療関連発明以外では，ほとんど想定できないといってよい[*3]。

> ＊3　学術的・実験的にのみ利用することできる発明は産業上の利用可能性がないとする説（竹田106頁）もあるが，そのような発明は通常は想定しがたい。学術的な研究や実験に利用する素材や機器であっても，たとえばリサーチ・ツールなどは，その市場が存在しうるから，産業上の利用可能性は否定できない。

2　医療関連発明

　医療業は特許法で規定する産業ではないとする説（吉藤69頁）もある。また，特許庁の出願実務（特許・実用新案審査基準）は，人間を手術，治療または診断する方法には産業上の利用可能性が認められないとしている。

　しかし，出願実務によっても，医薬や医療機器についての物の発明のほか，医薬や医療機器の製造方法，あるいは医療機器の制御方法といった医療機器の作動方法の発明にも特許は成立する[*4][*5]し，人間から採取したもの（たとえば血液，尿，皮膚など）を処理，分析する方法はここでいう治療方法に該当しないとして特許の成立を認めており[*6]，さらに2003（平15）年の審査基準改訂により，人間から採取したものを原材料として医薬品または医療材料（たとえば人工骨，培養皮膚シートなど）

を製造する方法は，人間から採取したものを採取した者と同一人に治療のために戻すことを前提にして処理する方法であっても産業上の利用可能性が認められるとされていることからも，医療業全般が産業でないとはいえない。

* 4　医薬品やその製造方法には特許性があるが，医師や歯科医師の処方箋により調剤する行為や，処方箋により調剤した医薬には，2以上の医薬を混合して製造される医薬特許権の効力は及ばない（特許69条3項）。

* 5　2005（平17）年審査基準改訂により，医療機器の作動方法であって，医師が行う工程や機器による人体への作用工程を含まないものは医療行為に当たらず，特許対象となるとされた。しかしこれでは，たとえば「内視鏡の作動方法において，内視鏡の挿入軸に対して光軸が傾いた撮影ユニットを回転させる手段が回転指示信号を受けて作動する方法」は特許対象になるが，「内視鏡により体腔内を撮影する方法において，操作者が回転指示器を操作して前記内視鏡の挿入軸に対して光軸が傾いた撮影ユニットを回転させることにより，視野方向を変える方法」は医師が行う工程を含んでいるとして特許対象にならないことになるように，特許請求の範囲の書き方で特許要件が認められたり認められなくなってしまうだろう。

* 6　ただし，採取した同一人の治療のために戻すことを前提にして，採取したものを処理する方法（たとえば，血液透析方法）は，治療，診断方法に該当するから，産業上の利用可能性がないとされている。

条文上の根拠がないにもかかわらず，人間を手術，治療または診断する方法は産業上の利用可能性がなく特許要件を欠くとする出願実務については，これを是認するのが通説・判例*7であったが，医療の範囲が，再生医療やゲノム創薬などの分野へも拡大するのに伴って，審査基準や運用のあいまいさが指摘され，批判が高まっていた（相澤英孝『バイオテクノロジーと特許法』[1994年・弘文堂] 78頁，中山125頁など）。そこで，2003（平15）年からは知的財産戦略本部の専門調査会において検討が重ねられ，また審査基準も逐次改訂されてきている。

* 7　人体の存在を必須の構成要件とする発明は産業上の利用可能性がないと判示した判例として東京高判昭45・12・22判タ260・334〈イオン歯刷子の使用方法事件〉がある。また，東京高判平14・4・11判時1828・99〈外科手術の光学的表示方法事件〉は，医薬や医療機器に特許性を認めながら，医療行為のみこれを否定することは一貫しないとの考えは十分に合理性があるとしたものの，個々の医師の行う治療行為は特許権の侵害ではないとする規定

が存在しない以上は，医療行為に関する発明は，産業上利用することができる発明に該当しないとする以外はないとして，消極的に特許庁の運用を是認した。

⬤ 人間の手術方法や治療方法などについて特許を認めない根拠としては，前＊7の東京高判平14・4・11〈外科手術の光学的表示方法事件〉も指摘するように，医療現場での医師の救命行為などが特許権によって妨げられることがあってはならないという人道上の政策的配慮を挙げるほかない*8。しかし，前述のように塩基配列で特定された遺伝子について発明と認めて特許を付与することも，これを利用した医薬品の開発を制限し，人道上の問題にも発展しかねないのであって，人道にかかわる医療上の問題について産業上の利用可能性要件によって解決を図ることには限界がある。特許庁の出願実務に委ね，審査基準の改訂に期待するだけではなく，立法的な解決を図るべきであるとの意見もあるところである。そして，立法施策を検討するにあたっても，医師によって行われる人間の手術，治療または診断方法について特許による独占を認めるべきでないとすることには，規定のしかたはともかくとして，ほとんど異論はない*9。そうすると，結局，残された問題は，医薬や医療機器についての物の発明とも医薬や医療機器の製造方法の発明とも構成できず，単純な方法としてしか構成できない技術について，特許を付与すべき場合があるか否かだけになる。そして，現行の審査基準によって特許性の認められている人間から採取したものを処理，分析する方法や，医療機器の作動方法なども，医療機器・医薬としての物の発明か，医療機器や医薬の製造方法の発明と構成して権利化することが多くの場合に可能であり（相田義明ほか「医療方法と特許」L&T25号［2004年］19頁参照），真の意味で単純な方法としてしか構成できない技術は，個人の技量に依拠したものであって反復可能性がないから，自然法則を利用した「発明」といえないとする（竹田〔第6版〕126頁）か，あるいはやはり人道上の観点などから特許性を否定すべきであろう。

＊8　TRIPs協定27条3項は，加盟国が特許の対象から除外することができるものとして，(a)人または動物の治療のための診断方法，治療方法および外科的方法，(b)微生物以外の動植物ならびに非生物学的方法および微生物学

的方法以外の動植物の生産のための本質的に生物学的な方法，を掲げている。これに沿って欧州特許条約（EPC）53条は，手術または治療による人体または動物の診断方法には特許が付与されないと規定している。従来，医療措置・診断方法は産業上利用できる発明でないものとして52条に規定されていたが，2000年EPC改正条約によって，特許性の例外を規定する53条に移動した。また，米国には，医療の方法に特許を付与しないとの法律や運用はないが，米国特許法287条(c)は，医師等の医療行為に対しては特許権の行使ができないと規定している。このような米国流の規制を「川下規制」と称して奨励するものとして，中山127頁，小泉直樹「治療方法発明保護の法政策」ジュリ1227号［2002年］45頁などがある。

＊9　なお，医薬や医療機器についての物の発明のほか医薬や医療機器の製造方法の発明については特許が成立し，医師がこれらの権利侵害製品を医療現場で使用することは業としての発明の実施として権利侵害になる。権利侵害行為の主体が医師である場合に限って免責する必要はなく，ただ，個別の事情によって，権利者の差止請求権の行使が人道上の理由から権利の濫用に該当する場合があるというにすぎない。ただし，吉藤182頁は医療業は産業でないとの立場から，医療行為は業としての発明の実施ではなく特許権の効力は及ばないとしている。

③ 新規性 （特許29条1項）

1　意義

　発明は，既存の技術ではなく，既存の技術に新しい知見を加味して新技術とした点があるからこそ，これを公開して万人に知らせたことの代償として一定期間の独占が認められて，特許が与えられる。このように発明が既存の技術ではなく新しい知見であることを発明の**新規性**と呼ぶ。新規性は後述の進歩性と並んで，重要な特許の要件である。

　特許法29条1項は1号から3号に該当しない場合に発明は新規性があると規定している。発明が新規であるか否かの判断時期は出願時であり，日単位ではない＊1＊2。したがって，午後3時に出願をしたが，同日の午前10時に新規性を喪失していたならば，当該発明には新規性がなく特許を得ることはできない。

＊2　同一発明について最も先に発明した者が特許を得られるとする先発明主義では，新規性の判断時期も発明時とされる。すなわち，発明した時点で新規性を有していたならば，かりに出願した時点で新規性を喪失していたとしても，特許が与えられる。なお，先願主義と先発明主義については後述する。

　なお，パリ条約による優先権（⇒第 8 章 1）を主張してわが国で出願する場合，つまり，パリ条約の加盟国（A 国）でまず出願をし，その出願日の翌日を初日として計算して 1 年以内の日（パリ条約 4 条 C (1)）に日本の特許庁に，A 国で同一発明について出願している旨を主張して（これを優先権主張という）出願をした場合には，A 国での出願時を基準として新規性が判断される（同条 B）。ただし，この場合でも，権利の存続期間の計算は日本での現実の出願日を基準として行われる（パリ条約 4 条の 2(5)）点には要注意。

2　公　知

　「公然知られた」（公知：特許 29 条 1 項 1 号）とは，発明者＊3 のために発明の内容を秘密にする義務を負わない人が発明の内容を現実に知ったことをいう。ここでの「公然」との文言（2 号の「公然」も）は，公開的であることを意味し，不特定多数の者はもちろん，特定多数および不特定少数をも包含する概念である。すなわち，現実の知得が秘密を脱した状態においてされることをいい，現実の知得者は 1 人であっても公知といえる。逆に，秘密保持義務を負う者の間において開示されたとしても新規性は失われない＊4。しかし，このような義務を負わない特定多数の者や少数であっても不特定の者に開示されれば新規性を喪失する。なお，秘密保持義務に違反して他者に発明内容が開示された場合には，

義務違反の責任は別問題として，発明が公知となるのは当然である。

* 3　別ルートで同一の発明を完成した者が複数存在している場合には，それぞ
　　　れが本文でいう「発明者」に該当することに注意しておく必要がある。すな
　　　わち，別々に発明を完成した発明者Ａと発明者Ｂはいずれも発明の内容を知
　　　っており，互いには守秘義務を負っていないことはもちろんであるが，この
　　　状態では発明は未だ公然と知られておらず，先に出願した者が特許権を取得
　　　できる。しかし，発明者Ａからみてもまた発明者Ｂからみても，発明者Ｂが
　　　Ｂに対して守秘義務を負わない者に発明内容を開示してしまった場合には，
　　　発明は公然知られたことになる。

* 4　たとえば，早稲田大学内の発明審査委員会では，毎月，大学教職員の職務
　　　発明について権利を承継して出願するか否かの審査を行っている。この会議
　　　には10名程度の審査委員が出席して，発明の概要の説明を受けるが，会議
　　　後には説明書類は回収され，各委員は秘密保持義務を負担しているから，こ
　　　の説明と開示によって発明の新規性が失われることはない。

さらに，秘密保持義務を負わない者が知ることができる状態に置か
れただけでも本号の「公知」に該当するか否かが論じられることが
ある。しかし，条文の文言上は現実に知られたことを要件としているこ
とは明らかであるし，このような状態が生ずるのは極めて稀有な場合で
あろうから*5，論じる実益は少ない。

* 5　特許法29条1項2号の公用の場合には，後述のように，発明内容を知ら
　　　れるおそれのある状態で公然と実施する場合が包含されるし，発明内容が刊
　　　行物等により公衆が知ることができる状態となった場合は3号の刊行物記載
　　　に該当する。

なお，発明者が発明が完成したことに有頂点になって出願前に新製
品として発売したり，公開実験したりして発明内容を公表してしま
うと，発明の新規性が失われて，後述の新規性喪失の例外規定の適用が
ないかぎり，特許を取得できなくなるので注意を要する。

3　公用

「公然実施をされた」（公用：特許29条1項2号）とは，発明者のため
に発明の内容を秘密にする義務を負わない人が発明内容を知りうる
状態で特許法2条3項各号に規定する実施行為（生産とか使用，譲渡などの
行為）が行われたことをいう。特定多数または不特定少数の者でも知り

うる状態で実施されれば公用といえるから，実際にはその場に誰もいなかった場合でも公用となり，新規性は喪失する。実際に発明内容が他者に知られたことを要件としていない点で1号の公知とは異なる。

発明の実施品を多数の面前で展示して使用した場合でも，発明が装置の内部構造に関するものであって，実施品の展示や使用によっても内部構造を知ることができないのであれば，発明が公然と実施されたとはいえない（知財高判令4・8・23 LEX/DB 25572302〈作業機事件〉参照）。しかしながら，発明の実施品が流通に置かれた場合は公用となるのが通常であり，たとえばディスカウントショップで不特定多数の者に販売され，購入者は発明の構成を外観や一部を自由に分解して知ることができるならば公用となる（知財高判平28・1・14判時2310・134〈棒状ライト事件〉）し，発明実施品が守秘義務を負わない者に対して通常の方法で解析することができうる状態で納品された場合にも公用になる（大阪地判令5・1・31 LEX/DB 25572580〈シュープレス用ベルト事件〉参照）[6]。

　＊6　機械などの発明においては，いったん実施品が流通に置かれたならば通常の方法で解析する（いわゆるリバースエンジニアリング）などしてその技術内容を知ることができる。しかし化学製品の場合にはこういった方法では技術内容を知ることができない場合もあるだろう。たとえば，東京地判平17・2・10判時1906・144〈プラニュート顆粒事件〉は，製剤が出願前に販売されたとしても，当業者（その発明の属する技術分野の通常の知識を有する技術者）が通常に利用可能な分析技術では発明内容を知ることが極めて困難であるとして，公然実施されたとはいえないとされた特殊な事例である。

なお，次に述べる29条1項3号は，国内および外国の刊行物を広く包含しているが，1号の公知および2号の公用は，従前は国内での公知公用に限定し，外国でのそれを包含していなかったところ，1999（平11）年特許法改正で外国での公知公用でも新規性が失われることになった。したがって，現在では，世界中のどのような地方においてでも，わが国での出願時より以前に同様の発明が公知公用，文献公知となっていたことが明らかになったならば，わが国で特許を得ることはできない[7]。

　＊7　ただし，出願について拒絶理由が発見できない場合は特許査定が行われる（特許51条）。すなわち，当該発明に新規性がないことは審査官側が明らか

にしなければならない事項とされているところ，審査官の調査能力上も世界中のあらゆる情報を収集することは困難である。そこで，2002（平14）年特許法改正では，出願人にこのような情報を開示すべき義務を課した。この点は後述（⇒第2章第1節 [2]）する。また，審査官が拒絶理由を発見できずに特許査定がされて権利が成立した後であっても，出願時公知の発明であることを知った者は特許の取消しを求めて異議申立てをし，あるいは権利の無効を求めて審判を請求することができる。この点も後述（⇒第5章第1節 [3]，第2節）する。

4　刊行物記載

🔘 出願時に既にその発明と同様の技術が，頒布された刊行物に記載された，または電気通信回線を通じて公衆に利用可能となったことをいい，「文献公知」と呼ばれる場合もある（特許29条1項3号）。頒布された刊行物とは，通常はハードコピーが想定されるが，「原本自体が公開されて公衆の自由な閲覧に供され，かつ，その複写物が公衆からの要求に即応して遅滞なく交付される態勢が整っているならば，公衆からの要求をまってその都度原本から複写して交付されるものであっても差し支えない」（最二小判昭55・7・4民集34・4・570〈一眼レフカメラ事件〉）。一方で，情報公開法に基づく情報公開の対象文書であったとしても，これのみでは頒布により公開することを目的として複製されたものとはいえないから，特許法29条1項3号の刊行物には該当しない（大阪地判平24・10・4判時2202・104〈内型枠構造事件〉）。

🔘 刊行物の記載は，発明内容が，当該技術分野の通常の知識を有する者（当業者）ならば容易に実施できる程度にされていなければならない（東京高判平3・10・1判時1403・104〈光学活性置換ベンジルアルコール事件〉）。また，明示的に記載されていなくとも，当業者が技術常識を参酌することでその記載から理解し得る事項も含まれる（知財高判平26・9・25 LEX/DB25446645〈誘電体磁器事件〉）が[*8]，この文献で開示された技術に基づいてさらに推考された場合には，新規性喪失事由ではなく，後述の進歩性の問題となる。なお，通常の日本人には読むことのできない言語で書かれた文献であっても，新規性喪失事由となる。

　刊行物にはCD-ROMや光ディスク等の媒体も含まれる。また，1999（平11）年特許法改正で後段が付け加えられたことにより，インターネット上で公衆がアクセス可能な状態で開示された技術情報も新規性がないとされることになった＊9。

5　新規性喪失の例外

特許法第30条（発明の新規性の喪失の例外）　特許を受ける権利を有する者の意に反して第29条第1項各号のいずれかに該当するに至つた発明は，その該当するに至つた日から1年以内にその者がした特許出願に係る発明についての同項及び同条第2項の規定の適用については，同条第1項各号のいずれかに該当するに至らなかつたものとみなす。

2　特許を受ける権利を有する者の行為に起因して第29条第1項各号のいずれかに該当するに至つた発明（発明，実用新案，意匠又は商標に関する公報に掲載されたことにより同項各号のいずれかに該当するに至つたものを除く。）も，その該当するに至つた日から1年以内にその者がした特許出願に係る発明についての同項及び同条第2項の規定の適用については，前項と同様とする。

3　前項の規定の適用を受けようとする者は，その旨を記載した書面を特許出願と同時に特許庁長官に提出し，かつ，第29条第1項各号のいずれかに該当するに至つた発明が前項の規定の適用を受けることができる発明であることを証明する書面（次

🔵　特許法29条1項に規定する新規性喪失事由に該当する場合であっ
ても，特許を受ける権利を有する者の，①意に反して新規性を失っ
た場合（特許30条1項）と，②行為に起因して新規性を失った場合（同条
2項）には，所定の手続をとることによって新規性が失われないとする
救済策がある[10][11]。

　＊10　2011（平23）年特許法改正前は，特許を受ける権利を有する者の行為に
　　　起因した新規性喪失事由のうちで，①刊行物にあるいは電気通信回線を通じ
　　　て発表してしまった場合，②特許庁長官が指定する学術団体の研究集会で文
　　　書をもって発表してしまった場合，③試験を行った場合，④政府等が開設す
　　　る博覧会に発明品を出品した場合に限って救済していた。しかし，救済され
　　　る場合とされない場合に差を設けることによる不均衡を合理的に説明するこ
　　　とができないことから，2011（平23）年特許法改正で特許を受ける権利を
　　　有する者の行為に起因した新規性喪失事由を網羅的に救済することにした。
　＊11　特許を受ける権利を有する者が不注意で発明内容を公表してしまった場
　　　合は，典型的な特許法30条2項の行為に起因する新規性喪失であるが，特
　　　許を受ける権利を有する者が十分な指示をすることなく他者へ情報を開示し
　　　てしまったため，情報を得た者が発明内容を公表してしまった場合は，同条
　　　1項の意に反する新規性喪失として救済される余地がある（東京高判昭
　　　47・4・26無体裁集4・1・261〈農用牽引車の進行停止装置事件〉。同様
　　　の趣旨を述べるものとして東京高判昭56・10・28無体裁集13・2・780
　　　〈人命安全防災システム事件〉がある）。

🔵　特許法30条2項による新規性喪失の場合は，その日から1年以
内[12]に出願し，かつその旨を記載した書面を出願と同時に，それ
を証明する書面を出願後30日以内に特許庁長官に提出しなければなら
ない（同条3項）[13]。

　また，特許法30条1項の特許を受ける権利を有する者の意に反する
新規性喪失の場合には，その日から1年以内に出願すればよく，その他

書類提出等は必要がない。しかし，１年は意に反する新規性喪失の日から起算するから，この事実を権利者が知ったのが，新規性喪失事由が生じてから１年以上後であった場合には救済されない[*14]。

　なお，特許を受ける権利が譲渡された場合には，譲受人も特許法 30 条による救済を求められる。

> ＊ 12　2018（平 30）年特許法改正で，従前 6 か月以内とされていた救済期間が１年以内と改められた。新制度は改正法の施行日である 2018（平 30）年 6 月 9 日以降の出願に適用される。
>
> ＊ 13　権利者の行為に起因して公開されてしまった発明が複数ある場合は，そのそれぞれに 3 項の適用を受けるために手続きしないとならないのが原則であるが，それぞれの行為が実質的に同一とみることができるような密接に関連する場合は例外とされている（この例外には当たらないとされた事例として大阪地判平 29・4・20 LEX/DB25448637〈ドラム式洗濯機用使い捨てフィルタ事件〉がある。）。
>
> ＊ 14　日本同様の先願主義を採用している欧州特許条約（EPC）では，発明者の意に反する公知あるいは法定の国際博覧会での展示による公知の場合に限り，6 か月以内の新規性喪失の例外が適用になり（EPC55 条），発明者自らが公知とした場合には救済策が一切ない。一方，米国は先発明主義を採用していたが 2011（平 23）年に ⑤ 2 で後述する先発明者先願主義に移行した。この制度の下では，発明者自らが公知とした場合でも，１年以内に出願すれば特許を受けることができるとされている。

　1999（平 11）年特許法改正で，新規性喪失の例外が適用される範囲が，公知公用等となった発明と同一のものばかりではなく，これから当該技術分野の通常の知識を有する者（当業者）に容易推考（⇒ ④）な発明にまで拡大された。つまり，たとえば，研究会で基本的な発明部分を発表してしまったが，発表から１年以内にその発明と同一ではないが，これを含む上位概念の発明として，あるいは発表した発明から容易に推考できる範囲の発明に変えて，出願した場合，従来は，新規性を喪失しないとされる発明と出願発明が同一でないとして，救済されない危険があったが，改正法によればこの場合にも新規性喪失から救済されることになる。

　特許法 30 条は，当該事由では新規性を喪失しないというのみであるから，この事由発生後１年以内に，それと関係ない別の新規性喪

失事由が生じた場合は救済されない。この点は十分に注意すべきである。したがって，たとえば，刊行物に自ら発表してしまった後1年以内に出願をしたとしても，その間に全くの別人による新規性喪失事由が生じていた場合には，救済されない[*15]。

> [*15] なお，多少難しい問題であるが，たとえば，発明者Aが新規性喪失事由発生後1年以内に特許法30条2項の要件を充足する出願をしたが，その間に他者BがAとは全く別ルートで同一発明を完成して特許出願した場合には，Bによる出願は先行するAの新規性喪失事由の存在により拒絶される。そして，発明者Aの出願はBの出願が先願となることによって同じく拒絶され，AもBも特許を受けることはできない。1998（平10）年特許法改正により拒絶査定の確定した先願には先願の地位がないとされた（特許39条5項）から，Bによる出願は拒絶査定の確定によって先願ではなかったことになり，一見するとAが救済されそうである。しかし，Bの出願につき拒絶査定が確定するのはBの出願が出願後1年6か月を経過して出願公開された後であるのが通常であるから，通常は，Aの出願に対してBの出願は後述する特許法29条の2の拡大先願に当たることになり，結局，Aの出願が特許となることはできない。

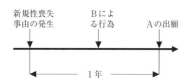

左図でBによる行為が新規性喪失事由である場合，Aが1年以内に出願したとしても救済されないし，Bによる行為が同一発明の出願であった場合にも，上記理由により結果的にAは救済されないことになる。

発明者が，特許法の知識を欠いているため，発明の完成を喜ぶあまりこれを他に知らしめてしまうことは，よくあることである。大学内の研究者も，発明が完成すると，特許出願するよりも先に学会や学会誌等で内容を発表することが従前からよくあった。これらの場合を救済するのが特許法30条2項であるが，そのためにはその日から1年以内に出願し，かつその旨を記載した書面を出願と同時に，それを証明する書面を出願後30日以内に特許庁長官に提出しなければならないし（特許30条3項），その間に第三者による発明内容を公知公用にする行為がされてしまったり，あるいは同一発明の出願がされてしまった場合には救済されないことになるから，あくまで学会などでの発表に先立って特許出願をするという心構えの定着を図るのが王道である。

4 **進歩性** (特許 29 条 2 項)

1 意義

　　新規性と並んで重要な特許の要件が**進歩性**である。出願時に，その発明の属する技術分野の通常の知識を有する技術者（当業者[1] [2]）が容易に考えつくことができない発明であることを意味する。

　　出願時に同一の技術は存在しないとしても，すなわちその発明に新規性があるとしても，これが出願時において当業者が容易に考えつくことのできる（容易推考，または容易想到などといわれる）発明であった場合には，その発明は社会に何ものをも加えるものではなく，権利として成立させて発明者に独占させるのは不当であるとの政策判断に基づく要件である[3] [4]。

　　*1　当業者の概念は特許法において，特許法 29 条 2 項の進歩性判断の基準となる者として，また，同法 36 条 4 項の明細書の発明の詳細な説明の項における記載要件の判断基準として登場する（同項 1 号）が，両者は参照している技術情報に次のような差異があるから，全く同じレベルにある者とはいえない。すなわち，進歩性判断の基準となる当業者は，その技術分野における先行技術のすべてを参照してこれを理解している者を意味する。場合によっては，複数の技術分野からの専門家からなるチームと考えた方が適切な場合もある（特許・実用新案審査基準第Ⅲ部第 2 章第 2 節 2.「進歩性の判断に係る基本的な考え方」参照）。他方，明細書での発明の開示は平均水準の技術者でも理解できるように行われるべきであるから，特許法 36 条 4 項 1 号における当業者は明細書を読むことの想定される出願時における技術常識のある平均水準の技術者を意味している（同審査基準第Ⅱ部第 1 章第 1 節「実施可能要件」参照）。

　　*2　吉藤 107 頁では，発明の名称としては著しく相違するが，技術分野は同一であると認められる例として，事務用感圧粘着テープと医療用ばんそうこう，熔接機と映写用セレン整流器が，逆に発明の名称は近似するが，技術分野が同一であるとは認められない例として，放電加工法と電解加工法，ドライクリーニング用組成物とドライクリーニングによる洗濯の実施に関する技術を挙げているのは，わかりやすいので紹介しておく。

　　*3　前述（②の*1）のとおり旧特許法（大正 10 年法）1 条は，新規性につ

いてのみ規定し，進歩性については要件として規定していなかったが，現実には進歩性のない発明は同条の解釈によって拒絶されていた。

*4　これに対し，著作権法は，思想や感情を創作的に表現したものを保護するものであるが，新たな創作でさえあればよく，創作が容易であるか否かが問われることはない。文化には多様性があり，新たな創作である以上どんなものであれ，著作権法の目的（著作1条）である文化の発展には寄与するといえるからである。

　進歩性があるか否かの判断は，数多くの判例や審査審判実務において示されており，これを具体的に説明することは基本書としての本書の性格上困難である。ごく簡単に説明するならば，発明の進歩性はその構成を想到することが容易であるか否かを基本として判断される[5]。模式的にいうならば，まず出願発明の周辺に存するこれと構成が最も近似する先行技術（これを引用発明という）の内容を特定し，出願発明の構成との相違点を特定する。そのうえで，出願発明が解決しようとした課題に到達するのに必要となる引用発明に対する変更点を特定して，その発明（出願発明）がされた時点で当業者が引用発明の構成を変更して出願発明に至ることが容易であるか否かを検討することになる（知財高大判平30・4・13判時2427・91〈ピリミジン誘導体事件〉参照）。その場合に，引用発明の内容中に出願発明に至る示唆がある場合などには進歩性を否定する方向に傾くのはもちろんであるし，引用発明と出願発明との間隙を埋めることを可能とする出願前公知な技術（これを副引用発明という）がある場合には，引用発明と副引用発明が技術分野，課題，作用や機能が共通していたりすることによって引用発明の構成を変更することによって本願発明に至ることが論理的に説明できる場合には進歩性を否定する方向に傾く[6]。ただし，構成の変更を思い至ること自体は容易であったとしても，その変更によって予期しない顕著な効果が生じたような場合には進歩性が肯定される場合もある[7]。

*5　その発明が，従来の技術に比べて優れた効果を奏することは，あくまで構成の容易想到性判断のための参酌資料にすぎないとする立場（二次的考慮説）と，構成の容易想到性とは別の独立した進歩性の判断要素であるとする立場（独立要件説）があるが，発明の効果は明細書の記載要件とはされていないものの，知財高判平22・7・15判時2088・124〈日焼け止め組成物事

件〉が判示するように，進歩性を判断する上での重要な考慮要素であることに異論はない。また，近時の最三小判令元・8・27判時2446・37〈アレルギー性眼科疾患用処方物事件〉もいずれの立場を採用したものと評価することはできず，判例の立場は明確とはいえないが，用途発明や選択発明等以外の発明において構成の容易想到性の判断とは別に効果を顕著性のみが判断できる場面は想定しがたいように思われる。基本書としての性質上これ以上の説明は控えるので，上記最三小判の判批（高林龍「進歩性における顕著な効果の位置付け」『年報知的財産法2019‒2020』24頁［2019年・日本評論社］）を参照して欲しい。

＊6　ただし，知財高判平18・6・29判タ1229・306〈紙葉類識別装置事件〉は，技術分野に関連性があったとしても，機能や作用などにおいて少なからぬ差異がある場合には，それのみで直ちに単なる設計変更であり置き換えが容易であるとはいえず，さらにこれを置き換える動機づけが示されなけれ容易想到とはいえないとした事案である。

＊7　多くの判例の蓄積のある米国では，進歩性（非自明性）の判断手法は，出願発明の周辺に存在する公知技術の存在とその内容を把握し，出願発明と公知技術との相違点を特定し，公知技術に接した当業者ならばこの相違点を埋めて本願発明に至るような組合せなどの示唆があるか否かという観点から行われる（グラハムテスト：Graham v. John Deere Co., 383 U.S. 1 (1966)）。なお，この判断に際しては，二次的考慮要素（secondary consideration）として，発明実施品が商業的成功を収めたか，当該発明の出現が長年望まれていたかなども考慮される（わが国ではこれらの要素は重要視されない傾向にある）。しかし，いずれにせよ，具体的事例をこの基準にあてはめて進歩性の有無を判断するのは困難な作業である。

発明者は自らの発明を画期的なものと考える傾向があるが，実際には従来技術と寸分違わない発明も数多い。引用発明で開示されている技術中から最適材料を選択したにすぎない場合や，引用発明の単なる寄せ集め（公知の2つの技術を寄せ集めて，寄せ集め以上の効果を何ら生じないものは進歩性がない＊8。ただし，2つを合わせることで予想外の顕著な効果を生ずる場合には進歩性がある），あるいは単なる置換（他の技術の分野で公知な発明を類似の分野に置き換えただけのもの＊9）などが代表例である。これらの場合は，当業者にとっては引用発明から出願発明に至る道筋がたとえ明示的ではなくとも黙示的に示されていたと評価されて，進歩性が否定される＊10。

＊8　吉藤128頁に紹介されている事案はわかりやすい。この事案は，船体上に空中プロペラを設けた船舶と，船尾に揚げ降ろし自在な船外機を取り付けた船舶が存在する状況下での，両装置を備えた船舶の発明は，各船舶の果たす効果の総和以上に予測できない新しい効果を生ずるものではないから，進歩性が認められないとしている。

＊9　たとえば，ロストボールの発見を容易にするためにゴルフボールの外側カバー体に蛍光剤を塗布したり混合したりする技術が公知であった場合に，カバー体自体に白色顔料と光沢剤を同時に含有させて，表面の磨耗によっても白色の光輝と発光作用を同時に維持できるようにしたゴルフボールの発明は進歩性があるか否かが問題になった事案で，東京高判平6・6・8 LEX/DB 28021948〈ゴルフボール事件〉は，合成樹脂射出成形物に光学的光沢剤を配合して顕著な白色化と光沢を付与することは周知であるから，この技術をゴルフボールのカバー体に利用することには進歩性がないとした。一方で，知財高判平23・1・31判時2107・131〈換気扇フィルター事件〉は，換気扇フィルターの金属製フィルター枠とその開口部を覆うように接着されている不織布製フィルター材が引用例として存在し，一方で水溶液によって成分が溶解する粘着剤も別の引用例として存在していたとしても，換気扇フィルターの使用後に金属製フィルターと不織布製フィルター材を容易に分別して素材ごとに廃棄することを可能とするといった課題を設定することが容易であったか否かにつき検討することなく，両素材の接着成分として溶解するものを選択することが一概に当業者にとって容易であったということはできないとして，課題の設定の容易想到性についても合理的な説明が必要であるとした。

＊10　米国では，引用発明において本願発明に至る道筋が明示的に教示（Teaching），示唆（Suggestion）あるいは動機付け（Motivation）されていない限り，進歩性が肯定されるとする判例法が連邦巡回控訴裁判所（Court of Appeals for the Federal Circuit）で形成されていた（このような判断手法は「TSMテスト」と呼ばれる）が，連邦最高裁判所はKSR Int'l Co. v. Teleflex Inc., 550 U.S. 398（2007）で，このような基準では発明の進歩性（非自明性）を広く認めすぎるとして批判した。逆にわが国では，知財高判平21・1・28判時2043・117〈回路用接続部材事件〉が，進歩性を否定するためには，引用発明から当該発明の特徴点に到達できる試みをしたであろうと推測できるだけでは不十分であり，これに到達するための示唆等が存在することが必要であるとして，むしろ米国のTSMテストに沿うような判断を示した。日米の進歩性に対する考え方の相違を明らかにした判決ということができ，＊9記載の換気扇フィルター事件とともに10年ほど前の時点における知財高裁の進歩性判断のハードルを下げる傾向を明確に示したものと

いえる。ただし，このような知財高裁の傾向が今後も維持されるのか否かには十分に注意しておく必要がある。

2 選択発明と数値限定発明

　　先行する発明や技術が概括的概念（上位概念）で構成されているときに，この概念には含まれるものの具体的には記載されていない具体的事象（下位概念）を選択して，その結果，先行技術では認識されていなかった顕著な効果を生ずる場合がある。そして，このような具体的に下位概念で構成された発明が，「選択発明」として新規性・進歩性が認められる場合がある。

　実務上，選択発明の成立が認められる例は多いが，物の構造に基づく効果の予測が困難な化学物質の発明などにおいて認められるのが通例である。その成否が判示された判例として，たとえば，「有機燐酸エステルの製法」という先行発明があったところ，先行発明の明細書中に記載のない有機燐酸エステルには含まれる具体的な化合物を特定したうえで，これまた先行明細書には記載のない，温血動物に対して毒性の少ない殺虫剤として選択した場合に，選択発明としての成立を認めた東京高判昭38・10・31（行裁例集14・10・1844〈有機燐酸エステル殺虫剤事件〉）や，熱可塑性飽和ノルボルネン系樹脂の成形後，80℃の温水中での1日当たりの有機物抽出量を有機炭素量で $500\mu g/m^2$ 以下に選択した点が，当業者が目標として設定するであろう水準を超えているとして選択発明としての進歩性を認めた東京高判平15・12・10 LEX/DB 28090409〈電子部品処理用機材事件〉あるいは選択発明としての新規性を認めた知財高判平29・6・14 LEX/DB 25448728〈重合性化合物含有液晶組成物事件〉[11]などが参考になる。

　　＊11　上位概念で構成される先行発明に包含される選択された下位概念発明に，先行発明で認識されていなかった顕著な効果があるなどとして進歩性が認められる場合に，翻って下位概念発明には新規性があると判断されることになる（本文記載の知財高判平29・6・14〈重合性化合物含有液晶組成物事件〉参照）から，選択発明として新規性は認められるが進歩性が認められない場合というのは想定しにくい。

選択発明のうちの一部として「数値限定発明」がある。

たとえば，従来は温度の限定がなく甲材料と乙材料を混ぜ合わせて丙化合物を生成していたが，これを特定の温度下で行うと飛躍的に多くの丙化合物が得られる場合のように，特定の臨界的意義を有する数値的限定を施すことによって[*12]，従前に比して顕著な効果が生ずる場合には，この発明は新規性・進歩性が認められる場合があり，これを「数値限定発明」と呼ぶ。

*12　数値限定発明が公知発明の延長線上にあり，すなわち両者の課題が共通している場合には，数値限定により異質な効果あるいは同質であるが際立った効果が生じるという臨界的意義が要求される。たとえば，東京高判平9・10・16判時1635・138〈背面投影スクリーン事件〉は，引用発明では a の値を0.3〜0.7とし最適値を0.5としていたところ，本願発明ではこれを0.35〜0.43の範囲としたことによって，引用発明の奏する作用効果とは異質の作用効果を奏するとともに，その作用効果は出願時において当業者において予測できなかったものであるとして進歩性を認めた。また，東京高判昭56・3・24 LEX/DB 27752689〈光電素子事件〉は，従来技術では光電素子における特定の光導電体と特定の活性剤とが1：0.2程度が上限と一般的に理解されていた状況下で，その認識範囲をはるかに超えて1：1の割合とするという技術思想を引き出すことは容易ではないとした。一方で，課題が異なることによって生じる有利な効果が異質な場合には必ずしも臨界的意義が必要なわけではない。たとえば，東京高判昭62・7・21 LEX/DB 27754487〈第3級ブチルアルコール事件〉は，従来技術では79.4〜316℃であった反応温度を40〜79℃とした発明について，「両発明における反応温度は，異なる目的に基づき選定されたものであ」り，それぞれの目的に関連する固有の温度が採用されたものであるから，79℃近辺においては極めて近似した温度ではあるが，両者の温度には重複するところはない，と判断された例である。

選択発明・数値限定発明は先行発明に概念上包含される。そのため，選択発明・数値限定発明は先行発明と利用関係（特許72条）にあると解すべきか否かとの問題が生ずる。この点は第4節 ③2「利用関係」の個所で述べる。

　　*1　特許が登録されるためには，特許法 39 条の定める先願であることが必要
　　であるが，これは特許登録のための手続的要件であって特許の要件（実体的
　　要件）ではない。一方，6 で説明する特許法 29 条の 2 の拡大先願は，「公
　　知の擬制」とも称されることからわかるように特許の要件（実体的要件）で
　　ある。
　　　　したがって，特許の要件を説明する本節では，本来は拡大先願のみに触れ，
　　先願については特許取得手続の個所（第 4 章）で説明すべきかもしれない。
　　しかし，先願について説明せずに，拡大先願について説明するのは困難であ
　　るため，本書ではわかりやすさの観点から，本節で両者を一括して説明する
　　ことにした。

1　意　義

　互いに独立して同一の発明を完成した者がいる場合に，そのいずれ
に権利を与えるかを決する必要があるが，先願主義は，同一発明に
ついては，先に発明した者ではなく，先に出願した者が優先して特許を
取得できる（特許 39 条 1 項）とする制度である *2。同一発明につき先に出
願した者を先願者という。

　　*2　その発明の特許を受ける権利を有する者でなければ特許権を取得すること
　　はできない（特許を受ける権利を有しない者の出願は拒絶される［特許 49
　　条 7 号］し，かりに権利が登録されたとしても無効事由があるとされている
　　［123 条 1 項 6 号］）から，2011（平 23）年改正前特許法 39 条 6 項は，その
　　発明の特許を受ける権利を有しない者（このような者は冒認者・冒認出願人
　　と呼ばれる）の出願は先願にならないとされていた。しかし，同年改正特許
　　法は，冒認出願がされた場合の出願人たる地位や冒認出願人名義で権利が登
　　録された場合の登録名義を，真に特許を受ける権利を有する者に事後的に回
　　復させる途を開いたことに伴い，冒認者による出願も先願となるとして，39
　　条 6 項を削除した。詳細は冒認出願の項で説明する（⇒第 3 節 2 5）。

　先願主義の下においては，先願のみが登録され，これに後れる出願
（後願）は登録されない。つまり，B が出願した時点で既に同一発明
が A により出願されていたが，未だ A 出願内容が公知となっていない場
合（なお，出願中の発明は通常は出願後 1 年 6 か月経って出願公開されることによ

って初めて公知となる）には，Ｂ出願にかかる発明は，出願時点での新規性は認められるものの，Ａ出願という先願の存在によって登録が拒絶されることになる*3。

> ＊３　逆に，先願であっても，出願時点で新規性がなければ特許を得られない。このように，先願であることと，出願時の新規性とは異なる概念であることに留意しておく必要がある。

先後願の判断は日をもって行われ，同日出願となった場合には，両者で協議のうえで権利取得できる者を決する。協議が成立しない場合は両者とも出願が拒絶される（特許39条2項）。なお，先願であっても，これが放棄されたり取り下げられた場合，あるいは拒絶査定が確定した場合には，最初から出願はなかったものとみなされて，先願としての地位を失う（特許39条5項）。

特許法39条に規定する先後願関係の該当性は，両出願が同一発明であるか否かで決せられる。発明の同一性は，特許請求の範囲（⇒第2章第1節②4）の記載によって決せられるが，たとえば，両出願の差異が，周知技術や慣用手段が付加されたり転換されているにすぎないとか，同一の技術を物の発明としているか方法の発明としているかにすぎないなどといった微差しかない場合には，実質的に同一発明として先後願関係に該当する。したがって，先行するＡ出願のＡ発明明細書の発明の詳細な説明の項（⇒同3）に記載されているが特許請求の範囲には記載されていない発明と，後続のＢ出願のＢ発明の特許請求の範囲に記載された発明とが同一であったとしても，両発明は同一発明とはならず，先後願関係には立たないから，Ｂ出願が特許法39条により拒絶されることはない。

特許法39条は二重特許を回避するための制度であると説明される所以である。ただし，このような場合には，Ａ出願は後に出願公開されたならば，Ｂ出願にとって後述する拡大先願に当たるとされ，結局Ｂ出願は登録を拒絶されることになる。この点は，次の⑥「拡大先願」の項でさらに説明する。

2 先願主義と先発明主義

🌐 排他的独占権である特許権は同一発明については一つしか成立させられない。したがって，同一発明が独立して複数完成した場合には，どちらに権利を与えるかを決しなければならない。わが国は前述のとおり先に出願した者に権利を与えるとする先願主義を採用している。これに対して，先に発明した者に権利を与えるのが先発明主義である。

🌐 最先の発明者と，これに後れて発明を完成させたが先に出願した者とのいずれに，当該発明の独占を認めるべきかとの政策論としては，両説ありうるし，いずれにも長短がある。しかし，発明完成の先後を探索することは困難であるため，これを決する手続に時間的費用的負担が大きいこと，また，先願主義を採用して早く出願させて，技術内容を公のものとすることが，重複技術開発を回避しつつ，技術の進歩を図るために有効であることなどから，先願主義が優位である。そこで，世界で唯一先発明主義を採用していた米国も，2011（平23）年に先発明者先願主義（first inventor-to-file system）に移行した[4]。

> *4　米国の先発明者先願主義では，発明者自らが発明内容を発表した場合でも，1年以内に出願すれば，その発表日から出願日までの間に，他に独自に同じ発明をした他人による先願があっても，他人による公表行為があっても特許を受けることができるとされており，前述（→③5）のわが国の新規性喪失の例外の場合以上に先発表者を保護するものであって，先発明主義ではないが，先願主義とも異なる「先発表主義」ともいえる制度である。

6 拡大先願 （特許 29 条の 2）

> 特許法第29条の2（特許の要件）　特許出願に係る発明が当該特許出願の日前の他の特許出願又は実用新案登録出願であつて当該特許出願後に第66条第3項の規定により同項各号に掲げる事項を掲載した特許公報（以下「特許掲載公報」という。）の発行若しくは出願公開又は実用新案法（昭和34年法律第123号）第14条第3項の規定により同項各号に掲げる事項を掲載した実用新案公報（以下「実用新案掲載公報」という。）の発

行がされたものの願書に最初に添付した明細書，特許請求の範囲若しくは実用新案登録請求の範囲又は図面（第36条の2第2項の外国語書面出願にあつては，同条第1項の外国語書面）に記載された発明又は考案（その発明又は考案をした者が当該特許出願に係る発明の発明者と同一の者である場合におけるその発明又は考案を除く。）と同一であるときは，その発明については，前条第1項の規定にかかわらず，特許を受けることができない。ただし，当該特許出願の時にその出願人と当該他の特許出願又は実用新案登録出願の出願人とが同一の者であるときは，この限りでない。

1　意　義

特許法29条の2は，1970（昭45）年特許法改正で追加された条文であり，「拡大された範囲の先願」，略して**拡大先願**あるいは**公知の擬制**と呼ばれる。

前述のとおり，特許法39条に規定する先後願関係は，同一発明について成立する。したがって，A先願の特許請求の範囲には記載されておらず，明細書の発明の詳細な説明の項にだけ記載されている発明について，後願としてB出願がされた場合，A出願はB出願の先願とはならない。その後，A出願が出願から1年6か月後に出願公開（特許64条）された場合には，A出願の明細書の発明の詳細な説明に記載されていた発明は，その時点で公知となるが，B出願時点においては公知ではないという状況は変わらない。

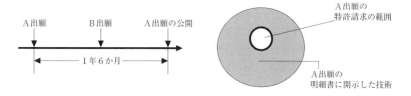

しかし，拡大先願制度により，このように結果的にA出願が出願公開された場合には，A出願の確定した特許請求の範囲に記載されている発明だけでなく，その出願当初の明細書，特許請求の範囲や図面に記載されていた技術についても，B出願に対しては公知技術に該当することが

擬制され，B出願の発明の特許要件は否定される[*1]。

> [*1]　後願にとって拡大先願に該当するためには，先願の出願当初の明細書に開示されている発明が後願発明と同一かまたは単なる周知技術や慣用技術の付加，削除，転用，転換等にすぎず実質的に同一といえる場合でなくてはならないが，たとえば両発明の課題が異なっている場合には両発明は実質的に同一とはいえない（知財高判平28・1・27 LEX/DB 25447728〈照明装置事件〉）。また，先願の明細書に開示されている発明は当業者が反復実施して所定の効果が挙げられる程度にまで具体的・客観的なものとして構成されていなければならない（東京高判平13・4・25 LEX/DB 28060862〈タピオカ澱粉事件〉。同様の趣旨を述べるものとして知財高判平26・3・25 LEX/DB 25446301〈高分子化合物事件〉がある）し，先願の明細書には極めて抽象的な記載しかない場合に，出願前の公知技術を参酌して，明細書の記載を読み込んで発明内容を認定することは許されない（東京高判昭60・9・30無体裁集17巻3号428頁〈コレステリン定量法事件〉）。

　なお，先願と後願が同一人による出願である場合には拡大先願に該当しないし，同日出願の場合には拡大先願とならないことや，その範囲が出願当初の明細書，特許請求の範囲と図面とされている点でも，先願（特許39条）とは異なっている。また，拡大先願は公知の擬制とも呼ばれるが，先願の特許請求の範囲や明細書に記載された発明は，後願に対する公知技術として進歩性有無の判断材料となるものではない点で公知と異なっていることにも注意しておく必要がある。また，前述のように先願の場合は，これが放棄・取下げ・却下されたり，あるいは拒絶査定が確定した場合には，先願の地位が失われる（特許39条5項）が，拡大先願の場合は，先願が後に出願公開されたならば，その後に放棄，取下げや拒絶査定確定などの事情が生じても，拡大先願としての地位に変更はない。

2　拡大先願制度導入の根拠

　拡大先願制度が導入された理由としては以下の3点を挙げることができる。

　(1)　先願の明細書の発明の詳細な説明の項に記載されている発明は，出願から1年6か月を経過するとすべて公開される（特許64条）ものであって，後願は社会に対して何ら新しいものを提供していないから，こ

れを後願者に独占させるのは不当であること。なお，出願公開されなかった出願は拡大先願に該当しないことは前述のとおり。

(2)　審査請求制度（出願から3年以内に審査請求があった出願のみにつき実体審査するとの制度：48条の3——なお，1999（平11）年特許法改正前の審査請求期間は出願から7年であった）が導入されたことにより，先願が必ずしも後願より先に審査されるとは限らなくなった。そして，先願が審査手続中に特許請求の範囲の記載が補正される場合もあることから*2，先願の特許請求の範囲が確定しないかぎり後願との発明の同一性の判断が不可能となり，その結果，後願の審査が著しく遅延することになる。

(3)　先願の発明者が明細書に記載した技術を他者に登録されないようにするためには，無駄な防衛出願をしなくてはならないが，むしろ特許請求の範囲以外の部分に記載した事項は万人に開放するつもりである出願人の意図を完遂させるべきである。

> *2　補正は出願当初明細書に記載された範囲内であれば，ある時期までは特許請求の範囲を拡張することもできる（⇒第4章第2節2「補正」）から，先願の特許請求の範囲が後願発明を包含するように補正がされることもありえる。さらに，前述のとおり先願が放棄・取下げ・却下されたり，あるいは拒絶査定が確定した場合には，先願の地位が失われる（特許39条5項）から，その結果の帰趨によっては，そのままだと後願が登録を得られることにもなる。この点は，3の*13も参照。

このような拡大先願の制度が導入されたことにより，先願が公開された場合には，後願が，先願発明と同一であるか否かにかかわらず，先願の明細書に包含される発明である場合には，先願か拡大先願が存在するものとして，特許を得られないことになる。

3　パリ条約による優先権主張を伴う先願

パリ条約（⇒第8章1）による優先権を主張した出願については，第一国出願日を基準にして拡大先願該当性を判断すべきか，わが国での出願日を基準にして拡大先願性を判断するべきかという問題がある。たとえば，2003年5月1日に米国で特許出願をし，パリ条約による優先権を主張して2004年3月1日にわが国に出願したところ（これをA出願とする），その明細書に記載された発明について他者がわが国で2004

年2月1日に出願していた（これをB出願とする）とする。B出願から見てA出願は，第一国出願日を基準とするならば拡大先願に該当するが，わが国での現実の出願日を基準とするならば後願となる。

パリ条約による優先権の効果は，出願のすべての効果を第一国による出願日に遡らせるものではないから，解釈論としては両説ありうるところである。第一国出願の明細書に記載され，特許請求の範囲に記載されていない技術であるが，その後わが国で出願公開されるに至ったものである点では，通常の拡大先願の場合と同様の状況にあるといえるから，第一国出願日をもって拡大先願の該当性を判断するのが通説であり判例（東京高判昭63・9・13無体裁集20・3・401〈電導性織物繊維事件〉）となっている*3。

*3　第4章第2節⑤の国内優先権についても同様の問題があるが，こちらは制度導入の際に，先の出願が拡大先願となるとの規定が設けられている（特許41条3項）。

7 特許を受けることができない発明

現行特許法32条は，特許を受けることができない発明として，**公序良俗または公衆衛生を害する発明のみ**を規定している。

現行特許法（昭和34年特許法）が制定された時，その32条は，不特許事由として以下の5つを掲げていた。

① 飲食物又は嗜好物の発明

② 医薬（人の病気の診断，治療，処置又は予防のため使用する物をいう。以下同じ。）又は2以上の医薬を混合して一の医薬を製造する方法の発明

③ 化学方法により製造されるべき物質の発明

④ 原子核変換の方法により製造されるべき物質の発明

⑤ 公の秩序，善良の風俗又は公衆の衛生を害するおそれがある発明

しかし，その後のわが国の経済的および技術的な発展と，国際貿易等の拡大傾向につれて，このような不特許事由の存在に対する外圧が高まり，1975（昭50）年特許法改正で①ないし③が削除され，さらに，

1994（平6）年改正で④が削除されて，現行の⑤のみが残った。

　⦿　技術水準が低い段階で，医薬品や化学物質などに特許を付与する法
　　制度を採用すると，国民生活に直接かかわる物品が結果的に技術先
進国に独占されてしまい，国内産業の発展が阻害される危険があること
から，これらの物につき特許を与えないとの産業政策がとられる。ただ
し，その場合でも，たとえば化学物質については，新規な化学物質の製
造方法については特許を受けることができるとする妥協策がとられる。
これにより，新規な化学物質の新規な製造方法については外国企業が特
許権を独占することになるが，特許方法以外の方法で同じ化学物質を生
産する技術が国内企業により開発されることになる。このような技術開
発形態をキャッチアップ型技術開発と呼んでおり，現在でも，インドな
どの後発開発途上国では同様の制度が採用されている[*1]。

　　＊1　TRIPs 協定 27 条 1 項は，すべての技術分野の発明（物であるか方法であ
　　　るかを問わない）について特許を与えるべきとしている。しかし，インドな
　　　どの後発開発途上加盟国は，1996 年 1 月 1 日から 10 年間はこの規定の適用
　　　を要求されない（同協定 66 条 1 項，65 条 1 項）。その後，猶予期間は 2034
　　　年 7 月 1 日まで延長された。

　⦿　なお，現行法では医薬品についても特許は成立するが，特許法 69
　　条 3 項は，人の治療等のために使う医薬品を 2 以上使用して，医師
の処方箋に従って調剤する行為に対しては，医薬品の発明についての特
許権の効力が及ばないとして，緊急適切に行われるべき医師の調剤行為
について特許権の拘束から解放している[*2]。

　　＊2　米国では医療方法に特許を付与しないとの法律および運用はないが，医師
　　　等の医療行為に対しては特許権は行使できない（米国特許法 287 条(c)）とし
　　　ていることは前述（⇒ ②の＊8）のとおりである。また，ヨーロッパ特許条
　　　約（EPC）では医療行為には特許を付与されないとしていることも前述のと
　　　おりであるが，医薬品については，わが国と同様に特許が成立する。そして
　　　各国の特許法，たとえばドイツ特許法は 11 条にわが国の特許法 69 条 3 項と
　　　同様の規定を置いている。

　⦿　公序良俗に反するとして不特許事由該当性を認めた判例としては，
　　東京高判昭 40・12・14（判タ 191・223〈男性精力増強器事件〉）程度し
かなく，同判決は，「いたずらに情欲を刺激し，いきおい乱用の弊を生

ずるにいたるおそれがある［器具は］，……国家社会の一般的利益もしく
は道徳観念をそこなうおそれがあり，……秩序もしくは風俗をみだすお
それがあるもの」であるとしている。

　特許を付与しないということは，その技術について独占権を付与しな
いことしか意味しないから，結果的にはこの技術は万人に開放されてし
まい，同技術の使用の可否は特許法とは別の取締法規によるべきことに
なる。しかし，公序良俗に反する技術に特許を付与しないとする制度趣
旨は，むしろ取締法規等の存否にかかわらず，万人に当該技術を使用さ
せるべきではないとするところにある[*3][*4]。たとえば，「ヒトに関する
クローン技術等の規制に関する法律」3条は「何人も，人クローン胚，
ヒト動物交雑胚，ヒト性融合胚又はヒト性集合胚を人又は動物の胎内に
移植してはならない」と規定し，同法16条は「第3条の規定に違反し
た者は，10年以下の懲役若しくは1000万円以下の罰金に処し，又はこ
れを併科する」と規定している。同法は，ヒトに関するクローン技術が
人間の尊厳の保持，人の生命および身体の安全の確保や社会秩序の維持
に重大な影響を及ぼすことに鑑みて制定された規制法であって（同法1
条参照），単なる取締法規に類するものではない。そうすると，「人クロ
ーン胚を人の胎内に移植する方法」の発明は，この発明の実施はすなわ
ち刑事罰の対象となる生命倫理に反する行為であって，それ以外の実施
態様はありえないから，公序良俗に反する発明として特許を付与すべき
ではない。

[*3]　「金塊密輸用ベスト」や「紙幣偽造機械」は反社会的発明であって特許を
　　受けられないと説明されている（特許庁編『産業財産権標準テキスト〈特許
　　編〉〔第8版〕』［2013年・発明協会］56頁）が，密輸用であったり偽造用で
　　あったりしなければ，当該技術自体は反社会的なものとして万人に使用させ
　　るべきでないとはいえない。たとえば偶然の結果で勝敗を決する遊戯器具の
　　発明であっても，賭博等の不正行為の用に供することを目的とした発明でな
　　いならば公序良俗に反するとはいえない（東京高判昭31・12・15行裁例集
　　7・12・3133〈ビンゴ事件〉）。

[*4]　1998年に発効した欧州連合（EU）の「バイオテクノロジー発明の法的保
　　護に関する指令」は，発明の実施が公序良俗に反する場合には特許は付与さ
　　れないが，単に当該発明の実施が法律や規則で禁止されているという事由だ

けで公序良俗違反としてはならないとしたうえで，これに続けて，ヒトをクローン化する方法，ヒトの生殖細胞の遺伝的同一性を変更する方法の発明や，ヒトの胚を工業的または商業目的で使用する発明などは，その実施が特に公序良俗に反する発明となるとすべきであるとしている。そして，欧州連合（EU）加盟国である，たとえばドイツでは，2005年に上記指令の趣旨に沿った特許法改正が行われている。

第3節　権利の主体
── 特許は誰のものになるのか

1 総 説

　本節では，特許要件を備えた発明をして権利の主体となれるのは誰かを説明する。

　まず，発明者本人には，特許を受ける権利が発生し，当然に特許権の主体となることができる。このほかにどんな人が特許を受けることができるのだろうか。特許を受ける権利を発明者から取得した者は，特許を受けることができるが，この「特許を受ける権利」とはどういう性質の権利なのかが問題となる。さらに，このどちらでもない者が特許を出願した場合はどう処理すべきなのか。2ではそのような課題を扱う。

　また，会社の従業者が発明を完成した場合には，特許を受ける権利は会社と従業者どちらに帰属するのか，従業者の権利を会社が取得するためにはどんな方法をとればよいのか，従業者の完成した発明を実施することによって得られた利益は会社と従業者間でどのように配分されるのかということも，特に最近では注目される大きな問題となっている。3ではそのような課題を扱う。

② 発明者主義

1　意　義

発明者または発明者から**特許を受ける権利を取得した者**だけが出願
をして特許権の主体となることができ，特許を受ける権利を有して
いない者による出願は拒絶される（特許49条7号）。かりに誤ってその者
を名義人とする権利が成立したとしても無効事由があることになる（特
許123条1項6号）。

この原則を「発明者主義」という。

発明者主義の下では，従業者であると否とを問わず，発明をするの
は**自然人**（生身の人間）に限られる*1。かりに，研究所のメンバーか
らなるグループで研究が行われた結果，発明が完成したとしても，この
グループ全体を発明者とすることはできず，発明の完成に実質的な関与
をした個人が共同発明者となる。

> ＊1　人工知能（AI）が創作に関与した作品の著作物性については議論が盛んで
> あるが（高林・著作権18頁＊），権利成立に出願手続を要する特許において
> は，AIを発明者とする出願は，出願手続に方式上の違反があるとして，相
> 当の期間を指定して手続の補正をすべきことを命じるとの運用がされており，
> 補正されない場合は出願手続が却下される（⇒第4章第1節2「方式審査」
> 参照）。

2　発明者

発明は事実行為であるから行為能力や責任能力に関係なく，発明を
完成した自然人が（たとえ子どもであっても）当然に発明者となる。し
かし，特許を受ける権利を取得するのが自然人である発明者本人に限ら
れることは，必ずしも当然ではない。たとえば，フランス知的財産権法
611条7は，従業者の発明による権利が原始的に使用者に帰属する場合
につき規定しており，英国特許法39条やイタリア特許法23条も同様の
規定を置いている。また，わが国の明治42年特許法も同様の規定を置
いていた。これらの法制は，自然人が従業者として発明を完成した場合

には，いったん従業者に帰属した特許を受ける権利を使用者に承継するとの構成をとらずとも，使用者が当該発明に関する特許を受ける権利を原始的に取得するとするものである。わが国でも，2015（平27）年特許法改正で，職務発明については，後述するように事前の従業者と使用者間での取決めで，発明完成時において特許を受ける権利を使用者が取得できる（35条3項）とされたが，この場合でも発明者が使用者になるのではなく，あくまで発明者は生身の人間に限られている。

　●　発明者とは，発明の特徴的部分すなわち発明の本質的部分といって良い解決すべき課題とその解決手段の創出に現実に加担した者であって，発明者に対して研究テーマを与えたり，一般的な課題の解決のための抽象的な助言をしたにすぎない者や，資金の提供や設備利用の便宜を与えたにすぎない者などは発明者ではない。また，発明者の指示に従いこれを補助したにすぎない者や，発明の完成後にこれを実施した商品を製造するための工夫を凝らした者も発明者ではない。しかし，グループで発明を完成したような場合に，具体的に発明者を特定することは必ずしも容易ではない[*2][*3]。

　　＊2　東京地判平14・8・27判時1810・102〈細粒核事件〉は，製薬会社の製剤研究室長の立場にあった者が職務発明に関する承継対価を請求した事案において，願書で共同発明者として名を連ねていたとしても，部下に対して課題解決の方向性を大筋で示しただけで，発明の成立に創作的な貢献をしていないから発明者とはいえないと判示している。さらに知財高判平19・3・15判時1989・105〈血小板凝集阻害剤事件〉は，化合物の物質発明に関して合成系研究者ではない生物系研究者が共同発明者となるには，単に化合物の生物活性の測定や分析に従事したのでは足りず，その測定結果の分析に基づいて新たな化合物の構造の選択や決定の方向性に示唆を与えるなど化合物の創製に実質的に貢献したと認められなければならないと判示している。また近時の知財高判令3・3・17 LEX/DB 25571412〈オプジーボ癌治療剤事件〉は，免疫学を含む基礎実験医薬の分野においては，（発明者の認定においては）着想した技術的思想を具体化するために，先行する研究成果に基づいた実証すべき具体的な仮説を着想し，その実証のために必要となる実験系を設計・構築した上で，科学的・論理的に必要とされる一連の実験を組み立てて当該仮説を証明するとともに，当該仮説以外の他の可能性を排除することなどが重要となると判示している。

　　＊3　米国では発明の完成は，着想（conception）から具体化（reduction to

practice）までの経過の中で説明され，2011 年特許法改正前は，着想を先にした者がその後の具体化への努力を疎かにした結果，同様の着想を後に得たが先に具体化した者がいた場合は，後に着想を得た者の方が発明者として優先するとされていた。わが国の発明者の認定の場面でも，着想の具体化へ貢献した者は，具体化後の商品化への工夫をした者とは異なって，着想を提供した者とともに発明者となると解される。しかし，前掲細粒核事件東京地判や知財高判平 20・5・29 判時 2018・146〈ガラス多孔体事件〉が判示するとおり，たとえば化学の分野では着想を得ただけではこれを具体化する道が示されたことにならず，提供された着想を実験等を繰り返すことによって具体化した者こそが発明者となる場合が多いし，機械の分野では着想を得ることがすなわちこれを具体化する道筋を示すことになり，着想を提供した者こそが発明者となる場合もあるので，発明者の認定に当たっては技術分野ごとに異なる視点からの考察が必要になる。

これまでわが国の企業では必ずしも正確に発明者を特定しない傾向があり，真の発明者でない者，たとえば研究室長などといった肩書のある者を安易に発明者に加えることなども行われていた。特許出願審査においても，出願書類に発明者と記載された者が真実発明をした者であるか否かが実質的に審査されることはなく，特許を受ける権利を出願人が取得しているのであれば，誤った者が発明者として記載されていることは特許の無効原因となってもいない*4。しかし，近時，職務発明としての権利承継の対価請求（⇒ ③6）訴訟が増加していることや，2011（平 23）年特許法改正で後述（⇒ 5）の真の発明者やその者から特許を受ける権利を取得した者が冒認出願人に対して権利の移転登録を求める制度が導入されたことなどからも*5，今後は，発明の完成の段階から発明者を正確に特定しておくことが求められる。

＊4　特許法には権利者の氏名表示権等の人格権保護に関する規定はない。ただし，パリ条約 4 条の 3 の「発明者は，特許証に発明者として記載される権利を有する。」との規定などを根拠として，発明者には登録証等に発明者名を明示させるなどできる権利（発明者名誉権）があるとする見解（中山 178 頁，大阪地判平 14・5・23 判時 1825・116〈希土類の回収方法事件〉，東京地判平 26・9・11 LEX/DB 25446630〈傾斜測定装置事件〉など）もある。

＊5　特許権者に対して冒認を理由として無効審判を申請する場合，自分が発明者であると主張するのであれば相手方である特許権者側が（知財高判平21・6・29 判時 2104・101〈基板処理装置事件〉），自分も共同発明者である

と主張するのであれば逆に審判請求人側が（知財高判平25・3・13判時2201・116〈二重瞼事件〉）主張立証責任を負うとするのが判例といわれている。しかし、冒認出願の場合の移転登録請求や冒認出願を理由とする特許法104条の3の権利行使阻止の抗弁を主張する場合を含め、自分（もしくは権利行使阻止の抗弁の場合は原告以外の特定の者）が発明者・共同発明者であるとして請求（抗弁）する側が主張立証責任を負っていると解すべきである。基本書としての性質上これ以上の説明は控えるので、高林龍「特許法の要件事実論からの分析」曹時59巻11号（2007年）14頁を参照して欲しい。

3　特許を受ける権利

特許登録以前の段階で発明者が発明という行為をすることにより取得する権利性のあるものの総体を**特許を受ける権利**という。譲渡性のある財産権であるが、特許権とは違って質権の対象とすることはできない（特許33条1項、2項）。

権利の性質のとらえ方としては、私権説、公権説、併存説の3説に分かれる。譲渡性のある財産権であるという意味では私権であるが、出願することによって権利化を求めることができる権利であるとの側面では公権ともいえるから、併存説が妥当である。

出願前の段階における特許を受ける権利の承継の対抗要件は出願である（特許34条1項。ただし、同日出願の場合は両者の協議により定めた者が対抗要件を具備する：同条2項）。したがって、二重に権利譲渡が行われた場合には先に出願した者が権利取得を主張できる[6]。

出願後の特許を受ける権利の譲渡は、特許庁長官への届出を効力発生要件とする（特許34条4項。ただし、同日届出の場合は両者の協議により定めた者の方にのみ効力が生ずる：同条6項）。これは、出願後において特許を受ける権利が誰に帰属するかを手続上も明確化しておくべきであるとの政策的見地に基づく規定である。相続等の一般承継の場合は承継の効力は相続によって生じ、特許庁長官への届出は効力発生要件ではないが、その場合も、手続上の明確性を確保するため、遅滞なく特許庁長官にその旨の届出をしなければならないとされている（特許34条5項）。

＊6　特許を受ける権利が譲渡されていることを知りながら、その二重譲渡を受けた者が先に出願した場合、不動産の物権変動の場合と同様に単なる悪意者

であるならば対抗要件を備えない先の譲受人は保護されないのかは問題になる。知財高判平 22・2・24 判時 2102・98〈加工工具事件〉は，少なくとも背信的悪意者に該当する者に対しては対抗要件なくしても対抗できると判示した。

　　特許を受ける権利の対象発明は，契約によって他者に実施させることができる[*7]。また，特許を受ける権利は，特許が登録されることによって特許権となり，出願中の特許を受ける権利について設定されていた仮専用実施権や許諾されていた仮通常実施権も特許が登録されることによって専用実施権や通常実施権となる。すなわち，特許を受ける権利は，出願前，出願時，審査時等を経てその内容を変化させ，しだいに権利性を高めながら，また場合によってはしだいに内容を縮小させながら，特許権となって発展消滅するといえよう[*8]。

　　[*7]　2008（平 20）年特許法改正で，出願中の特許を受ける権利について，仮専用実施権および仮通常実施権（対象発明について設定登録されることを停止条件とする専用実施権や通常実施権）を設定・許諾できる制度が新設された（特許 34 条の 2，34 条の 3）。仮専用実施権は登録を効力要件とし（特許 34 条の 4），2011（平 23）年特許法改正で仮通常実施権は登録なくして対抗できるとされたことなどは，権利成立後の専用実施権や通常実施権と同様であるから，第 3 章第 1 節を併せて参照のこと。

　　[*8]　この経過を認定した参考判例として最三小判平 5・10・19 判時 1492・134〈揺動圧入式掘削装置事件〉がある。この判例は，特許出願中の発明について実施契約を締結していたところ，出願手続中に特許請求の範囲が減縮されて，出願した当初段階の発明より小さい発明につき特許権が成立した場合において，当初の発明の範囲に包含されており実施契約に包含されていた対象装置も，発明内容が権利化する過程で縮小されるにつれて実施契約の範囲外となったとしたものである。

4　特許を受ける権利の共有

　　特許を受ける権利の共有状態は，複数の者が共同して発明を完成した場合と，一人が発明を完成して取得した特許を受ける権利が後の譲渡等によって共有状態になった場合に生じる。前者の場合を**共同発明**という。共同発明者は，単なる補助者や，管理者，後援者などを除き，発明の完成に実質的に関与した者に限られることは前述のとおりである。

特許を受ける権利を共有する者は，**全員が共同で出願しなくてはならず**（特許38条），特許を受ける権利の**持分譲渡には他の共有者の同意が必要であり**（同法33条3項），仮専用実施権の設定や仮通常実施権の許諾にも他の共有者の同意が必要である（同条4項）。また，出願が拒絶された場合の**不服審判請求も共同でなければ提起できない**（特許132条3項）。ただし，特許権の共有の場合に，各共有者は別段の定めのないかぎり他の共有者の同意を得ないで特許発明を実施できる（特許73条2項）のと同様に，特許を受ける権利の共有持分に基づく発明の実施は一人ですることができると解される。

このような制限のある共有状態が生ずるのは，一つの発明について成立する権利は総体としてしか生成ないしは消滅できないとの性質論に基づくものである[9]。また，発明の実施に際しては，持分権者は持分の行使ということで結局は単独で完全に権利の実施ができてしまうから，相共有者が誰であるかによって他の共有者は重大な影響を受けるために，持分の移転も自由に行えないとの拘束が働く。

* 9　特許を受ける権利が共有状態にある場合に，一方の持分部分の特許を受ける権利のみが出願されて権利化し，他方が出願されずに権利化されない状況などは想定できず，各持分の生成ないし消滅はいわば一蓮托生の関係にある。

特許を受ける権利または特許権の共有とは，民法にいう共有ではなく合有であるとの説がある。しかし，法律に「合有」と明記されている信託財産（受託者数人あるときは信託財産は合有とする：信託79条）にあっては，持分権の行使自体を観念できず，保存行為といえども総員が共同でしなければならない（大判昭17・7・7民集21・740）とされる一方で，講学上「合有」といわれる組合財産の所有形態にあって判例（最三小判昭33・7・22民集12・12・1805）は，持分権者は持分に基づいて保存行為として妨害排除を請求できるとしている。このように，合有との概念自体一定のものではなく，団体的規制の働く共有形態の一部を講学上「合有」と称しているにすぎない。したがって，特許を受ける権利または特許権の共有が「共有」なのか「合有」なのかを論ずる実益はない[10]。

* 10　なお，特許を受ける権利の共有者が提起する拒絶査定不服審決に対する審決取消訴訟は固有必要的共同訴訟であり共有者全員が共同で提起しなくて

はならない（最三小判平 7・3・7 民集 49・3・944〈磁気治療器事件〉）。しかし，いったん権利が成立した後にその有効性をめぐって争われる場合の審決取消訴訟は一部の共有者が保存行為として提起することができる（最二小判平 14・3・25 民集 56・3・574〈パチンコ装置事件〉）。このように権利生成過程における特許を受ける権利の共有と権利成立後の特許権の共有の場合とでは，共有の性質が異なるとされ，共有者の一部による審決取消訴訟提起の可否の結論が分かれる結果になっている。

5　冒認出願

🔘　特許を受ける権利を有しない者による出願を，実務では**冒認出願**と呼ぶ。冒認出願は拒絶理由（特許 49 条 7 号）となるし権利登録後も無効事由（同法 123 条 1 項 6 号）となることは前述した（⇒第 2 節⑤「先願」*2）。

▶️　2011（平 23）年特許法改正前には，冒認出願は特許法 39 条にいう先願とはならなかった。よって，理論上は，先に冒認出願がされた場合に，真の権利者（発明者や発明者から特許を受ける権利を取得した者）がこれに後れて出願をしたとしても，この冒認出願が先願として引用されて出願が拒絶されることにはならないはずである。しかし，実際は，真の権利者の出願に際して，先願が冒認出願であることは審査官には不明であることから，これが引用されて真実の発明者による後願がいったんは拒絶されてしまう可能性もあるし，この先願が冒認であることを立証することには困難が伴う。また，冒認出願であっても出願から 1 年 6 か月を経過すると出願公開されてしまう（特許 64 条）から，その後の時点で真の発明者が出願しても新規性喪失を理由として特許が受けられないことになる。このように，冒認出願がされることより真の権利者の権利が阻害されることになる[11]。

　　*11　この論点を研究するにふさわしい判例として最三小判平 5・2・16 判時 1456・150〈自転車用幼児乗せ荷台事件〉がある。この判例は，意匠登録を受ける権利に関するものであるが，冒認出願が意匠公報に掲載されてしまうことにより，後に行った真の権利者による意匠登録出願が新規性喪失によって権利化できなくなることを指摘し，冒認出願行為が真の権利者に対する関係で不法行為となる旨判示している。

このように，冒認出願がされているのに真の権利者が別に出願して
権利の登録を得るのは困難であるし，かりに冒認出願人名義で成立
した特許が無効となっても，これによって真の権利者の権利が回復され
ることにはならない。そこで，冒認出願が行われた場合，この出願を活
かして，出願人名義あるいは登録名義を真の権利者へ移転する手続があ
ればこの問題は解決できる。しかし，出願手続中の出願人名義変更の限
度ではこれを認めるのが通説・判例ではあったが[*12]，冒認出願人名義
でいったん権利が設定登録されてしまった場合に，真の権利者への登録
名義の移転が可能か否かについては判例や学説の立場も分かれていた[*13]。

　　*12　当初から冒認者が出願した事例であれ，当初は真の権利者が出願したの
　　　　にその後冒認者が勝手に出願人名義を変更した事例であれ，出願手続中に，
　　　　冒認出願人を相手として真の権利者が，特許を受ける権利を有する旨の確認
　　　　判決を得て，この確定判決を添えて特許庁に対して出願名義人の変更申請を
　　　　すれば，真正権利者への出願名義の回復を認めるとの運用が特許庁実務とし
　　　　て採用されており，判例・学説もこれを支持していた。

　　*13　最三小判平13・6・12民集55・4・793〈生ゴミ処理装置事件〉は，特
　　　　許出願をしていた真の権利者が，出願手続中に譲渡証書を無断で作成するな
　　　　どして出願人になりすまして特許権の設定登録を受けた者に対し，当該特許
　　　　権の登録名義の移転を請求した事案に関して，この請求を認容すべきものと
　　　　判示した。一方で，当初から冒認者が出願を行って登録名義を得た場合につ
　　　　いて，東京地判平14・7・17判時1799・155〈ブラジャー事件〉や東京地
　　　　判平19・7・26 LEX/DB 28131842〈粉粒体移送装置事件〉は真の権利者か
　　　　らの移転登録請求を否定していた。

　2011（平23）年特許法改正は，当初から冒認者が出願した場合であ
れ，当初は真の権利者が出願したのにその後冒認者が勝手に出願人
名義を変更した場合であれ，真の権利者が冒認者名義で登録された特許
権の移転登録を請求でき（特許74条1項）[*14]，真の権利者への移転登録が
された場合には，初めからその者に特許権は帰属していたものとみなし
（同条2項），さらに移転登録を経た者に特許証を交付する（同法28条1
項）ことにして，真の権利者の地位の回復を十全のものにした[*15]。

　冒認出願は前述のように無効事由とはなるが，その無効はその発明に
ついて特許を受ける権利を有する真の権利者に限り請求できることとし
（特許123条2項ただし書）[*16]，真の権利者へ登録名義が移転された後には

無効事由は解消するとした（同条1項2号，6号［いずれもカッコ書き］）。また，このように冒認者の出願であっても後に真の権利者がその地位や登録名義の移転を受けることができる途を開いたのに伴い，冒認者の出願であっても先願の地位を取得することにした（改正前特許39条6項の削除）。ただし，冒認出願は改正後においても拒絶理由（特許49条7号）であるから，出願段階で拒絶される場合は残っている。

　冒認出願人が権利の登録名義を取得している間にその権利を譲渡したり，専用実施権を設定したり通常実施権を許諾していたとしても，それらの行為は真の権利者への登録名義の移転登録によって遡って効力を失う。しかし，真の権利者に登録名義が移転される前の段階で冒認であることを知らずに，その特許権や専用実施権あるいは通常実施権を得て，その発明の実施である事業をしたりその準備をしていた場合であるならば，それらの者は登録名義を得た真の権利者との関係でもその発明および事業の範囲内で，特許権について有償の法定通常実施権を取得する（特許79条の2）。

　　＊14　2011（平23）年特許法改正では出願手続中における真の権利者の出願名義の回復に関しては規定していないが，冒認出願人名義で権利が登録された後において登録名義の移転を許容することの帰結として，出願手続中における出願名義の回復が認められることが当然の前提となる。その手段としては，前述のような従来から実務で採用されてきた特許を受ける権利の帰属確認訴訟によることになるだろう。

　　＊15　2011（平23）年特許法改正は，通常の冒認出願だけではなく，特許を受ける権利の共有者のうち，一部の者が，共同出願の原則（特許38条）に違反して出願して登録名義を取得した場合もいわゆる冒認出願に包含させて，特許を受ける権利の持分権者は，他の共有者の同意を得ることなく冒認者名義で登録された権利の持分の一部移転を請求できるとした（同法74条1項，3項）。

　　＊16　ただし，冒認者名義で登録がされている間に冒認者が第三者に対して特許権侵害による差止めや損害賠償等請求訴訟を提起した場合，被告となった第三者は特許法104条の3によって当該特許は無効審判によって無効となるべきものである旨の権利行使阻止の抗弁を主張できる（2011（平23）年改正特許104条の3第3項）。

2011（平 23）年特許法改正後にも検討されている問題点としては次の点がある。

　まず，特許法 74 条 1 項に規定する冒認出願には，特許を受ける権利の譲渡契約が権利の登録後に詐欺による取消し（民 96 条）や錯誤による取消し（平成 29 年改正民法 95 条）によって当初から効力がなかったとされる場合や，譲渡契約が権利の登録後に債務不履行解除されて権利が回復した場合も含まれ，権利者は特許法による移転登録を請求できるかという点である。善意の第三者の保護規定の存否にかかわらず，意思表示の存在自体が遡って否定される前者の場合は特許法の規定が優先適用されるが，原状回復（民 545 条）を実現するために解除の遡及効が認められるにすぎない後者の場合には，民法による限度で移転登録等が求めうるものと解される（竹田稔「冒認出願等に対する真の権利者の救済措置」L&T 54 号［2012 年］49 頁，ただし反対：中山 367 頁，入門 68 頁）。

　次に，冒認者が真の発明者の発明を一つの請求項として他の請求項を付加して権利化したり，あるいは改良発明として権利化した場合に，真の発明者に権利全体の移転登録を認めることは過大であるが，権利の一部の移転登録を認める制度が現存しない点の解決策である。この点は，現行法上は寄与分に応じた共有持分の移転登録請求（特許則 40 条の 2）をするほかないと思われるが，冒認者と真の権利者での特許権の共有では前述のように円滑な権利の活用が困難である（⇒ 4 特許を受ける権利の共有）。裁判所による共有物分割（民 258 条）として，たとえば真の権利者に特許権を帰属させ，冒認者には価格賠償をさせる方法による分割を求める（最一小判平 8・10・31 民集 50・9・2563〈共有物分割事件〉参照）方策なども考えられる。

　なお，権利者が名義を回復した後に認められる法定通常実施権の内容や，実施者と旧名義人である冒認者間での実施契約と法定通常実施権との関係等については，法定通常実施権の項目（⇒ 第 3 章第 1 節 ③ 4）で後述する。

③ 従業者発明

特許法第35条（職務発明）　使用者，法人，国又は地方公共団体
（以下「使用者等」という。）は，従業者，法人の役員，国家公
務員又は地方公務員（以下「従業者等」という。）がその性質
上当該使用者等の業務範囲に属し，かつ，その発明をするに至
つた行為がその使用者等における従業者等の現在又は過去の職
務に属する発明（以下「職務発明」という。）について特許を
受けたとき，又は職務発明について特許を受ける権利を承継し
た者がその発明について特許を受けたときは，その特許権につ
いて通常実施権を有する。

2　従業者等がした発明については，その発明が職務発明である
場合を除き，あらかじめ，使用者等に特許を受ける権利を取得
させ，使用者等に特許権を承継させ，又は使用者等のため仮専
用実施権若しくは専用実施権を設定することを定めた契約，勤
務規則その他の定めの条項は，無効とする。

3　従業者等がした職務発明については，契約，勤務規則その他
の定めにおいてあらかじめ使用者等に特許を受ける権利を取得
させることを定めたときは，その特許を受ける権利は，その発
生した時から当該使用者等に帰属する。

4　従業者等は，契約，勤務規則その他の定めにより職務発明に
ついて使用者等に特許を受ける権利を取得させ，使用者等に特
許権を承継させ，若しくは使用者等のため専用実施権を設定し
たとき，又は契約，勤務規則その他の定めにより職務発明につ
いて使用者等のため仮専用実施権を設定した場合において，第
34条の2第2項の規定により専用実施権が設定されたものと
みなされたときは，相当の金銭その他の経済上の利益（次項及
び第7項において「相当の利益」という。）を受ける権利を有
する。

5　契約，勤務規則その他の定めにおいて相当の利益について定
める場合には，相当の利益の内容を決定するための基準の策定
に際して使用者等と従業者等との間で行われる協議の状況，策
定された当該基準の開示の状況，相当の利益の内容の決定につ
いて行われる従業者等からの意見の聴取の状況等を考慮して，

その定めたところにより相当の利益を与えることが不合理であると認められるものであつてはならない。
6　経済産業大臣は，発明を奨励するため，産業構造審議会の意見を聴いて，前項の規定により考慮すべき状況等に関する事項について指針を定め，これを公表するものとする。
7　相当の利益についての定めがない場合又はその定めたところにより相当の利益を与えることが第5項の規定により不合理であると認められる場合には，第4項の規定により受けるべき相当の利益の内容は，その発明により使用者等が受けるべき利益の額，その発明に関連して使用者等が行う負担，貢献及び従業者等の処遇その他の事情を考慮して定めなければならない。

1　はじめに

わが国では，現在，個人発明家による特許出願件数よりも，法人による特許出願が圧倒的に多い。たとえば特許庁統計によれば，2022（令4）年の特許出願総数28万9530件のうち，個人による出願は5966件，官庁は19件にすぎず，他は法人からの出願となっている。

従業者発明は，**職務発明**（特許35条1項）とそれ以外に分けることができる。特許法は職務発明に関する権利の帰属などの条項を置いているが，従業者発明の中には，従業者が職務としてではなく完成した発明もある。このうち，勤務先の業務範囲に属する発明を「業務発明」，勤務先の業務とも関係しない発明を「自由発明」と呼ぶ場合がある。

後述のように，業務発明や自由発明についての特許を受ける権利は従業者に帰属する。事前に，これを会社に取得すると約束させることはできず，かりに職務発明規程でこのような発明も会社が取得すると約している場合は，この条項は無効となる（特許35条2項）。したがって，会社が権利を承継するためには，発明の完成後の個別交渉によって従業者の了解を得なくてはならない。

なお，従業者が職務上製作した有体物としての商品の所有権は原始的に使用者に帰属する。この点について雇用契約に関する民法623条以下の条文には何ら規定はなく，逆に民法246条2項によると，加工物の所有権は，材料の価格に比して完成品の価値が著しく高い場合には

加工者に帰属するとされているが，民法のこの規定は任意規定とされており，通常は，雇用契約締結に際して従業員が職務上製作した有体物の所有権は原始的に使用者に帰属させるとの暗黙の合意が成立しているものと解されている（我妻栄『債権各論中巻2（民法講義 V₃）』[1962年・岩波書店] 569頁）。しかしながら，無体の発明に関してはこの原則の適用はなく，特許法の規定が優先的に適用になることに注意しなければならない。

　　以上と異なり，職務発明については，使用者は従業者との間で権利の設定・取得に関して事前の取決めをすることが可能である（特許35条2項）。ただし，従業者にそれに対する相当の金銭その他の経済上の利益（相当の利益）を支払わなくてはならない（特許35条4項）。

　職務発明となるのは，次の要件をすべて満たす発明である。

　　・従業者の発明であること
　　・使用者の業務範囲に属する発明であること
　　・従業者の現在または過去の職務に属する発明であること

　以下では，これらの要件をまず説明する（2〜4）。ついで，使用者と従業者の間での従業者発明に関する取決めの問題（5）と従業者の相当対価請求権（2015（平27）年特許法改正前）や相当利益請求権（同年改正後）の問題（6〜8）を扱う。なお，特許法35条は，特許を受ける権利の取得だけでなく，特許権の承継や専用実施権設定についても定めているが，ここでは特許を受ける権利を取得させる取決めを念頭に置いて説明する（実際に問題になるのもそのような取決めに関してである）。

　また，何の取決めもない場合に使用者が職務発明について有する権利（通常実施権）についても若干説明を加える（10）。

　最後に職務著作との相違についても触れる（11）。

2　従業者

　　特許法35条1項は，従業者，法人の役員，国家公務員または地方公務員を従業者等と定義している。使用者と従業者の間には雇用契約があるのが通常であるが，発明をするにあたっての金銭的・物的支援体制があり指揮命令関係にあれば，雇用契約がない場合でも特許法35条にいう「従業者」に該当する場合がある。たとえば，出向社員や派遣

社員などが同条の従業者に該当する場合もある*1。

*1　たとえば，Ａ社がその従業者甲をＢ社に派遣した場合に，甲はＡ社から派遣を命ぜられ，給与もＡ社から受領しているが，職務内容の指示は派遣先のＢ社から受け，かつＢ社の物的施設や研究資金を利用して発明を完成させたのであれば，甲とＢ社の間に雇用関係はなくとも職務発明に関してはＢ社の従業者であると解される。この場合，Ｂ社の職務発明規程が直ちに甲に適用になることはないため，甲の完成した発明をＢ社が承継するには事後的に取決めをする必要が生ずるが，そのような取決めをしなくともＢ社はこの職務発明について，後述のとおり無償の法定通常実施権を取得することができる。ただし，Ａ社とＢ社の間には人材派遣に関する契約関係があり，Ａ社と甲の間には雇用関係があるのであるから，特に派遣社員が派遣先で研究に従事するような場合には，事前に三者の利害を調整するような取決めをしておくことが望ましい。

なお，特許法35条1項に規定する従業者等には法人と委任契約関係にある法人の役員も含まれており，むしろ，従前は，共同経営者間の内紛に起因して元取締役などが職務発明承継の対価を訴訟上請求する例などが多かった。

3　使用者の業務範囲

使用者の業務範囲は，会社の定款に記載された業務に限らず，使用者が現に行っている業務や将来行う具体的予定がある業務も含む。

国や地方公共団体の場合には現に行っている業務は広範囲であるから，当該従業者の所属する機関の業務範囲に限定して解釈すべきである。ただし，従業者の職務であるのに，会社の業務範囲外である場合などは通常は想定できないから，議論する実益に乏しい。

4　従業者の現在または過去の職務

発明完成時に従業者であったことを要する。発明を職務とする部署に配属されていた者が他の部署に異動後に完成した発明であっても，発明完成時に従業者である以上，職務発明に該当する。また，退職後に完成した発明は職務発明に該当しないが，発明完成後に退職して特許出願時には従業者でなかったとしても，この発明は職務発明に該当する。退職と発明完成の先後に関する争いを回避するためには，従業者の研究

過程を研究記録書に記録させて発明を把握しておき，在職中に完成させたのに退職後に出願した場合には権利を使用者に返還させるとの内容を職務発明規程に盛り込んでおくのが通例である。

　従業者の職務が発明の完成を目的とするもの，すなわち研究所の研究員である場合などはもちろん，使用者との関係で発明の完成が従業者に期待されている職務も含まれる。

　大阪地判平6・4・28（判時1542・115〈マホービン事件〉）は，マホービンの会社で商品試験所長の地位にあった者が，使用者から具体的な指示を得ることなく発明したマホービンに関する発明は職務発明であると判示している。しかし，たとえば営業担当の従業者は，通常は，発明の完成を使用者に期待されていないから，顧客からの要望を容れて職務時間外に発明を完成したとしても，職務発明には該当しない。なお，東京地中間判平14・9・19（判時1802・30〈青色発光ダイオード事件中間判決〉）は，企業で研究者の職にあった者が，かりに上司から研究の中止を命じられていたとしても，勤務時間中に，企業の設備や他の従業員からの協力を得て研究を続行して完成した発明は職務発明に該当すると判示している。

　大学の教員は，通常は使用者から発明の完成を期待されておらず，発明の完成を義務としている者でもないから，たとえば工学部の教授が研究の成果として発明を完成しても，原則として職務発明には該当しない。ただし，この研究に際して給与以外に特別の研究費補助を受けている場合や，この研究のために大学の研究施設を使用した場合には職務発明に該当することがある[*2][*3]。

　*2　私立大学である早稲田大学でも，職務発明規程を定めて教職員の完成した職務発明について特許を受ける権利を大学が承継取得するとした。そして承継後に大学の費用で特許出願し，企業に権利を移転したりライセンスしたりするための組織（技術移転機関＝TLO：Technology Licensing Organization）である知的財産センター（現在の名称「産学官研究推進センター」）を2000（平12）年に設立した。なお，学生は通常は大学に対して学費を支払っている者であるから従業者に該当しないが，特定の研究プロジェクトに加わって大学施設を利用し，研究費の支給を受けるような場合には，事前に職務発明に関する契約を締結して，完成した発明について取決めをすることもある。また，一般の学生が完成した発明や，教職員の自由発明であっても，特許出願するには人的・資金的負担が大きいこともあるため，特許を受ける

権利の任意譲渡を大学が事後的に受けて特許出願し，技術移転を図り，その結果生み出される利益を配分することも行っている。

 ＊3 国立大学の教職員が完成した発明については，私立大学の場合と異なって，原則的に教職員の個人帰属とし，極めて限られた場合にのみ職務発明として特許を受ける権利を国が承継することになっていたが，個人帰属とされた発明の活用が十分にされないなどの問題があった。逆に，国が研究成果の給付を求めて交付する委託費（科学技術振興調整費等）の場合，その結果産み出された知的財産は国庫に帰属するとされていた。1999（平11）年制定の産業活力再生特別措置法 30 条は，一定の条件のもと，知的財産を国が受託者から譲り受けないことができるとされ，さらに 2004（平 16）年の国立大学の法人化に先立ち，2003（平15）年には科学技術・学術審議会，技術・研究基盤部会の下に置かれた「産学官連携推進委員会」が「新時代の産学官連携の構築に向けて」を明らかにし，国立大学発の職務発明についての従来の方針を変更して，私立大学の場合と同様に各大学が権利を承継して活用できる道が開かれた（中山 65 頁参照）。

5 事前または事後の権利取得の取決め

 2015（平 27）年改正前特許法 35 条は，職務発明について従業者が取得した特許を受ける権利をあらかじめ使用者が承継することができる場合を規定し，その場合には従業者は使用者から相当な対価を受ける権利を有するとしていた。同年改正は，職務発明について従業者から特許を受ける権利をあらかじめ使用者が取得することができる場合を規定し，その場合には従業者は使用者から相当な金銭その他の経済上の利益（相当の利益）を受ける権利を有すると改めた[4]。改正法が規定する「取得」には，改正前のように発明完成により従業者が取得した特許を受ける権利を使用者が承継して取得する場合と，発明完成により従業者に帰属すべき特許を受ける権利を使用者に法的に帰属させる場合[5]の両者を包含している[6]。

 現行法を解説する本書においては，2015（平 27）年改正前の判例や論述を説明する場合のほかは，「承継」とある記述は原則「取得」と改めることにし，承継と取得とで説明を異にする必要がある場合にのみ両者を区別して記述している。

 ＊4 承継取得しかできなかった 2015（平 27）年改正前の制度下では，従業者

が特許を受ける権利を二重譲渡する場合が想定される。その場合でも第二譲受人が背信的悪意者である場合には第一譲受人である使用者は対抗要件（出願）を不要とする処理をした判例（前掲知財高判平 22・2・24〈加工工具事件〉⇒ ②3 ＊5）もあるが，改正により特許を受ける権利は発明完成と同時に使用者が取得することになる場合には，二重譲渡問題は発生しないことになる。

＊5　後者の場合に発明者である従業者ではなく使用者が特許を受ける権利を取得するとの構成は，映画の著作権について著作者が映画製作者に参加約束をしている場合には，映画の著作権は著作者ではなく映画製作者に帰属すると規定する著作権法 29 条 1 項と類似するものである（高林・著作権 126 頁参照）。

＊6　なお，知財高判 5・6・22 LEX/DB 25572923〈射出成形装置事件〉では，発明完成時の職務発明規程では従業者の職務発明についての特許を受ける権利は使用者が承継取得するとされていた場合に，その後の合意（契約）で遡って承継を伴わない原始的な権利取得であったとすることはできないと判示している。

職務発明であっても使用者は従業者から当然に特許を受ける権利を取得できるものではなく，そのためには事前（発明完成前）または事後に取決めをする必要がある。

　これらの取決めとして職務発明規程を設けている企業が多く，発明協会が 1997 年に行った調査でも，173 社中の 171 社（98.8％）の企業がすでに職務発明規程を持っていた（発明協会研究所編『職務発明ハンドブック』［2000 年・発明協会］86 頁）。

職務発明規程は，従業者と雇用契約を締結する際に，他の労働協約や就業規則等と一括して呈示され，従業者はこれを了解して雇用契約を締結するのが通常である[7]。その際，従業者が職務として発明を完成する部署に配属されるか否か，どのような発明を完成するかは未だ全く不明の状態であるから，従業者と使用者間での取決めは，特定の発明に関する権利を取得するという内容のものではなく，概括的なものにすぎない。むしろ，対象物が全く存在しない場合に，職務発明である以上いかなる発明であってもその権利を使用者が取得するという取決め（契約）は[8]，契約の一般原則からは有効に成立できない。特許法 35 条はこれを許した特別規定であると理解することができる。

＊7　最三小判平15・4・22民集57・4・477〈オリンパス光学事件〉は，職務発明に関する特許を受ける権利を使用者が承継するとの勤務規則を従業者に適用するためには，従業者に承継の意思がある必要はないと判示している。これは，かりに権利の承継が従業者の意思に反していたとしても，従業者には後述の相当対価請求権があるから，使用者と従業者の利益のバランスを損なうことはないとの理解に立つものと思われる。なお，相当対価額や相当利益額の決定について従業者にどの程度の関与を認めるべきかについては後述する。

＊8　2015（平27）年特許法改正後においても，特許を受ける権利を事前に承継すると取り決める場合であれば，前述のように共同発明の場合には，特許を受ける権利の持分の承継に先立って他の共有者の同意を得ておく必要がある（特許33条3項）し，取締役の発明の場合には特許を受ける権利を会社に譲渡するに当たっては株主総会や取締役会の承認が必要とされている（会社356条，365条）こと，さらには，使用者が発明の価値を見極めてから承継するか否かを決するのが妥当であることなどから，発明の完成と同時に使用者に移転するとする「停止条件付移転」とする形式ではなく，使用者が承継する旨の意思表示をすることによって移転するとする「一方の予約」形式の方が好ましいだろう。他方，特許を受ける権利を事前に取得すると取り決める場合であっても，「解除条件付取得」とするなどして価値のない発明については取得しないとすることも考えられる。

　前述の自由発明および業務発明は，いずれも職務発明でない点では同一であり，使用者がこのような発明にかかる権利を取得する旨の事前に締結された契約や職務発明規程の効力は否定される（特許35条2項）。これを許すと，使用者と従業者との力関係上，結局は従業者が完成した発明のすべてが予め使用者に帰属することになってしまう危険があるとの立場から定められた従業者保護規定である。

　業務発明の場合に，従業者が使用者に発明完成を通知すべきとする事前の取決めは有効であるが，譲渡の強制はできないのは当然である。発明完成後の段階であれば，協議によって権利を移転することは，自由な意思に基づくものである限り，職務発明，業務発明あるいは自由発明を問わず，可能である。

6　2015 (平27) 年特許法改正前の相当対価請求権と相当対価額の算定方法

> ### (1)　相当対価請求権

従業者が職務発明についての特許を受ける権利を使用者に承継させる等した場合には，従業者は相当な対価の支払を受ける権利がある（2015（平27）年改正前特許法 35 条 3 項）。

物の譲渡額は当事者間で自由に決定できるのが原則であり，時価相当額が譲渡額でなくてはならないとするルールはない。売買額は交渉しだいで時価より高くも安くもなる。しかし，職務発明に関する現行法と同様の規定が設けられたのは 1921（大 10）年であって，当時の社会状況を考えれば，従業者が使用者と対等な関係に立って職務発明の対価額を決定できたとは思えない。そこで，特許法は 35 条 3 項で相当な対価請求権を従業者に与え，同条 4 項（2004（平 16）年改正前）で相当対価額算定の際の考慮事項を「その発明により使用者等が受けるべき利益の額及びその発明がされるについて使用者等が貢献した程度」と明確化したのであろう。そこには，特許法における発明者重視・従業者保護の思想が見て取れる。

ところがその後の歴史を見れば，このような保護法規にもかかわらず，終身雇用制の下で，従業者が職務発明の対価額を請求することはほとんどなく，まして，いったん受領した対価額が安すぎると争ってくることなど考えられない状況が長期間続いていた。

その後，雇用関係の流動化をはじめとする社会状況の変化に伴って，特に平成の年号になって以降，企業内で重要な研究を担当していた者が職務発明についての権利承継の対価額を請求する訴訟が続発するに至り，企業における特許管理上の問題としても判例の動向が注目されるようになっていた。そのような中にあって，前掲のオリンパス光学事件上告審判決は，かりに職務発明規程に従って従業者に補償金が支払われているとしても，後日，その額が相当ではないと裁判所によって認定される場合には，従業者は改めて差額を請求することができると判示して，従前の下級審判例・通説の立場を改めて確認した。しかしながら，2004（平 16）年改正前特許法 35 条の規定や同判例からは，当事者間で

十分な協議を経て権利承継の対価額が決定された場合でも，後日その額が相当でないと裁判所によって判断されたならば，従業者は，差額の多寡にかかわらず常に相当額との差額を請求できるのか否かは不明であった。そこで，2004（平16）年改正特許法35条4項は，使用者と従業者との協議等の手続が履行された結果として対価額が決定された場合は，これが不合理であるときを除き，その額をもって相当な対価額と認められることを明記した[*9][*10]。なお，相当対価額の定めが不合理であることの主張・立証責任は従業者側が負担する。

* 9 　2004（平16）年改正特許法35条4項により相当対価額の定めが不合理とされないためには，手続に合理性があることは前提であるが，額の合理性もひとつの考慮要素となる。したがって，同項より対価額を決定するに際しては，程度の差はあれ5項に規定する諸事情が考慮される必要がある。

* 10 　2004（平16）年改正特許法35条4項および5項は，改正法施行日である2005（平17）年4月1日以降に権利が承継された場合にのみ適用される（附則2条1項）が，それ以前の段階でも，同様の協議等が行われた結果による対価額の定めが手続においても額の多寡においても不合理でない場合には，裁判所は事前に定められた基準による対価額や発明完成後の合意額をもって相当額と認定することができたと解される（高林龍「職務発明についての権利の帰属と相当な対価額の決定に関する法律上の問題点」知管52巻7号［2002年］953頁以下）。したがって，私見によれば，2004（平16）年改正特許法35条4項は確認的規定ということになる。なお，2004（平16）年改正特許法35条を適用して判断した判例は未だ少ないが，これを適用して相当対価の額の定めが不合理であると判断された例として，知財高判平27・7・30 LEX/DB25447416〈野村證券事件〉がある。

(2)　相当対価額の算定方法

相当な対価の額は，まずは2004（平16）年改正特許法35条4項に従った当事者の協議等の結果により定められた額であるが（ただし，前 * 8 参照），このような定めがない場合またはその定め方や定めた額が不合理と認められる場合には，その発明により使用者等が受けるべき利益の額，その発明に関連して使用者等が行う負担，貢献および従業者等の処遇その他の事情を考慮して定めなければならない（同改正特許35条5項）。

使用者は，後述のように，従業者の職務発明につき無償の法定通常
実施権を有しているから，権利を承継することによって得られる利
益は，この権利を自分だけが独占することにより得られる利益であって，
譲渡代金と同等ではない。使用者が発明を独占することにより得られる
利益とは，使用者自身が発明を自社実施している場合にはそれによる超
過利潤であり，他社に許諾している場合には実施料収入である。このう
ちの使用者が自社実施している場合の超過利潤や，誰も実施していない
場合の実施料収入額の算定は困難であるが，第三者が実施したと仮定し
て机上において算定していくほかはなく，裁判官の自由心証（民訴247
条）によりある程度は概括的な算定にならざるをえない。このような処
理も，特許法105条の3や民事訴訟法248条の趣旨から，当然に許容さ
れる。この点は，その発明に関連して*11使用者等が行う負担，貢献お
よび従業者等の処遇その他の事情の判断についても同様である。

*11　2004（平16）年改正前の特許法35条4項は，相当対価額は「発明がされ
　　るについて使用者等が貢献した程度を考慮して定め」ると規定していたため，
　　発明完成後の権利化や商品化に対する使用者の貢献の程度も考慮できるかに
　　ついては判例の立場も分かれ，たとえば東京地判平16・1・30判時1852・
　　36〈青色発光ダイオード事件〉はこれを否定し，東京地判平16・2・24判
　　時1853・38〈味の素アスパルテーム事件〉はこれを肯定していた。
　　2004（平16）年改正特許法35条5項は立法的措置により肯定説の立場を明
　　確化した。
　　　なお，従業者が発明することを職務とする者である場合には，発明・研究
　　活動に見合う月々の給料を受領しているといえるから，そうではない者の場
　　合以上に発明に関連した使用者の貢献度は高いということができるだろう。

相当な対価の額は，理論的には権利承継の際に算定が可能である
（東京地判昭58・12・23無体裁集15・3・844〈連続クラッド装置事件〉，大阪
高判平6・5・27知的裁集26・2・356〈釣糸製造法事件〉）としても，裁判所
ではない使用者側がこれを算定することは極めて困難である。したがっ
て，相当対価額全額を権利承継時に一括して支払うのではなく，出願補
償，登録補償，実績補償等の段階を踏んで支払うと規定している会社が
多い。なお，前掲大阪高判平6・5・27〈釣糸製造法事件〉は，職務発
明規程が存在しない事例であるが，裁判所は相当な対価の額を，出願時

補償，登録時補償と実績補償の合算額として認定している。

　🔘　対価額算定にあたっては，同一発明についてわが国以外で出願する特許を受ける権利を使用者が取得した事実やその特許発明をわが国以外で実施して利益を得た事実をどのように評価するかも問題となる。

　わが国所在の企業内において従業者が完成した職務発明に関しては，出願国の多寡や各権利登録国での実績を加味して，一括して職務発明に関する対価額を算定することで処理することができれば便宜である。しかし，特許権はそれぞれの国で独立のものであり，たとえば職務発明についての特許を受ける権利は原始的に使用者に帰属すると定める国や，職務発明に関する権利承継の際の対価請求権を認めていない国などが存在することは前述した。東京地判平 14・11・29 判時 1807・33〈日立製作所事件東京地判〉は，こういった原則に忠実に従って 2004（平 16）年改正前特許法 35 条はわが国の特許を受ける権利にのみ適用されるとして，外国の特許を受ける権利について同条 3 項に基づき相当対価を請求することはできないとした。一方で，控訴審である東京高判平 16・1・29 判時 1848・25〈日立製作所事件東京高判〉および前掲（＊10）東京地判平 16・2・24〈味の素アスパルテーム事件〉は特許法 35 条が強行法規としての労働法規性を有することを指摘したうえで，わが国所在の企業内で完成した職務発明について外国の特許を受ける権利承継の対価も特許法 35 条に基づいて請求することができるとして，下級審段階では判例の立場が分かれていた。このような中にあって最三小判平 18・10・17 民集 60・8・2853〈日立製作所事件最判〉は，2004（平 16）年改正前特許法 35 条に規定する「職務発明」はわが国における特許を受ける権利についてのものであって，外国におけるそれを含むものではないとして同条 3 項および 4 項の直接適用は否定したものの，類推適用を認め，結局は外国の特許を受ける権利承継の対価も同項に基づいて請求できるとした＊12。

　　＊12　日立製作所事件最判は，職務発明による特許を受ける権利の承継対価額の請求は譲渡当事者間の債権的な問題であるとして，2006（平 18）年改正前法例 7 条により当事者の意思に従って準拠法は決定されるとしたため，現行「法の適用に関する通則法」12 条のような労働契約としての特殊性から

準拠法選択の制限が働くことはなく，当事者が任意に準拠法を選択できるのかといった問題が残っている。また同判決は，その発明がわが国において特許法 35 条 1 項所定の職務発明と認められるものである限りは，わが国の特許を受ける権利の承継と外国の特許を受ける権利との法律関係を一元的に処理しようというのが双方当事者の通常の意思に合致することなどを根拠として 2004（平 16）年改正前特許法 35 条 3 項，4 項の類推適用を認めたため，これに反する当事者の意思によっては同条項の類推適用も否定されるのかといった問題も残っている。

7　2015（平 27）年特許法改正による相当利益請求権と相当利益額の算定方法

(1)　相当利益請求権

　前述のとおり 2015（平 27）年改正特許法 35 条は，職務発明について従業者から特許を受ける権利を予め使用者が取得することができる場合を規定し，その場合には使用者は従業者から権利を承継するのではないことから，権利取得に際して従業者に与えるべき利益を相当な「対価」ではなく，相当な金銭その他の経済上の利益（相当の利益）とした[*13]。しかし，使用者に権利を取得させた場合には従業者は相当利益額の支払を受ける権利を有するとされている点（同条 4 項），また，相当利益額を定めるに際して履践すべき手続や，考慮要素（同条 5 項），あるいは相当利益額の定めがない場合等にこれを算定する場合の考慮要素（同条 7 項）についても改正前の相当対価額算定の場合と共通しており[*14]，同条 5 項で相当利益額を定める場合に考慮すべき状況等に関する事項を経済産業大臣が指針として公表する（同条 6 項）としている点が異なる程度であって，改正前における相当対価請求権と法的性質が変更されたものとはいえない[*15][*16]。

　　＊13　ただし，相当の利益は，使用者が特許を受ける権利を従業者から承継取得した場合や特許権を承継した場合あるいは専用実施権の設定を受けた場合にも支払うべきものとされており（特許 35 条 4 項），この場合の相当の利益は改正前と同様に対価性を有しているといえる。

　　＊14　改正前の相当対価であっても，必ずしも金銭に限られるものではないから，たとえばストック・オプションの付与や昇給，留学機会の提供などのように改正後の相当利益の対象となるといわれているものと必ずしも差異があ

るとはいえない。

＊15 2004（平16）年改正から10年ほどしか経ていない2015（平27）年に再び特許法35条の改正が検討された当初においては，発明をした従業者にのみ法定の対価請求権を与えるのは，製品化のための工夫をした従業者や製品販売の努力をした従業者等に利益が還元されないのと比して不公平であるとして，会社が最初から特許を受ける権利を取得すると構成することで，発明をした従業者の法定請求権を否定したいとの一部の産業界からの要望があったといわれている。しかし，無から有を産み出すといった知的創作活動に対する評価の点に加えて，会社としては発明者以外で製品の売上等に貢献した従業者に対しては，法定請求権でなくとも，相応の利益を還元することで，このような不公平は解消することができるだろう。

＊16 なお，2015（平27）年改正特許法は改正法施行日である2016（平28）年4月1日以降に発生した職務発明に適用される（改正法附則1条）。2004（平16）年改正法が適用になる案件（5＊9参照）と適用条文が異なり複雑な様相を呈しているが，私見としては，いずれの法改正もいわば確認的なあるいは字句の変更ともいうべきものであるから，運用上の困難は少ないものと考える。

(2) 相当利益額の算定方法

　前述のとおり2015（平27）年改正特許法35条6項は，同条5項で相当利益額を定める場合に考慮すべき状況等に関する事項を経済産業大臣が指針として公表するとしているところ，これに沿って2016（平28）年4月22日，経済産業省告示として「特許法第35条第6項に基づく発明を奨励するための相当の金銭その他の経済上の利益について定める場合に考慮すべき使用者等と従業者等との間で行われる協議の状況等に関する指針」（ガイドライン）が公表された。2004（平16）年特許法35条改正の際にも特許庁は『新職務発明制度における手続事例集』（別冊NBL96号［2004年・商事法務］）を公表しているが，今回の指針（ガイドライン）はその法的根拠が条文に明記されている点で異色であるものの，裁判における法源となるものではない。

　2015（平27）年改正前における相当対価請求権と改正後の相当利益請求権はその法的性質を同じくすることは前述のとおりであるから，相当利益額の算定においても相当対価額の算定方法が基本的に流用される。

8 相当な利益（対価）算定に関する付随的な論点

🔘 使用者が取得する対象が特許要件を充足していることや，使用者が権利を取得したならば特許出願することが必要だろうか。

まず，5＊7でも述べたが，使用者は従業者の完成した職務発明の特許を受ける権利を職務発明規程に沿って取得するに際して，その価値や重要性，特許要件の充足性などを判断して，必要がないと判断した場合には権利を取得しないといった方策を取ることもできると解され，その場合には当然に相当利益（対価）請求権は発生しない。一方で，使用者が価値があると判断して権利を取得した場合には，仮に特許出願したが登録に至らなかった場合や，あるいは特許出願せずにノウハウとして維持した場合であっても，額の多寡はともかくとして，何らかの相当利益（対価）を支払うべきことになる。

🔘 取得した対象が特許登録されたとしても，後に無効審判によって無効となった場合はどうだろうか。

前述のとおり使用者が価値があるとして権利を取得し，さらには特許登録されている間，事実上，独占的排他的な権利として活用できる地位にいた以上，その後に権利が無効となっても，額の多寡はともかくとして，それまでの間の相当利益（対価）請求権が消滅するものではない（知財高判平21・11・26判タ1334・165〈マルコ事件〉参照）。

🔘 使用者が後日，登録された対象特許を無償で他へ譲渡したり放棄した場合はどうだろうか。

6(2)でも述べたが，相当な利益（対価）の額は使用者が権利を取得する際に理論上は算定が可能とされており，使用者が価値があるとして権利を取得し，さらには特許登録されたのであれば，理論的には既に算定可能とされている相当利益（対価）が，その後の権利者による他へ無償譲渡や放棄によって変動することも，ましてや消滅することもないというべきである（知財高判平21・6・25判時2084・50〈ブラザー工業事件〉参照）。

9 相当対価請求権・相当利益請求権の消滅時効

🔘 2017（平29）年改正前民法166条1項は「消滅時効は，権利を行使することができる時から進行する」と規定していたところ，職務発

明について権利を承継させた対価の支払請求権の消滅時効は何時から進行するかが問題となっていた。

　分割支払約定のない場合は，相当な対価の額は権利承継の時点で支払われるべきものであることから，請求権の消滅時効の起算点は権利承継の時点である（前掲大阪高判平6・5・27〈釣糸製造法事件〉）とされ，一方で，実績補償制のように分割支払約定のある場合は，実績補償額がいくらであるかを知ることができるようになるまでは対価額は不確定であり，請求権の行使は期待できないから，消滅時効は進行しない（前掲（5＊6）〈オリンパス光学事件〉上告審判決参照。ただし，請求権の行使に法律上の障害があるとする）とされていた。

　🌐　また，対価請求権の消滅時効期間は，民事債権の消滅時効期間である10年（2017〈平29〉年改正前民166条）とするのが判例・通説であるが，権利の譲受人が会社（商人）であることから，商事消滅時効の5年（旧商522条）と解すべきであるとの説もあった＊17。

　しかし，2017（平29）年改正民法166条1項によると，債権は債権者が権利を行使することができることを知った時から5年間か，権利を行使することができる時から10年間行使しないときは時効により消滅すると改められ，これに伴い商法522条の商事債権の短期消滅時効も廃止されたので，2020（令2）年4月1日の改正民法施行後に生じた債権であるならば，相当対価請求権や相当利益請求権はいずれも，前述の行使することができる時から10年で消滅するだけではなく，従業者が行使できることを知るという主観的要件を充足した場合にはその時から5年で消滅することになる。

　　＊17　相当対価請求権の法的性質をどのように解するかによって説が分かれ，法定請求権と解する立場は10年時効説，契約による売買代金と同様に解する立場は5年時効説になるとしていた。相当な対価の請求権は，結果的に合意により決せられた額となる場合もあるが，この場合であっても，この合意額がすなわち法定の相当対価額であると解されるにすぎないから，時効期間10年説が正当であると解される。なお，2004（平16）年改正前の特許35条3項による相当対価請求権の消滅時効期間は10年としつつも，職務発明規程により支払いを約された登録報償請求権は商事債権として消滅時効期間は5年であるとした東京地判令4・5・27 LEX/DB 25572192〈塞栓形成用体

内留置具事件〉があるが，相当対価請求権と登録報償金請求権を別々の債権
とした点等において疑義がある。

10　法定通常実施権

🔘　使用者は職務発明につき，事前または事後に特許を受ける権利を取
　　得しなかったとしても，無償かつ実施権の範囲に限定のない法定通
常実施権を取得（特許 35 条 1 項）し，2011（平 23）年特許法改正で対抗要
件が不要とされた許諾による通常実施権とは異なり，従前からその取得
について対抗要件は不要とされていた（2011（平 23）年改正前特許 99 条 2
項）。したがって，従業者が後日，職務発明を他へ譲渡したとしても，
使用者はその通常実施権をもって譲受人に対抗できる。しかし，特許発
明の実施を独占できるものではないし，従業者が権利を他社へ譲渡する
ことを防止することもできない。

🔘　法定通常実施権は，実施の事業とともにする場合，特許権者の承諾
　　を得た場合および相続等その他一般承継の場合に限って移転するこ
とができる（特許 94 条 1 項）。

11　職務著作（著作 15 条）との相違（高林・著作権 115 頁以下も参照）

> 著作権法第 15 条（職務上作成する著作物の著作者）　法人その他
> 　使用者（以下この条において「法人等」という。）の発意に基
> 　づきその法人等の業務に従事する者が職務上作成する著作物
> 　（プログラムの著作物を除く。）で，その法人等が自己の著作の
> 　名義の下に公表するものの著作者は，その作成の時における契
> 　約，勤務規則その他に別段の定めがない限り，その法人等とす
> 　る。
> 　2　法人等の発意に基づきその法人等の業務に従事する者が職務
> 　　上作成するプログラムの著作物の著作者は，その作成の時にお
> 　　ける契約，勤務規則その他に別段の定めがない限り，その法人
> 　　等とする。

🔘　著作権法は，特許法におけると同様の趣旨での職務著作，すなわち
　　従業者が職務上作成する著作物については，使用者を原始的な著作
者とし，使用者が著作権と著作者人格権の双方を取得すると定めた[*18]。

ただし，職務著作に関して著作権や著作者人格権の帰属について別段の定めを勤務規則等で行うことは可能である。

> ＊18　前述のとおり特許法においては従業者発明も発明者は自然人である従業者とされているが，著作権法においては職務著作の著作者は自然人である従業者ではなく使用者（法人）とされ，法人が著作者人格権をも取得するから，著作権法は法人実在説を採用しているといえる。

　　著作権法 15 条の要件である「法人その他使用者の発意に基づき」「業務に従事する者」が「職務上作成する」については，特許法 35 条の「使用者の業務範囲に属しかつ従業者が職務上した発明」との要件とほぼ同様である。

　　著作権法の加重要件である「法人が自己の著作名義の下に公表するもの」は，登録等を経ずに権利が成立する著作権法独自のものではあるが，公表することを前提とせずに開発されたり，あるいは法人名を示さずに公表されることもあるコンピュータ・プログラムの性質に鑑みて，コンピュ　タ・プログラムに関しては，1985（昭 60）年改正でこの要件が不要とされた（著作 15 条 2 項）。

　　職務著作として発生した権利（財産権および人格権）は使用者に原始的に帰属するだけでなく，使用者が職務著作をした従業者に対して相当な対価を支払わなければならないとする規定もない。現実に法人が創作活動をするのではなく，その従業者が担当者として創作していることは否定できないが，著作権法はいったん創作担当者に原始的に著作権や著作者人格権が帰属した後に法人等に承継されるといった構成を採用することなく，原始的に法人等にこれらの権利が帰属するとの擬制を行っている。権利関係を出願書類に明記したうえで出願して登録を経る特許制度に比べて，著作物は日々大量に創作されると同時に権利が発生して公表されていくから，公表名義人以外の者に著作権や著作者人格権の主張を許したのでは，著作物の権利処理がおよそ不可能になってしまうだろう。まして著作者人格権の場合は譲渡が不可能であるから，これをいったん創作担当者に帰属させたのでは，いかに契約処理しても法人等が承継することはできないことになってしまう。新聞記者が記事を書き，会社の宣伝部の者が宣伝広告文を書く等の行為などは，従業者は使用者

のいわば手足として創作活動をしているともいえるから，著作権も著作者人格権もともに会社に帰属させてもよい典型例であって，創作担当者に発生すべき著作権や著作者人格権が原始的に法人等に帰属すると構成することにも合理性があるだろう。しかし，職務著作の態様によっては職務発明の場合と差異がない場合も想定される[*19]。特に音楽や文学のような古典的著作物の創作の場合などには，職務著作に該当してしまうと，財産権が法人等に帰属するだけでなく[*20]，著作者人格権までも常に法人等に帰属することになり，違和感がないではない。

> [*19] コンピュータ・プログラムは著作権として保護されるとともに，場合によっては発明として特許権も成立することは前述した（⇒第1節③2）。したがって，従業者が職務上完成した一つのコンピュータ・プログラムを著作権として保護する場合には，著作権および著作者人格権は使用者に原始的に帰属し，特許権として保護する場合には，事前の取決めがないときには，特許を受ける権利は従業者・発明者に原始的に帰属し，取決めがあるときに限り，使用者が特許を受ける権利を取得できることになる。もっとも，特許はいくつもの具体的なプログラムを包含した抽象的存在としての技術的思想を保護するものであるが，著作権は具体的なプログラムとして表現されたもののみを保護するものである。思想の利用を自由にして，そこから多様な表現が産み出されることで文化の発展に寄与しようとするのが著作権法である。したがって，財産権の帰属に限っていえば，抽象的な思想についてはその財産的価値は従業者個人に帰属させることを原則とするが，この思想から導き出される個々の表現についてはその財産価値を法人に帰属させることにも合理性がないではない。

> [*20] 職務著作の場合は職務発明より従業者の利益が損なわれることになる点に留意して，職務著作の成立のための要件である「法人その他使用者の発意」について，職務発明の場合より具体的な指示・判断が行われていることを要求したり，あるいは同条にいう従業者を雇用契約上の地位にある者に限定して，派遣社員や出向社員の創作を職務著作に包含しないとする見解（斉藤博『著作権法〔第3版〕』[2007年・有斐閣] 126頁）もある。

④ **外国人**

日本国籍を有しない外国人も，①日本国内に住所または居所（法人の場合は営業所）がある場合（特許25条），②日本国内に住所または居

所がない場合でも，その者の国が日本国民に対して平等主義（内国民待遇）や相互主義を採用している場合（同条1号，2号），③条約に別段の定めがある場合（同条3号）には，日本の特許権その他特許に関する権利（実体的権利と無効審判請求権等の手続的権利を含む）を享有することができる。

　　平等主義や相互主義を採用している国が多いし，また前記③の個別条約を締結している国もあるが，いずれにせよ，工業所有権保護に関するパリ条約加盟国や，世界貿易機関（WTO）加盟国は内国民待遇の原則を採用しているから，現在，わが国で特許を取得できない外国人はほとんどいないといってよい*。

　　　*　台湾は未承認国ではあるが，WTO協定（世界貿易機関を設立するマラケシュ協定）12条1項にいう独立の関税地域としてWTOに加盟しているので，その住民はわが国で特許に関する権利を取得しうる。また，東京高判昭48・6・5無体裁集5・1・197〈東ドイツ法人無効審判請求事件〉は，パリ条約加盟国であるが当時わが国が承認していなかったドイツ民主共和国（東ドイツ）の法人も条約上の相互主義の適用によってわが国での商標登録無効審判を請求する権利を有するとした。なお，著作物の事例であるが，最一小判平23・12・8民集65・9・3275〈北朝鮮映画事件〉は，ベルヌ条約加盟国ではあるがわが国が国家として承認していない北朝鮮で製作された映画について，わが国は保護すべき義務を負担しないと判示している。

第4節　特許権の効力
——特許をとったら何ができるか

1　総　説

　　特許法第68条（特許権の効力）　特許権者は，業として特許発明の実施をする権利を専有する。ただし，その特許権について専用実施権を設定したときは，専用実施権者がその特許発明の実施をする権利を専有する範囲については，この限りでない。

特許権は設定の登録により発生する（特許66条1項）。知的所有権とも呼ばれるように，特許権は物権に類似する権利であり，**対象となる発明を独占的排他的に使用・収益・処分する権利**である。特許権の効力は積極的効力（実施権）と消極的効力（禁止権）に分けることができるが，商標権とは異なり*，実施権と禁止権の範囲は重なっているので，両者を分けて論ずる実益は少ない。

　特許法68条を見てみよう。そこには，特許権者は「**業として**」「**特許発明の実施をする**」権利を有する，しかもそれを「**専有**」すると規定されている。以下では，それぞれの文言の意味を説明する。なお，本節では特許権の効力としての実施の概念についてのみ検討を加え，他人が特許発明を実施する場合に関しては，第3章第1節「実施権」で，また，特許権の効力の及ぶ範囲である特許発明の技術的範囲や権利の消尽に関しては，第2章「特許権侵害」で扱う。

　　*　商標法によると，商標権者は登録商標を指定商品に使用する権利を専有するが，これと類似する商標を指定商品に使用したり，登録商標を類似商品に使用したりする権利はない（商標25条）。しかし，これらの行為を他人がするのを禁止することはできる（侵害とみなす行為：商標37条）。つまり，特許権と異なり，商標権の場合は実施権（使用権）と禁止権の範囲が一致していない。なお，後述の③2「利用関係」の*3も参照。

2 業として

　特許権の効力は，「業として」の実施にのみ及ぶ。特許発明を個人的にまたは家庭内で実施する場合には及ばない。しかし，営利目的の実施であるか否か，実施を反復継続するかあるいは1回限りの実施であるかは，業としての実施といえるかどうかとは関わりがない。したがって，学校法人や宗教法人等の公益法人であっても特許発明の実施が業としての実施に該当する場合がある*。

　後述（→第2章第6節）のように，試験または研究のためにする実施には特許権の効力は及ばない（特許69条1項）が，これも，試験または研

究のためにする実施は個人的または家庭内での特許発明の実施とはいえ
ず，むしろ技術開発を目論んで業として行われる実施であることが前提
となっている。

　　＊　旧特許法（大正10年法）35条には特許権の効力を特許発明の業としての
　　　実施に限定する文言はなく，旧実用新案法（大正10年法）6条2項には
　　　「業トシテ」との限定文言があった。日常性の強い実用新案の独占的効力を
　　　個人的または家庭内での実施にまで及ぼすことは適当でないとの配慮があっ
　　　たための規定であり，現行特許法はその範に従ったもの（三宅正雄『特許
　　　──本質とその周辺〔改訂版〕』［1993年・発明協会］56頁）である。

　　たとえば，「イカをおいしく焼く方法」について特許権が登録され
ていても，家庭内でこの方法を用いてイカを焼くのは業としての実
施ではなく，特許権侵害とはならない。

　また，特許製品の並行輸入が特許権侵害になるか否かは後に論ずるが，
かりに，なるという説を採用したとしても，他国で仕入れた真正商品を
個人がわが国に個人使用目的で1個持ち込むことは，業としての実施
（輸入行為：特許2条3項）に該当しないから，特許権侵害とはならない。

③ 特許発明の実施

特許法第2条（定義）［略］
　2　［略］
　3　この法律で発明について「実施」とは，次に掲げる行為をい
　　う。
　　一　物（プログラム等を含む。以下同じ。）の発明にあつては，
　　　その物の生産，使用，譲渡等（譲渡及び貸渡しをいい，その
　　　物がプログラム等である場合には，電気通信回線を通じた提
　　　供を含む。以下同じ。），輸出若しくは輸入又は譲渡等の申出
　　　（譲渡等のための展示を含む。以下同じ。）をする行為
　　二　方法の発明にあつては，その方法の使用をする行為
　　三　物を生産する方法の発明にあつては，前号に掲げるものの
　　　ほか，その方法により生産した物の使用，譲渡等，輸出若し
　　　くは輸入又は譲渡等の申出をする行為
　4　この法律で「プログラム等」とは，プログラム（電子計算機

に対する指令であつて，一の結果を得ることができるように組み合わされたものをいう。以下この項において同じ。）その他電子計算機による処理の用に供する情報であつてプログラムに準ずるものをいう。

1 定 義

⬤ 特許権の効力が及ぶのは，特許発明の「実施」に対してである。この「実施」というのは人工的な概念であり，その定義は特許法2条3項に規定されている。そこでは，どのような行為が実施に当たるか，発明の種類（⇒第1節②）ごとに定義されている。

⬤ 物の発明の場合に，特許発明が具現化されている物を，①新たに作りだす行為が「生産」であるが，生産には発明の内容によっては組立や成形，あるいは動植物の発明ならば飼育，育成，栽培なども該当する*1 *2。②発明が所期の目的としている作用効果等を奏する態様で用いることが「使用」であり，③その物の移転が「譲渡」であり，譲渡は有償か無償かを問わない。

> ＊1　大阪地判平24・9・27判時2188・108（ピオグリタゾン併用医薬大阪事件）は，2つの医薬を併用することは「2つの医薬を組み合わせてなる医薬」発明の生産には当たらないと判示しているが，併用の態様によっては生産に当たる場合もあると考えられる。

> ＊2　「生産」の概念をめぐっては，近時のネットワーク型システムの発明での侵害主体としての生産者は誰かが問題になった事例として，知財高大判令5・5・26 LEX/DB 25572920〈コメント配信システム事件〉がある。同判決については第2章第4節④侵害主体論の項を参照。

⬤ 2006（平18）年特許法改正で，物の発明の「実施」を定義している特許法2条3項1号と，物を生産する方法の「実施」を定義している同項3号に，「輸出」が加わった。実施に輸出が含まれていなくとも，通常は，輸出の前段階の日本国内での輸出業者等に対する譲渡等が実施となるので権利者に不都合はないが，侵害者自身が国外に侵害品を持ち出す場合などには，国内における譲渡がなく，間隙が生じるおそれがあった。そこで，輸出自体を実施として規定したものである。ただし，日本の特許権は日本国内においてのみ効力を有するから（この点はさらに3

「国際消尽論」の項で説明する），輸出行為はあくまでわが国の領域内で行われるものに限られることを忘れてはならない。

　物の発明にプログラム等を含むとの文言は 2002（平 14）年特許法改正により挿入されたものである。この点は第 1 節 1 で説明した。

　　● 方法の発明においては「その方法の使用をする行為」のみが実施行為である。

　そもそも方法の発明はこれを使用した結果が生産物を伴わないものである点で，物を生産する方法と異なる。そして最二小判平 11・7・16 民集 53・6・957〈生理活性物質測定法事件〉によれば，当該発明が方法の発明か物を生産する方法の発明のいずれに該当するかは，特許請求の範囲の記載に基づいて判定すべきものであり，たとえば，検査方法について特許権が成立している場合，この特許発明を実施して検査をすること自体は発明の実施になるが，検査済みの製品を販売等する行為は特許発明の実施にはならない[*3]。

> ＊3　ただし，たとえば着色漆喰組成物の着色安定化方法の発明を実施することで漆喰組成物の経済的価値が高まる場合には，特許権侵害による損害として製品（漆喰組成物）の売上げによる利益等を賠償請求できる場合もある（大阪地判平 25・8・27LEXDB 25445858〈着色漆喰組成物の着色安定化方法事件〉）。

　　● これに対して，物を生産する方法の発明の場合には，その方法の使用のほかに，その方法により生産した物を使用したり譲渡するなどの行為も発明の実施に該当する。なお，物の発明であるにもかかわらず，発明の構成要件として製造方法的記載がされている場合があり，このような特許請求の範囲の記載は米国ではプロダクト・バイ・プロセス・クレームと呼ばれている。特許発明の技術的範囲の認定にあたって，このような製造方法的記載をどのように扱うかという難しい問題があるが，この点は，技術的範囲の解釈の項（⇒第 2 章第 1 節 ③6）で後述する。

2　利用関係（特許 72 条）

> 特許法第 72 条（他人の特許発明等との関係）　特許権者，専用実施権者又は通常実施権者は，その特許発明がその特許出願の日

前の出願に係る他人の特許発明，登録実用新案若しくは登録意
匠若しくはこれに類似する意匠を利用するものであるとき，又
はその特許権がその特許出願の日前の出願に係る他人の意匠権
若しくは商標権と抵触するときは，業としてその特許発明の実
施をすることができない。

特許発明の実施権者であっても，当該特許発明を実施できない場合
がある。そのような場合として特許法72条は，以下の場合を掲げ
ている。

①その特許発明より先願の，他人の(i)特許発明，(ii)登録実用新案，(iii)登
　録意匠やこれに類似する意匠，を利用するものであるとき

②その特許権が先願の他人の(i)意匠権，(ii)商標権と抵触するとき

①の場合は利用関係にある場合であり，②の場合は抵触関係にある
場合である。その発明より先願の他人の特許発明と抵触する場合は
①や②の場合に規定上は含まれないが，先願特許発明を利用した発明で
あっても実施できない以上，先願特許発明に抵触する同一の後願発明は，
当然に実施できないというべきである[*4]。

なお，第三者が利用発明を実施することは，利用発明にかかる権利の
侵害であると同時に先願特許権の侵害ともなる。この点は，二次的著作
物の複製行為が，二次的著作権の侵害行為であると同時に原著作権の侵
害ともなるのと同様である。

　＊4　特許が登録された場合には権利者は当該発明を実施する権利があるとの説
　　　を実施権説と区分するのであれば，二重特許の場合の後願発明は実施できな
　　　いから実施権説は誤りということになる。侵害訴訟を提起された場合の被告
　　　が，自分が実施している方法や装置については別途特許権を取得していると
　　　主張する場合があるが，被告の方法や装置が原告の特許とは別に登録されて
　　　いたとしても，両発明が利用関係に立つ場合や抵触関係に立つ場合もあり，
　　　その場合には権利侵害となるから，被告の主張は非侵害の主張としては不十
　　　分である。

利用関係にある場合とは，たとえば，当該発明の特許請求の範囲の
記載が先願たる他人の特許発明の特許請求の範囲をすべて包含して
いる場合（たとえば，先願発明がA，B，C部材からなる装置である場合に，後願
発明が，A，B，C部材からなる装置にD部材を付加して構成される別装置である

場合）をいう。また，これに加えて，当該発明を実施すると当然に先願発明をも実施してしまう場合（たとえば，先願が新規物質の発明である場合に，後願がその物質を生産する方法の発明である場合。この場合，物を生産する方法の発明を実施して当該物を生産することは，当該物の発明の実施となってしまう）をも含むと解すべきである。

🔘 特許法92条は，利用発明の権利者は先願特許発明の実施権を得るための裁定を特許庁長官に求めることができるとしている[5]。この点は第3章第1節④「裁定通常実施権」でさらに説明する。

> [5] 前述のように先願特許発明と当該特許発明が利用関係にある場合だけではなく，抵触関係にある場合も当該特許発明は実施できない。しかし，特許法72条に規定する利用関係に立つ場合のみは，そのままでは実施できないが特許法92条による裁定を求めることができる。そこで，当該特許発明を実施すると当然に先願特許発明をも実施してしまう場合（たとえば，物の発明と物を生産する方法の発明）に利用関係を認めないと，後願特許発明は許諾が得られないかぎり全く実施できないことになってしまう。

🔘 前述の選択発明・数値限定発明が，すべて先願発明と特許法72条に規定する利用関係に立つとすることには問題がある。

選択発明や数値限定発明も，これを包含する上位概念で記載された発明の構成要件のすべてを包含するものであるのが原則であるから，特許法72条により，上位概念で記載された発明の権利者の許諾がなければ，特許発明を実施することができないことになりそうである[6]。

しかし，その選択や限定によっては，先願発明では全く開示されておらず，したがって全く認識すらされていなかった部分を見いだし，その点に進歩性が認められたという場合もある。このような場合には，特殊な効果の生ずる部分として選択発明や数値限定発明が成立した部分[7]は，先願発明の構成中には含まれていなかった部分，すなわち穴あき部分であったとして，従前の発明を侵害することなく，これと関係なく実施できるとすべき場合も考えられる。

> [6] 大阪地判昭50・1・24判タ323・270〈プラスチックフィルム事件〉は，一般論として，選択発明として成立する場合でも，本件特許発明との関係においては利用関係（従属関係）が認められるから，本件特許の権利者の承諾がなければその選択発明を実施することはできないと判示している。

*7　東京高判昭 56・3・24 LEX/DB 27752689〈光電素子事件〉は，従来技術
での一般的理解の範囲をはるかに超えた割合を採用した発明につき数値限定
発明としての進歩性を認めた事案（⇒第 2 節 ④ の＊12）である。この事案
においても，従来技術では文言上は無限定であったものの，実際には常識的
範囲としての数値の限定があったものであって，数値限定発明の実施は必ず
しも従来技術の実施を伴うものではないといえよう。

④ 専　有

1　意　義

　特許権者は権利を「専有」する。つまり，「業として特許発明の実
施をする」権利を独り占めし，他人の実施行為を禁止することがで
きる。

　権利を専有する者としては特許権者のほか，専用実施権者もある
（特許 77 条 2 項）。専有とは独占的に有するという意味であるから，
専用実施権が設定された場合には，特許権者の独占的排他権は失われ，
専用実施権者から許諾を受けないかぎり特許権者自らも特許発明を実施
できないことになる（特許 68 条ただし書）。

　なお，独占的通常実施権者は権利を専有するものではない。この点
は，第 3 章第 1 節「実施権」のところで述べる。また，権利を専有
するとはいえ，第 2 章第 6 節「特許権の効力が及ばない場合」で述べる
制限があることに注意すべきである。

2　特許権の共有

　特許を受ける権利の共有に関しては前述（⇒第 3 節 ② 4）したが，特
許権の共有状態は，特許を受ける権利の共有状態から権利が登録さ
れることによって生ずる場合と，単独で特許権を取得した後の相続や譲
渡等によって生ずる場合がある。特許権の共有（準共有）の法律関係に
おいて，特許法に特別の規定のない事項については民法が適用されるの
で，各人の持分は特段の事由のない限り平等と推定され（民 250 条），共
有者の一人が持分を放棄しあるいは相続人なくして死亡したときは，そ

の持分は他の共有者に帰属する（同法255条）。

　特許権の共有の場合には，各共有者は別段の定めがないかぎり，他の共有者の同意を得ないで特許発明の実施をすることができる（特許73条2項）。有体物の共有の場合には，一つの有体物の利用には量的な限界があるが，無体の特許権の場合には量的限界がなく，他の共有者が利用しても自らの利用ができなくなることはない。しかし，共有者全員が特許発明を実施する場合には，互いが競争関係に立つことになるから，相共有者の資力や実施能力による影響を受けることになる。そこで，特許権の共有持分の譲渡や質権設定には他の共有者の同意が必要となるし（特許73条1項），専用実施権の設定や通常実施権の許諾についても他の共有者の同意が必要となる（同条3項）[*1]。

　　*1　このような特許権の共有状態が合有であるか否かとの議論が無意味であることは第3節②4を参照。

　なお，共有にかかる特許権について特許権者に対して審判を請求する場合には，共有者全員を被請求人としなければならず（特許132条2項），特許権の共有者が共有に係る権利について審判を請求するときも共有者全員が共同でしなければならない（同条3項）[*2]。しかし，特許権侵害行為に対しては，共有者の一人は持分権に基づいて損害賠償請求をすることができるし，保存行為として他の共有者の同意を得ることなく侵害差止請求をすることができる[*3]。また，たとえば第三者が共有者全員を被請求人として特許無効審判を請求し，無効審決がされた場合には，共有者の一人が保存行為として審決取消訴訟を提起することができる（最二小判平14・3・25民集56・3・574〈パチンコ装置事件〉参照）。なお，特許を受ける権利の共有の場合には一人で審決取消訴訟を提起することはできないが，この点に関しては第3節②4の*9を参照。

　　*2　無効審判手続中で行う訂正請求（⇒第5章第1節④訂正審判4訂正請求）や特許異議手続中で行う訂正請求（⇒第5章第2節特許異議手続）の場合も共有者全員が共同でしなければならない（特許134条の2第9項による同132条3項の準用，同120条の5第9項による同132条3項の準用）。

　　*3　著作権法117条は，共同著作物の各著作者または各著作権者は，他の共有者の同意なくして差止請求や損害賠償を請求できると規定している。逆に同法65条2項は共有著作権はその共有者全員の合意によらなければ行使する

ことができないと規定している。同条項にいう「著作権の行使」には同法
63条に規定する利用の許諾行為等ばかりでなく，著作物の利用行為すなわ
ち複製や翻案等して各著作権共有者が著作物を利用する行為も包含されると
解するのが通説（半田正夫＝紋谷暢男編『著作権のノウハウ〔第6版〕』
［2002年・有斐閣］171頁［紋谷］））であるから，他の共有者の同意なくし
て各共有者が独自に特許発明を実施できる特許の場合とは全く異なることに
なる。

第5節 特許権の消滅事由
―― 特許はいつからいつまで続くのか

① 総 説

　設定の登録で発生した特許権は，土地所有権などと異なって期間とし
ても有限であるし，設定の登録が誤って行われていたことが後日判明し
たために権利が最初から発生しなかったことになる場合もある。また，
存続期間中であっても，有体物の所有権とは異なるさまざまな理由で消
滅することになる。本節ではこれら特許権の消滅事由について逐次解説
する。

② 存続期間満了

1 意 義

　特許権は設定登録により発生し（特許66条1項），**出願日から20年
をもって期間満了により消滅する**（同法67条1項)[*1]。前述（⇒第2
節③1）のとおり，工業所有権保護に関するパリ条約による優先権を主
張してわが国で出願した場合にも，わが国の出願日を基準として20年

の経過で権利は消滅する（パリ条約4条の2(5)）。

> *1　権利の存続期間は出願日から起算されるが，**権利が発生するのは登録時で**あるから，出願日から登録日までの間は，権利は発生しておらず，後述のような出願公開による補償金請求ができるだけである。したがって，そもそも実際に権利として存続する期間には出願審査期間の長短によって差異が生ずることになる。

　権利存続期間を出願日から20年とするのはTRIPs協定に従うものであり*2，世界の趨勢である。従前は権利の存続期間を設定から17年としていた米国も，1995年に出願日から20年に改めた*3。

> *2　TRIPs協定33条は特許の保護期間は出願日から計算して20年の期間が経過する前に終了してはならないと規定している。存続期間をより長期にすることは禁止されていない。

> *3　米国は，権利の存続期間を権利設定から17年としていた当時には，たとえば出願から権利設定まで20年かかった場合には，出願から20年目に突然権利が成立し，その後17年間存続することになった。米国には出願公開制度がなかったことと相まって，このように突然顕れる特許はサブマリン特許と呼ばれて恐れられていた。1999年改正法により出願から1年6か月後の出願公開制度を原則として導入したことと，前述の特許保護期間を出願から20年とした改正によって，今後はサブマリン特許は出現できないことになった。

　権利存続期間内に特許権侵害差止請求の認容判決が確定したとしても，その後に期間が満了してしまったならばこの判決に基づいて執行することはできず，請求異議事由（民執35条）になる。なお，存続期間中の損害賠償を求めることは，存続期間満了後であっても当然に可能である*4。

> *4　特許権侵害差止請求を提起して訴訟係属中に権利の存続期間が満了してしまうと，差止請求権は存在しないことになるから，原告が過去の損害賠償請求に訴えを変更しないかぎり，請求は棄却される。

2　期間補償のための存続期間の延長

　特許は出願から20年をもって期間満了により消滅するため，前述のとおり審査が遅延すると特許権として行使できる期間が短くなってしまう。そこで，2016（平28）年改正で，期間補償として，設定登録

が特許出願から5年を経過した日または審査請求（特許48条の3⇒第4章第1節④参照）日から3年を経過した日のいずれか遅い日（基準日）以後にされた場合には，特許庁長官に対して延長登録出願をする（同67条の2）ことにより，存続期間を延長できるとした（同67条2項）。延長できる期間は，基準日から特許登録日までの期間に相当する期間から，特許法67条3項各号に規定する期間を合算した期間を控除した期間を超えない範囲内とされている。この出願は特許権が共有の場合は全員が共同で行わなければならない（特許67条の2第4項）し，延長登録出願は特許67条の3第1項各号に該当する場合には拒絶され，拒絶理由がない場合は査定を経て登録される（同2項，3項）。

3　安全性確保のための処分を理由とする存続期間の延長

　医薬品や農薬に関する発明のように，出願審査のほかに，安全性確保のための許可手続等が必要な場合には，特許権が成立しても許可手続等が終了しない限り特許発明を実施することができず，実質上特許権の存続期間が短縮されてしまうことになる。このような場合そのままでは医薬品等の開発者の開発意欲を減じてしまう。そうならないために，特許権の存続期間を5年の限度で延長する制度が1987（昭62）年特許法改正で導入された（現特許67条4項）。

　存続期間の延長は，安全性の確保等を目的とする許可手続等に要したため発明の実施ができなかった期間内[*5]において，5年を超えない限度で，特許庁長官に対して出願をする（特許67条4項，67条の6第1項）ことにより行う。出願は特許67条の7第1項各号に該当する場合には拒絶され，拒絶理由がない場合は査定を経て登録される（同2項，3項）。延長された特許権の効力は当該処分の対象となった物についての特許発明の実施にのみ及ぶ（特許68条の2）。なお，特許権が共有の場合はこの出願は全員が共同で行わなければならない（特許67条の7第1項5号）。

　　＊5　判例は，「『実施をすることができなかった期間』とは，承認を受けるのに
　　　　必要な試験を開始した日又は特許権の設定登録の日のうちのいずれか遅い方
　　　　の日から，右承認が申請者に到達することにより処分の効力が発生した日の

前日までの期間である。」（最二小判平 11・10・22 民集 53・7・1270〈末端肥大症治療薬事件〉）とする。

目的化合物に含まれる医薬品について医薬品医療機器等法（薬機法［旧薬事法］）による製造承認は，名称，成分，分量，用法，用量，効能，効果，副作用その他の品質，有効性および安全性に関する事項によって特定される物ごとに受ける必要がある。しかし，従来の特許審査実務や判例では，ある医薬品の「有効成分」（たとえば「塩酸モルヒネ」）「効能・効果」（たとえば「各種癌に対する鎮痛」）について最初の処分（製造承認）がされた場合，同じ「有効成分」「効能・効果」の医薬品であるならば，最初の処分とは異なる剤型や用法の医薬品であるため別に処分（製造承認）が必要であったとしても，その処分がなければ特許発明の実施ができなかったとの要件（現特許 67 条の 7 第 1 項 1 号）を充足しないとして，処分ごとに 5 年を限度として細切れに存続期間の延長を認めることを回避していた（東京高判平 10・3・5 判時 1650・137〈フマル酸ケトチフェン事件〉など）。しかし，最一小判平 23・4・28 民集 65・3・1654〈パシーフカプセル 30mg 事件〉は，ある医薬品について最初の処分（製造承認）がされており，その最初の処分の対象である医薬品の「有効成分」「効能・効果」が新たに保護期間の延長を求めている特許発明を実施した医薬品の「有効成分」「効能・効果」と同じであったとしても，その特許発明の技術的範囲に属さないものである場合（先の例にあてはめるならば，新たな延長申請も「塩酸モルヒネ」を有効成分とし「各種癌に対する鎮痛」に効能・効果を有する医薬品に対するものではあるが，延長を求める特許発明は各種薬剤を飲みやすくするための工夫に関する発明であるため，最初の処分による医薬品は特許発明の技術的範囲に属さないものであった場合）には，新たに製造承認を得ることがその特許発明の実施に必要でない（現特許 67 条の 7 第 1 項 1 号）とはいえないとの判断を示し，前述の特許庁の審査実務を否定した。

特許庁は上記最一小判の判旨に沿う限度で審査基準に変更を加え，要旨，先行処分の対象医薬品が新たに保護期間の延長を求めている医薬品にかかる特許発明の技術的範囲内にもある場合には重ねての延長は認められないとした。しかし，先行処分の医薬品と新たに保護期間の延長を

求めている医薬品がいずれも特許発明の技術的範囲には属するものの，用法や用量等が異なるため改めて製造承認を得る必要があった場合でも，そのために要した期間について5年を限度として保護期間の再度の延長は一切認められないのかという論点が残されていた。この点に関して最三小判平27・11・17民集69・7・1912〈アバスチン事件〉は，特許権の延長登録は，その制度目的からするならば薬機法による製造販売承認を得る度ごとに認めるべきではなく，延長登録が認められるか否かは特許発明の種類や対象に照らして，医薬品としての実質的同一性に直接関わる審査事項（医薬品の成分を対象とする物の発明の場合であれば，医薬品の成分，分量，用法，用量，効能および効果）を比較して判断すべきであると判示し，先行処分と有効成分や効能・効果は同一であるが，用法・用量が異なる医薬品について処分が行われた場合であっても，先行処分と実質的同一な医薬品についての処分といえないならば，延長登録は認められるとした*6。

　*6　特許庁は上記最三小判の判旨に沿って再び審査基準を改訂した。上記最三小判は，特許発明の技術的範囲に含まれかつ医薬品としても実質的同一といえる場合には再度の延長は認められないとし，両医薬品の実質的同一性は特許発明としての側面と医薬品としての両側面から判断すべきとしているが，特許庁における運用では同一の特許発明について処分ごとにいわば細切れに5年を限度として保護期間が延長されやすくなっている。

　上記のとおり同一の特許発明について処分ごとに5年を限度として保護期間の延長が認められやすくなったが，延長された特許権の効力は当該処分の対象となった物についての実施にのみ及ぶ（特許68条の2）とされていることから，延長された特許権の効力の及ぶ範囲もいわば細切れ的に延長された処分の対象となった事項に限定されるのかが次に問題となった。この点につき知財高大判平29・1・20判時2361・73〈オキサリプラチン事件知財高大判〉は，存続期間が延長された特許権は，具体的な行政処分で定められた成分，分量，用法，用量，効能および効果によって特定された物についての特許発明の実施の範囲内で効力が及ぶとしながらも，これと異なる部分がわずかな差異または全体的にみて形式的な差異にすぎないときは，医薬品として実質同一なものとし

て効力が及ぶと判示した[7]。

＊7　上記知財高大判も医薬品としての実質同一の判断は特許発明の内容に基づ
き，その内容との関連で判断されるべきものと判示している。前述の保護期
間の延長が認められるか否かの判断の場面でも，また延長された特許権の効
力が及ぶ範囲の判断の場面でも，医薬品が実質同一であるか否かが問われる
ことになるが，その判断基準をめぐってはなお検討すべき問題も多い。基本
書としての性格上，これ以上の説明は控えるので，詳細は高林龍「延長登録
された特許権の効力」IP ジャーナル 1 号［2017 年］30 頁を参照してほしい。

③ 無効審決の確定

無効審決（⇒第 5 章第 1 節 ③ 3）の確定により権利は最初から存在し
なかったことになる（特許 125 条）。

無効審決の確定で権利が遡及的に消滅すると，過去に特許権侵害行
為とされた行為を含めて権利侵害行為はありえないことになるのが
原則であるが，権利侵害を主張して認容判決を得て確定した後に無効審
決が確定した場合に，確定判決の効果を再審（民訴 338 条 1 項 8 号）で覆
らすことは確定判決に対する信頼を失わせ，その影響も大きいことから，
2011（平 23）年特許法改正で再審の訴えにおいて無効審決の確定を主張
することはできないとした（特許 104 条の 4 第 1 号）（⇒第 2 章第 1 節 ③ 3(3)）。

無効審決が確定し権利が遡ってなくなったことによって，実施契約
に従ってその間に支払っていた実施料も当然に不当利得等として相
手方に返還しなくてはならなくなるか否かも問題になる。権利が存在し
ている間は，実施契約によって擁護され，係争を免れて実施できたとい
う利益を享受していたといえる面もあるからである。そこで，実施契約
締結に際しては，後に権利が無効となった場合でも実施料は返還しない
旨の定めをしておく例が多い。なお，東京地判昭 57・11・29（判時
1070・94〈食品包装容器事件〉）は，このような約定は意思表示に錯誤があ
り無効であるとの当事者の主張を排斥した。

無効審判手続については第5章第1節 ③ で後述するが，特許期間が満了して権利が消滅した後であっても無効審判を請求することができる（特許123条3項）。これは期間満了するまでの間の権利侵害を理由として過去の損害賠償が請求されることがあるので，無効審判により遡って権利を無効とすることの利益があるからである。

④ 取消決定の確定

特許異議の申立て（特許113条）による取消決定が確定した場合には，その特許権は初めから存在しなかったものとみなされる（114条3項）。異議申立てについては第5章第2節で後述する。

⑤ 特許料の不納

特許料は1年目から3年目までの分は登録に際して一括で払い，4年目以降の分は前年中に納付しなくてはならない（特許108条）。特許管理人弁理士が不手際で特許料の納付を忘れ，権利が消滅してしまい問題になった例もあるので注意を要する。ただし，期間内に納付がなかったといって直ちに権利を消滅させるのは酷であるから，期限後6か月以内での追納が許される（特許112条1項）。また，2021（令3）年改正によって，追納期限を経過したことで権利消滅がいったん擬制された後であっても，追納できなかったことについて故意でないと認められる場合には一定の期間内に限り特許料および割増特許料を追納することで権利回復が認められることになった（特許112条の2）。ただし，いったん消滅してから回復するまでの間における当該発明の実施行為に対しては特許権の効力は及ばない（特許112条の3⇒第2章第6節 ⑥ 特許料の追納により回復した特許権の効力の制限（特許112条の3）参照）。

いずれにせよ，特許料を追納できる期間内にも納付しなかった場合には，本来の特許料の納付期限の経過時に遡って特許権は消滅する（特許112条4項）。無効審決の確定の場合とは異なって，特許権は初めからなかったのではなく，特許料が納められていた間は存在し，ある年度の経過をもって存続期間が短くなって消滅することになる。

6 権利の放棄 (特許97条)

特許権は私権であるから放棄することができる。ただし，専用実施権や質権が設定されていた場合は，それらの者の承諾を得なければ権利放棄はできない*。なお，特許権の放棄は登録が効力要件となっている（特許98条1項1号）。

> * 特許権の放棄は専用実施権者や質権者のほかに，通常実施権者の同意なくしてもできないとされていたが，2021（令3）年特許法改正で通常実施権者の同意は不要とされた。

7 相続人の不存在 (特許76条)

民法は最終的に帰属先の決定されなかった相続財産は国庫に帰属すると定める（民959条）。しかし特許権の場合はこれを消滅させて万人の財産に帰属させるのが，実施を広くさせるという意味でも合理的であるので，特許法76条はそのように定めている。なお，相続人のあることが明らかでない場合に相続財産管理人を選任し，相続人あるいは特別縁故者への分与の手続をとることは民法による通常の手続と同様である（民951条以下参照）*。

なお，特許権が共有である場合には，持分の放棄や相続人の不存在によって，その持分は他の共有者に帰属することになる（民255条）ことは前述した。

> * 特許法76条は，「民法第958条の期間内に相続人である権利を主張する者

がないとき」とのみ規定しており，この期間経過後の特別縁故者への相続財産の分与について規定する民法958条の2および958条の3の手続を経て初めて権利が消滅するのか，特別縁故者への分与を経る前の段階で権利が消滅するのかは，条文上は明確ではない。しかし，最二小判平元・11・24民集43・10・1220で，共有者の一人が死亡し，相続人不存在が確定した事案において，民法255条の解釈に関して，民法958条の3の特別縁故者への分与を先行させたうえで相共有者に持分を帰属させるべきとの判断が示されている趣旨を類推すれば，特許法76条の解釈としても民法958条の3を優先的に適用すべきであろう。

8　特許権等の取消し（独禁100条）

　独占禁止法違反として刑事罰を受ける場合，裁判所は情状により違反者の特許権等を取り消すべき旨を宣告することができ，この判決が確定した場合には裁判所は判決謄本を特許庁長官に送付し，これを受けた特許庁長官は違反者の特許権等を取り消さなければならない。

　なお，本条が適用された例は未だにない。

第 2 章

特許権侵害

《この章の課題》

　特許権の存続中は，特許発明を業として実施することは権利者だけができることとなる。これを他人が許可なく行うと，特許権侵害となり，権利者は裁判所に民事的救済を求めることができる。この救済については後に別の章で解説をする（⇒第6章）。

　本章では，特許権侵害の有無を判断する際の最重要事項である「特許発明の技術的範囲」の認定のしかたをまず説明し（⇒第1節），特許発明と実質的に同一な構成の製品にも特許権の効力を及ぼすための論理として最高裁が認めた「均等論」を検討し（⇒第2節），ついで，権利侵害と密接な関係にある行為として禁止される「間接侵害」の成立要件と救済を説明する（⇒第3節）。また，第4節では複数関与者により特許発明が実施されている場合に誰が権利の侵害者といえるかについて検討し，第5節では特許権の侵害とならない場合である消尽論ついて説明する。さらには，特許権の効力が及ばず，許可なく特許発明を実施しても権利侵害とならない場合もわずかながらあるので，その説明をし（⇒第6節），最後に，権利侵害に対する刑事罰の問題を扱う（⇒第7節）。

第1節　特許発明の技術的範囲
—— 特許権の効力はここまで及ぶ

1 総説

　特許権は，対象となる特許発明を独占的排他的に使用・収益・処分する権利であり，特許権の効力は積極的効力（実施権）と消極的効力（禁止権）とに分けることができることは第1章第4節 1 で説明した。そして，特許権侵害とは，正当な権限なく，その技術的範囲に包含される発明を業として実施することをいう。特許権は発明という無体物を対象としていることから，有体物に比べて権利の及ぶ範囲が明確でなく（⇒序章 2 1），したがって，権利の及ぶ範囲すなわち特許発明の技術的範囲の認定は，学問的にも実務的にも，特許法における最重要事項ということができる。

　特許発明の技術的範囲は，「特許請求の範囲」の記載を解釈することによって決定される。この解釈にあたってどんな資料をどのように参酌すべきかを検討するのが本節である。出願書類（願書，明細書および特許請求の範囲，図面，要約書）の読み方から始めて，技術的範囲認定の手法とその応用例を，できるだけ具体例に沿ってわかりやすく解説する。

> 特許法第70条（特許発明の技術的範囲）　特許発明の技術的範囲は，願書に添付した特許請求の範囲の記載に基づいて定めなければならない。
> 　2　前項の場合においては，願書に添付した明細書の記載及び図面を考慮して，特許請求の範囲に記載された用語の意義を解釈するものとする。
> 　3　前2項の場合においては，願書に添付した要約書の記載を考慮してはならない。

② 明細書と特許請求の範囲

1 意 義

　発明は技術的思想（アイディア）であり無体物であるから，これを伝達可能な情報としての形式に整えなければ内容を他人が理解することができない。発明の内容を示すために作成されるのが**明細書**および**特許請求の範囲**と呼ばれる書面[*1]（および必要な場合には図面）である。したがって，発明の内容は明細書と特許請求の範囲によって明らかにされ，これらの書類によって特許権の及ぶ範囲が明確になり，これによって第三者が権利侵害を免れつつ周辺技術の開発などができることになる。

> *1　2002（平14）年特許法改正によって，従前は明細書の一部と構成されていた特許請求の範囲が，明細書とは別の書類とされた。これは特許協力条約（PCT）に基づく国際特許出願の際の手続との調和を図る趣旨で行われた改正である。これによって，出願書類は，明細書，特許請求の範囲，必要な図面および要約書となった。この改正法前の特許を対象とする判決では，「明細書中の特許請求の範囲の記載」と記述されているので，注意しておく必要がある。

　しかしながら，技術的思想（アイディア）とこれを文章化した客体とは内容が必ずしも一致するものではなく，そこには常に解釈の余地が残されている。

　明細書および特許請求の範囲から読み取ることのできる特許権の効力の及ぶ範囲のことを特許発明の技術的範囲という。特許発明の技術的範囲の認定手続は，前述のように，特許権の実施権の及ぶ範囲の決定においても，特許権の禁止権の及ぶ範囲の決定においても，最も大切であり困難な作業である。

2 願 書

　特許を受けようとする者は，特許出願人および発明者の住所氏名などを記載した願書（書類名は「特許願」である）を特許庁長官に提出しなければならない（特許36条1項）。

願書に添付される書類が明細書，特許請求の範囲，必要な図面および要約書である（特許36条2項）。そのうちの最重要書類は明細書と特許請求の範囲である。これらの書類は出願公開の際には公開特許公報で，また特許が成立した場合には特許公報で一般に公開される。明細書および特許請求の範囲については別項で詳しく説明することとし，ここでは図面と要約書について簡単に説明しておく。

図面は，発明の技術内容を理解するための補助的機能を果たすものである。明細書中に図面の簡単な説明が記載されている（特許36条3項）ので，図面を見ながらこの説明を読むと技術の輪郭が理解しやすくなる。機械や装置などの発明の場合には，図面が添付される場合がほとんどである。しかし，化学物質の発明のように，文言以上に図面で説明を補充することができない場合もあるので，図面の添付は必須とされるものではない。

要約書は，発明の概要を説明するものとして（特許36条7項），1990（平2）年特許法改正で提出が義務づけられた。要約書の主たる目的は，これを利用して特許出願の情報検索を容易にすることである。字数も400字以内に制限されており，平易かつ簡潔であることが要求されていることもあって（特許則25条の3様式31），特許発明の技術的範囲の認定に際しては参照することが禁じられている（特許70条3項）。

3　明細書

明細書には，発明の名称，図面の簡単な説明，発明の詳細な説明が記載されなくてはならない（特許36条3項）。前述のとおり2002（平14）年特許法改正前は，さらに特許請求の範囲を記載しなければならないとされており，この記載は明細書の最重要事項であったが，この改正により特許請求の範囲は別書類とされた。現行法上，明細書の記載事項のうちで最重要なのは発明の詳細な説明であるから，以下で説明する。

特許法は，**発明の詳細な説明**には，その発明の属する技術の分野における通常の知識を有する者（当業者）が，容易にその発明を実施することができる程度に明確かつ十分に記載しなければならない（特許36条4項1号：つまりは当業者が過度な実験や試行錯誤を経ることなく実施するこ

とができる程度に明確かつ十分に記載しなければならないということ）と規定し，詳細は経済産業省令（特許法施行規則）に委ねている[*2]。

> *2　特許法施行規則24条の2は，発明の詳細な説明には，発明が解決しようとする課題およびその解決手段その他の，当業者が発明の技術的意義を理解するために必要な事項を記載することと規定している。さらに，発明の技術上の意義を理解するためには，原則として，特許を受けようとする発明の属する技術の分野，その発明が解決しようとする課題およびその課題を発明がどのように解決したかを記載し，さらに，従来技術に比して有利な効果を有するときには，なるべくその効果を記載することなど，望ましい記載方法を細かく定めている（特許則様式29）。

　1994（平6）年改正前の特許法36条4項は，発明の詳細な説明には「その発明の目的，構成及び効果を記載しなければならない」と規定していた。しかし，この改正により発明の詳細な説明の記載には「実施可能要件」が要求されるのみとなり，当業者にとって実施が可能なかぎりは具体的な構成などを記載する必要はないことになった。機械や装置などの場合には，具体的構成を記載せずに当業者に実施可能なように発明の詳細な説明を記載することは不可能であるが，たとえば化学物質や遺伝子関連特許の場合などには，機能的に記載した概括的な記載のみでも実施可能であるといえる場合もあるため，これに対応して行われた法改正である。しかしながら，後述のように同年改正により特許請求の範囲の記載要件も緩和されたことから，特許請求の範囲には広い発明を記載しながら，その一部の実施可能性を詳細な説明に記載すれば権利が取得できてしまうといった問題が表面化するに至った[*3]。しかし，特許法36条6項は，特許請求の範囲に記載された特許を受けようとする発明は，発明の詳細な説明に記載したものであること（1号）を要求しているから，発明の詳細な説明の記載には「実施可能要件」だけではなく，米国同様に，特許請求している発明の全体が記載されていることも要件（「サポート要件」と呼ばれる）としていることは明らかである。知財高大判平17・11・11判時1911・48〈パラメータ特許事件〉はこのことを明らかにした。

> *3　米国では，このような場合にも特許請求している発明の全体が理解できるように明細書に記載する必要があるとされており（University of Calif. v.

Eli Lilly & Co., 119 F. 3d 1559 (Fed. Cir. 1997)），これを written description（記述要件とか記載要件と訳されることがあるが，実施可能要件 enablement とは異なる，わが国でいうサポート要件と類似する要件である）と呼んでいる。しかし，わが国では「サポート要件」は明細書の実施可能要件に包含されるものとして，独立した要件とは認識されていなかったようであり，わが国よりも米国の方が明細書に記載しなければならないとされる要件が厳しいといわれていた。

また，2002（平14）年特許法改正により特許法 36 条 4 項 2 号が追加され，出願時に出願人が知っていた関連する文献公知発明（特許29 条 1 項 3 号）について，その刊行物の名称や所在などの情報を発明の詳細な説明に記載しなければならないことになった。そして，この記載義務を満たしていない場合は，審査官がその旨を出願人に通知して，意見書を提出する機会を与え（特許 48 条の 7）たうえで，この通知後の補正や意見書の提出にもかかわらずやはり記載要件を充足していない場合には，出願が拒絶されることになった（同法 49 条 5 号）*4 *5。

* 4　なお，従前は特許法施行規則様式 29 の 15 ロで発明の詳細な説明には出願発明と関連する従来技術文献をなるべく記載するようにと規定したが，前記法改正により開示義務が課されたのにあわせて同規則様式 29 の 15 ロも改定された。

* 5　米国では，出願に際して，公知技術に関する入手済みの情報を開示すべき誠実義務が出願人に課されており，意図的に公知技術情報を開示することなく権利を取得した後の侵害訴訟の場で，相手方から不公正行為（inequitable conduct）による特許取得の抗弁が提出されて，これが認定されると，当該特許権の行使はいっさい不能となるという，強力なペナルティがある。

4　特許請求の範囲*6

* 6　特許請求の範囲のことを米国ではクレーム（claim）と呼び，わが国でも「クレーム」「クレーム解釈」などのように使用されることがある。

特許請求の範囲は，明細書の発明の詳細な説明に記載された発明のうちから，出願人が特許として権利化することを希望する部分をピックアップした部分であり出願書類中で最も大切な書類である。

特許請求の範囲は，請求項に区分して，請求項ごとに，発明を特定するために必要と認める事項のすべてを記載しなければならない（特許 36

条5項)*7。この場合，各請求項に記載された発明が同一であってもよいので，まずはすべての実施態様を包含する抽象的な請求項を記載して，それを具体的に実施する場合をいくつかの請求項に分けて記載することができる。

また，たとえば物の発明とその物を生産する方法の発明など，別発明を一つの明細書の各別の請求項に記載することもできる（特許37条）*8。

*7　1994（平6）年特許法改正前の特許法36条5項は，特許請求の範囲には，発明の詳細な説明に記載した発明の構成に欠くことのできない事項のみを記載するように規定していた。したがって，特許請求の範囲に記載された要件はすべてが必須不可欠な要件であるとされていた。これに比して，現行法によると，作用や動作方法などによって発明を定義することも可能となった。なお，特許法36条5項の要件違反は拒絶理由となっていない（特許49条4号参照）。

*8　特許出願は一発明一出願を原則としており，単一性の要件と呼ばれる。1975（昭50）年特許法改正以前は1個の発明に対応する特許請求の範囲は1個であるとする制度（単項制）が採用されていたが，現行特許法37条は，経済産業省令（特許則25条の8）で定める「物の発明」と「その物を生産する方法の発明」のように技術的関係を有することで発明の単一性を満たす一群の発明である場合には1つの願書で特許出願することができるとして，いわゆる多項制を採用している。

　特許請求の範囲に記載する特許を受けようとする発明は，明細書の発明の詳細な説明に記載されているものでなくてはならず（特許36条6項1号），明確でなければならない（同項2号）。

　特許法36条6項1号の要件が「サポート要件」と呼ばれることは発明の詳細な説明の項で説明した。また同項2号の要件は「明確性要件」と呼ばれる。

　発明の詳細な説明に記載されていても特許請求の範囲に記載されていない発明については，特許請求しなかったものと扱われる。また，特許請求の範囲の記載が抽象的に過ぎて，発明の外延が不明確となる場合などには，結局，特許を受けようとする発明が明確に記載されていないことになるし，また発明の詳細な説明の記載にされていない（サポートされていない）ことになる*9。

*9　結局，発明の詳細な説明には特許請求の範囲に記載された発明が明確に記

載されており，かつ当業者が実施できるように記載されていなくてはならないことになる。

　特許請求されているすべての範囲において当業者が発明を実施できるように発明の詳細な説明に実施例が記載されている場合もあるだろう。しかし，実施可能要件は，前述のように，当業者が明細書の記載や出願時の技術常識に基づき，過度の試行錯誤を要することなく実施できるか否かの問題であり，サポート要件は，特許請求の範囲の記載された発明が，その記載や出願時の技術常識により当業者が本件発明の課題を解決できると認識できるか否かの問題であって，両要件の視点は異なっている（知財高判平 29・2・2 LEX/DB 25448438〈葉酸代謝拮抗薬事件〉参照）から，発明によっては，発明の詳細な説明に技術的思想が明確に理解できるように開示されているならば，特許請求されているすべての範囲，たとえば数値範囲で記載されている特許請求の範囲のすべてにおいて実施例が示されていなくても，サポート要件も実施可能要件も充足しているといえる場合もある（⇒③ 5 機能的クレームの解釈参照）。

　前述したように，特許請求の範囲には，明細書の発明の詳細な説明に記載された発明が記載されていること（特許 36 条 6 項 1 号「サポート要件」）と，発明の詳細な説明や図面を参照することによって，特許請求している発明の外延が明確であること（同項 2 号：「明確性要件」）が求められることになる。特許請求の範囲の記載が具体的であればあるほど，権利の及ぶ範囲は具体的に記載されたものに限定された狭いものとして解釈されるから，これをある程度抽象化して記載する必要がある。しかし，あまりに抽象化しすぎると，発明の外延が不明確になり，それに特許を与えたのでは発明の詳細な説明での記載から当業者が容易に実施できる範囲を超えて権利が及んでしまう危険が生ずることから，特許が認められない結果になる。

　したがって，特許請求の範囲は，具体的すぎずかつ抽象的すぎないように記載しなければならない。

　明細書作成の専門家である弁理士の腕の見せどころである。

5　明細書および特許請求の範囲の読み方

(1)　まず，簡単な技術を理解するために「餅」との名称の特許公報[*10]を読んでみよう。

特許公報は，現在はインターネットを利用すれば特許庁の Web ペー
ジの「特許情報プラットホーム」(J-PlatPat) を通じて簡単に入手
することができる。

そこで，本書では，特許公報の例を添付したりはしない。読者各自が
インターネットを利用して，次の手順で入手してほしい。

①ブラウザで，特許庁の Web ページ（https://www.jpo.go.jp）へアクセスし，
　そこの「注目情報」にある「J-PlatPat（外部サイト）」をクリックする。
②現れた J-PlatPat の Web で上の欄にある「特許・実用新案」にカーソル
　をあわせ「特許実用新案番号照会／OPD」をクリックすると，検索画
　面が現れる。
③番号種別として「特許番号（B）・特許発明明細書番号（C）」，番号を
　「4111382」と入力し，表示形式として PDF 表示を選択して，登録番号
　をクリックすると，発明の名称を「餅」とする特許公報が表示される。

なお，印刷するため公報全体をダウンロードする場合は，上の欄にあ
る文献単位 PDF 表示をクリックしてから行うとよい。

各人で試行錯誤してプリントアウトしてほしい。

それでは，各自が印刷した特許公報の読み方を説明する。

①　本件サンプルは，2002（平 14）年 10 月 31 日に出願され，2004
年 5 月 27 日に出願公開，2008 年 4 月 18 日に登録された「餅」との名
称の発明であり，特許権者は越後製菓株式会社，発明者は星野一郎であ
るが，同人の住所は越後製菓株式会社内と記載されていることから，発
明者は越後製菓株式会社の役員か従業員であろうと思われる。

②　「特許請求の範囲」の請求項は 2 項あるが，いずれも輪郭形状
が方形の切餅の側周表面に周方向の切り込みを入れた餅であって，その
うち切り込みが餅を一周しているのが請求項 2 である。

③　「発明の詳細な説明」には，発明の属する技術分野，従来の技
術及び発明が解決しようとする課題，課題を解決するための手段，発明
の実施の形態，実施例，発明の効果が記載され，最後に図面の簡単な説

明，符号の説明があって，図面が添付されている。

　発明の内容を簡単に述べるならば，本件発明は，従来は餅を火鉢など
で網を使って焼く際には，ときどきひっくり返したり，餅を突っついた
りして餅が膨れて中身が噴き出さないようにしていたが，最近はオーブ
ントースターや電子レンジで餅を焼く場合が増えて，その場合は途中で
ひっくり返すことができず，焼いている間に突然餅の中身が思わぬ箇所
で膨れて噴き出し，焼き網を汚してしまい，美感を損なってしまうこと
が多くなっていた。そこで，本件発明は，切餅の製造時に，側周表面に
ぐるりと一周するような切り込みを入れておくことで，オーブンやレン
ジなどで焼いても，切り込み線に沿って餅の上側が下側に対して持ち上
がり，膨らんだ中身がサンドされているように，食べやすくかつ美感よ
く焼き上がるようにしたというものである。

　　🔘　文科系の学生にとって明細書や特許請求の範囲を読むのは苦痛かも
　　しれないが，本件は誰でも餅を焼いたことがあるだろうから，明細
書に書かれていることは経験したことがあるだろうし，書かれている内
容も身近なことばかりであるから，図面に付された記号と対応させなが
ら読めば理解できるはずである。

　まずは，きっちりと1通の特許公報を読んでみることを勧める。なお，
本件発明はその侵害を理由に14億円ほどの損害賠償や差止めを求めた
訴訟に登場するものである。一審の東京地判平22・11・30 LEX/DB
25442893〈餅事件〉は請求を棄却したが，控訴審の知財高中間判平
23・9・7判時2144・121は中間判決であるが相手方（被告）製品は本
件発明の技術的範囲に属するとの判断を示した。興味のある者は各判例
を参照してみるとよい。

　(2)　つぎに，均等論（➡第2節）を採用して侵害を認定した判例と
　　　　して有名な知財高中間判平21・6・29判時2077・123〈中空
ゴルフクラブヘッド事件〉の審理対象である「中空ゴルフクラブヘッ
ド」（➡第2章【ケース研究1】）に関する特許公報を読んでみよう。

　これを読んでおけば後にこの均等判例を読む際にも役に立つ。

　①　前同様に，検索画面を表示させる。
　②　番号種別として「特許番号（B）・特許発明明細書番号（C）」，番号を

「3725481」と入力し，表示形式として PDF 表示を選択して，登録番号をクリックすると，発明の名称を「中空ゴルフクラブヘッド」とする特許公報が表示される。

　それでは各自が入手した特許公報の読み方を簡単に説明する。

　　①　本件サンプルは 2002（平14）年 1 月 11 日に出願され，2003 年 7 月 22 日に出願公開，2005 年 9 月 30 日に登録された「中空ゴルフクラブヘッド」との名称の発明であり，特許権者は横浜ゴム株式会社，発明者は 2 名いるが，住所がいずれも横浜ゴム株式会社平塚製造所内となっていることから，同社の役員か従業員であろうと思われる。

　　②　「特許請求の範囲」は請求項 1 から 4 まであるが，判決では請求項 1 だけが問題となっているので，これに関連する個所だけ読めばよい。

　　③「発明の詳細な説明」は各自に読んでおいてもらいたいが，発明の内容を簡単に述べておくと，本件発明は従来のウッド製のゴルフクラブヘッドに替えて，打面を金属製外殻部材で形成し，その周囲を繊維強化プラスチック製の外殻部材で形成して，両部材を繊維強化プラスチック製の縫合材で結合したことを特徴とする中空ゴルフクラブヘッドである。金属製外殻部材の接合部に貫通穴を設け，この貫通穴を介して繊維強化プラスチック製の縫合材が繊維強化プラスチック製外殻部材と接合することで，接合強度を高め，ゴルフクラブの耐久性を確保しながら，異種素材の組み合わせに基づいて飛びを含むゴルフクラブの性能を向上することができるというものである。

　餅の特許公報も中空ゴルフクラブヘッドの特許公報も身近な対象に関する発明であって，読むべき請求項も図面も少ないので，図面と対照して明細書と特許請求の範囲を読んでみて欲しい。この 2 件の特許公報に根気よくチャレンジして内容を理解しておけば，特許法を学ぶうえでの大きな自信になるであろう。

③ 技術的範囲の認定手法

1 意　義

🔵 特許権の効力の及ぶ範囲すなわち特許発明の技術的範囲は，特許請求の範囲の記載に基づいて認定される（特許 70 条 1 項）。

　特許請求の範囲は，前述のように技術的思想（アイディア）を伝達可能な文章として具体化したものであるから，常に解釈の余地を残しており，特許請求の範囲の記載イコール特許発明の技術的範囲となるものではない。これを表現したのが特許法 70 条 1 項の「基づいて」との文言である。

🔵 特許請求の範囲の記載文言の解釈すなわち特許発明の技術的範囲の認定手法は，法律解釈に似たところがある。法律解釈が文言解釈に限定されないのと同様に，特許請求の範囲の文言解釈ばかりでなく，さまざまな事情を斟酌したうえで，ときには類推解釈により，または当然解釈あるいは反対解釈によって，特許発明の技術的範囲を認定していくことになる[1]。

　　＊1　ただし，特許発明の技術的範囲の認定が真の意味での法律解釈なのか，あるいは事実認定の問題なのかは突き詰めて考えられているとはいえない。米国では事実認定は陪審が担当し，法律解釈は裁判官が担当するとの役割分担が明確であるところ，クレーム解釈は裁判官が行うべき法律解釈であるとされている。この点，わが国においては，特許発明の技術的範囲は，「過失」や「正当事由」などと同様の評価的要件であって，権利者側が評価根拠事実を，相手方が評価障碍事実を主張・立証することによって最終的に裁判所が認定するものであると解される。また，特許発明の技術的範囲は，特許権の侵害訴訟において，侵害が疑われている対象製品を視野に入れて，対象製品が含まれるか否かの範囲に限って認定していくものであり，著作権における複製権・翻案権侵害の判断手法としてのいわゆる「濾過テスト」と同様のものといえる（濾過テストと二段階テストについては高林・著作権 80 頁参照）。いずれの点も基本書としての性格上これ以上の説明は差し控えるので，詳しくは高林龍「特許法の要件事実論からの分析」曹時 59 巻 11 号（2007 年）1 頁以下を参照してほしい。

2 判断資料

(1) 特許請求の範囲

前述のように，特許発明の技術的範囲は特許請求の範囲に基づいて認定される（特許70条1項）。したがって，特許請求の範囲の記載がスタートでありゴールでもある。また，特許請求の範囲は第三者に対して特許権の禁止権が及ぶ範囲を明示する作用を営むものであるから，その文言の通常の意味以上に特許発明の技術的範囲を拡大する方向で解釈することは原則として許されない。

(2) 明細書の発明の詳細な説明と図面

特許請求の範囲に記載される特許を受けようとする発明は明細書の発明の詳細な説明に記載されたものでなければならないこと（特許36条6項1号）からも，特許請求の範囲の意味を探索するためには，明細書の発明の詳細な説明および図面を参照する必要がある（同法70条2項）。発明の詳細な説明は特許発明の技術的範囲を認定するための最重要資料ではあるが，しかし，あくまで基本は特許請求の範囲であるから，発明の詳細な説明の記載を参照することによって，特許請求の範囲に記載されていないものを特許発明の技術的範囲に取り込むような拡大解釈は許されない。

(3) 出願経過

特許出願から権利が登録されるまでの間には，第4章第2節で後述するように，明細書等の補正や分割出願等の手続がとられたり，また審査官からの拒絶理由通知に対して出願人が意見書を提出するなどの手続がとられることがある。これらの手続書類は第三者も閲覧可能なものである（前述の手順でJ-PlatPatで特許公報が表示される画面から，「経過情報」や「審査書類情報」を誰でも簡単に見ることができる）が，発明者・出願人が当該特許発明をどのように認識していたかを知るうえで有用な資料である。これらの事情を「出願経過」と呼び，特許発明の技術的範囲を認定

するうえでは，特許請求の範囲，発明の詳細な説明に次ぐ重要資料ということができる[*2]。

　この場合も，発明の詳細な説明を参照する場合と同様に，あくまで解釈の対象は特許請求の範囲であって，出願経過はそのための一資料にすぎないから，出願経過を参照することによって，特許請求の範囲に記載されていないものを技術的範囲に取り込むような拡大解釈をすることは許されない。

> ＊2　米国の実務では，クレーム解釈は，公衆がアクセス可能なクレーム（特許請求の範囲の記載），明細書（発明の詳細な説明）および出願経過書類の3種類によるべきであるとされ，これら3種類の書類が内部証拠（intrinsic evidence）と呼ばれる。公知技術とか専門家の証言のような外部証拠（extrinsic evidence）は，内部証拠の意味を補強するための二次的資料にしかならないとされている（Vitronics Corp. v. Conceptronic, Inc., 90 F. 3d 1576 (Fed. Cir. 1996)）。

　出願経過を参照して，特許請求の範囲に記載された文言の意味を解釈するにとどまらず，特許請求の範囲には全く記載されていない要件を付加して特許発明の技術的範囲を限定解釈する手法も採用されている（たとえば，名古屋地判昭63・5・27判タ682・219〈光電式緯糸探知装置事件〉参照）。出願人が出願過程で，通常の文言上の意義であればクレームに包含される技術をあえて除外する旨を表明する場合とは，出願発明に公知技術が包含されているという審査官からの拒絶理由通知等を回避するために特許請求の範囲の記載をめぐって出願人が意見を表明した場合などに行われることが多い[*3]。出願人の意図が公知技術を回避するためであった否かにかかわらず，第三者が閲覧しその内容を知ることができる出願手続書類などの出願経過において出願人の技術限定意思が客観的に表されているのであれば，これを参酌することによって技術的範囲は解釈されることになる。このような解釈論は個別的具体的状況下における権利濫用・信義則といった一般法理を「禁反言」[*4]として適用した場面ということもできる。

> ＊3　たとえば，出願人が出願過程で審査官から出願前公知の技術を引用した拒絶理由通知を受けたときに，これに応答して意見書を提出して，特許請求の範囲には記載がないものの，記載事項に限定を付して解釈すれば拒絶理由は

回避できると主張したため，これが認められて特許が登録された場合。つまり，次のような場合を想定するとよい。特許請求の範囲には，構成要件の一つとして，何の限定もない「棒」と記載されていたので，審査官が出願時の公知技術として「木の棒」を使用した例があることを指摘して拒絶理由を通知した。これに対して出願人が，特許請求の範囲には「棒」とあるが，発明の詳細な説明を参照すればその趣旨は「鉄の棒」に限定して解釈できるとして，したがって，出願発明は公知技術の「木の棒」とは異なることが明らかであると主張し，審査官もこれを許して特許が登録になった。その後，特許権者として，この技術を「木の棒」を用いて実施している者に対して，自分の特許発明の技術的範囲には「木の棒」も含むとして侵害差止めを求めてきたときに，特許請求の範囲には単なる「棒」としか記載されていないが，出願経過を参酌するならば，この「棒」は，「鉄の棒」に限定して解釈されるべきであるとするものである。

＊4　禁反言(エストッペル：estoppel)　自己の言動を他人が信じてそれに基づいて地位を変更してしまった後に，自己の言動が真実に反していたとして翻すことはできないとする英米法上の原則。フェア・プレーの精神の現れということができる。

　このように出願経過は特許発明の技術的範囲の解釈（文言解釈）において参照されるばかりでなく，後述のように均等侵害の成否の場面でも参照される（第2節②2(2)参照）。ただし，この場合には，特許請求の範囲の記載文言の意味以上に特許権の効力の及ぶ範囲を広げられるか否かの場面において，これを制限する要件として作用するものである点で異なっていることに留意しておく必要がある。

(4) 公知技術

　出願時に新規な発明であることが特許要件である（特許29条1項）から，出願時における当該特許発明の周辺技術を参照することは，特許請求の範囲の記載文言の意味を解釈する前提ともいうべき，重要な資料である[5]。

　＊5　前＊2記載のように，米国の実務では，出願経過は内部証拠としてクレーム解釈の一次的資料となるが，公知技術は外部証拠として二次的資料にしかならない。これは，米国では，後述のとおり，侵害差止め等の訴訟手続中で特許無効の抗弁を提出することができるため，公知技術を参照した結果によってクレームの文言解釈を限定する必要がないことにも起因している。

上記のように，公知技術を参照して特許請求の範囲に記載された文言の意味を解釈するにとどまらず，公知技術を参照した結果，特許請求の範囲には全く記載されていない要件を付加して特許発明の技術的範囲を限定解釈する手法も採用されてきた。

　　この手法は，公知技術を包含したならば新規性欠如を理由に特許は成立できなかったはずであるとして，この公知技術を包含しないように特許発明の技術的範囲を認定するものであり，「公知技術の除外」と呼ばれる[*6]。

　　この点で誤解してはならないのは，公知技術の除外とは，たとえばA＋B＋C＋Dの各要件からなる発明で，Bが公知技術である場合に，Bを除外して，A＋C＋Dを構成要件とする発明と解釈するものではない点である。このように解釈したのでは，公知技術を除外した結果，特許発明の技術的範囲がより広いものになってしまって不合理である。

　　そうではなくて，この手法は，たとえばB要件として「ボルト」と記載されているが，ボルトを用いる点は出願時に既に公知であった場合において，これを考慮に入れた結果，特許請求の範囲にある「ボルト」は単なるボルトと解すべきではなく，発明の詳細な説明にあるような「先端が特殊な形態をしたボルト」に限られると解釈して，特許発明の技術的範囲をより限定的に認定する手法である。

　　結論には賛成できるが，「公知技術の参酌」の範囲を超えて「公知技術の除外」をする手法は，特許発明の技術的範囲の解釈論というより，無効原因を内包する特許権の行使を許さないための個別的具体的状況下における権利濫用の法理あるいは信義則の適用の一場面であったということができる。後述（⇒ 3(2)）のキルビー事件最高裁判決以後，ましてややはり後述の 2004（平16）年改正特許法 104 条の 3 によるならば，このような特殊な限定解釈論は，現在は，理論的には特許発明の技術的範囲の認定の問題として扱う必要はなくなったといえる。

　　＊6　最二小判昭 37・12・7 民集 16・12・2321〈炭車トロ脱線防止装置事件〉は，出願当時の技術水準を勘案したうえで特許権の与えられている発明を理解すべきであるといった「公知技術の参酌」による解釈論を展開するに止まっていたが，最三小判昭 39・8・4 民集 18・7・1319〈液体燃料燃焼装置

事件）は，公知技術を参照した結果，実用新案登録請求の範囲には記載がないが，「実用新案ノ性質，作用及効果ノ要領」の項に記載のある燃料排出口および案内皿が回転しないことをもって考案の要旨とし，「公知技術の除外」の立場を判示した。その後の最二小判昭49・6・28金商420・2〈シャッター事件〉も同様の立場を採用しており，通説・判例であったということができる。

3　無効理由を包含している場合の解釈

(1) 問題点

2(4)で述べたように，特許請求の範囲に記載された構成要件に出願時に既に公知であった技術が包含されていた場合でも，発明の詳細な説明等を参酌して当該公知技術を含まないように特許発明の技術的範囲を認定するという「公知技術の除外」の手法が採用されてきた。しかし，発明の詳細な説明等を参酌してみても特許請求の範囲に記載された構成要件のすべてが出願時に既に公知（全部公知）であったときは，特許発明の技術的範囲はどのように認定すればよいのか。この場合には，公知技術除外の手法は使えない。

新規性あるいは進歩性を欠く特許は無効である（特許123条1項2号）から，特許請求の範囲に記載された構成要件がすべて出願時に公知であるような特許は無効であり，特許要件を欠くものとして登録が認められるべきではなかったといえる。だが，特許を対世的に無効にするための手続は特許庁が行う無効審決や取消決定の確定のほかにはなく，特許権侵害の差止めや損害賠償を求める民事訴訟（このような民事訴訟を侵害訴訟と呼ぶ）手続内では特許無効を対世的に宣言することはできない。

しかし，侵害訴訟の場面において，特許請求の範囲に記載された構成要件がすべて出願時に公知であるとの判断に至ったときにも，これに目をつぶって，特許が有効であることを前提として，侵害差止請求や損害賠償請求を認容することは，誰しも躊躇するところであり，このような場合には特許権の行使を認めないという方向では学説・判例ともに一致していた。そしてその論理としては，①公知技術の抗弁説[*7]（出願時に公知であった相手方製品に対する権利行使は認められないとする説。自由技

術の抗弁説ともいう），②後述の権利濫用説のほか，③実施例限定説（明細
書に開示された実施例と同一のものに限って技術的範囲を認定するという限定解釈
説を極めた説）などが模索されていた。

* 7　中山472頁。公知技術の抗弁説を採用した大阪地判昭45・4・17無体裁
　　集2・1・151〈金属編篭事件〉もあるが，その控訴審判決である大阪高判
　　昭51・2・10無体裁集8・1・85はこの説を肯認することはできないと判示
　　（なお同判決は③の実施例限定説を採用した）し，さらに東京地判平2・
　　11・28無体裁集22・3・760〈イオン歯ブラシ事件〉は，この説を否定した。

(2) キルビー事件最高裁判決

このような状況下において，最三小判平12・4・11民集54・4・
1368〈キルビー事件〉は，「特許に無効理由が存在することが明ら
かであるときは，その特許権に基づく差止め，損害賠償等の請求は，特
段の事情がない限り，権利の濫用に当たり許されない」との画期的な判
示をした。

従前は侵害訴訟の場面で特許請求の範囲に記載された構成要件のす
べてが出願時に公知であった場合の処理に難渋していたのであるが，
キルビー事件最三小判は，「特許に無効理由が存在することが明らかで
あるとき」としており，特許の無効原因は特許法123条に規定されてい
るように多岐にわたっているから，この判例によって，全部公知を理由
とする無効原因だけにとどまらず，進歩性の欠如あるいは明細書の記載
要件不具備などあらゆる無効原因について，その存在が明らかな場合に
は，この権利の行使は原則として許されないとの法理が採用されたこと
になる[8]。

* 8　このことは特に重要であって，従前の侵害訴訟は対象製品が特許発明の技
　　術的範囲に属するか否かを主として審理していたのに，キルビー事件最三小
　　判以降は，対象製品と係わりのない出願手続違反等の無効理由が侵害訴訟の
　　審理でしばしば登場するようになり，侵害訴訟の審理が様変わりするに至っ
　　ている。

米国では，侵害訴訟の場で権利無効の抗弁が制度として提出できる。
わが国のキルビー事件最三小判は，裁判所による非常の救済手段と
して，個別的具体的状況下で，明白な無効原因を内包する特許権の行使

を権利の濫用として封じたものであって，これをもってわが国が米国同様の制度を導入したものとはいえない点に，注意すべきである[*9]。ただし，この判決を契機として，特許無効の判断を特許庁と裁判所にどのように振り分けて分担させるかという立法論としての検討が行われた結果，2004（平16）年改正特許法104条の3第1項は特許侵害訴訟において「当該特許が特許無効審判により無効にされるべきものと認められるときは，特許権者又は専用実施権者は，相手方に対しその権利を行使することができない。」と規定するに至った。相手方の特許法104条の3に基づく主張は「権利行使阻止（制限）の抗弁」と呼ばれる。

> [*9]　米国でもわが国でも特許庁の処分がなければ特許は対外的に無効にはならない。ただし，米国においては，侵害裁判所の特許無効判断の効力（既判力）は当事者間にしか及ばないのが原則であったところ，連邦最高裁判所のブロンダータング事件判決（Blonder-Tongue Lab. v. University of Illinois Foundation, 402 U.S. 313（1971））は，権利者にも手続的保障があったことを前提として，この無効判決確定の効果として，別訴において他者に対してこの特許権を行使した場合であっても，特許権者は，相手方からの無効主張に対して前記確定判決と異なる主張をすることは禁反言（estoppel）により許されないと判示した。これにより，結局，特許庁における特許登録自体は侵害裁判所による特許無効判断の確定によって抹消されるものではないものの，この特許権は以後は誰に対しても行使できなくなる。
>
> 　一方，わが国では，通常民事訴訟における判決には既判力以外の効力は認められないので，同一特許権をめぐる前訴の判断は別訴で事実上尊重されるだけであり，極めて限られた場合に同一特許権に基づく他者に対する提訴が権利の濫用となることがありうるにとどまる。この点は，2004（平16）年改正特許法104条の3によって権利行使が許されないとして請求が棄却された場合であっても変わらない。

(3) 特許法104条の3

　特許法104条の3は「当該特許が特許無効審判により……無効にされるべきものと認められるとき」と規定しており，キルビー事件最三小判の「権利濫用」の抗弁のように裁判所による非常の救済手段であるとの趣旨が後退しているだけでなく，無効理由が存在することが「明らか」であることを権利行使不能とする要件として規定していない。そこで両者の要件が重なるのか，特許法104条の3の存在にもかかわらず，

これとは別にキルビー事件最三小判による「権利の濫用」の抗弁を主張することができるのかなどの点について説が分かれていた。

　🔘　キルビー事件最三小判にいう無効理由が存在することが明らかであるとの要件は，裁判官の心証の程度をいうのではなく，たとえば公知技術を包含している特許の場合であれば，最終的に無効審判によって無効とされることを免れない技術的範囲内に相手方製品が含まれていることを要件とするものと解され（高林龍「特許侵害訴訟における信義則・権利の濫用」曹時 53 巻 3 号［2001 年］1 頁）*10，これは特許法 104 条の 3 第 1 項に規定する「当該特許が特許無効審判により無効にされるべきもの」との要件と同様のものといえるから，両者の要件は重なっているといえる。

> ＊10　ただし，「明らかである」との要件を裁判官の心証の程度をいうものと理解したうえで，特許法 104 条の 3 第 1 項にいう「無効にされるべきものと認められる」との文言は裁判所が無効となるであろうと確信を得たという意味であるとして，両者には差異がないと解するのが多数（中山 476 頁）であり，本文掲記の立場は少数説であることに注意しておいてほしい。

　🔘　キルビー事件最三小判にいう「特段の事情がない限り」とは，対象特許に対する訂正審判請求（特許 126 条）や訂正請求（同法 134 条の 2）によって無効理由が解消される場合を念頭に置いたものであることは判文にも示されているし，特許法 104 条の 3 の権利行使阻止の抗弁に対しても，訂正審判請求や訂正請求によって無効理由が解消されるならば，当該特許が無効にされるべきものとは認められないことになるから，権利者側はその旨を再抗弁として主張することができると解するのが通説・判例*11である。

> ＊11　知財高判平 21・8・25 判時 2059・125〈半導体ウェーハ切削方法事件〉は権利行使阻止の抗弁に対する再抗弁（対抗主張）は，訂正によって無効理由が解消することおよび相手方製品が訂正後の特許発明の技術的範囲に属するものであることが必要と判示している。基本書としての性格上これ以上の説明は差し控えるべきであるが，私見としては，相手方製品が訂正後の特許発明の技術的範囲に属するものになることは，無効審判によって無効とされることを免れない技術的範囲内に相手方製品が含まれていないことを意味するから，そのような場合にはそもそも権利行使阻止の抗弁が成立しないと解するべきである（高林龍「権利行使阻止の抗弁の要件事実」日本弁理士会中央知的財産研究所『クレーム解釈をめぐる諸問題』［2010 年・商事法務］1

頁）。

　特許法 104 条の 3 第 2 項は権利行使阻止の抗弁が訴訟における審理を不当に遅延させる目的で提出された場合には裁判所はこれを却下できると規定している。また，逆に，最一小判平 20・4・24 民集 62・5・1262〈ナイフ加工装置事件〉は，訂正審判請求や訂正請求によって無効理由が解消されるといった権利行使阻止の抗弁に対する対抗主張（再抗弁）についても，訂正審判請求を何度も繰り返してそのたびに侵害訴訟において対抗主張を提出することは，侵害訴訟の審理を不当に遅延させることを目的としたものと認められるのであれば却下されるとの判断を示した。

　無効審決の確定により権利は最初から存在しなかったことになる（特許 125 条）が，2011（平 23）年特許法改正で，特許権侵害を主張して認容判決を得て確定した後に対象となった特許の無効審決が確定した場合には，請求認容確定判決に対する再審（民訴 338 条 1 項 8 号）で対象となった特許の無効審決が確定したことを主張することができないとした（特許 104 条の 4 第 1 号）（⇒第 1 章第 5 節 ③）*12 *13。一方で，侵害訴訟において権利行使阻止の抗弁が容れられて請求棄却判決が確定した後に，当該特許の特許請求の範囲を減縮する訂正審決が確定した場合に，訂正後の特許請求の範囲を前提として相手方製品がその技術的範囲に属する場合には再審事由（民訴 338 条 1 項 8 号）に該当し，再度権利侵害を主張できるか否かが問題になり，前掲ナイフ加工装置事件最一小判はこのような場合は再審事由が存するものと解する余地があると判示していた*14 ところ，2011（平 23）年特許法改正特許令 13 条の 4 第 2 号（現特許令 8 条 2 号）はこのような場合も侵害訴訟の確定判決の効果を再審の訴えで主張できない場合であるとした。

　　＊12　同年改正前の興味ある事案について紹介しておく。東京地判平 12・3・23 判時 1738・100〈生海苔の異物分離除去装置事件〉は，均等侵害を認めて Y 製品の製造販売の差止請求等を認容し，控訴も棄却されて（東京高判平 12・10・26 判時 1738・97），X 勝訴判決が確定した。しかし，その後，X の対象特許に関して出願前公知技術から新規性または進歩性がないとして無効審判請求がされ，特許庁は対象特許は当業者が公知技術から容易に想到できるとは認められないとして無効審判請求不成立審決をしたが，これに対する

審決取消訴訟において東京高判平17・2・28 LEX/DB 28100529は，対象特許は当業者が公知技術から容易に想到できるとして審決取消判決をした。その後再開された審判で対象特許を無効とする審決がされ，Ｘは再び審決取消訴訟を提起したが，知財高判平17・11・9 LEX/DB 28102351は審決は前審決取消判決の拘束力（第5章第3節④参照）に従ったものであって適法であるとして，Ｘの請求を棄却した。さらに，本件特許の無効審決が確定したことを理由として本件の請求認容確定判決に対してＹの申立てにより再審が開始され，知財高判平20・7・14判時2050・137はＸ勝訴の確定判決を取り消した。このような事例があったことも一因となって，特許法104条の4が創設されるに至ったといえるだろう。

＊13　差止請求認容判決確定後に対象特許の無効審決が確定したにもかかわらず，請求認容確定判決に基づく強制執行が申し立てられた場合には，被告は再審請求の可否にかかわらず請求認容判決の既判力の基準時（事実審口頭弁論終結時）以降に生じた事由を主張して請求異議訴訟（民執35条）を提起して強制執行の不許を求めることができる。損害賠償請求認容判決確定後に対象特許の無効審決が確定したにもかかわらず，未執行の金員支払の強制執行が申し立てられた場合であっても，被告は再審請求の可否にかかわらず請求認容確定判決の強制執行に対しては同様に請求異議訴訟で強制執行の不許を求めることができると解される。

＊14　このような場合にはそもそも権利行使阻止の抗弁を認めるべきではないというのが私見である（＊11参照）が，通説・判例は抗弁の成立を認めるために，さらにその後の訂正による再審にまで問題が及んでしまい事案の解決を一層複雑化してしまったといえる。さらにこの場合に，いわば特許権者側の敗者復活ともいうべき再審の途を政令（特許104条の4第3号の委任による特許令13条の4第2号：現特許令8条2号）によって閉ざした点に関しては，疑問が残る。

　侵害訴訟で権利行使阻止の抗弁を主張するためには特許庁で無効審判請求をすることは実務でも求められていないが，これに対して訂正の再抗弁を主張するためには特許庁で訂正審判請求や訂正請求をすることを求めるのが実務上の運用であった。しかし後述（⇒第5章第1節④「訂正審判」＊1）のとおり2011（平23）年特許法改正で，訂正審判は特許無効審判が特許庁に係属した時から審決が確定するまで請求できないことになった（特許126条2項）ため，無効審判の審決取消訴訟が係属中は訂正審判請求も訂正請求もできないことになった。この点につき最二小判平29・7・10民集71・6・861〈シートカッター事件〉は，侵

害訴訟での審理対象特許につき，無効審判の審決取消訴訟が係属中であるため特許庁で訂正審判請求も訂正請求もできない状態にあった場合を含めて，やむをえないといえる特段の事情がある場合には，特許庁での手続を経ることなく訂正の再抗弁を主張できると判示した。

🔘 以上のとおり特許法104条の3の権利行使阻止の抗弁の導入は侵害訴訟の審理に大きな変革をもたらしたが，未解決の問題も山積みである。何度もいうようではあるが，特許は無効審決や取消決定の確定によってのみ対世的にかつ出願時に遡って効力を失う（特許125条，114条3項）のであり，特許の無効を争うべき主戦場はあくまで特許庁における無効審判や特許異議申立ての場であって，権利行使阻止の抗弁はあくまで民事訴訟の場面で相手方製品に対する関係で，特許権行使が封じられるか否かを審理判断するものにすぎない（前掲高林「特許法の要件事実論からの分析」1頁）ことを忘れてはならない。

4　広すぎるクレームの解釈

🔘 前述のように特許請求の範囲に記載される発明は明細書の発明の詳細な説明に記載されたものであり，かつ明確でなければならない（特許36条6項）。また，特許請求の範囲には，発明を特定するために必要と認める事項のすべてを記載しなければならない（同条5項）。

したがって，発明の詳細な説明には，たとえばA＋B＋C＋Dの要件からなる発明が記載され，その目的や効果の説明がされているのに，特許請求の範囲としてはA＋B＋Cの要件だけが記載されている場合には，明細書の開示に比べて特許請求の範囲の記載が広すぎて，特許法36条6項1号，2号に規定する特許請求の範囲の記載要件（サポート要件や明確性要件）を充足していないことになる。また，発明の詳細な説明では，たとえば塩酸や硫酸のような無機酸を使用した場合の反応についてのみ開示していながら，特許請求の範囲では単に酸を使用して反応させると包括的記載をした場合にも，特許請求の範囲が発明の詳細な説明に記載された発明よりも広くなっており，特許法36条6項1号に規定する特許請求の範囲の記載要件（サポート要件）を充足しておらず，出願は拒絶されるべきであるし（特許49条4号），権利が登録されたとしても無効理

由がある（同法123条1項4号）ことになる。

　　これらの場合，本来はこのような特許請求の範囲の記載のままで特許権を成立させるべきではないが，現実に権利が成立してしまっているのであれば，広すぎるままの特許請求の範囲の記載に基づいて特許発明の技術的範囲を認定したのでは，発明の詳細な説明でのバックアップのない発明についても権利が及ぶことになってしまい，また，当該発明を実施することは不可能な場合もありうることになる。そこで，このような場合には，発明の詳細な説明に記載されている要件をも発明の構成要件としたうえで，すなわち，当該発明が実施可能な範囲に限定して，特許発明の技術的範囲を認定するとの手法が，裁判実務などで採用されてきた。

　　前述の，公知技術を参酌して，特許発明の技術的範囲を限定的に認定する場合と類似する手法ということができる。そして，このような手法はキルビー事件最三小判や特許法104条の3が新設された後，現在では特許発明の技術的範囲の認定の問題として扱う必要がなくなっていることは何度も述べた。

5　機能的クレームの解釈

　　機能的クレームとは，特許請求の範囲が具体的な構成ではなく，その構成が果たす機能として抽象的に記載されている場合のことをいう。広すぎるクレームはいわば特許請求の範囲を作成・記載する際の過誤ともいうべきものであるが，技術分野によっては，たとえば電子・通信・情報技術や化学薬品の場合など，装置の構造や物理的な具体化手段を記載するよりも，機能や作用・動作などを記載して発明を定義する方が妥当な場合もある。このような機能的クレームの記載は，1994（平6）年特許法改正により，特許請求の範囲の記載要件が前述のように緩和され，また発明の詳細な説明への記載要件も前述のように実施可能要件のみとなって以降，許容性が広くなった。

　　機能的クレームの記載が許されるためには，明細書の発明の詳細な説明に記載された発明が特許請求の範囲に記載されているといえること（特許36条6項1号）と，発明の詳細な説明や図面を参照することによっ

て，特許請求している発明の外延が明確になる場合でなければならない（同項2号）。そして，特許請求の範囲に記載された機能の意味するところが当業者によく知られており，その機能を奏することができる具体的手段を直ちに認識できる場合などが，機能的クレームの記載が許容される場合に該当する。

🔵 機能的なクレームの記載であっても，発明の詳細な説明等の資料（⇒2「判断資料」）を参照することによって，特許請求している発明の外延が明確になるのであれば，通常のクレーム解釈と同様の手法によってその技術的範囲を認定すれば足りる（知財高判平24・11・29判時2179・98〈レーザー材料加工方法事件参照〉）[*15]。

> [*15] 特許請求の範囲の記載は具体的すぎないようにある程度抽象的に記載されるものである（⇒②4）から，特許請求の範囲の記載はある意味で程度の差はあれすべてが機能的クレームであるということもできる。

🔵 しかし，特許請求の範囲の記載文言どおりにその機能を果たすものであればそのすべてを技術的範囲内にあるものと認定してしまうと，当業者が発明の詳細な説明の記載から読み取れる範囲を超えて特許権の効力が及んでしまう場合がある。このような場合に，特許発明の技術的範囲を当業者が読み取れる範囲に読み込んで解釈する手法が採用されることがある[*16]。

たとえば，発明の詳細な説明では特殊形態のボルトのみを開示しているにもかかわらず，特許請求の範囲では単に「各材料を接合する手段」として機能的記載がされている場合，接合手段としては発明の詳細な説明での開示以外にいくらでも範囲は拡大しかねない。そこで，このような場合には出願人が開示している特殊形態のボルトに類似する範囲に限定して技術的範囲を認定するとする手法である。東京地判平10・12・22判時1674・152〈磁気媒体リーダー事件〉はこの手法を採用して，技術的範囲は明細書に開示された構成や発明の詳細な説明の記載から当業者が実施しうる構成の範囲までに限定して解釈すべきであると判示している[*17][*18]。

> [*16] 機能的なクレームの記載は明細書の発明の詳細な説明に記載された発明の外延を当業者が明確に認識できるように記載したものである場合でなけれ

ば許されないが，このような要件を充足していないにもかかわらず機能的ク
レーム（広すぎるクレーム）として特許が成立してしまう場合もある。この
ような特許は無効審判によって無効になるべきものとして特許法104条の3
によって権利行使が阻止されるべきであって，有効なものであることを前提
として本文記載のように特許発明の技術的範囲を発明の詳細な説明の記載か
ら当業者が読み取れる範囲に限定して解釈するまでもないことになる。キル
ビー事件最三小判や特許法104条の3の創設によって，従前，無効理由を回
避するために行っていた特殊な特許発明の技術的範囲の認定手法が不要にな
ったことは何度も述べているところである。しかし，機能的クレームの場合，
特許請求の範囲の記載が特許法の求める記載要件を充足しているか否かの判
断は，結果として相手方製品が発明の詳細な説明の記載から当業者が読み取
れる範囲内にあるといえるか否かの判断と重なることが多いことから，一方
はクレーム解釈論であり他方は特許法104条の3の権利行使阻止の抗弁であ
ると明確に区分することは実益に乏しいというのが実務的感覚である。以下
の記載もこのような状況を踏まえたうえでの機能的クレームの解釈論である
ことに留意しておいて欲しい。

＊17　同様の判断を示した近時の判例として知財高判平25・6・6 LEX/DB
25445673〈パソコン盗難防止用連結具事件〉もあるし，近時の知財高判令
元・10・3 LEX/DB 25570519〈第Ⅸ因子の抗体事件〉は機械分野以外の抗
体クレームの技術的範囲の認定の場面でも同様の判断を示している。結局，
特許法104条の3（権利行使阻止の抗弁）の創設後においても，このような
限定的解釈ができる範囲においては特許請求の範囲が記載要件（サポート要
件と明確性要件）を充足しており，権利行使ができることになる。

＊18　米国特許法112条(f)項は，組合せにかかるクレームの場合は，構造，材
料または作用の記載に代えて，特定の機能を達成する手段もしくは工程とし
て記載することができると規定するが，この場合には，明細書に記載された
構造，材料，作用およびそれらと等価（equivalent）な範囲を保護するもの
と解釈しなければならないことも明記している。前記磁気媒体リーダー事件
東京地判は，米国特許法112条(f)項の趣旨に沿った解釈論ということができ
る。

6　プロダクト・バイ・プロセス・クレームの解釈

　　プロダクト・バイ・プロセス・クレームとは，物の発明の特許請求
の範囲に，対象となる物の製造方法が記載されている場合のことを
いう。たとえば，化学物質やバイオテクノロジー技術によって得られる
物質にかかる発明の場合に，その物の構造や物理的な具体化手段を記載

するのが困難であり，むしろその物の製造方法を記載して発明を定義する方が妥当な場合もある。

　前述の機能的クレームの場合は，発明の詳細な説明の記載に比して，特許請求の範囲が機能的に記載されることによって技術的範囲が広くなる可能性があることから問題が生じたが，プロダクト・バイ・プロセス・クレームの場合は，特許請求の範囲にその物の製造方法を要件として挿入することによって，その記載がない場合に比べると，技術的範囲が狭くなる可能性があることから問題が生じる。

　このような特許請求の範囲の記載に関しては，おおむね，特許の対象を当該製造方法に限定して解釈する必然性はなく，これと製造方法は異なるが物としては同一であるものも当該特許発明の技術的範囲に含まれるとの解釈（同一性説）が通説・判例であるといわれていた[*19]。

　　＊19　たとえば，東京地判平11・9・30判時1700・143〈酸性糖タンパク質事件〉は，「特許請求の範囲が製造方法によって特定された物であっても，対象とされる物が特許を受けられるものである場合には，特許の対象は飽くまで製造方法によって特定された物であって，特許の対象を当該製造方法によって製造された物に限定して解釈する必然はなく，これと製造方法は異なるが物として同一であるものも含まれる」と判示している。

　また，後述（⇒第7章）のように方法を保護の対象としていない実用新案において，実用新案登録請求の範囲に製造方法の記載がある場合の解釈について，最三小判昭56・6・30（民集35・4・848〈長押事件〉）は，考案の技術的範囲に属するか否かの判断にあたって製造方法の相違を考慮に入れることはできないと判示している。

　しかし，特許請求の範囲には特許を受けようとする発明を特定するために必要と認める事項のすべてを（特許36条5項）かつ明確に（同条6項2号）記載しなければならないとされている。そうであるのに，化学物質やバイオテクノロジー技術の場合のように，その物を構造や特性で特定するのが不可能であったり非実際的であるなどの事情がある[*20]のではなく，物を構造や特性で特定することが可能であるにもかかわらず，製造方法を特許請求の範囲に記載している場合であるならば，このような発明はその構造や特性の物を生産する方法の発明との相違が

明確でない[21]。そこで最二小判平27・6・5民集69・4・700および904〈プラバスタチンナトリウム事件上告審〉は，物を構造や特性等で特定することが不可能または非実際的な場合に限り，物の発明として特許請求の範囲に物の製造方法を記載するプロダクト・バイ・プロセス・クレームは認められ，その場合には前述の物同一性説が採用されるとしたが，そうでない場合に物の発明として特許請求の範囲に物の製造方法を記載することは明確性要件（特許36条6項2号）に違反するとの注目される判断を示した。

* 20　たとえば，バイオテクノロジー技術で生成した細胞の場合のように科学技術の進展度合いにより構造で表示することが技術的に不可能であったり，またその分析をするために多大な費用や時間が必要であって実際的でないことなどから，「（バイオテクノロジー技術である）A製造方法で生成した細胞」として特許請求の範囲を特定せざるをえない場合もあるだろう。

* 21　知財高大判平24・1・27判時2144・51〈プラバスタチンナトリウム事件知財高大判〉は，物を構造や特性によって特定することが不可能または困難な場合を「真正」な，それ以外の場合を「不真正」なプロダクト・バイ・プロセス・クレームと定義して，特許発明の技術的範囲の認定や無効審判の場面においては，「真正プロダクト・バイ・プロセス・クレーム」の場合には物同一性説を，「不真正プロダクト・バイ・プロセス・クレーム」の場合には製法限定説を採用すべきとの立場を大合議判決として示した。しかし，これによると物を生産する方法の発明と何ら差異のない「不真正プロダクト・バイ・プロセス・クレーム」も権利として成立してしまうことになる。この点の問題を指摘して明確性要件（特許36条6項2号）により「不真正プロダクト・バイ・プロセス・クレーム」の出願は拒絶すべきであると主張する論考として，高林龍「プロダクト・バイ・プロセス・クレームの技術的範囲と発明の要旨」『牧野利秋先生傘寿記念論文集』（2013年・青林書院）302頁以下があった。なお，米国ではプロダクト・バイ・プロセス・クレームは，知財高大判のように真正か不真正かなどといった区分をすることなく，権利成立後の技術的範囲は製法限定説で解釈されている（Abott Labs. V. Sandoz,Inc., 566 F. 3d. 1282（Fed.Cir.2009）。

　ただし，たとえば物を構造や特性で特定することができないため「A製造方法で生成した」と表現された細胞が，他の方法たとえばB製造方法で生成した細胞と同一であるか否かは認定が困難なはずである。一方で，A製造方法で生成された細胞をこれとは異なる製造方法で

あるクローニング技術（C製造方法）で再生すること自体は容易であることがありうる。この場合，A製造方法で生成された細胞とクローニング技術（C製造方法）で生成された細胞は，製造方法は異なるが物としては同一であると認定ができる場合といえるだろう。このような例は限られているが，この場合を含めて，あくまでA製造方法により生成された構造未解明な細胞と，B製造方法により生成された構造未解明な細胞とが物として同一と認められるかの判断は，結局，後述（⇒第2節）の均等論適用のための5要件を充足するか否かの判断によることになるだろう。

　なお，前掲最二小判平27・6・5〈プラバスタチンナトリウム事件上告審〉の判示によったとしても，物の発明であるにもかかわらず特許請求の範囲に製法的記載があるならばすべてプロダクト・バイ・プロセス・クレームとなるものではない。前述のとおり最三小判昭56・6・30〈長押事件〉も，考案の技術的範囲に属するか否かの判断にあたって製造方法の相違を考慮に入れることはできないと判示しているが，当該判例も，実用新案登録請求の範囲における方法や順序に関する記載は，物品の形状，構造の特定や説明としての意味を有するものとの理解を前提とするものとされてきた。最二小判平27・6・5後においても，たとえば知財高判平29・12・21 LEX/DB 25449145〈旨み成分と栄養成分を保持した無洗米事件〉が，請求項に「摩擦式精米機により搗精され」「無洗米機にて」という製造方法が記載されていても，本件発明の無洗米がどのような構造または特性を表しているかは，特許請求の範囲および明細書の記載から一義的に明らかであって，明確性要件に反するとは言えないと判示しているように，特許請求の範囲に製法的な記載があっても，これが物の形状や構造の特定や説明であって，物の発明として不明確とはいえない場合もあるだろう（このようなクレームは「表見プロダクト・バイ・プロセス・クレーム」と呼ばれることがある）。

　そうすると，前掲最二小判平27・6・5〈プラバスタリンナトリウム上告事件〉後において，いわゆる真正プロダクト・バイ・プロセス・クレームでないのに特許請求の範囲中に製法的記載がある場合には，①出願手続中であれば，出願人においてクレームを物を生産する方法の発明に補正する（特許17条の2）（⇒第4章第2節②）か，表見プロダ

クト・バイ・プロセス・クレームであることを明確にしない限り，明確
性要件違反を理由として出願は拒絶されることになる。また，②権利成
立後であれば，権利者において訂正審判や無効審判における訂正請求で
クレームを物を生産する方法の発明に減縮訂正する（特許126条1項1
号）（⇒第5章第1節④）*22か，表見プロダクト・バイ・プロセス・クレー
ムであることを明確にする（同項3号）などしない限り，無効審判で無
効になったり，侵害訴訟においても権利行使阻止の抗弁で対抗される危
険があることになる。したがって，今後は，バイオテクノロジー等の先
端技術で構造未解明物を対象とするいわゆる真正プロダクト・バイ・プ
ロセス・クレームの場合か，あるいは製法的記載ではあるがこれが構造
を説明するための記載であることが明確な場合以外では*23，クレーム
中の製法的記載は極力避けて，物を生産する方法の発明として出願する
のが得策といえる。

　　＊22　補正の場合と異なり，訂正の場合には実質上特許請求の範囲の拡張や変
　　　　更は許されないとされており（特許126条6項），従前は物の発明を物を生
　　　　産する方法の発明へ訂正することは同項に違反して許されないとの特許庁で
　　　　の実務であったが，本最高裁判決後に特許庁での運用が改められるに至って
　　　　いる。

　　＊23　本最高裁判決後の下級審判決や特許庁の審査基準によって特許請求の範
　　　　囲中に製法的記載があっても物の発明として不明確とはいえないとされる例
　　　　が多数示されるに至ったこともあって，いわゆる表見プロダクト・バイ・プ
　　　　ロセス・クレームであるとして登録される例が増える傾向にあったが，たと
　　　　えば知財高判令4・11・16 LEX/DB 25572445〈電鋳管事件〉は，特許請求
　　　　の範囲や明細書の記載および技術常識から，特許請求の範囲中の製法的記載
　　　　が物の構造又は特性を表していることが一義的に明らかであるとはいえない
　　　　として，無効審判請求不成立審決を取り消した近時の例である。表見プロダ
　　　　クト・バイ・プロセス・クレームであるとして安易に登録を認めることなく，
　　　　本最高裁判決の真意を踏まえた運用が望まれるところである。

④ 特許発明の技術的範囲と発明の要旨

1　特許法 70 条 2 項の追加

前述のように，特許発明の技術的範囲の認定にあたって，特許請求の範囲の次に参照すべきは明細書の発明の詳細な説明の記載である。この趣旨を規定している特許法 70 条 2 項は，1994（平 6）年特許法改正によって追加されたものである。従前から同様の解釈は疑いもなく通用していたが，この規定が追加された背景には，最二小判平 3・3・8（民集 45・3・123〈リパーゼ事件〉）の判示があったといわれている。

このリパーゼ事件最二小判は，特許の要件を審理する前提とされる特許出願に係る発明の要旨の認定は，特許請求の範囲の記載に基づいてされるべきであって，特許請求の範囲の記載の意味が一義的に明確に理解できないとか，あるいは一見してその記載が誤記であることが発明の詳細な説明の記載に照らして明らかであるなどの特段の事情のないかぎり，発明の詳細な説明の記載を参酌してはならないと判示したものである。

そこで，この判示は，特許発明の技術的範囲の認定についても，発明の詳細な説明の記載を参照できる場合を限定するものであるとする解釈が生じた。

2　発明の要旨の認定

しかし，このリパーゼ事件最二小判は，注意深く「特許の要件を審理する前提とされる特許出願に係る発明の要旨の認定は」との趣旨の文言を付加している。

特許の取得過程（出願手続中）では，特許請求の範囲には特許法 36 条に規定された要件を漏らさず記載させるべきであって，その記載が不十分であるからといって，特許請求の範囲以外の明細書の発明の詳細な説明や図面などを参酌して，特許請求の範囲の文言を限定的に解釈したうえで，そのような記載を可と判断する必要性はない。すなわち，権利の取得過程では，このような不十分な特許請求の範囲の記載であるならば，

出願人は明細書および特許請求の範囲を補正すべきであるし，補正しないならば権利の成立が拒否されるにすぎない。

これに対して，特許発明の技術的範囲の認定作業は，すでに成立した権利の禁止権の及ぶ範囲を事後的に認定するものである。したがって，権利の及ぶ範囲が不当に拡大しないように，明細書の発明の詳細な説明や図面のほか，権利取得に至った経緯（出願経過）や周辺の公知技術を参照して解釈していく必要があることは前述のとおりである*。

> ＊　リパーゼ事件最二小判の事例は，発明の詳細な説明には脂肪分解酵素として「Ra リパーゼ」のみが有効であるとの記載があったのに，特許請求の範囲には何ら限定のない「リパーゼ」とだけ記載されていた。このような場合には，発明の詳細な説明に比して特許請求の範囲が広すぎることになり，特許法 36 条 6 項に規定する特許請求の範囲の記載要件を充足していないことになるから，出願過程で特許請求の範囲を「Ra リパーゼ」と限定する補正をすべきである。また，Ra リパーゼ以外のリパーゼ中には進歩性のないものが含まれているのに，出願人が特許請求の範囲の補正をしないのであれば，リパーゼとしたままで発明の要旨が認定される結果，本件発明は進歩性がないとして出願が拒絶されることになる。一方，出願手続中に特許請求の範囲の補正がされず，リパーゼとしたままで権利が登録されてしまったとするならば，従前ならば，発明の詳細な説明の記載や公知技術などを参酌して，本件発明は Ra リパーゼに限定されるとして認定され，現在であれば，特許法 104 条の 3 によって本件特許は審判によって無効とされるべきものであるとして，Ra リパーゼ以外のリパーゼをもって発明を実施している者に対する権利行使は阻止されるであろう。

このように，リパーゼ事件最二小判の射程は権利取得段階における発明の要旨の認定の場合のみに及び，権利成立後の特許発明の技術的範囲の認定の場合に及ぶものではないと理解されてきた。しかし，権利取得段階における発明の要旨認定の場面といえども特許請求の範囲の記載文言の形式的解釈にとどまるべきものではなく，発明の目的，効果などの発明の詳細な説明の記載を参照しながら認定されるべきものであり，たとえば前述の機能的クレームの場合などは，発明の詳細な説明や図面を参酌することによって，そこに開示されている発明の外延が特許請求の範囲に記載されているか否かが判断できるのであって，その参照ができないならば特許請求の範囲の記載文言には一切解釈の余地がなく

なってしまい，発明として極めて限定された具体的な実施例に近いものしか成立できないことになってしまう。ましてや，その後の前述の最三小判平12・4・1〈キルビー事件〉(⇒ ③(2)) や特許法改正により侵害訴訟の場面でも権利行使阻止の抗弁（104条の3）が創設されたとの時代の変遷を踏まえるならば，リパーゼ事件最二小判の重要性は減殺しており，現在において同判決は，発明の詳細な説明の記載を参照することによって特許請求の範囲の文言からは読み取ることのできない限定を付したうえで発明の要旨やあるいは特許発明の技術的範囲を認定してはならないとの，当然の判断を示したものと理解しておけば足りるだろう。

第2節　均等論
── 権利の及ぶ範囲を広げるための論理

① 総　説

　特許請求の範囲の記載に基づいて特許発明の技術的範囲が認定されるが，この過程が法文の文言解釈に類似していることは前述のとおりである。そして，このように特許請求の範囲の記載の文言解釈によって対象製品が特許発明の技術範囲に属すると認められる場合を，**文言侵害**（literary infringement）という場合がある。

　一方，対象製品が特許権を文言侵害しない場合であっても，両者の相違が紙一重であって，特許発明と実質的同一であると評価できるような場合がある。典型的な例は，特許発明の構成要件の一部を，その特許出願の時点ではまだ開発されていなかった新素材等で置き換えた場合である。このような場合は，新素材をも包含するように特許請求の範囲の文言を解釈することは困難であることが多い。しかし，このような場合でも，特許発明をそっくりそのまま利用しながら，ただ単に特許請求の範

囲の一要件である一つの素材をその後に現れた新素材に置換しただけの
ような場合に[*1]，これを特許権侵害から免れさせることは，出願人に無
理を強いることになると同時に，盗用者を利するのに等しく，正義の観
念に反することになる。

　　*1　たとえば，鋼製かステンレス製の包丁しかない時代に，刃の中間部に複数
　　　　個の穴をあけることによって，切った物が刃に付着しにくいとの発明をした
　　　　者がいたとする。特許請求の範囲には当時存在した刃体すべてを掲げる趣旨
　　　　で「鋼もしくはステンレスからなる刃体の中間部に複数個の穴をあける」と
　　　　記載していたところ，出願後にセラミック製の包丁が登場したため，これを
　　　　使用して刃体の中間部に複数個の穴をあけた包丁を製造する者が出現したと
　　　　する。当該発明では刃の中間部に複数個の穴をあけることに特色があるので
　　　　あって，刃体が鋼だろうがステンレスだろうが何だろうが関係なかったとし
　　　　ても，「鋼もしくはステンレスからなる刃体」との構成中に「セラミックか
　　　　らなる刃体」が含まれるとの文言解釈をすることは無理であろう。

　このように，特許請求の範囲に記載された特許発明の構成と一部異
なる部分があるため特許権を文言侵害しない場合であっても，対象
製品は特許発明の構成と実質的同一と評価されるとして，特許権の効力
を及ばせる論理が**均等論**（Doctrine of Equivalent）である[*2]。
　均等論を採用して権利侵害を認める場合を，**均等侵害**と呼ぶ場合があ
る。本節では，特許権の禁止権の及ぶ範囲を拡張する理論としての均等
論の基本概念から，採用する場合の要件などについて，なるべく具体的
な事例を踏まえてわかりやすく解説する。

　　*2　均等論は特許請求の範囲の文言解釈から導かれる特許発明の技術的範囲を
　　　　拡張するものなのか，文言侵害が成立せず特許発明の技術的範囲に含まれな
　　　　い場合を権利範囲に取り込むものなのかは，均等論に対する理解の違いによ
　　　　って見解が異なる。通説は前者の立場である。私見は，後述のように，均等
　　　　論を二分し，出願時に存在しなかった技術への置換に対する均等論は，特許
　　　　発明の技術的範囲外に特許権の効力を及ぼすものであるが，出願時に存在し
　　　　た技術への置換に対する均等論は，均等論とは称するものの真正な均等論で
　　　　はなく，融通性のある文言解釈論（実質的同一論）であると解するから，こ
　　　　の置換技術は特許発明の技術的範囲に属することになる。

② 均等侵害の成否

1 ボールスプライン軸受事件最高裁判決

(1) わが国では，従前は均等論を認める最高裁判例がなく，下級審判例としても，均等論それ自体を正面から否定したものはないものの，均等論自体は一応肯定したうえで当該事案に対して均等侵害は認められないとするものが大部分であった[*1]。そのため，米国などに比して[*2]特許権の効力の及ぶ範囲が狭すぎるとの批判が，内外からあった。このような状況下で，最三小判平 10・2・24 民集 52・1・113〈ボールスプライン軸受事件〉は，均等論を採用する判断を示して，実務上，均等論の採否という問題は決着した。

ボールスプライン軸受事件最三小判以前の学説・判例状況は今さら論じる実益はないので，以下，この最三小判に沿って，均等論採用の要件について検討を加えることにする。

[*1]　均等論の根拠や要件について詳細な判示をしたものとして大阪地判昭42・10・24 判時 521・24〈ポリエステル繊維事件〉などがある。一方，均等の主張を認めて侵害を肯定した判例も少ないながら存在する。たとえば，東京高判昭 57・5・20 判時 1065・178〈液体濾過機事件〉など。ただし，この事案は控訴審で相手方は所在不明となっており，公示送達で手続が進められ，まともな反論をしていなかったという特殊事情があった。また，ボールスプライン軸受事件の原審である東京高判平 6・2・3 知的裁集 26・1・34 とその後の大阪高判平 8・3・29 知的裁集 28・1・77〈t-PA 事件〉が正面から均等の主張を認めて侵害の成立を肯定し，話題になっていた。

[*2]　米国では 1950 年の連邦最高裁判所のグレーバータンク事件判決（Graver Tank & Mfg. Co. v. Linde Air Products Co., 339 U.S. 605（1950））以来均等論が採用されてきたとの伝統があり，1997 年の同最高裁のワーナー・ジェンキンソン事件判決（Warner-Jenkinson Co. v. Hilton Davis Chemical. Co., 520 U.S. 17（1997））は，現行連邦特許法下でも均等論が採用できることを確認した。

(2) ボールスプライン軸受事件最三小判の示した均等論成立要件は，対象製品の構成の一部が特許発明の構成要件の一部と異なって

いる場合であっても（たとえば，特許発明は構成要件A，B，C，Dの4要件からなるところ，対象製品はA，B，C，dの4要件からなっている場合），

①　置換された要件が特許発明の本質的部分でなく，
②　この要件を置換しても特許発明の目的を達し，作用効果も同一であって（この要件を「置換可能性」要件という），
③　対象製品製造時（侵害時）において当業者にとってこの要件の置換が容易想到であって（この要件を「置換容易性」要件という），
④　対象製品が特許発明の出願時において公知技術と同一または当業者に容易に推考できたものでなく，
⑤　対象製品が特許発明の出願手続で特許請求の範囲から意識的に除外されたものであるなどの特段の事情もないとき，

との5要件が認められる場合に均等侵害を認めると判示した。そして，このような判断に至った理由として，以下の4点を挙げている。

(i)　特許出願の際に将来のあらゆる侵害態様を予想して明細書の特許請求の範囲を記載することは極めて困難であり，相手方において特許請求の範囲に記載された構成の一部を特許出願後に明らかとなった物質・技術等に置き換えることによって，特許権者による差止め等の権利行使を容易に免れることができるとすれば，社会一般の発明への意欲を減殺することとなり，発明の保護，奨励を通じて産業の発達に寄与するという特許法の目的に反するばかりでなく，社会正義に反し，衡平の理念にもとる結果となる。

(ii)　特許発明の実質的価値は第三者が特許請求の範囲に記載された構成からこれと実質的に同一なものとして容易に想到することのできる技術に及び，第三者はこれを予期すべきものと解するのが相当である。

(iii)　特許発明の特許出願時において公知であった技術および当業者がこれからこの出願時に容易に推考することができた技術については，そもそも何人も特許を受けることができなかったはずのものであり（特許29条参照），特許発明の技術的範囲に属するものということはできない。

(iv)　特許出願手続において出願人が特許請求の範囲から意識的に除外したなど，特許権者の側においていったん特許発明の技術的範囲に属しないことを承認するか，または外形的にそのように解されるような行動をとったものについて，特許権者が後にこれと反する主張をすることは，禁反言の法理に照らして許されない。

理由(iii)は要件④に，理由(iv)は要件⑤に対応するものである。

〈以下では，①ないし⑤の要件について，その後の知財高大判平28・3・25判時2306・87〈マキサカルシトール事件知財高大判〉や最二小判平29・3・24民集71・3・359〈マキサカルシトール事件最二小判〉の判示を踏まえつつ予め説明しておく。〉

①の要件である「本質的部分」の理解についてはボールスプライン軸受事件最三小判後にも説が分かれていたが，マキサカルシトール事件知財高大判は，通説でありかつ実務的にも主流であった「解決原理同一説」（本質的部分とは従来技術にみられない特有の技術的思想を構成する特徴的部分であるとする説）を採用した。また同判決は，本質的部分を認定する素材としては第一義的には特許請求の範囲や明細書の記載であるが，その記載が客観的に不十分である場合には，明細書に記載されていない出願時における従来技術も参照されるとの判示もしている。

特許発明の技術的範囲の認定すなわち文言侵害の判断の場面では，対象製品は出願時における公知技術と同一またはこれから容易推考であったとの公知技術の抗弁説に対しては否定的評価が加えられていることは第1節③3(1)*7において述べたが，④の要件は，均等侵害の判断の場面において，この公知技術の抗弁を採用したものである（中山512頁）。

特許発明の技術的範囲の認定に際しても出願経過が参照され，出願人の技術限定意思が客観的に表明されている場合には，技術的範囲が通常の文言解釈よりも限定的に解釈される場合があることは第1節③2(3)において述べたが，⑤の要件はこれとは異なり，技術的範囲を通常の文言解釈よりも広がって解釈してよいか否かの判断の場面においては，出願人が出願過程においてそこまでは広がらないと客観的・外形的に評価できるような行為を策出したか否かを問うものである。

また，この要件は，(1)*2に記述した米国のワーナー・ジェンキンソン事件連邦最高裁判決が掲げる出願経過禁反言（Prosecution History Estoppel）に類似するものであるが，同判決は，出願経過において出願人がクレームを減縮するような補正をした場合には，補正されたクレームをさらに拡張するような均等主張はできないとした。この禁反言が作

用する範囲が広がれば広がるほど，均等侵害が成立する場合が減少することから，米国では大いに論じられ，米国連邦最高裁判所のフェスト事件判決（Festo Corp. v. Shoketsu Kinzoku Kogyo Kabushiki Co., 535 U.S. 722 (2002)）は，原審である連邦巡回控訴裁判所が採用していた complete bar（出願経過で出願人がクレームを減縮するような補正をした場合には，理由のいかんを問わず補正後のクレームをさらに拡張するような均等主張は許されないとする）による行き過ぎた禁反言の適用原則にブレーキをかけて，flexible bar（クレームの減縮補正の理由によってはその範囲外への均等主張を許容する）の原則を採用したといわれている。

　わが国の判例としては，前掲知財高判平 21・8・25〈半導体ウェーハ切削方法事件〉，東京地判平 21・12・16 判時 2110・114〈蛍光電子内視鏡システム事件〉などは⑤の要件との関係で均等侵害の成立を否定していたが，マキサカルシトール事件最二小判以降においては，いわゆる flexible bar を採用して，均等侵害を肯定する下級審判決も散見（東京地判令 2・9・24 LEX/DB 25571328〈L－グルタミン酸製造方法事件〉，知財高判令 3・10・14 LEX/DB 25571764〈学習用具事件〉など）される。

　🌀　なお，出願経過において出願人がクレームを減縮するような補正をした場合でなくとも，どのような出願人の対応が⑤の特段の事情に該当するかも論じられているが，マキサカルシトール事件最二小判は，出願人が特許請求の範囲に記載された構成と代替できる技術として明細書に開示しているのにこれを特許請求の範囲に記載しなかった場合のように，客観的，外形的にみて，特許請求の範囲に記載された構成と代替する技術であると認識しながらあえて出願人がこれを特許請求の範囲に記載しなかった旨を表示しているといえるとき（米国では Dedication Doctrine と呼ばれる）は⑤の特段の事情が存するというべきであると判示しており，特段の事情に一層の「客観的・外形的」な要件を求めている点が注目されている。

　🌀　①から③の要件は均等侵害を主張する側が，④と⑤の要件はこれを否定する側が（④においては公知技術と同一または当業者が容易に推考できたものであること，⑤においては特段の事情の存在を）主張立証する責任を負担するとの立場が通説であり，前掲知財高大判平 28・

3・25〈マキサカルシトール事件知財高大判〉も同様の判断を示した。

（3）　①の*1記載の例にあてはめてみるならば，鋼およびステンレスの刃であるか，セラミックの刃であるかは，発明の本質（刃体の中央部に複数個の穴をあけて，物が引っ付きにくくするという点）から考えると重要部分ではないので，前述①の要件を充足する。刃の材質をセラミックに換えることによって，発明の目的や作用効果には差異は生じないであろうから，前述②の要件を充足する。つぎに，セラミック製の当該包丁を製造した時点では，発明にある鋼やステンレスの刃体の材質をセラミックに置き換えることは容易であったであろうから，前述③の要件を充足する。セラミックを用いた刃体の中間部に複数個の穴のあいた包丁は，当然に特許出願時に容易推考ではなかったであろうから，前述④の要件も充足し，特許出願当時にはセラミックは存在していなかったのであるから，出願人が出願に際して意識的にセラミックを除外して，刃体の材質を鋼やステンレスに限定したはずもないので前述⑤の要件も充足する。よって均等侵害が成立することになる。

2　明細書記載過誤を救済するための均等論の採否

（1）　前述のように，特許出願時に存在しなかった技術をもって特許発明の構成要件を置換した場合には，ボールスプライン軸受事件最三小判の指摘する5要件を充足すると認められるならば，均等侵害を肯定することには異論はほとんどない。この最三小判もこのような場合に均等論を採用すべきであることを，前述のように，「相手方において特許請求の範囲に記載された構成の一部を特許出願後に明らかとなった物質・技術等に置き換えることによって，特許権者による差止め等の権利行使を容易に免れることができるとすれば，社会一般の発明への意欲を減殺することとな」ると述べている。

（2）　しかし，通説のいうところの均等論にはもう1種類ある。
それは，特許出願時に既に存在していた他の物質・技術と置換した場合についての均等論である。すなわち，特許出願時に，これらの物質・技術を特許請求の範囲に取り込んで記載することが可能であったのに*3，この記載が不十分だったり，稚拙だったり，あるいは誤ってい

たりした結果，この物質・技術を包含しないで特許請求の範囲を記載してしまった場合を，事後的に救済する論理としての均等論である。その根拠は，先願主義の下では出願を急がなくてはならない結果，出願時点で出願人に完璧な明細書の作成を要求するのは酷であるとするものである。

> *3　机上では可能であったとしても実際には無理だったのではないかとの反論が予想される。しかし，そもそも，均等侵害が成立するためには前述1(2)③の要件，すなわち，この要件の置換が当業者にとって容易であったことが必要である。そして，出願時に既に存在していた他の物質・技術との置換である限りにおいては，通常は，侵害者にとって置換容易であったことは，同じ当業者である特許出願人自身にも容易であったというべきであろう。

(3)　たとえば，①の*1記載の例にあてはめてみるならば，かりに，特許出願当時に既にステンレス製の包丁もあったのに，発明者自身が完成した発明がたまたま鋼の刃を使用していたことから，ステンレスの刃であっても同様の効果があることに思い至らずに，特許請求の範囲に「鋼製の刃」と特定してしまった場合を考えればよい。この場合に，相手方製品がステンレス製の刃を使用していたとしても，通説*4は前述1(2)の5要件を充足すれば均等侵害が認められるとする。すなわち，前述のとおり刃体の材質が鋼かステンレスかは発明の本質に関わる問題ではないので，前述①の要件を充足する。刃の材質をステンレスに換えることによって，発明の目的や作用効果には差異は生じないであろうから，前述②の要件を充足する。つぎに，ステンレス製の当該包丁を製造した時点では，発明にある鋼の刃体の材質をステンレスに置き換えることは容易であったであろうから，前述③の要件を充足する。ステンレスを用いた刃体の中間部に穴のあいた包丁でも，特許出願時に容易推考ではなかったであろうから，前述④の要件も充足し，特許出願に際して出願人が，意識的にステンレスを除外して，刃体の材質を鋼に限定したのではないならば前述⑤の要件を充足することもありうる。そうすると均等侵害が成立することになる。

> *4　ボールスプライン軸受事件最三小判を担当した裁判所調査官の解説である三村量一「最高裁判所判例解説」曹時53巻6号（2001年）165頁も，本判決は，特許出願時に既に存在していた他の物質・技術と置換した場合につい

ても均等侵害の成立を認めるものであるとする。ただし，同判例解説は，このような場合には，出願人が，特許出願時に当業者に容易想到であった他の物質・技術を出願に際してあえて含まない文言で特許請求の範囲を記載したことの意味が問われなければならず，場合によっては他の物質・技術を意識的に除外したものとして前述1(2)⑤の要件との関係で均等侵害の成立が否定されることになるとしていた。この点，近時の前掲最二小判平29・3・24〈マキサカルシトール事件最二小判〉は，出願時に置換容易想到な技術であったのに出願人がこれを特許請求の範囲に記載しなかった場合であっても，それだけでは⑤の特段の事情が存するとはいえないと判示した。しかし，上記判例解説や私見を含めて，出願時に当業者にとって置換容易想到な構成を特許請求の範囲に記載しなかったことのみで直ちに⑤の特段の事情に該当して均等論（私見では後述の「疑似均等論」ないしは「融通性のある文言解釈論」）の採用が否定されるとする説は従前から存在していない。

(4) しかし，特許出願時に既に存在していた他の物質・技術に対しては，特許請求の範囲の文言解釈を超えた特別の保護を及ぼさず，文言解釈に柔軟性を持たせることで十分であり，また，その限度でしか権利の拡大を認めるべきではないのではあるまいか。

特許請求の範囲の記載は，特許権の効力の及ぶ範囲を公衆に明示する役割を果たす根幹であるから，この文言の解釈の幅を超えて権利を及ぼすことは，周辺技術を開発しようとする公衆にいわれなき危険を強いることになる。この点，ボールスプライン軸受事件最三小判も，均等論を採用できるとする理由として，前述のように，特許発明の実質的価値は第三者が特許請求の範囲に記載された構成からこれと実質的に同一なものとして容易に想到することができる技術に及び，第三者はこれを予期すべきものと解するのが相当である，と述べて，「第三者が予測可能な特許発明と実質的に同一な範囲」に均等侵害の成立を制限していることに注目すべきである。

前述の例で説明するならば，たとえば，明細書の発明の詳細な説明にはステンレス製の包丁と鋼製の包丁を実施例として開示しているにもかかわらず，特許請求の範囲には「鋼からなる刃体」と記載しているならば，これをもって前述⑤の要件にいうところの「意識的除外」すなわち出願人においてステンレスからなる刃体を権利範囲から意識的に除外したものというべきである。さらに，明細書の発明の詳細な説明でも鋼製

の包丁の実施例しか開示していない場合であっても，出願時において当業者ならば当然にステンレス製と鋼製の包丁があることが認識できるとの状況があったのであれば，やはり前述⑤の要件にいうところの「意識的除外」に該当するとしてよいだろう*5。しかし一方で，たとえば，前述の例で，特許請求の範囲に「刃体の中間部に複数個の穴をあける」と記載されているところ，他の要件はすべて充足するものの，複数個の穴が連結した結果として，穴の形状が刃体に沿った長円形の一つの穴となっている場合を想定したならば，これをもって文言上は「複数個の穴」とはいえないものの，明細書を読む当業者にとっては，このような形状の一つの穴も実質上は開示されているといえるとして，これを技術的範囲に取り込んでよい（大阪地判平14・4・16判時1838・132〈筋組織状こんにゃくの製造方法事件〉参照)*6。

　*5　ただし，近時の前掲最二小判平29・3・24〈マキサカルシトール事件最二小判〉は，本文の前者（明細書に開示していながら特許請求の範囲に記載しなかった技術）に対しては⑤の要件の特段の事情が存在する場合に該当することを認めながら，出願時に置換容易想到な技術であったのに出願人がこれを特許請求の範囲に記載しなかった場合であっても，それだけでは均等侵害の成立は否定されないとの判断を示して，⑤の要件の特段の事情に一層の客観性・外形性を求めていることも前述のとおりである。

　*6　杓子定規な文言解釈論も野放図な均等論も特許権の効力の及ぶ範囲を決定するうえでは望ましくない。ボールスプライン軸受事件最三小判は，均等論を二分はしていないが，出願時に存在していなかった技術への置換の場合の均等論と，出願時に存在していた技術への置換の場合の均等論は法的性質も異なり，前者は特許発明の技術的範囲の外に特許権の効力を及ぼす論理であり，後者はあくまで特許発明の技術的範囲の解釈論の一環であろう。後者をも均等論と呼ぶことにあえて反対はしないが，私見によれば，これは擬似均等論ともいうべきものであって，融通性のある文言解釈論の幅の程度において認められるにとどめるべきである（詳しくは高林龍「統合的クレーム解釈論の構築」『中山信弘先生還暦記念論文集』[2005年・弘文堂] 175頁以下参照)。

3　ボールスプライン軸受事件最高裁判決後の状況

　　ボールスプライン軸受事件最三小判後に，均等論を採用して侵害を認定した下級審判例として，大阪地判平11・5・27判時1685・

103〈ペン型注射器事件〉およびその控訴審判決である大阪高判平13・4・19 LEX/DB 28060813，東京地判平12・3・23判時1738・100〈生海苔の異物分離除去装置事件〉およびその控訴審判決である東京高判平12・10・26判時1738・97，大阪地判平12・5・23 LEX/DB 28050981〈開き戸装置事件〉，東京地判平13・5・22判時1761・122〈電話用線路保安コネクタ配線盤装置事件〉，東京地判平14・4・16 LEX/DB 28070767〈重量物吊上げ用フック装置事件〉，前掲大阪地判平14・4・16〈筋組織状こんにゃくの製造方法事件〉およびその控訴審判決である大阪高判平16・5・28 LEX/DB 28091680，名古屋地判平15・2・10判時1880・95〈圧流体シリンダ事件〉およびその控訴審判決である名古屋高判平17・4・27 LEX/DB 28101323，東京地判平15・3・26判時1837・103〈エアマッサージ装置事件〉およびその控訴審判決である知財高判平18・9・25 LEX/DB 28112096があるが数は限られていた。しかし，知財高中間判平21・6・29判時2077・123〈中空ゴルフクラブヘッド事件〉以降，知財高判平23・3・28 LEX/DB 25443306〈マンホール蓋用受枠事件〉，知財高判平23・6・23判時2131・109〈食品包み込み成形装置事件〉，知財高判平26・3・26 LEX/DB 25446318〈オーブン式発酵処理装置事件〉，マキサカルシトール事件知財高大判と知財高裁の均等侵害を認める判決が続き注目されていたところ，ボールスプライン軸受事件最三小判から19年を経てマキサカルシトール事件最二小判が，前述1(2)⑤の要件についての判断を加えたうえで，均等侵害を認めた原審を維持し，その後前掲東京地判令2・9・24〈Ｌ－グルタミン酸製造方法事件〉や前掲知財高判令3・10・14〈学習用具事件〉など均等侵害を肯定する下級審判決も散見されることは前述のとおりである。

　このうちの中空ゴルフクラブヘッド事件は，特許明細書を特許庁のJ-PlatPat から引き出して読むためのサンプルとしたものである（⇒第1節 ② 5(2)）。

　均等論は机上で理論的な説明を受けただけでは，その実際の意味や重要性を理解することができない。そこで，本書においては，均等侵害を認めた判例のうちで比較的技術が理解しやすく，また読者が明細書も既

に各自で読んでいるであろうこの事件の知財高裁中間判決を取り上げ，別項目として以下で解説する。

【ケース研究1】

●中空ゴルフクラブヘッド事件 ◆◆◆◆◆◆◆◆◆◆◆◆◆◆◆◆◆◆◆◆◆

知財高中間判平21・6・29判時2077・123

1 本件発明とY製品

(1) Xは，中空ゴルフクラブヘッドとの発明に係る特許権者であるが，Yが製造販売するゴルフクラブヘッドがこの特許発明を文言侵害または均等侵害するとして，出願公開後の警告から設定登録までの間の特許法65条1項に基づく補償金（⇒第4章第1節③2）とその後の損害賠償金の支払を求めた。

なお，本件特許発明は請求項1および2があるが，本訴でXが請求するのは請求項1のみなので，以下請求項1を本件発明といい，またY製品も製品名は7つに分かれているが，特許発明と対応に関しては以下では一括してY製品という。

(2) 本件発明の構成要件は次のAないしEに分説できる。

  A 金属製の外殻部材と繊維強化プラスチック製の外殻部材とを結合して中空構造のヘッド本体を構成した中空ゴルフクラブヘッドであって，

  B 前記金属製の外殻部材の接合部に前記繊維強化プラスチック製の外殻部材の接合部を接着すると共に，

  C 前記金属製の外殻部材の接合部に貫通孔を設け，

  D 該貫通穴を介して繊維強化プラスチック製の縫合材を前記金属製外殻部材の前記繊維強化プラスチック製外殻部材との接着界面側とその反対面側とに通して前記繊維強化プラスチック製の外殻部材と前記金属製の外殻部材とを結合した

  E ことを特徴とする中空ゴルフクラブヘッド

(3) 本件発明の実施例は，読者が特許庁のJ-PlatPatから取り出

した本件特許明細書の図面を参照すれば理解ができるであろうが，説明の都合から図面1と2を転載したうえで，簡単に本件発明を説明する。本件発明の出願前にも金属材料や樹脂材料を組合せて重心位置を任意に設定したり，限られたヘッドの質量の中でヘッドの体積を最大限に大きくするなどして飛びや方向性を含むゴルフクラブ性能の向上を図る技術は存在したが，金属製の外殻部材と繊維強化プラスチック製の外殻部材とを接合して中空構造のヘッド本体を構成しようとすると，接合強度が十分に得られず，ゴルフクラブヘッドとしての耐久性を確保することが極めて困難であった。そこで本件発明は，金属製の外殻部材と繊維強化プラスチック製の外殻部材との接合強度を高めることを可能にした中空クラブクラブヘッドを提供することを課題として，AからEの構成を採用することにより，これら異種素材からなる外殻部材の接合強度を高めることが可能となり，ゴルフクラブヘッドとしての耐久性を維持しながら，異種素材の組合せに基づいて飛びを含むゴルフクラブ性能を向上することが可能になるという。

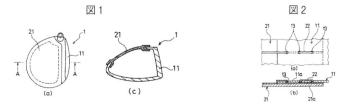

図1　　　　　　　　　　　図2

　実施の図面では1がヘッド本体，11が金属製の外殻部材，11aが金属製の外殻部材の接合部，13が貫通穴，21が繊維強化プラスチック製の外殻部材，21aが繊維強化プラスチック製の外殻部材の接合部，22が縫合材であり，図2に示してあるように金属製の外殻部材の接合部に幾つか設けられた貫通穴に繊維強化プラスチック製の縫合材を通すことでこれに接している繊維強化プラスチック製の外殻部材とが接合するようになっている。

　(4)　一方，Y製品の構成を下記の図面の番号とともに説明すると以下の通りである。

a　金属製外殻部材1とFRP製外殻部材9，10とを結合して中空構造のヘッド本体を構成した中空ゴルフクラブヘッドであって，

b　金属製外殻部材1のフランジ部5にFRP製下部外殻部材9，FRP製上部外殻部材10の接合部を接着すると共に，

c　金属製外殻部材1のフランジ部5aに透孔7を設け，

d　透孔7を介して各透孔7毎に分離した炭素素材からなる短小な帯片8を前記金属製外殻部材1の上面側のFRP製上部外殻部材10との接着界面側とその反対面側の金属製外殻部材1の下面側のFRP製外殻部材9との接着界面側とに一つの貫通穴を通して，上面側のFRP製外殻部材10及び下面側のFRP製下部外殻部材9と各1か所で接着し，前記FRP製上部外殻部材10と金属製外殻部材1とを結合してなる結合した

e　中空ゴルフクラブヘッド

（なおFRPとは繊維強化プラスチックと同義である）

第2図

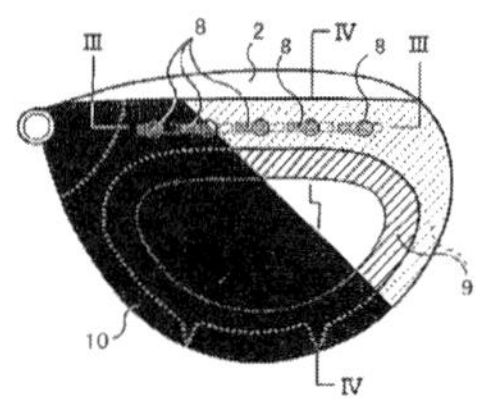

第3図（Ⅲ－Ⅲ断面図）

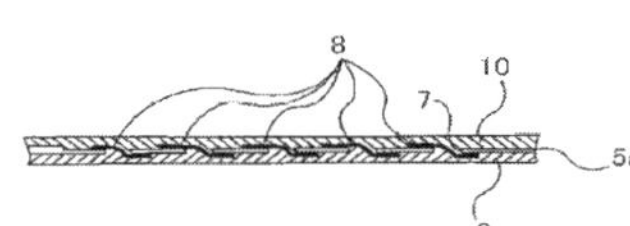

（5）　Y製品は，本件発明と同じく金属製外殻部材とFRP製外殻部材とを接合して中空構造のヘッドを構成するものであるが，本件特許はその接合手段として，金属製外殻部材の接合部に貫通穴を設けて，この穴に繊維強化プラスチック製の縫合材を通して，金属製外殻部材と繊維強化プラスチック製外殻部材との接着界面側とその反対面側とを結合するものである（訴訟で用いられた下記左側の原告説明図参照。なお，本件発明の実施例は一つの金属製外殻部材と一つの繊維強化プラスチック製外殻部材とを接合しているが，Y製品同様に一つの金属製外殻

部材を上面と下面の二つのFRP製外殻部材と接合する場合を排斥するものではない）。

　一方でY製品は金属製外殻部材を上と下からFRP製外殻部材と接合するものであって，その接合手段としては，金属製外殻部材に幾つかの貫通孔を設けて，一つの貫通孔に一つの炭素素材からなる短小の帯片を通すことで，上側と下側のFRP製外殻部材とを接合するものであって，誤解を恐れずに分かりやすく説明するならば，本件発明は二つの部材を縫合材で何度か縫いあわせているのに対して，Y製品は何か所かにいわばホッチキスを打つようにして帯片でもって二つの部材をそれぞれの個所で接合している（訴訟で用いられた下記説明図右側を参照）点で相違している。

　すなわち，本件においては構成要件Dの充足性が文言侵害及び均等侵害で問われることになる。

2　一審判決

　一審判決（東京地判平20・12・9 LEX/DB 25440116）は，構成要件Dの「縫合材」は辞書的意義からも「縫う」ものであり，Y製品の短小な帯片はこれを充足しないとして文言侵害を否定し，この「縫合材」の構成は金属製外殻部材と繊維強化プラスチック製外殻部材とを結合するといった本件発明の課題を解決するための特徴的構成であって，本件発明の本質的部分というべきであるから，本件発明の「縫合材」を備えていないY製品は本件発明と均等なものと解することはできないとした。

3　本中間判決の文言侵害の成否についての判断

　本中間判決も一審判決同様に文言侵害を否定したが，その理由としては，構成要件Dの「縫合材」はその通常の語義のみによって

内容を限定する合理性はなく，技術的観点を含めてその意義を解釈するとして検討を進め，「縫合材」は金属製外殻部材の複数の貫通穴を通しかつ少なくとも2か所で繊維強化プラスチック製外殻部材と接合する部材であるところ，Y製品の短小な帯片は金属製外殻部材に設けた一つの貫通穴に一回だけ通すものであり，また上面側のFRP製外殻部材と1か所で接合するに留まっている点（要するにY製品は金属製外殻部材を少なくとも2か所で繊維強化プラスチック製部材と結合する縫合材を欠いていること）を指摘している。

4 本中間判決の均等侵害の成否についての判示

本中間判決は，まず均等侵害成立のための要件②（置換可能性）と要件③（置換容易性）について(1)の判示をした後に，要件①（非本質的部分）について(2)の判示をして，均等侵害を認めた。

(1) 置換可能性と置換容易性

本件発明の縫合材とY製品の短小な帯片は，いずれも金属製外殻部材と繊維強化プラスチック製外殻部材といった二つの異なる部材の接合強度を高めるとの目的と，その構成を採用することによって同様の作用効果を奏することで課題を解決している点で共通しており，Y製品の製造時に当業者において置換可能であり置換容易である。

(2) 非本質的部分

特許請求の範囲及び本件明細書の発明の詳細な説明の記載に照らすと，本件発明は，金属製外殻部材の接合部に貫通穴を設け，貫通穴に繊維強化プラスチック製の部材を通すことによって上記目的を達成しようとするものであり，本件発明の課題解決のための重要な部分は，「該貫通穴を介して」「前記金属製の外殻部材の前記繊維強化プラスチック製外殻部材との接着界面側とその反対面側とに通して前記繊維強化プラスチック製の外殻部材と前記金属製の外殻部材とを結合した」との構成にあるものと認められる。「縫合材」との用語は，文言侵害の成否の項で判断したように，

語句の通常の意義のみにより定義されたものではなく，技術的観点を含めて定義されたものであるから，「縫合」の語義を重視するのは妥当ではなく，「縫合材」であることは，本件発明の課題解決のための手段を基礎づける技術的思想の中核的，特徴的な部分であると解することはできない。

5 若干の検討

　本件は，特許発明の構成要件の一つを，出願時において既に存在していた技術に置換した事例である。したがって，私見によるならば，均等論といえども，融通性ある文言解釈論の範囲で侵害が認められるか否かを検討すべきことになる。

　本中間判決は，均等成立のための要件①（非本質的部分）の判断に先立って要件②（置換可能性）と要件③（置換容易性）につき判断を加えている。発明の本質的部分の認定には困難を伴うので，侵害時における置換可能性や置換容易性といった判断容易な要件を先に判断することの合理性は，2(3)＊4 記載のボールスプライン軸受事件最三小判の三村量一担当調査官判例解説 142 頁も指摘している。また，本件において構成要件Ｄの縫合材の構成を短小な帯片に置換することがＹ製品の製造時において当業者に置換可能であり置換容易であったことは明らかということができるだろう。

　問題は均等成立のための要件①（非本質的部分）の認定である。

　前掲のマキサカルシトール事件知財高大判は，発明の本質的部分を認定する素材として第一義的に特許請求の範囲や明細書の記載を挙げているところ，本件発明の明細書の発明の詳細な説明の記載を参照してみると，本件発明の出願前においても，金属材料や樹脂材料を組合せてゴルフクラブ性能の向上を図る技術は存在したが，金属製の外殻部材と繊維強化プラスチック製の外殻部材とを接合して中空構造のヘッド本体を構成しようとすると，接合強度が十分に得られず，ゴルフクラブヘッドとしての耐久性を確保することが極めて困難であったとのことであり，本件発明はこのような課題を解決

する手段として構成要件 A ないし E を採用したとされている。しかし，本件発明出願時において，両素材を接合する技術として他にどのようなものが存していたのかは本件発明の明細書に記載はなく，両素材を接合するために金属製外殻部材の接合部に貫通穴を設けてその穴に何らかの部材（縫合材や帯片）を通して他の部材と接合すること自体が新たな着想であったのか，それとも一審判決が判示するように両素材を縫合材で縫うような構成を採用した点こそが新たな着想であったのか，すなわち本件発明の従来技術にみられない特有の技術的思想を構成する特徴的部分がどこにあるのかを見出すことは困難であろう。この点，前記マキサカルシトール知財高大判も，発明の本質的部分を認定する素材として第一義的には特許請求の範囲や明細書の記載であるとするものの，その記載が客観的に不十分である場合には，明細書に記載されていない出願時における従来技術も参照されるとの判示をしているところである。

　発明とは，従来技術により解決できない課題を見出し，これを解決するための具体的構成を採用した点において成立するものであり，課題解決手段として従前はどのような技術が存在していたのか，本件発明はそれと如何なる点で異なる構成を採用したのかが明らかにならなければ，本件発明の従来技術にみられない特有の技術的思想を構成する特徴的部分を見出すことは困難であろう*。

　確かに，本件発明の縫合材の構成を Y 製品の短小な帯片に置換することは，Y 製品の製造時において当業者にとって置換可能であり置換容易であったであろう。しかし，たとえばパイオニア発明でもない限り，特許を取得した技術の周辺には類似の技術が多数存在しており，その中で特許請求の範囲に記載された構成を採用した点において権利が成立し，公に明示されていることを忘れてはならない。その意味で，一審判決は均等侵害を否定していたことからも明らかなように，本中間判決は均等侵害が認められるか否かの限界事例ということができよう。

　　*　ただし，第 1 節 ③ 1 * 1 でも指摘したが，特許発明の技術的範囲は，特
　　　許権侵害訴訟において侵害が疑われている対象製品を視野にいれて，対象

製品が含まれるか否かの範囲において認定され，これによって文言侵害や均等侵害の成否が判断されるところ，民事訴訟である特許権侵害訴訟においては弁論主義が採用され，主張立証責任が分配されていることから，当事者の訴訟活動の巧拙によってその結論が左右されることになることは避けられない。

③ 不完全利用 (改悪発明)

1 意 義

　A＋B＋C＋Dの構成からなる特許発明に対して，比較的重要性の低い要件Dを欠き，特許発明と同様の効果は発揮できないまでもこれに近い効果を得ようとするもの（不完全利用）や，むしろ，より悪い効果を生ずるEをあえてDの代わりに採用した場合（改悪発明）に，この技術が特許権を侵害するかが問題になる。不完全利用も改悪発明も，いわば均等論の変形例ということができる。

　不完全利用も改悪発明も，当該特許発明より効果が劣っているのであるから，営業活動の中で自然に淘汰されるのは必定であって，特許侵害と構成するまでもないとの発想もありうるし，東京地判昭58・5・25（無体裁集15・2・396〈ドアヒンジ事件〉）は，明確に不完全利用論（不完全利用も当該発明の特許を侵害するという議論）を排斥している。一方，後述（2）の大阪地判昭43・5・17（下民集19・5＝6・303〈ブロック玩具事件〉）は不完全利用論を採用して請求を認容している。しかし，いずれも均等論に関するボールスプライン軸受事件最三小判以前の事案であって，判例としての価値は低い。

　ボールスプライン軸受事件最三小判の判示した5要件を，不完全利用・改悪発明の場合に対応させて検討すると，次のようになる。

　まず，要件①であるが，D要件は特許発明にとって重要性の低い要件であるからこそ省略されたかあるいはEに置換されているのであるから，要件①を充足する可能性が大きい。この要件の省略や置換によって，特許発明の目的を一応は達成しているが，作用効果においては劣っている

のであるから要件②の充足性は不十分である。要件③は充足しているし，要件を一部省略したり置換したりしても従来技術に比べると進歩性のある技術であろうから要件④も充足する。要件⑤は各別の事情により判断される。

以上のとおり，一般的な均等論との相違は要件②の充足性の評価ということになる*1。

＊1　私見によれば，不完全利用は，出願時に既に存在する技術を対象とする均等論の一場面であり，融通性のある文言解釈によって特許発明の技術的範囲に属すると認められる場合にのみ権利侵害になるとすべきである。

不完全利用論を採用して権利者を勝たせたいとの発想が生ずる事案とは，相手方の特許発明を剽窃しようとする意図が露骨で，信義則上も許しがたいと思われるような場合が多いとは思われるが，構成要件の一部を欠落していてもこれを充足しているものと実質的に同一と評価できるケースは，通常は想定できない。欠落している構成要件が重要なものであればそもそも不完全利用はできないし，不要な構成要件であったためこれを欠落しても特許発明とほぼ同様の効果を奏することができるのであれば，このような要件を特許請求の範囲に記載した出願人の過誤は大きいというべきであろう。

2　ブロック玩具事件大阪地裁判決

不完全利用論を採用した判決（前掲大阪地判昭43・5・17〈ブロック玩具事件〉：実用新案権に関するもの）を検討しよう。この事件の実用新案登録請求の範囲の記載は「矩形状のブロック主体1の上面に少くとも2列の円形突起2，2を突出したブロック玩具において主体1を周縁3と上面を有し内部が底面に向けて開放した形状にすると共にその周縁3の内部に前記円形突起が嵌合し得る空洞部分4，4を残して周縁3より内側に向って互いに接続することのない隔壁5，5と中央部の中間片6，6とを設けてなるブロック玩具」である。左図参照。

被告製品は中間片6のみがなく，他は同じであった。右側の図参照。

判決は，「中間片があることにより，円形突起は両隔壁間と，周壁と中間片間の4面で強固に挟持され，キッチリ嵌合するという作用

ブロック玩具事件の原告考案(左)と被告製品(右)

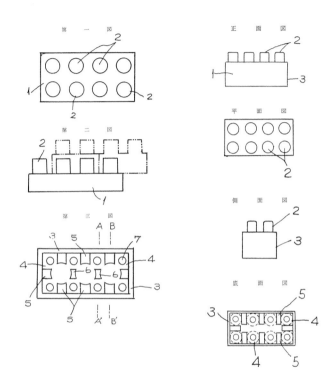

効果が発揮されるのであって，ブロック主体をどのような組合せでもこ
れを可能にするためには中間片が欠くことができないものであることは
見易き道理である」と認定し，本件実用新案の登録請求の範囲の記載は
その詳細な説明に記載された考案の構成に欠くことができない事項のみ
が記載されているとしたが，「第三者が実用新案の考案の作用効果を低
下させる以外には他になんらすぐれた作用効果を伴わないのに，専ら権
利侵害の責任を免れるために，殊更考案構成要件からそのうち比較的重
要性の少ない事項を省略した技術を用いて登録実用新案の実施品に類似し
たものを製造するときは，右の行為は考案構成要件にむしろ有害的事項

を附加してその技術思想を用いるにほかならず，考案の保護範囲を侵害する」と判示した。本件考案における中間片の果たす重要な作用効果が判示されていることからも，現時点で考察するならば，ボールスプライン軸受事件最三小判の要件①および②の充足性に疑問が生ずる事案であったといえる*2。

　*2　知財高判平17・7・12 LEX/DB 28101479〈緑化土壌安定剤事件〉も，不完全利用が均等論の一類型として権利侵害となることがあるとした（なお，大阪地判令5・6・15 LEX/DB 25572919〈チップ型ヒューズ事件〉も参照）が，本件において欠落している構成要件は本件発明の本質的部分であるから，このような場合には権利侵害となると解することはできないと判示している。

第3節　間接侵害
── 権利侵害と密接な関係にある行為も禁止

1　総　説

> 特許法第101条（侵害とみなす行為）　次に掲げる行為は，当該特許権又は専用実施権を侵害するものとみなす。
> 　一　特許が物の発明についてされている場合において，業として，その物の生産にのみ用いる物の生産，譲渡等若しくは輸入又は譲渡等の申出をする行為
> 　二　特許が物の発明についてされている場合において，その物の生産に用いる物（日本国内において広く一般に流通しているものを除く。）であつてその発明による課題の解決に不可欠なものにつき，その発明が特許発明であること及びその物がその発明の実施に用いられることを知りながら，業として，その生産，譲渡等若しくは輸入又は譲渡等の申出をする行為
> 　三　特許が物の発明についてされている場合において，その物

を業としての譲渡等又は輸出のために所持する行為
　四　特許が方法の発明についてされている場合において，業と
　　して，その方法の使用にのみ用いる物の生産，譲渡等若しく
　　は輸入又は譲渡等の申出をする行為
　五　特許が方法の発明についてされている場合において，その
　　方法の使用に用いる物（日本国内において広く一般に流通し
　　ているものを除く。）であつてその発明による課題の解決に
　　不可欠なものにつき，その発明が特許発明であること及びそ
　　の物がその発明の実施に用いられることを知りながら，業と
　　して，その生産，譲渡等若しくは輸入又は譲渡等の申出をす
　　る行為
　六　特許が物を生産する方法の発明についてされている場合に
　　おいて，その方法により生産した物を業としての譲渡等又は
　　輸出のために所持する行為

　特許権侵害とは，正当な権限なく，特許請求の範囲に記載された各要
件を充足する発明，すなわち特許発明の技術的範囲に包含される発明を
実施することをいう。このような特許権侵害を**直接侵害**と呼ぶ場合があ
る。特許請求の範囲に記載された要件の一部しか実施していない場合に
は，直接侵害は成立しないが，特許法101条は，直接侵害の準備的・幇
助的行為を侵害行為とみなす行為として規定して，特許権の実効性を確
保するための制度を採用している。同条が規定する特許権侵害の準備
的・幇助的行為は**間接侵害**と呼ばれる。なお，同条の2号および5号は
2002（平14）年特許法改正で，3号および6号は2006（平18）年特許法
改正で挿入された条文である[*1]。

　　*1　特許法101条3号および6号以外の規定は直接侵害に直結する部品等の製
　　　造販売行為などを侵害とみなすものであるが，3号と6号は，特許発明の実
　　　施品そのものを，譲渡や輸出といった特許発明の新たな実施行為の直前の状
　　　態で「所持」していることを侵害とみなすものであって，従前から著作権法
　　　113条などに規定されている擬制侵害類型と類似するものである。そこで，
　　　以下では3号と6号以外の間接侵害規定を中心に説明する。なお，第1章第
　　　4節③1で説明したように2006（平18）年特許法改正で特許発明の実施の
　　　定義規定（特許2条3項）に「輸出」が追加されたが，間接侵害に関しては
　　　物の発明に関する特許法101条1号と2号，物を生産する方法の発明に関す
　　　る4号と5号ともに「輸出」が追加されていないことに，注意しておく必要

がある。

② 間接侵害の意義

1　特許法 101 条 1 号および 4 号（客観的間接侵害）

🔘 たとえば、「A部材とB部材を接合してなるC」との物の発明につき特許が成立している場合に、A部材やB部材は互いに接合してCとする以外に用途のない物であるとすると、A部材やB部材を生産等する行為は、Cを生産するための必須の行為であり、それ以外の目的のために行われる余地のない行為であって、侵害を誘発する蓋然性の極めて高い行為であるから、特許権侵害行為と擬制される（特許 101 条 1 号）。

また、「物質Dを使用した害虫駆除方法」との発明につき特許が成立している場合に、物質Dがこの方法に使用するほかに用途のない物であるとすると、これを生産する行為は、この方法を実施するための必須の行為であり、それ以外の目的のために行われる余地のない行為であるから、同様に特許権侵害と擬制される（特許 101 条 4 号）。

🔘 特許法 101 条 1 号および 4 号にいう「にのみ」との要件[*1]は、他の用途におよそ使用できないという厳格な意味ではなく、経済的・商業的・実用的な観点から他の用途が想定されないことを意味する[*2]。無理に使用しようと思えば使えるという程度の用途があっても、「にのみ」に包含される。なお、権利侵害を主張する者（特許権者）の側で、相手方製品は特許発明の実施のためにのみ使用されるものであることを主張・立証しなければならない。

また、差止請求に関しては、事実審口頭弁論終結時までに他の用途が生ずれば差止請求は棄却されるが、損害賠償請求の場合は侵害行為の時点で他の用途がなければ足り、事実審口頭弁論終結時までに他の用途が生じたとしても、権利侵害の成否に影響はない[*3]。

[*1]　現行特許法（昭和 34 年法）で 101 条の間接侵害規定の新設が検討された当初の審議会答申では、「特許権を侵害する目的を以て」「主としてその特許

権の侵害に用いられることを知りながら」という行為者の主観的要件が規定されていた。しかし，成立した法律ではそのような主観的要件は盛り込まれずに，「にのみ」という客観的要件によって間接侵害の適用範囲が決せられることとされた。

＊2　他の用途が，商業的，経済的にも実用性ある用途として社会通念上通用し承認されていないかぎり，「にのみ」以外の用途があるとは認められないとした判例として，たとえば，大阪地判昭54・2・16無体裁集11・1・48〈装飾化粧板事件〉がある。この事案は，装飾化粧板の壁面接着施工法という発明の実施のために使用する特殊な釘は，カーテンの押さえなどの他の用途に使用すると危険を伴うことから，これらの用途が現実に一般的に通用定着しているとはいえないとしたものである。一方で，東京地判昭56・2・25無体裁集13・1・139〈一眼レフカメラ事件〉は，自動絞り機能付き一眼レフカメラに装着できる交換レンズは，特許発明にかかる自動絞り機能がないカメラに装着される例もあり，このような用途は社会通念上経済的，商業的ないしは実用的なものであるとして，「にのみ」要件を充足しないとした。

＊3　特許権侵害に基づく差止請求は，物権的請求権同様の権利行使として，行為者の故意・過失の主観的要件は不要であり，この点は特許法101条1号および4号の間接侵害の場合も同様である。不法行為に基づく損害賠償請求については民法709条により故意・過失の主観的要件が必要であるが，特許法103条に過失の推定規定がある。この点は後述する。

2　特許法101条2号および5号（主観的間接侵害）

特許法101条1号および4号の客観的間接侵害は，前述のように「にのみ」の要件が必須であり，特許権侵害以外の他の用途にも使用できる物を製造するなどの行為は，かりに製造者がその物が権利侵害のために使用されることを知っていたとしても，同号には該当しない＊4。

しかし，たとえばコンピュータ・プログラムを複数のモジュールに分けて設計する場合の，最終プログラムの作成に用いられるモジュールや，構築されたコンピュータシステム製品に組み合わされる，部品となるソフトウェア製品として，当該特許発明に係る最終プログラムまたはコンピュータシステム製品以外にも使用できる高い汎用性を有するもの，が登場してくるにつれて，このような厳格な「にのみ」要件を要求する間接侵害だけでは，特許権の実効性を確保できないとの批判が生じてい

た[*5]。

2002（平14）年特許法改正で挿入された特許法101条2号および5号は，上記の「にのみ」の要件を充足しない場合についても間接侵害の成立する範囲を拡大したものである。

＊4　特許法101条の間接侵害が成立しない場合でも，直接侵害者への部品供給者などを特許権侵害行為の幇助者や共同不法行為者として民法709条，719条に基づいて損害賠償請求することができる場合はある。しかし，この場合は，故意・過失，相当因果関係等の立証が必要なだけでなく，不法行為に基づく請求であるために，物権的請求権同様の権利行使とは異なり，差止めが請求できないとの難点がある。なお，第4節「複数関与者による特許発明の実施」も参照のこと。

＊5　大阪地判平12・10・24判タ1081・241〈製パン器事件〉は客観的間接侵害の成否が問題になった事案であるが，素材を容器内に入れてタイマーを使ってパンを焼き上げる方法の発明に使用される製パン器は，タイマーを使わずにパンを焼くこともできるものの，タイマーを全く使わずに使用し続けるのは経済的，商業的または実用的な使用形態とはいえないとして「にのみ」要件の充足を認めた。多用途もある製品について「にのみ」要件を柔軟に解釈したものであるが，批判もあった。

まず，特許法101条1号および4号の「にのみ」要件に代えて，物の発明についてならば，「その物の生産に用いる物……であつてその発明による課題の解決に不可欠なもの」（特許101条2号），方法の発明についてならば，「その方法の使用に用いる物……であつてその発明による課題の解決に不可欠なもの」（同条5号）であればよいとした。この「課題の解決に不可欠なもの」とは，単に発明の実施に不可欠という広い意味ではなく，発明の構成要件中の本質的部分を具現して行う実施に不可欠なものをいう[*6][*7]。また，このような不可欠なものであったとしても，国内に広く一般に流通しているものは除くとされている。これは，言葉の常識的意義から導かれるいわゆる汎用品であって，典型的には，ねじ，釘などのように国内に広く一般に流通しているものであるが，特注するまでもなく，市場で一般に入手可能な規格品，普及品の場合も間接侵害の対象にはならないと解される（知財高大判平17・9・30判時1904・47〈一太郎事件〉参照）。逆に，特注品であったとしても，特許発明の構成要件中の本質的部分ではなく，かつ特許法101条1号および4号

に規定する「にのみ」要件にも該当しない場合には，当然に間接侵害は成立しない[8]。

*6　発明による課題の解決に不可欠なもの，すなわち発明の構成要件中の本質的部分とは，均等論に関する最三小判平10・2・24民集52・1・113〈ボールスプライン軸受事件〉の掲げる第1要件である「特許発明の本質的部分」と共通する要件である。したがって，たとえば，消しゴムで消せるボールペンの発明において消しゴムで消せるインクを用いることに本質的といえる特徴がある場合に，ボールペン用以外の他用途のあるインクであったとしてもこれを生産等することは主観的間接侵害になることがあるが，同じく他用途のある軸やキャップなどは，これが当該発明の構成要件となっており発明の実施には不可欠であったとしても，発明の本質的特徴ということはできないから，その生産等が主観的間接侵害になることはない。たとえば東京地判平16・4・23判時1892・89〈プリント基板メッキ用治具事件〉は，特許請求の範囲に記載された発明の構成要素であっても，その発明が解決しようとする課題とは無関係に従来から必要とされていたものは，課題の解決に不可欠なものに当たらず，従来技術の問題点を解決するための方法として当該発明が新たに開示する，従来技術に見られない特徴的技術手段について，当該手段を特徴付けている特有の構成ないし成分を直接もたらすものがこれに該当するとしている。

*7　ただし，発明の構成要件中の公知なものであったとしても，たとえば用途発明の場合の特定の用途に用いられるべき物質のように，その用途のためにその物質を製造販売等することが主観的間接侵害となる場合はある。東京地判平25・2・28 LEX/DB 25445365〈ピオグリタゾン併用医薬東京事件〉は，特許権の保護期間が満了した公知物質は課題の解決に不可欠なものとはいえないと判示しているが，これが保護期間内にある別発明（公知物質と他の物質とを組み合わせてなる医薬）のためのものとして製造販売されているなどの特段の事情が認められないことを指摘しているのは，この趣旨をいうものと解される。さらに，知財高判令4・8・8判時2564・57〈画面定義装置事件〉は，ある部材が他用途を有する既存の部品等であっても，課題の解決に供する部品等として用いるためのものとして製造販売等されているような場合には，課題の解決に不可欠なものに該当するとの明確な判断を示した。

*8　客観的間接侵害の場合にその物の生産「にのみ」用いられる物には，たとえば発明の構成要件に該当する部材の生産にのみ用いられる装置（たとえば金型）のように，それ自体は発明の構成要件に該当しない物も含まれる。しかし，主観的間接侵害の場合には，たとえば発明の構成要件中の本質的部分でない部材を生産するためにはある装置（たとえば金型）が不可欠であった

としても，この装置が他用途を有する物であったのならばその生産や譲渡等は間接侵害の対象にはならない。また，発明の構成要件中の本質的ではあるが他用途を有する部材を生産するための装置（たとえば金型）を生産したり譲渡したりする場合であっても，これはいわゆる主観的な「間接の間接侵害」ともいうべきものであり，特許権の効力の際限のない拡張を避けるためには間接侵害でないとすべきである（客観的な「間接の間接侵害」の場合を含めて，詳しくは，高林龍「特許権の保護すべき本質的部分」同編『知的財産法制の再構築』［2008年・日本評論社］60頁参照）。

　特許法101条2号および5号は間接侵害の対象物を拡大した一方で，主観的要件を付加している。すなわち，前述の発明による課題の解決に不可欠なものを，「その発明が特許発明であること」および「その物がその発明の実施に用いられること」を知りながら，業として，生産，譲渡等もしくは輸入または譲渡等の申出をすることが，間接侵害成立の要件とされている。

　上記主観的要件は，いずれの事実をも「**知っていたこと**」であって，知っているべきなのに（過失によって）知らなかったことは含まれていない。主観的要件の主張立証責任は間接侵害を主張する者（権利者）が負担する。1＊3で述べたように，特許権侵害に基づく差止請求は，物権的請求権同様の権利行使として，行為者の故意・過失の主観的要件は不要であるが，特許法101条2号および5号は，差止請求の場合にも，行為者の故意を要件とするものである。特許法103条には過失の推定規定があるが，故意は推定されず，故意の立証は一般的に容易ではない＊9。

　＊9　訴え提起に先立って相手方に警告状を発して特許法101条2号および5号記載の要件を告知しておけば，警告状受領後の相手方の「その発明が特許発明であること」の故意は争いようがないことになろうが，警告状受領前の時点からの損害賠償を請求する場合には，相手方が上記要件を具備した過去の時点を特定して主張立証することには困難を伴う。また，「その物がその発明の実施に用いられること」の故意は，警告状を受領したことだけでは認められないとしても，その購入者が特許権侵害に使う蓋然性が高いことの認識をもって足りるというべきであろう（前掲知財高判令4・8・8〈画面定義装置事件〉参照）。

③ 独立説と従属説[*1]

1　意　義

　特許法101条の表題は「侵害とみなす行為」であり，条文の構成上も，特許法101条による侵害行為はそれのみで独立した特許権侵害行為となるとする考えがある。これが**独立説**と呼ばれる説である。独立説では，特許法101条は直接侵害と擬制するのであるから，「擬制侵害」と呼ぶべきであって，これを間接侵害と呼ぶのは誤りであるということになる。

　一方，特許法101条は，特許権の直接侵害の準備的・幇助的行為であり，直接侵害を誘発する蓋然性の極めて高い行為について，特許権の実効性を確保するために侵害行為と同視する制度であるとして，これを直接侵害に対する間接侵害と構成する説がある。この説では直接侵害が成立することが間接侵害が成立する要件であるとする[*2]ので，**従属説**と呼ばれる[*3]。

*2　従属説に立っても，たとえば，特許権侵害の準備的行為として特許権侵害のためだけに用いられる部品の製造が行われたが，未だこの部品を使用した特許権侵害製品の製造には着手されていない段階であったとしても，部品の製造行為は間接侵害行為として成立する。従属説といえども，現実に，具体的な直接侵害行為が完成していなければならないとするものではない点には注意を要する。特許法101条は，直接侵害行為が未だ行われていない段階であっても，差し止められるべき直接侵害行為に密着した定型的な準備行為を差止請求の対象としたものと解することができる。

*3　このような特許法の基本的な条文の理解について両説が，1959（昭34）年の現行法制定以来，長年にわたって並存してきたことは，はなはだ奇異である。後述するように従属説，独立説ともに純粋な形で主張されることが少ないがゆえであろうかと思われる。ただし，独立説は均等論に関する前掲最三小判平10・2・24〈ボールスプライン軸受事件〉との間で整合性を取ることができない。なぜならば，特許発明の構成要件中の一部が置換されあるい

は欠落していても，残存する構成要件部分が課題の解決に不可欠なものであって，それのみの生産や譲渡をもって間接侵害の成立が認められるのであれば，あえて直接侵害として均等侵害の成立を認める必要もないことになってしまうからである。なお，判例としては，いずれも傍論としてではあるが，独立説的な判示をしている東京地判昭56・2・25無体裁集13・1・139〈一眼レフカメラ事件〉と，従属説的な判示をしている大阪地判平元・4・24無体裁集21・1・279〈製砂機のハンマー事件〉などがある。

2 両説の相違点

どちらが妥当だろうか。たとえば，以下の事例を想定して，両説による帰結がどうなるかを見てみよう。

A 特許発明の実施，たとえば完成品の製造や使用は業としては行われず，家庭内でしか行われない場合に，その部品を生産したり販売したりする行為や，その方法の使用に用いられる物を生産したり販売したりする行為：たとえば，パンの焼き方の発明について特許があるが，そのようなパンの焼き方は，業としてではなく，家庭内でしか行えないと仮定する。この場合に，そのようなパンの焼き方に使用するパン焼器を製造販売する行為

B 特許発明の実施としての完成品の組立ては外国でしか行われない場合に，そのための輸出用部品を国内で製造し販売する行為

C 特許発明の実施権者が製品を生産するための部品を，実施権者のために製造して販売する行為

D 試験または研究のために特許発明が実施される場合（特許69条1項）に，実施者のためにその部品を製造し販売する行為

AないしDのいずれの場合であっても，独立説ならば擬制侵害（間接侵害）が成立し，従属説ならば成立しないとするのが首尾一貫している。

しかし，Cの場合に間接侵害の成立を認めたのでは，実施権者は，特許発明の実施権があるといいながら，そのための部品は，別に特許権者から許諾を得ている部品製造業者から購入するしかないことになり，不都合である。

また，Dの場合も，後述のように，試験研究のための特許発明の実施は後の技術開発に有用であるとして特許権の効力を及ぼさないとの法政

策が採用されているにもかかわらず，間接侵害の成立を認めて，試験を行う者が部品を購入できなくしたのでは，不合理である。

　そこで，独立説であっても，CやDの場合には擬制侵害（間接侵害）は成立しないとする立場が優勢となっている。

　また，Bの場合に，わが国の特許権の効力が制度上及ばない外国での行為の幇助行為を違法とするのは，特許権の不当な拡張というべきであって，理由づけが困難である[*4]。そして前掲大阪地判平12・10・24判タ1081・241〈製パン器事件〉や東京地判平19・2・27判タ1253・241〈多関節搬送装置事件〉はBの場合に関して間接侵害の成立を否定している。

　そこで，独立説であっても，Bの場合には擬制侵害（間接侵害）は成立しないとする説が有力である。

> ＊4　BないしDの場合のように発明の実施や最終完成品の生産が権利を定型的に侵害しないのに，その前段階の行為だけが権利侵害となるとするのは，刑事手続において正犯が成立する余地がない場合に従犯のみを成立させるに等しいことになってしまい不当である。

　そうすると，BないしDの場合は，従属説ならばもちろん，独立説であっても擬制侵害（間接侵害）の成立を否定するのが現在の通説ということができる。

　そして，Aの場合に関してだけは，逆に，独立説ならばもちろん，従属説であっても間接侵害の成立を認めるのが通説となっている（入門296頁）。家庭内での特許発明の実施に対して特許権の効力を及ぼさないのは，産業の発達に寄与するといった特許法の目的からして不必要で強力な規制であるとの政策的な理由に基づくものであって，家庭内での実施による市場機会を特許権者が享受すべきではないとの趣旨に出るものではなく[*5]，一方で家庭内における実施のために業として部品を供給する行為が権利侵害とならないのでは権利者に及ぼす影響が大であって特許権者と部品供給者との均衡を失することになることを考慮するものである。

　しかし，Aの場合自体あまり現実的な問題設定とは思われず，ほとんどの場合は特許請求する対象を工夫することで回避できる不利益でし

かない*6。このような場合に，家庭内における特許発明の実施に特許権の効力を及ぼさないとするのが単なる政策的な理由であるとすることや権利者への影響の大小をもって従属説を修正する合理性は見いだせない。結局，AないしDのすべての事例において従属説を採用して問題はないように思われる。

＊5　前掲大阪地判平12・10・24〈製パン機事件〉はこの点を指摘しており，同じく東京地判昭56・2・25〈一眼レフカメラ事件〉も，傍論としてではあるが，Aの場合について間接侵害の成立を認めるのが特許法101条の制度趣旨の一つであると述べている。

＊6　そもそも特許発明の方法でパンを焼くのが業としてではなく家庭内でしか実施されないといったこと自体想定し難いし，その他，最終的な特許発明の実施が業として行われない場合として挙げられる例の中にも現実的なものは少ない。また，パンの焼き方の発明についていうならば，製パン器として特許を取れば問題はなかったといえる。このような稀有な事例を想定して，稚拙な明細書の記載をした者を救済する論理として間接侵害を利用するのは本末転倒ではあるまいか。

　なお，装置について特許権が成立している場合に，最終的には個人的家庭的に使用される装置を業として製造・販売する行為は，当然のことながら物の発明についての特許権の直接侵害行為である（前掲大阪地判平12・10・24〈製パン器事件〉。この点を間違えないようにしなければならない。

　最後にAないしD以外の場合として，これまで検討されることの少なかった，医師または歯科医師の処方箋により調剤する場合（特許69条3項）に調剤すべき医薬等を製造し販売する行為について間接侵害が成立するか否かを検討しておく。

　特許法69条は特許権の効力の及ばない範囲として，1項でDの試験研究のための実施を，3項で薬剤師等の調剤行為を規定している。しかし試験研究のための実施は前述のようにむしろ後の技術開発に有用であり奨励されるべき実施といえるが，薬剤師等による調剤行為は，2以上の医薬を混合して製造される医薬やその製造方法の業としての実施に該当しても，薬剤師等による川下（現場）における患者に対する実施行為に限り免責する趣旨の規定ということができ（⇒第6節④），同じ条文に規定されているとはいえ特許権の効力が及ばないとする趣旨を異にしている。このような薬剤師等の調剤行為に関する免責規定の趣旨に鑑みる

ならば，そのための医薬の供給行為については間接侵害が成立する余地もあろうかと思われる[*7]。

> [*7]　Aの家庭内における実施に特許権の効力が及ばないのは，単なる政策論ではなく，著作権法等とは異なる業法（産業財産権法）としての特許法の基礎概念から導かれるものであり，違法ではあるが免責される薬剤師の調剤行為とはその性質を異にしている。ただし，調剤行為の場合に間接侵害が成立するための要件を充足する例は極めて限定されることになるだろう（医療行為に特許保護を与えたうえで医師の行為は特許権の効力が及ばないとの規定を新設した場合に医師への医療機器や医薬の供給行為に間接侵害が成立するか否かを論じたものとして，井関涼子「医療行為の特許保護」高林龍編集代表『現代知的財産法講座Ⅰ　知的財産法の理論的探究』[2012年・日本評論社] 85頁，129頁がある）。

④ 間接侵害があったときの救済

1　意　義

　特許法101条は前述のように「侵害とみなす行為」として規定しており，条文構成上は，独立説の述べるとおり，同条に該当する行為は特許権（直接）侵害行為と擬制される。したがって，擬制侵害（間接侵害）に対しても，すべてにわたって特許権侵害の場合の救済と同等の救済が与えられるかのようである。しかし，そもそも間接侵害は，特許発明の構成要件の一部しか実施していないか（特許101条1号，2号，4号および5号），あるいは実施の直前段階にある（同条3号および6号）のであるから，救済方法においても，特許権侵害に対する救済とは異なる側面も生ずる[*1]。特許権侵害の場合の民事救済手続全般は第6章で，刑事罰は本章第7節で解説するので，それとの相違点の説明は，その後にすべきことであるが，ここでまとめて説明する。それらの個所を読んでからまた読み返してほしい。

> [*1]　特許権者あるいは実施を許された者が自ら実施品を流通においた場合に特許権が消尽することは後述（⇒第5節）するが，これらの権限を有する者が特許101条1号，4号や2号，5号に該当する部品を自ら流通においた場合

に，当該部材についての権利が消尽し，その後の当該部材の譲渡等が間接侵害とならないだけでなく，完成品に関する特許権も消尽すると解され（前掲高林「権利の消尽と黙示の許諾」194頁，知財高大判平18・1・31判時1922・30〈プリンター用インクタンク事件〉も同旨），米国連邦最高裁判所も同様の判断を示した（Quanta Computer, Inc. v. LG Electronics., Inc., 553 U.S. 617（2008））。一方で，知財高大判平26・5・16判時2224・142〈アップル対サムスン事件〉は特許101条1号の客観的間接侵害に該当する部品を自ら流通においた場合において，完成品に関する特許権の消尽は否定しつつ，黙示の許諾によって完成品に対する権利行使が不可となることはありえるとした。

2 差止請求

　特許法101条の規定の趣旨が，間接侵害行為に対して，物権的請求権同様の権利行使としての差止請求権を与えることにあったことは，前述した。したがって，間接侵害行為に対して，特許法100条1項による差止めや侵害予防請求，同条2項による廃棄，除却請求等をすることができる*²。また，③の*2で述べたとおり，直接侵害行為が未だ行われていない段階であっても，間接侵害行為の差止め等を請求することはできる。

　　＊2　客観的間接侵害（特許101条1号，4号）の場合の「にのみ」要件を充足するものの場合にはその全面的な差止めや廃棄等を認めて問題ない。しかし，主観的間接侵害（特許101条2号，5号）の場合の「課題の解決に不可欠なもの」の場合には他の用途もあるから，たとえば他用途もある化学物質Xを消化器疾患治療薬とした発明の場合であるならば，化学物質Xの全面的な差止めや廃棄ではなく，「消化器疾患治療薬用として化学物質Xを製造販売してはならない」と命じたうえで，消化器疾患治療薬用として表示されるなどして特定できる化学物質Xに限って廃棄を命じるべきであろう（高林龍「発明の技術的思想に着目した統一的な侵害判断基準構築の模索」日本工業所有権法学会年報32号［2009年］95頁）。ただし，大阪地判平25・2・21判時2205・94〈粉粒体混合装置事件〉や大阪地判令2・5・28判時2481・48〈クランプ装置事件〉は，特許法101条2号に該当する部品について，そのほとんどが特許権侵害の用に供されていること等を考慮して，当該部品の製造等の差止めと廃棄を認容している。

3 損害額の推定

　間接侵害に関して特許法 102 条の損害額の推定規定が適用できるか否かについては，否定説（中山信弘編『注解特許法上〔第 3 版〕』[2000 年・青林書院] 970 頁 [松本重敏＝安田有三] など）と肯定説（『平成元年度重要判例解説』[ジュリ臨増] 250 頁 [松尾和子] など）があり，判例は，たとえば，前掲（③＊3）大阪地判平元・4・24〈製砂機のハンマー事件〉，東京高判平 8・5・23 判時 1570・103〈位置合せ載置方法事件〉などが肯定説をとっている。

　間接侵害が成立する当該部品等の製造・販売によって上げた利益額・販売額（特許 102 条 1 項，2 項）や，当該部品の製造販売等に対して受けるべき金銭の額（同条 3 項）に着目して算定されるのであれば，この推定規定の適用を認めることに問題はない。なお，特許法 102 条 1 項，2 項の解釈をめぐる近時の判例や学説の動向については第 6 章を参照して貰いたいが，たとえば同条 1 項を適用する場合には権利者が特許発明を実施（しているか代替品を製造販売）していることが要件となると解するとしても，間接侵害の場合には，当該間接侵害該当部品自体を権利者が製造等していなくても，特許発明を実施していれば足りると解すべきであるし，また権利者が特許発明を実施していなくともまた当該間接侵害該当部品自体を製造等していなくても，間接侵害部品に対して同条 2 項を適用することができると解することになる。この点，前掲知財高判令 4・8・8〈画面定義装置事件〉は，権利者は特許発明を実施した完成品のみを販売している場合に，間接侵害の成立する部品を製造販売している相手方に対して 102 条 1 項，2 項を適用して損害賠償を認めている。

4 過失の推定

　特許法 101 条 1 号および 4 号の客観的間接侵害の場合には，その成立のためには行為者の主観的要素は必要ないが，不法行為に基づく損害賠償を請求する場合の前提となる過失は同法 103 条により推定される。前掲東京高判平 8・5・23〈位置合せ載置方法事件〉も，間接侵害の場合にも特許法 103 条により過失が推定される旨を判示している[*3]。また特

許法101条3号および6号の間接侵害（擬制侵害）の場合にも過失は推定される。

　一方，特許法101条2号および5号の主観的間接侵害の場合には，その成立のために行為者の故意が要求されるから，不法行為に基づいて損害賠償を請求する場合にも当然に故意を前提とした主張がされることになり，同法103条によって過失の推定される場面はない。

> ＊3　後述（⇒第6章）のように特許法103条が過失を推定する根拠は実体審査を経て登録された特許発明の内容が特許公報によって公示されている点にある。そうすると，間接侵害が成立する場合の特許法101条1号および4号の「にのみ」用いられる部品等についても，その生産等が特許権の間接侵害であることが特許公報により公示されており，その生産が過失によるものであると推定する根拠があるということになる。

5　刑事罰

　2006（平18）年改正前の特許法196条は特許権または専用実施権を侵害した者に刑事罰を科していたが，この場合の特許権侵害に特許法101条の間接侵害が含まれるか否かについては説が分かれていた。同年特許法改正は前述のように101条3号および6号の類型の間接侵害（擬制侵害）を追加したが，その際に同法196条に規定する罪から101条に規定するみなし侵害行為を除外したうえで，101条のみなし侵害行為に対する刑事罰規定として196条の2を新設した。なお，特許法196条が規定する法定刑よりも196条の2の規定する法定刑は軽いが，法人を併せて処罰する場合の規定（両罰規定）においては法定刑に軽重はない（特許201条1項1号）。

第4節　複数関与者による特許発明の実施
——特許権を侵害している者は誰か

1 総　説

　　物の発明の場合にその物を生産する者は，それぞれの部品を他から
　　入手したうえで最終的な物を生産すれば直接侵害が成立する。その
場合に，それぞれの部品を供給した者は間接侵害者となることはあるが
直接侵害の関与者とはならない。特許法は直接侵害者や間接侵害者に対
する侵害差止め（特許100条，101条）を認めているので，誰が侵害者で
あるかの認定が人事になるが，これまでは発明の実施に複数の者が関与
する例は限られていた。しかし，近時ネットワークを通じてサービスの
提供等が活発化し，たとえば各ステップに別々の者が関与するといった
形態の発明も多くあり，複数関与者により特許発明が実施される場合に，
どの者が侵害者として差止めの対象となるかといった問題が顕在化する
に至っている*。以下，簡単に検討を加えておく。

　　*　産業構造審議会・知的財産分科会・特許制度小委員会「AI・IoT 技術の時代
　　　にふさわしい特許制度の在り方——中間とりまとめ」（令和2年7月10日）
　　　7頁以下でもこの問題が取り上げられている。

2 共同直接侵害

　　たとえば複数の工程が結合して一つの発明が構成されている場合に，
　　単にその一部の工程を実施するにすぎない者は，間接侵害が成立す
る場合でなければ権利侵害とはならないが，それぞれの工程の実施者が
互いに意思を疎通させ分担部分を定めて実施したような場合には，共同

不法行為となるばかりでなく，共同して直接侵害をした者として，全体としてあるいはそれぞれの関与部分について差止めを求めることが可能となる場合がある*。共同実施の意思と共同実施の形態が伴う場合であるから，共同直接侵害といってよい場面である。

　＊　非常に古い大阪地判昭36・5・4下民集12・5・937〈発泡性ポリスチロール事件〉がこの趣旨を判示して以降，共同直接侵害を認めた判決は現れなかったが，近時の大阪地判令3・2・18 LEX/DB 25571358〈手摺の取付装置事件〉がこれを認めた。

③ 手足論

　②と同様に複数の工程が結合して一つの発明が構成されている場合に，特許請求の範囲に記載された要件の枢要な部分を実施している者が，その余の一部分は自らのいわば手足として他者に実施させているといえる場合には，その枢要な部分を実施している者が特許発明の全構成要件に該当する工程を実施する直接侵害者であると評価して，その行為の差止めを請求できる場合がある*。手足論といわれる形態である。

　＊　東京地判平13・9・20判時1764・112〈電着画像事件〉。この事件は，電着画像を製造してこれを文字盤製造業者に販売し，これを受け取った文字盤製造業者が特許発明の最終工程である電着画像の貼付を行っていた事案であるが，電着画像は文字盤に貼付する以外の用途はなく，その行為はいわば電着画像の製造者の手足として行ったものと評価された事案である。

④ 侵害主体論

　たとえばネットワークを通じてサービスを提供する発明で，各ステップを別々の者が実施している場合があるが，各ステップの実施者は互いに共同実施の意思も，全体として共同実施しているといった形態もなく，またそのネットワークの枢要な構成要件を実施している者の手足として各ステップが実施されていると評価することもできない場合であっても，その行為の差止めを誰にも請求できないとするのは不合理で

あろう*¹。しかし，その場合にどの者の行為が特許権の直接侵害として差止対象となるのかは，ネットワーク型発明の出現に伴う現代的課題であり難問である。

> *1　そもそも出願に際して，特許請求の範囲を各ステップを各別の者が実施するといった形態ではなく，一人の者が実施する形態として記載する工夫をすることで，この問題を回避する手段もある。たとえば，知財高判平22・3・24判夕1358・184〈JAddressサービス事件〉は，インターネットサーバーのアクセス管理およびモニターシステムの特許発明に関して，アクセスを行うのはサービスを利用する各ユーザーであるが，当該特許発明は「アクセス」ではなく「アクセスを提供する方法」の発明であるから，侵害主体はサービスの提供者一人であると認定している。

　一つの解決策としては，著作権法の解釈論として採用されている侵害主体論*²を特許権侵害の場合にも適用することが考えられる。

　たとえば，特許発明の各構成要件を各別の人が実施することを前提とするシステムという物の発明や方法の発明について，そのシステム全体を管理して運用している人が特許発明の対象となる物や方法を使用していると構成するという立場である。

> *2　著作権法には特許法101条の客観的・主観的間接侵害に類する規定がないため，直接侵害のための場を提供する行為や，直接侵害のための部品を提供する行為などを権利侵害として差止請求の対象とするために，規範的に直接侵害者を認定する手法としての侵害主体論があり，最高裁判決としても最一小判平23・1・20民集65・1・399〈ロクラクⅡ事件〉や最三小判平23・1・18民集65・1・121〈まねきTV事件〉などがある。著作権法における侵害主体論については高林・著作権法296頁以下を参照。

　特許権侵害においてもこのような考え方の方向性を示した判決として東京地判平19・12・14 LEX/DB 28140194〈眼鏡レンズ供給システム事件〉があり，発注側と製造側が特許発明の構成要件に記載された各情報を入力するとされているシステムの発明について，最終的にシステム全体を支配管理する者が直接侵害者に該当すると判示していた。その後，知財高大判令5・5・26 LEX/DB 25572920〈コメント配信システム事件〉は，ネットワーク型システムにおける生産とは，単独では当該発明のすべての構成要件を充足しない複数の要素がネットワークを介して接続することによって互いに有機的な関係を持ち，全体として当該

発明のすべての構成要件を充足する機能を有するようになることによって，当該システムを新たに作り出す行為であるとしたうえで，Yがウェブサーバ等を設置管理しており，これらのサーバがファイルをユーザ端末に送信するが，ユーザ端末による各ファイルの受信はユーザによる別途の操作を介する事なく，Yがサーバにアップロードしたプログラムの記述に従って自動的に行われるものである場合において，Yがこのシステムを生産した者として侵害主体となるとの判断を示した。

第5節　消尽論
——権利の侵害が成立しないとする論理

1 国内消尽論

たとえば物の発明において，業として発明を実施して生産した物を譲渡することは，生産とは別の発明の実施行為であり，譲り受けた物を使用したり，譲渡のために展示したりすることも新たな発明の実施である。したがって，全くの無権利者Aが特許発明を実施して物を生産し，Bがこれを買い受けたうえでCに転売し，Cがこれを業として使用している場合には，A，B，Cはいずれも，特許発明を無断で実施して，特許権を侵害する者となる[*1]。この点の理解を十分にしておかないと，消尽論（その物に関しては権利が使い尽くされて消えるという理論）が理解できないことになるので，注意が必要である。

　＊1　この場合，BはAに，CはBに契約上の債務不履行とか売主の担保責任（民法565条）として権利侵害品を販売したことにより被った損害を賠償請求することができるのは別論である。

しかしながら，Aが，特許権者から発明の実施を許された者であったり，あるいは特許権者自身であった場合，BやCの立場の者は，特許権者から発明実施の許諾を得ていない者であったとしても，無

断で発明を実施した者すなわち権利侵害者にはならない。このように，権利者の意思に沿って特許発明を実施した製品がいったん流通に置かれた場合には，その後のその物の譲渡等は権利侵害にならないことを説明するのが，消尽論である[*2]。

> *2　権利者の意思に沿って特許発明の実施品が流通に置かれた場合のほかに，たとえば先使用権等の法定通常実施権（⇒第3章第1節 ③）を有する者が特許発明の実施品を流通に置いた場合，その製品を業として譲渡したり，業として使用したりする者に特許権の効力が及ばないのも，その者らが法定通常実施権を援用できるからといってもよいし，消尽論で説明することもできる。

消尽論はいわば当然の論理（市場で正規の商品を買ったのにそれを使用したり再譲渡したりするのに改めて特許権者から許諾が要るなどというのは常識に反する）であるが，特許法上は根拠規定が存在しない。しかし，最三小判平9・7・1（民集51・6・2299〈BBS並行輸入事件〉）は，傍論として国内消尽論が採用できる旨判示し[*3]，その後の最一小判平19・11・8（民集61・8・2989〈プリンタ用インクタンク事件最一小判〉）は正面からこれを認めた。また，半導体集積回路配置法12条[*4]や，著作権法26条の2にも権利消尽に関する規定がある[*5]。

> *3　消尽が認められる理由としては，その都度特許権者の許諾を要するとしたならば市場での特許製品の円滑な流通が妨げられることや，特許権者はいったん特許製品を流通に置いた際に特許発明の公開の代償を確保する機会があったから，二重三重に利得させる必要はないことを指摘している。

> *4　半導体集積回路配置法12条3項は，権利者が登録回路配置を用いて製造した半導体集積回路を譲渡したときは，権利の効力は，その譲渡された回路の譲渡，貸渡し，譲渡もしくは貸渡しのための展示，輸入には及ばないと明記している。

> *5　著作権法は複製・翻案・上演などの行為を著作権侵害と規定するが，特許法のように著作物を譲渡する行為を違法とする規定はなかった（なお，映画の著作物に限って頒布権が認められ，その限度で著作物の譲渡行為等の実施行為が禁止されていたし，貸与権もある種の実施行為を禁ずるものではある）。しかし，1999（平11）年改正で，著作物を公衆に提供する権利である譲渡権が映画の著作物以外にも一般的に認められた（著作26条の2）。そして，改正の際には，いったん適法に譲渡された著作物についてはこの権利は消尽する旨明記された（同条2項）。したがって，以前は，海賊版の複製行

為は違法であるが，海賊版を譲渡する行為は，著作権法113条のみなし侵害行為（情を知っての頒布等）とならないかぎり違法ではなかったが，現在ではこれはすべて譲渡権侵害行為となる。

消尽の効果は権利者の意思に沿って特許発明の実施品が流通に置かれた場合に当然に生ずるものであり[*6]，権利者が譲受人との間で，転売禁止を合意し，転売した場合でも特許権は消尽しないと合意したうえで売却したとしても消尽の効果は当然には否定されない（入門332頁など）[*7]。しかし，たとえば権利者から実施を許諾された者が，契約に違反して実施品を流通に置いた場合に，その効果が契約当事者間の契約の効力（債務不履行）に止まるのか，権利侵害品が流通に置かれたものであって権利は消尽せずその物の購入者がこれを業としての譲渡等する行為が権利侵害となるのかは，契約違反の類型によって異なるだろう。たとえば，

a　実施許諾契約で毎月末に支払うべき実施料を支払わないまま製造を続けて販売した製品

b　月産30個の範囲で実施許諾を受けていたのに，これを超えて製造して販売した製品

c　実施許諾を受けて製造した製品は北海道でのみ販売するとの約定に反して九州で販売された製品

d　実施許諾を受けて製造した製品はすべて権利者に納品するとの約定に反して販売された製品

e　実施許諾を受けて製造した機械は許諾を受けた者のみが業として使用することができるとの約定に反して他に販売された製品

を検討してみよう。

aの実施料の不払いやbの数量制限違反は債務不履行にはなるが，契約が解除されていない以上，その結果製造販売された製品は特許権侵害品とならず（中山537頁，入門226頁参照），権利の消尽が認められることになるだろうし，cの販売地域的制限についても，極端な例として新幹線車両内での販売にのみ限定した場合なども考えられるが，いずれにせよ約定違反は債務不履行にはなるが，その結果製造販売された製品は特許権侵害品とならず，権利の消尽が認められると解される[*8]。しかしd

の場合は，下請製造の場合と同様に権利者の意思に沿って流通に置かれる前段階であるといえるだろうし，eの場合はそもそも権利者が流通に置く意思もない場合であるといえるだろうから，約定に反して流通に置かれた製品は権利侵害品であって，権利は消尽しないと解される。

> *6　ただし大阪地判平26・1・16判時2235・93〈薬剤分包用ロールペーパー事件〉は，分包紙を巻くための芯管は販売されたのではなく，所有権を留保して使用貸借させているにすぎないとして，消尽を否定した。結論の当否は消尽を回避するための策としての契約的な処理であるか否かの認定の問題にも絡むだろう。

> *7　米国連邦最高裁のImpression Products, Inc. v. Lexmark Int'l, Inc., 137 S. Ct. 1523（2017）は，特許発明を実施したプリンター用インクカートリッジを転売自由な製品は高い値段設定で，転売禁止の製品は安い値段設定で流通に置いた事案において，いずれの製品についても特許権は消尽すると判示した。しかし，この場合，譲渡人と譲受人間の約定に止まらず客観的に転売禁止製品として一般市場の流通に置かれたと解されるのであれば，消尽の効果を否定してよい場合もあるように思われる。

> *8　ただし，大阪高判平15・5・27 LEX/DB 28090927〈育苗ポット事件〉は，実施契約の内容的制限に違反して製造販売された製品は特許権侵害品であり，時期的制限と場所的制限違反も同様としている。

2 修理か再生産か

消尽論はいったん流通に置かれた特許製品について，生産以外の態様での実施行為が新たな特許権の侵害になるか否かを論ずるものであることに注意しておく必要がある。新たな生産行為は，特許法2条3項に規定する新たな特許発明の実施行為であって，これが消尽論によって適法になることはない。一方で，新たな生産行為に至らない特許製品の単なる修理は，特許発明の新たな実施としての「生産」に該当しないと説明されるが，新たな生産なのか単なる修理なのかを見分ける基準が大切である。

たとえば，化学物質に関する特許発明を実施して生産・販売した原告錠剤を被告が市場で購入し，粉砕加水して精製してこの化学物質

を抽出して、これをカプセルとして販売した場合、錠剤からカプセルに薬剤の形は変わっているが、特許発明の実施品としては流通過程で加工や変更が加えられてはおらず同一であるから、この被告の行為は特許権の侵害にならない（東京高判平13・11・29判時1779・89〈アシクロビル事件〉参照）。しかし、①特許製品がいったんその効用を終えた場合、たとえば製品の使用が実際に不可能となった場合にこれを再製する行為は権利侵害となるし、②特許製品のうちで特許発明にとっての本質的な部分（第3節「間接侵害」のうち、主観的間接侵害にいうところの「その発明による課題解決に不可欠なもの」といえる部分）を権利者から入手したのではない部材で置き換える行為も権利侵害になる。これらは、行為全体を評価したならば、いったん流通に置かれた特許製品とは別の新たな製品の生産行為が行われたと解されるからである。

　🌀この点につき知財高大判平18・1・31判時1922・30〈プリンタ用インクタンク事件知財高大判〉は、消尽が否定される類型を第1類型（前記①のように特許製品に着眼する類型[*1][*2]）と第2類型（前記②のような特許発明の本質的部分に着眼する類型）に分類した。しかし、同事件の上告審である前掲最一小判平19・11・8〈プリンタ用インクタンク事件最判〉は、特許権を侵害する特許製品の新たな製造行為（この場合、特許法に規定する「生産」とは異なる「製造」との概念を新設して定義している点に注意しておく必要がある）に該当するか否かは、特許製品の属性、特許発明の内容、加工および部材の交換の態様のほか、取引の実情等を総合考慮して判断すべきであるとして、原判決が分類した①②の類型を合体した総合的な判断基準を示し、これに該当する場合には権利侵害が成立するとした[*3]。

　*1　特許製品について特許権がいったん消尽した後に製品に加工が施された場合に、加工の態様によっては消尽の効果が消滅して権利が復活すると構成する立場（消尽アプローチ）があり、知財高大判の第1類型はこの立場であると説明されることがある（一方で第2類型は生産アプローチと呼ばれる）。

　*2　たとえば聞き取りやすい音声装置について特許権を有している者がこれを組み込んだスマートフォンを販売している場合に、スマートフォンを特許製品と定義したならば、音声装置は全く壊れていなくても、ディスプレーが壊れてしまったならば特許製品としてのスマートフォンは効用を喪失し

たとはいえるだろう。しかし，この場合に音声装置はそのまま流用して，ディスプレーを修理してスマートフォンとしての効用を回復させた場合には，音声装置についての特許発明が再実施され，権利侵害となるとはいえない。したがって，結局は，第1類型の特許製品の効用を復活させる行為であっても，復活させた部材が特許発明の本質的な部分であるか否かによって侵害の成否が判断されることになると解するべきであるから，特許法で規定する生産に該当しない場合でも権利侵害を認める＊1記載の消尽アプローチは存在しないことになる。基本書としての本書の性格上これ以上の説明は差し控えるので，詳細は高林龍「権利の消尽と黙示の許諾」（椙山敬士ほか編『ビジネス法務大系Ⅰ』［2007年・日本評論社］163頁以下）を参照のこと。

＊3　同最一小判は特許発明の再実施である生産行為とはいえない場合であっても，再製造行為に該当するならば新たな権利侵害となると判示したものといえるが，再製造行為がなぜ特許権の侵害行為になるのか，その法的根拠は明確でないというほかない。また，このような判断基準によるならば，前掲東京高判平13・11・29〈アシクロビル事件〉の事案であっても，特許発明の内容ではなく，錠剤としての特許製品の属性や取引の実情等を総合考慮することになるから，錠剤をカプセル剤とした被告の行為は特許権を侵害する特許製品の新たな製造行為に該当することになる可能性もあることになるだろう。

③ 国際消尽論（真正商品の並行輸入）

　国内においては，特許権者の意思に沿って特許発明を実施した製品がいったん流通に置かれた場合には，その後のその物の譲渡等は権利侵害にならない。特許権者がその製品を北海道に限定して販売を許諾した場合に，許諾を受けた者が九州で販売することは契約違反ではあっても，九州で販売された製品は特許権侵害品とはいえないから，その製品を九州で購入した者がさらにこれを業として転売等することが特許権侵害となることのないことは前述した。それならば，たとえば，Aが甲国と乙国で同一発明についてそれぞれ特許権を取得している場合に，甲国で特許権者Aの意思に沿って特許発明を実施した製品がいったん甲国の流通に置かれたところ，甲国の市場でこの製品を購入したBがこれを乙国に輸入して乙国で販売したならば，乙国における特許権者で

もある A は，B の行為が乙国の特許発明の実施（輸入）であるとして，その侵害差止めなどを請求できるだろうか。この場合にも，国内消尽論と同様に乙国の特許権も消尽したと解するとする考え方が国際消尽論と呼ばれる。

国際消尽論の適否は，特許製品の並行輸入の可否をめぐる問題として注目されてきた。本書においても，本問を扱った判例として著名な前掲最三小判平 9・7・1〈BBS 並行輸入事件〉の紹介を欠かすことはできない。そこで，【ケース研究 2】として以下で解説する。

【ケース研究 2】

● BBS 並行輸入事件 ◆◆◆◆◆◆◆◆◆◆◆◆◆◆◆◆◆◆◆◆◆◆◆◆◆◆

最三小判平 9・7・1 民集 51・6・2299

1 特許権独立の原則・特許権の属地性

(1) 国際消尽論を検討する前提として押さえておかなければならないことは，工業所有権の保護に関するパリ条約 4 条の 2(1) は各国で出願した特許は他の国において同一の発明について取得した特許から独立したものとすると定め，同条(2) は出願された特許は無効または消滅の理由や存続期間についても独立のものであるとしている（また，同条約 6 条は商標についても同様の定めをしている）ことである。この原則を「特許権独立の原則」と呼ぶ。

(2) また，各国で保護される特許権の効力の及ぶ範囲は各国の領域内に限られる。この原則を「特許権の属地性」と呼ぶ。なお，特許権は私権であって，原則として各国の国内法によって保護対象，効力の及ぶ範囲や存続期間を定めることができるから，自国で保護要件を定めた特許権の効力が他国の領域内にまで及ぶと国内法で規定することはできる。しかし，自国で認めたその効果を他国に対して主張できるものではなく，これを認めるか否かは他国の主権にかかわる事項である[*1]。

*1 米国特許法 271 条(b) によれば，直接侵害行為を米国内で行うための

準備行為，たとえば特許権侵害製品の生産のみに使用される部品の生産供給行為が他国で行われる場合でも，その他国で行われる行為は特許権に対する間接侵害（誘導侵害）を構成することになる。そこで，この行為を理由として，他国での行為を米国の特許権の間接侵害（誘導侵害）であるとしてその行為の差止めを米国の裁判所が認定することができる。しかし，他国の裁判所がこの米国の法制を受け入れ，当該国内での行為を米国特許権の間接侵害（誘導侵害）としてその差止めを認めるか否かは当該国が主権に基づいて決すべき事項である（東京高判平12・1・27判時1711・131〈FM信号復調装置事件〉。同事件の上告審判決である最一小判平14・9・26民集56・7・1551も参照）。

(3) このような特許権独立の原則あるいは属地主義の原則を厳格に貫くのであれば，次のような解釈が採用されるかのようである。すなわち，

> Aが外国と日本において同一発明を対象とする特許権を有していたとしても，外国における権利はその国内にのみ及び，わが国における権利はわが国内にのみ及び，Aはわが国における特許権の実施を独占し，かつ，外国における特許権の実施をも独占できる。このように，それぞれの国の特許権は独立のものであるから，外国でAが特許発明を実施して製造した製品であっても，これを他人が勝手にわが国へ輸入することに対しては，Aはわが国における特許の独占権を主張してやめさせることができる。

との解釈である。実際に，特許製品の並行輸入に関しては，大阪地判昭44・6・9（無体裁集1・160〈ブランズウィック事件〉*2）が，特許権独立の原則を理由として，特許権の国際消尽論を否定し，このような解釈が長年の間当然のことと理解されていた。

＊2　ブランズウィック事件の概要は以下のとおりである。ブランズウィック社はオーストラリアで登録されたボーリングピン立て装置に関する発明の特許権者であるが，同社が特許発明を実施許諾した会社が製造して販売したボーリングピン立て装置の中古品が，他社により日本に輸入された。ブランズウィック社はオーストラリアのほか日本でも同一内容の発明について特許権の設定登録を受けていたため，輸入業者を相手方として中古品の輸入差止め等を求めた。判決は，特許製品が適法に販売されると特許権者はこれによって実施の目的を達し，この製品についての特許権に基づく追及権は消耗すると解されるが，各国の特許権は互いに

独立しているから，特許権消耗の理論が適用されるのは，その特許権の付与された国の領域内に限られると判示した。そして，このような特許製品の並行輸入を認めないと取引の安全が害される，あるいは自由競争を阻害するとの批判に対しては，特許権に独占的排他権を与えることにより自由競争が阻害されるのは法の予定するところであるし，特許制度が取引の安全を犠牲にする面があるのも法の予定するところであるとした。

2　BBS 並行輸入事件東京高裁判決の衝撃

(1)　前述のブランズウィック事件の大阪地判から26年経過後に言い渡されたBBS 並行輸入事件東京高判平7・3・23（知的裁集27・1・195）は，特許法の分野においても真正商品の並行輸入は許されるとの判断を示した。同事件の一審東京地判平6・7・22（知的裁集26・2・733）が，従来どおりに特許製品の並行輸入を特許権侵害としたのに対して，これを取り消したものであったこともあって，同判決が学界や産業界に与えた衝撃は非常に大きかった。

(2)　事案は，ドイツおよび日本で自動車用アルミホイールに関する同一発明について特許権者であるBBS 社がドイツの特許発明を実施して生産した製品をドイツ国内で販売したところ，並行輸入業者がこれを大量に購入したうえで日本に輸入したのに対し，BBS 社が日本の特許権に基づき差止めを求めたという，典型的な特許製品の並行輸入の可否をめぐる訴訟である。

この東京高判は，いったんドイツで特許製品が権利者によって販売され流通に置かれたことにより，ドイツおよび日本の特許権は消尽したとして，この製品の日本への輸入行為は日本の特許権を侵害するとはいえないと判示した。そして，特許の場合に並行輸入が禁止されるとすると，①取引の安全が阻害されること，②一国においていったん技術内容を公開したことによる代償を得ている以上，国単位で何度も実施料を得られるとするのでは特許権者に不当に利益を与えることになること，③商標権の場合に真正商品の並行輸入が許されることの回避手段として特許権が使用されることになり，バランスがとれないことを指摘した。

---

3 商標権の場合の真正商品の並行輸入

（1）BBS並行輸入事件東京高判も指摘するように，商標権の場合には真正商品の並行輸入は侵害とならないとするのが通説・判例であり，関税実務もそのように長年運用されてきたという実績がある。特許製品の並行輸入の可否を論じる際には，これを許容してきた商標商品の並行輸入の場合を検討したうえで，これとの異同を考慮する必要がある。

（2）判例として，特許製品の並行輸入を特許権侵害としたブランズウィック事件の大阪地判とほぼ同時期に，逆に商標権の場合に真正商品の並行輸入は商標権侵害ではないとした大阪地判昭45・2・27（無体裁集2・1・71〈パーカー事件〉）が言い渡された。その後，同様の立場を採用する判決として，東京地判昭48・8・31（無体裁集5・2・261〈マーキュリー事件〉），東京地判昭53・5・31（無体裁集10・1・216〈テクノス事件〉），東京地判昭59・12・7（無体裁集16・3・760〈ラコステ事件〉）などが続々と言い渡され，関税実務もこれに沿って運用されてきた。そして，その後の最一小判平15・2・27民集57・2・125〈フレッドペリー事件〉は，商標に関する真正商品の並行輸入が，商標の機能を害することがなく，実質的違法性がないといえる場合について，最高裁としての判断を初めて示した。

なお，このように商標における真正商品の並行輸入の許否が問題となる場合の「真正商品」とは，外国における商標権者と日本における商標権者が同一人または同一人と評価できる者（資本的繋がり等で支配を及ぼせる者[*3]）である場合に，外国において商標権者が商標を付して適法に販売した商品のことをいうことに留意しておく必要がある。

したがって，いわゆる海賊製品は真正商品でないことはもちろん，外国における著名商標をこれと無関係な者が日本で出願して登録を得ている場合における外国で著名商標の付された商品もこの意味での真正商品ではない[*4]。

＊3　たとえば，前掲東京地判昭59・12・7〈ラコステ事件〉においては，

フランス法人であるラコステ社は，米国ではラコステ・アリゲータ社を設立し，ラコステ社とアリゲータ社で会社の株式をほぼ5分5分で持ち合い，同社が米国でのラコステ商標を登録し，この商標の使用をアイゾット社に許諾していた。また，日本ではラコステ社がラコステ商標（鰐の胴体に英文字の記入のあるもの）の登録を受け，これにつき三共生興に専用使用権を設定していた。

*4　神戸地判昭57・12・21無体裁集14・3・813〈ドロテビス事件〉や最二小判平2・7・20民集44・5・876〈ポパイ事件〉のように，外国で著名であった商標につきこれとは無関係な者がわが国で商標登録を得て，外国の著名表示権利者が外国で販売した商品をわが国に輸入する行為を差し止めようとした事案がある。この場合は，外国での著名表示権利者の商品といえども，本文掲記の並行輸入論でいうところの「真正商品」とはいえない。むしろ商標法的観点からいえば，わが国の登録商標権者の製造する商品こそが真正商品ということなろう。ただし，この場合にわが国での商標登録がされたこと自体が国際的な問題となりかねず，別途権利濫用の法理の適用が考慮されることになる。

（3）　商標権の場合に真正商品の並行輸入を許容する理論的根拠としては，①国際消尽論*5と②商標機能論がありうるが，商標機能論からは以下のように説明することができる。

　たとえば，外国における商標権者Aが，同一の商標につき日本で商標権を有している場合に，外国で商標を付して販売した製品を第三者が日本に輸入して販売したとしても，外国における商標の出所も日本における商標の出所も同じAであることから，日本における需要者がこの製品をAの製品であると理解することによる損害はなく*6，またAの立場としても出所混同により被る損害はない。さらに同一人の製作したものであるがゆえに品質保証機能も損なわれない*7。この場合に，商標権者の損害として考えられるのは日本において再度実施料を得られなかったとの点であるが，これは本来，出所識別，品質保証，広告機能を果たす商標を使用させることの見返りとして得られるべきものであるから，これらの機能を再度果たすという面のない真正商品の輸入の場合においては，二重に実施料が取れないことが不当とはいえない*8。

　*5　国際消尽論が並行輸入を適法とする根拠になるか否かについては，特

許の場合と商標の場合とで異ならない。なお，国際消尽論の前提となる国内消尽論について，商標権の場合に関して注意しておかなければならないことは，特許の場合に新たな「生産」としての発明の実施については権利が消尽しないのと同様に，商標の場合も新たに標章を付する行為としての商標の使用（商標2条3項1号）については権利は消尽しないことである。したがって，たとえば，商標権者の意に沿っていったん流通に置かれた真正な商標商品であっても，これを譲渡する際に包装を詰め替えて同一商標を付したり，小袋に入った商標商品を段ボールにまとめて入れて段ボールに商標を付したりする行為（最三小決昭46・7・20刑集25・5・739〈ハイミー事件〉）は新たな標章の使用，すなわち商標権侵害となる。

＊6　商標法と特許法はいずれも工業所有権（産業財産権）法であるが，商標法は産業の発達ばかりでなく需要者の利益保護をも法の目的としている（商標1条）点で，創作法である特許法と異なっていることは序章で説明した。法の機能として需要者からの観点を取り入れることができるのは標識法である商標法の特色である。

＊7　ただし，真正商品であるから商標の機能（出所識別，品質保証）が損なわれないというためには，両商標が同一であり，両商品の品質が同一であると評価される場合でなければならない。もっとも，この意味での商標の同一，品質の同一とは，あくまで商標法的観点からのものであるから，世界的に著名な商標の権利者が各国で微妙に異なる商標の登録を得ていても，これがいずれも同一の出所を示すものといえるならば，この意味では同一の商標と評価できるし，商標が示す同一の出所者の才覚の範囲内で品質に差異を設けているのならば，これらは商標法的意味では同一の品質であるといってよい。

＊8　創作法（特許法）の分野では，わが国において発明を公開する代償として国内での独占権が与えられ，実施料の支払を得られるのであるから，国単位で実施料が取れてもこれが利得のしすぎとはいえない点で，商標の場合とは異なる。この点は，BBS並行輸入事件上告審判決が指摘している。

4　BBS 並行輸入事件上告審判決

(1)　理由の要旨

①　特許権独立の原則，特許権の属地性の原則から，特許製品の並行輸入の可否が決せられるものではない＊9。

＊9　前述の大阪地判昭44・6・9〈ブランズウィック事件〉がこれらの

原則に根拠を求めたことは，その後多くの学説から批判を受け，BBS事件の前掲一審東京地裁判決および前掲二審東京高裁判決もこの理由づけを否定していた。わが国の特許権者がわが国内で権利を行使する場合に，権利行使の対象とされている製品が当該特許権者等により国外において流通に置かれていたという事情を，特許権の行使の可否の判断にあたってどのように考慮するかはもっぱらわが国の特許法の解釈問題であって，特許権独立の原則や属地主義の原則からアプリオリに結論が導かれる問題でないことは明らかである。そこで，現在においては，この両原則から特許製品の並行輸入の可否を論ずるとの説を採用する者はいない。

②　権利者自らが特許の実施品を国内で流通に置いた場合は，その後の当該製品の転売，使用等には権利行使できないという「国内消尽論」の考え方は賛同できるが，これを国際的流通にまで拡大した「国際消尽論」は採用できない。なぜならば，日本特許権と対応外国特許権は別個の権利であるから，対応特許権の実施により利益を得た後に，日本特許権を行使しても二重に利得したことにはならないからである。

③　しかし，国際経済取引が広範囲に行われている現状に鑑みれば，特許権者と当該製品の譲受人との間で，当該製品について販売先ないし使用地域からわが国を除外する旨を合意して特許製品にこれを明確に表示した場合を除き，特許製品の並行輸入は禁止できないと解すべきである。

(2)　この判決の読み方

①　BBS 並行輸入事件東京高判が国際消尽論を認めた誤りを是正した。

特許権は一国単位で登録料が支払われて独立して付与され，一国内で実施を独占し，他社に一国内での実施を許諾することもできる権利であるから，一国で特許製品を流通に置いたからといって，他国でこの製品に再度その国の特許権の効力を及ぼしても二重利得にならないとした点は，東京高判の最大の理論的根拠を否定したものであって，これによってこの東京高判が誤りであることが明確になった[10] [11]。

＊11　ただし，本判決の 20 年程後の 2017 年に米国連邦最高裁は前掲
Impression Products, Inc. v. Lexmark Int' l,Inc., 137 S.Ct.1523（2017）
で，それまでの判例を覆して，原審の東京高判と同様に特許製品の国際
消尽を全面的に認める衝撃的な判決をした。国際貿易が日常化している
現在においては，特許製品の国際消尽については他の国の判例等の動向
には注意しておく必要がある。

②　しかしながら，特許製品といえども，細かい部品や薬品から
大型機械など流通方法に違いがあり，国境を越えて容易に転々流通
していく特許製品の場合などには特許権者も通常はこれが外国に売
却されることも予想しているとし，その範囲内では特許製品の並行
輸入を禁止できないことを初めて明確にした。

③　法理論あるいは制度論というよりも，特許権者が製品を流通
に置く場合の意図を忖度した考え方である。このような理由づけが
無難であったためか，並行輸入禁止論者と許容論者の双方から評価
されている不思議な判決でもある。ただし，基本的には特許権者に
他国における特許権行使の自由を与えているのであって，後述のよ
うに今後の運用によっては並行輸入禁止の結論が導かれると思われ
る。

5　その後の運用

並行輸入を禁止したい特許権者がその差止めを求めるのであっ
て，上記事件の BBS 社もそうである。並行輸入がされること
を前提として特許製品を流通に置いている業界は，本判決によって
何らの影響も受けないが，これを禁止しようとする業界，たとえば
医薬品業界などは，今後，特許製品を流通に置く場合には，他の特
定の国での当該製品の輸入はその国の対応特許権の侵害になる旨を
明示するとの運用がとられることになろう。

特許法は，前述のとおり「業としての実施」を権利侵害とするものであるから，並行輸入業者が業として製品を購入する際に，この製品に前記表示がされていればその並行輸入は許されないことになる。

考えられる表示としては，

> 本製品は甲国特許……号の実施製品であるが，当社は同一発明につき日本，A及びB国において権利登録を得ており，当社の許諾なく本製品をこれらの国に輸入して販売することは対応特許権の侵害となる。

とか，より簡単に，

> 本製品を当社の許諾なく日本，A及びB国に輸入して販売することはこれらの国に登録されている対応特許権の侵害になる。

などの表示をパッケージ等にすることが考えられる。医薬品や化学製品等の特許の実施による利益の大きい製品については，今後このような表示が一般的にされるようになるのではなかろうかと予想される。

第6節　特許権の効力が及ばない場合
——権利の性質や公益的理由からの制限[*1]

*1　特許権の効力に対する制限は，権利の性質や公益的な理由から加えられる制限と，他人が実施権を取得することにより反射的に加えられる制限とがある。前者は特許権の効力が及ばない範囲として特許法69条に，また再審により回復した特許権の効力の制限として同法175条に規定されており，本節で解説を加える。後者は特許権の利用として第3章で述べる。

① 試験・研究のためにする実施 (特許 69 条 1 項)

1 意 義

　特許制度は，発明を秘匿させずに公衆に開示させて，その代償として一定期間の独占権を与えたうえで，その発明に基づいた技術をさらに発展させ，一定期間経過後はその発明自体も公衆に開放するものである。したがって，公衆に公開された発明を用いてさらなる技術の開発をするために試験や研究をすることを許すことは，特許制度の根幹に基づく要請であって，特許法 69 条 1 項はこの趣旨に出た規定である[*2]。

　また，特許として成立した後に，独占権の与えられた発明が特許の要件を備えていないものとして，取り消されたり無効となるべきものである場合は，第三者は特許異議の申立て（特許 113 条）や特許無効審判請求（同法 123 条）をすることができるから，そのために，特許発明の新規性，進歩性，実施可能性などを調査して資料を収集するためにする試験や研究も，制度上奨励される。したがって，このような趣旨から行われる実施も特許法 69 条 1 項の試験・研究のためにする実施に含まれる。

　以上のような，技術の向上をめざしたり，特許発明の特許要件の有無を調査するためにする試験や研究は，業としての実施には該当するものの，特許の制度趣旨から許容されると同時に，権利者に対する影響も少ないのが通常である。

　　*2　著作権法には，伝統的には技術の向上をめざすものではなかったため，試験・研究のための著作物の複製等が著作権侵害とならないとする条文がない。そこで，たとえばコンピュータソフトのような技術的な著作物に関しても，これに基づいて新たな技術を開発するために逆コンパイル・複製して研究すること（リバース・エンジニアリング）は，条文上は，著作権のうちの複製権の侵害に該当してしまうことになっていた。この点，2018（平 30）年改正著作権法 30 条の 4 は著作物に表現された思想または感情の享受を目的としない利用についての著作権制限規定を新設し，同条によりリバース・エンジニアリングも許容されるようになったとする立場もある（高林・著作権法178 頁 * 5 参照）。

一方，上記の目的から外れるものは，たとえ試験・研究と呼ばれようとも，特許法69条1項の試験・研究には含まれないと解されてきた。たとえば，市場調査をして売上予測をするために行われる試験や，特許権の期間満了後の実施に備えてデータを集積するための試験的実施などである。

2　膵臓疾患治療剤事件最高裁判決

　医薬品特許の存続期間満了が近づいた時点で，期間満了後に同様の医薬品の製造・販売を計画している会社が，特許権の存続期間中に特許発明を実施して製品を製造し，これを用いた試験結果をもって期間満了前に厚生労働大臣から医薬品医療機器等法（旧薬事法）に基づいた製造販売承認を得ておくことを，特許期間満了と同時に製造を始めるための準備として行う場合がある。

　このような場合の特許発明の実施が，特許法69条1項に規定する試験・研究のための実施に該当するかをめぐっては，下級審の判例，学説も肯定説と否定説に二分され，大いに議論されていたが，最二小判平11・4・16民集53・4・627〈膵臓疾患治療剤事件〉が肯定説を採用したため，実務的には論争に終止符が打たれた。

　このため，特許法69条1項に規定する試験・研究のための実施の範囲は，1で述べた従前の立場に比して現在は拡大しているといえる[*3]。

　　*3　なお，その後も，たとえば科学者が実験室内で使う資源（リサーチ・ツール）について特許権が成立している場合に，これを利用した研究に対する特許権の行使に制約を及ぼすためのひとつの方策として，特許法69条1項の試験研究のための実施該当性が議論されるなどしていた（井関涼子「リサーチツール特許問題の解決方法」工業所有権法学会年報33号［2010年］73頁）。この点は，知財高判令3・2・9 LEX/DB 25571374〈ウィルスの使用事件〉が先発医薬品の製造販売承認申請に必要な治験についても本条の試験研究のための実施に該当するとして，本条の適用範囲の拡大傾向が明らかになった。

　膵臓疾患治療剤事件最二小判が，上記の実施を特許法69条1項の試験・研究のための実施であると認めた根拠は次のとおりであるが，同項にいう「試験・研究」の意味についての判断は避けて結論を導いて

おり，法理論というよりは政策論というべきであろう。

① 後発医薬品について製造承認を得るために行う各種の試験が，特許法69条1項の試験に当たらないと解するならば，特許権の存続期間が終了した後も，なお相当の期間，第三者が当該発明を自由に利用しえない結果となるが，これは特許制度の根幹に反する。

② 後発医薬品の製造承認を得るための試験に必要な範囲を超えて特許発明を実施することは特許権の侵害になるのであるから，特許権存続期間中の特許発明の独占的実施による利益は確保できる。逆に，製造承認に必要な範囲での実施をも排除できるとすると，特許権の存続期間を相当期間延長するのと同様の結果となり，特許権者に法が想定する以上の利益を与えることになる*4 *5。

＊4　米国では医薬品特許の権利存続期間満了後に同種医薬品の製造承認を得るためにする権利存続期間内の発明の実施には特許権の効力は及ばないが，特許発明の存続期間内に，存続期間満了前にその医薬品を製造等するために製造承認申請をすることは特許権の侵害となる（米国特許法271条(e)(2)）。また，医薬品の製造承認申請に際してはその医薬品に関する特許の状態についての証明書を出さなければならないとされており，特許権が存在する場合には，当該特許が無効であるとする証明書を出したり，あるいは特許の存続期間満了後にその医薬品を製造・販売する目的であることを示して製造承認申請をしなければならない。そして後者の場合には，特許発明の存続期間満了後にしか製造承認はされないこととされている。一方でわが国では，医薬品の製造承認の際にその医薬品と特許との関係についての証明等は法律では求められておらず，「医療用後発医薬品の薬事法上の承認審査及び薬価収載に係る医薬品特許の取扱いについて（平成21年6月5日）」といった厚生労働省医政局経済課長・医薬食品局審査管理課長名の通知に基づく行政指導によって，先発医薬品の有効成分に特許が存在することによって，当該有効成分の製造そのものができない場合には，後発医薬品は承認されないとの運用がされているにすぎない。

＊5　医薬品の特許権者は，特許の登録を得てから厚生労働大臣による製造承認を得るまでの間は当該特許発明の実施が現実にはできないのに，本判決によれば，特許期間満了直後から対抗会社は同様の医薬品の製造・販売を開始できることになってしまい，両者の不利益の考量のしかたにバランスを失しているようにも見える。しかし，1987（昭62）年特許法改正によって，このような場合には5年を限度として特許権の存続期間延長が認められることになっており（特許67条2項）（→第1章第5節②2），特許権者の不利益はある程度回復できるようになっていることを指摘することができる。

2 日本国内を通過するだけの交通機関 （特許 69 条 2 項 1 号）

　単に日本国内を通過するだけの船舶，航空機，これらに使用する機械，器具，措置等については，特許権を侵害するような実施が国内でされたとしても特許権の効力は及ばない（特許 69 条 2 項 1 号）。国際交通の利便を確保する必要性とこれを特許権侵害としない場合に権利者が被るであろう不利益を比較考量したうえでの規定である。

　本条はパリ条約 5 条の 3 の規定を国内法化したものである。

3 特許出願時から日本国内にある物 （特許 69 条 2 項 2 号）

　特許の要件として，発明は出願時に新規性がなくてはならない（特許 29 条 1 項）が，かりに出願時に特許発明の技術的範囲に属するものが公然実施されていた場合，この事実をもって特許の無効を主張する（同法 123 条 1 項 2 号）までもなく，この物を特許権の効力外として保護すれば足りる場合もある。あるいは当該発明の実施が非公然であった場合やその物の所持が発明の実施や実施の準備に該当しない場合であっても，その物が特許出願時から日本国内にある場合には特許権の効力は及ばないとしたものである（特許 69 条 2 項 2 号）。後述（⇒第 3 章第 1 節 ③ 3）の先使用権（同法 79 条）の場合も同様であって，出願時に既に同一技術が公然実施されていることは特許の無効原因ではあるが，権利を無効とするまでもなく，先使用権者の実施を権利者に黙認させるにとどめることもできるとの構成をとっている。

4 調剤行為 （特許 69 条 3 項）

　1975（昭 50）年特許法改正で，医薬品や化学物質につき特許が付与さ

れることになったことから，これにより医療現場における患者に対する投薬行為に支障が生ずることのないようにする必要性から，人の病気の診断，治療，処置または予防のために使用される医師の処方箋による調剤行為には，2以上の医薬を混合して製造される医薬の発明や2以上の医薬を混合して医薬を製造する方法の発明の特許権の効力は及ばない（特許69条3項）として，免責することとした*。いわゆる「川下規制」（第1章第2節②の*8参照）の一種である。

> * 特許69条3項と同条1項（試験研究のための実施）は「特許権の効力の及ばない範囲」として同一条文に規定されているが，効力が及ばないとする根拠が異なることから間接侵害の成否に違いが生ずる点は前述（⇒第3節③）した。

5 再審により回復した特許権の効力の制限 (特許175条)

無効審決が確定した特許権あるいは無効審決が確定した存続期間の延長登録にかかる特許権が再審によって回復された場合などに，この再審請求の登録前の段階で権利が回復されることを知らず行われた当該発明の実施行為に対しては，回復した特許権の効力は及ばない（特許175条2項）。ただし同じ状況下である，同条1項の発明の実施に係る物の保護規定を含めて，このような場面は，実社会においても訴訟の場面でも多くはないので，詳しい説明は省略し，条文を読んでおくことを勧めておく。

6 特許料の追納により回復した特許権の効力の制限 (特許112条の3)

特許料の納付期限を徒過した場合でも，特許法112条に定める追納期間内に追納すれば権利を維持することができるが，追納期間内に追納しなかった場合には111条2項に規定された期間経過の時に遡って権利は消滅する。この場合いったん消滅した特許権であるが112条の2に定める要件による追納をすることで初めから存在したものとして回復する

（同条2項）ことができる（⇒第1章第5節 ⑤ 特許料の不納）。ただし，いったん消滅してから回復するまでの間における当該発明の実施行為に対して特許権の効力は及ばない。前 ⑤ と同様に現れる事象も少ないと思われるので，これ以上の説明は省略して，条文を読んでおくことを勧める。

第7節　刑事罰
——特許権侵害や偽特許は犯罪ともなる

故意に特許権あるいは専用実施権を侵害した者は，10年以下の懲役または1000万円以下の罰金に処せられる（特許196条）[*1]。法人の代表者やその他の従業者が法人の業務に関して侵害行為を行った場合には，行為者のほかに，法人も3億円以下の罰金に処せられる（両罰規定：特許201条1項1号）。未遂や過失による侵害を処罰する規定はない。

　＊1　本条につき被告人の有罪が確定した場合でも，当該特許の無効審決が確定した場合には，再審請求をすることができる（刑訴435条5号）。

その他に，詐欺によって特許権の登録を得る行為[*2]（3年以下の懲役または300万円以下の罰金：特許197条。両罰規定として法人に1億円以下の罰金：特許201条1項2号）や，特許製品でないものに，故意に特許表示を付したりこれに紛らわしい表示を付する行為（3年以下の懲役または300万円以下の罰金：特許198条。両罰規定として法人に1億円以下の罰金：特許201条1項2号）なども刑事罰の対象になる。未遂犯や過失犯が処罰されないのは，侵害罪の場合と同様である。

　＊2　特許詐欺罪は，虚偽の証拠資料を提出するなどして積極的な詐欺行為を行った場合を処罰の対象とするものである。公知公用の技術を自己の発明と詐称して特許を受けた場合に特許詐欺を認めた古い大審院判例として大判明37・11・8法律新聞247・10がある。

いずれの罪も非親告罪であって[*3]，告訴権者の告訴を待つことなく，捜査や訴追が可能である。

　＊3　特許侵害罪（特許196条）については従前は親告罪とされていたが，1998

（平10）年特許法改正で非親告罪とされた。特許詐欺罪や虚偽表示罪は従前から非親告罪である。

第3章

特許権の利用

《この章の課題》

　特許権者は，特許発明を自ら実施するだけでなく，他者に実施させて対価を得たり（⇒第1節），特許権を売ったり（⇒第2節），担保にしたり（⇒第3節）することができる。信託（⇒第4節）も可能となった。

　本章ではそれら特許権の利用方法を解説する。

　なお，特許権者の意思によらずに他者が実施権を取得する場合もあるし，特許権や実施権が売買以外によって移転することもある。それらは特許権者にとって特許の利用とはいえず，むしろ特許権に対する制限というべきだが，実施権の問題であるという点で共通するのでそれらについても本章第1節で扱う。

第1節　実施権
——他者が特許発明を実施するには

1 総 説

　特許権には消極的効力としての禁止権と積極的効力としての実施権がある。実施権は，特許発明を自ら実施するばかりではなく，他者に実施させることのできる権利でもある。また，特許権者の意図とはかかわりなく，法律上，他者の特許発明の実施を許さなければならない場合もある。このように，特許権者以外の者が特許発明を実施する権利を有する場合には，特許権者の特許権の行使が反射的に制限されることになる。

　本節では，特許発明の利用形態としての実施権の概要を説明する。

　まず，これから解説する実施権の分類を以下に記しておく。

（実施権の分類）

　実施権

　　——権利者の意思によって成立する実施権

　　　　① 専用実施権

　　　　② （許諾による）通常実施権

　　——法定通常実施権

　　　　① 職務発明により使用者が取得する法定通常実施権（特許 35 条 1 項）

　　　　② 先使用による法定通常実施権（特許 79 条）

　　　　③ 特許権移転登録前実施による法定通常実施権（特許 79 条の 2）

　　　　④ 無効審判請求登録前実施による法定通常実施権（特許 80 条）

　　　　⑤ 意匠権存続期間満了後の法定通常実施権（特許 81 条，82 条）

　　　　⑥ 再審請求の登録前の実施による法定通常実施権（特許 176 条）

　　　　⑦ 審査請求期間徒過後で救済が認められるまで間の実施による法定通常実施権（2014（平 26）年改正特許 48 条の 3 第 8 項）

　　——裁定通常実施権

① 不実施の場合の裁定通常実施権（特許83条）

② 公益上必要な場合の裁定通常実施権（特許93条）

③ 利用関係にある場合の裁定通常実施権（特許92条）

② 権利者の意思によって成立する実施権

1 意　義

特許発明は特許権者の意思により他者に実施させることができ，この場合に実施を許された者の権利が，許諾による実施権である。専用実施権と通常実施権がある。専用実施権は特許権者の意思によって成立するもの以外はないが，通常実施権は許諾によらないものもあるので，特許権者の意思によって成立する通常実施権に限定する趣旨で，許諾による通常実施権と呼ぶ場合がある。日常的な意味で「ライセンス契約」という場合には，通常実施権の許諾契約または専用実施権の設定契約のことを指す。

特許発明の実施は，無体物であるがゆえにその程度に物理的な限界がないから，誰に特許発明を実施させるかによって実施の内容は大きく影響される。そこで，特許権が共有にかかるときは，他の共有者の同意を得なければ他者に実施を許諾することはできない（特許73条3項）とされている。

2 専用実施権

(1) 専用実施権の性質

専用実施権は特許権者により設定される権利であり（特許77条1項），設定行為で定めた範囲内で特許発明を独占的に実施しうる権利（同条2項）である。特許権と同等の物権類似の独占的排他的権利であって，専用実施権者は自己の名で差止請求や損害賠償請求をすることができる（特許100条～103条，104条の2～106条）。

ともに物権類似の排他的独占権である特許権と専用実施権の関係は，ともに物権である土地所有権と地上権の関係に喩えて説明することができる。地上権が設定されると，土地の全面的支配権である所有権が制限され，逆に所有権者は地上権者による土地の使用を妨げてはならないという義務を負担する。これと同様に，専用実施権が設定されると，設定行為で定めた範囲内では，特許権者は特許発明を実施することができなくなり（特許68条ただし書），専用実施権者のみが独占的排他的権利を取得することになる*1。

> ＊1　専用実施権設定後に設定行為で定めた範囲内で特許権者自らが特許発明を実施する場合には，専用実施権者から通常実施権の許諾を受ける必要がある。このような強力な権利であることが嫌われて，専用実施権が登録されている例は少なく（2022［令4］年で102件しか登録されていない），後述の独占的通常実施権が活用される一因となっている。

　専用実施権の設定は特許権者と実施権者間の契約で行われる場合がほとんどであるが，単独行為である遺言で設定することもできるし，職務発明の場合は個別的契約ではなくいわゆる職務発明規程によって専用実施権が設定されることもある（特許35条2項参照）。いずれの場合も，設定行為で専用実施権の範囲を限定することができる。ただし，専用実施権の設定は，特許庁に備える特許原簿に登録しなければ効力を生じない（特許98条1項2号。このように，登録が効力発生のための要件となっている場合のことを，登録が「効力要件」または「効力発生要件」であるという）が，登録の際には専用実施権設定の範囲をも申請書に記載しなければならず（特許登44条1項1号），範囲の制限が登録されない場合には無制限の専用実施権とされる。

　専用実施権の範囲は設定行為によって制限することができる。たとえば，期間を定めたり，実施製品を特定して専用実施権が設定されているのに，実施権者が期間経過後や実施製品を変更して製造販売した製品は専用実施権設定契約に違反して製造されたというにとどまらず，特許権侵害品であって，これを第三者が業として転売したならば，これも特許権侵害となる*2。

> ＊2　一方で，内容的制限としての数量制限は重畳的な専用実施権の設定を認め

るのと同様の結果を生ずるので，約定違反は債務不履行にはなるが，その結果製造販売された製品は特許権侵害品とならない（中山537頁，入門245頁）。さらに，地域的制限として東日本に製造販売を限定したり，特定の工場での製造や極端な例として新幹線車両内での販売にのみ限定した場合なども，約定違反は債務不履行にはなるが，その結果製造販売された製品は特許権侵害品とならず，これを第三者が業として転売したとしても，前述（第2章第5節 ① 「国内消尽論」）のとおり，この第三者の行為は特許権侵害とはならないと解するべきであろう。

なお，専用実施権の設定を受けた者は，地上権の設定を受けた者が土地所有権者に対する登記請求権をもつのと同様に，特許権者に対する専用実施権の設定登録請求権を取得する。ただし，専用実施権の設定契約が締結されたが，何らかの理由でその旨の登録がされていない場合には，登録を効力要件とする専用実施権が成立できないのは当然ではあるが，当事者間の約定の趣旨に沿って，独占的通常実施権（後述）としての効力は認められる。

(2) 特許権者と専用実施権者の関係

専用実施権の設定された範囲内では特許権者といえども特許発明を実施できなくなることは前述した。自らも実施できないのであるから，他者に重ねて専用実施権を設定することができないのは当然であるし，通常実施権を許諾することもできなくなる。

このような強大な権利が設定されるのは，特許権者と専用実施権者間に密接な関係がある場合がほとんどである。たとえば，発明者であり会社の代表取締役である特許権者が，自らが代表する会社に専用実施権を設定する場合や，特許権者である外国企業が，国内の系列会社に専用実施権を設定する場合などである。

専用実施権が設定された範囲内で，特許権者に留保されている権利・地位とは，たとえば，特許権者として差止めの訴訟を遂行できる[3]ことのほか，専用実施権者の以下のような行為について，特許権者の同意が必要であるとして，規制できることである。

① 専用実施権の譲渡（特許77条3項）[4]
② 専用実施権に対する質権の設定（特許77条4項）

③ 専用実施権者による他者への通常実施権の許諾（特許77条4項）

* 3　専用実施権を設定した特許権者であっても第三者の権利侵害に対して自ら差止請求訴訟を遂行することができる（最二小判平17・6・17民集59・5・1074〈安定複合体構造探索方法事件〉）。

* 4　地上権者は土地所有権者の承諾なく地上権を譲渡することができる。これは土地の利用態様を地上権設定契約で定めておけば，利用者によってその利用態様には大差がないといえるからであると説明されている。これに対して無体の発明を対象とする特許権の場合は，実施権者が誰であるかによりその利用態様に大きな差が生じる可能性があることから，専用実施権の移転にも特許権者の承諾が必要とされる。ただし，専用実施権者が当該発明の実施の事業の移転に伴って専用実施権を移転する場合や，相続等の一般承継によって専用実施権が移転する場合には，特許権者の承諾は不要である（特許77条3項）。専用実施権の移転は，一般承継の場合を除き，登録が効力要件である（特許98条1項2号）。

　専用実施権設定登録後でも特許権の譲渡は専用実施権者の同意などがなくても可能である（ただし，特許権の移転も登録が効力要件となっている：特許98条1項1号）。この場合，新特許権者は従前同様の専用実施権の存在を認めざるをえない。これに対し，特許権の存在は専用実施権存続の根幹であるから，特許権者といえども専用実施権者の同意なくして，特許権を放棄することはできない（特許97条1項）し，訂正審判を請求して特許の内容を変更してしまうこともできない（同法127条）。

　専用実施権者は，設定契約に沿って特許権者に実施料を払うべきことになるが，有償契約であることは要件ではないので，無償の専用実施権を設定することも可能である。

(3) 専用実施権の消滅

　前述のように，特許権の存在は専用実施権存続の根幹であり，特許権が消滅した場合には当然に専用実施権も消滅する。特許権の消滅事由については第1章第5節を参照のこと。

　専用実施権自体の消滅事由としては，設定行為で定められた期間の満了や，設定契約の解除などに伴うもののほか，専用実施権の放棄（特許97条2項），専用実施権の取消し（独禁100条），専用実施権者と特許権者とが同一人になった場合の混同がある[5]。これらの消滅事由のうち

最後の混同以外は登録が効力要件となっている（特許98条1項2号）。

 ＊5　専用実施権は相続等一般承継の対象になるところ，特許権の場合は相続人が不存在のときは権利が消滅する（特許76条）が，専用実施権の場合は同様の条文はないので，相続人不存在のときは一般法である民法959条に従い国庫に帰属することになる。ただし，設定契約等によってこのような場合には専用実施権が消滅するとされるのが通常であろう。

3　(許諾による)通常実施権

(1) 許諾による通常実施権の性質

 通常実施権とは，特許発明を実施しうる権利であり，これは，特許発明の独占的排他的支配権を有する特許権者あるいは専用実施権者が他者に許諾することができる（特許77条4項，78条1項）。だが，許諾を受けた実施権者は実施権を専有するものではない。通常実施権は，権利者に対して特許発明の実施を認めるように請求できる権利（債権）にすぎない。この点で，専用実施権とは根本的に異なる権利である（なお，債権と物権の相違については，序章 ① の＊4 参照）。

 物権類似の排他的独占権である特許権（あるいは専用実施権）と，これを利用することを内容とする債権である通常実施権との関係は，土地所有権と，これを利用することを内容とする債権である賃借権との関係に喩えて説明することができる[6][7]。通常実施権はあくまで債権的な権利であるから，契約の相手方である権利者（特許権者か専用実施権者）に請求できる権利にすぎない。

 有体の不動産の賃借権の場合は，土地所有者は，何人もの賃借人との間で重畳的に不動産賃貸借契約を締結することはできるが，不動産は一つしかないので現実にこれを引き渡して利用させることができる者は一人に限られている。したがって，現実に不動産を引き渡して使用させた賃借人以外の者に対しては，賃貸人は債務不履行責任を負担することになる。

 しかし，無体の発明を対象とする特許権の場合は，観念的な契約締結にとどまらず，実際の特許発明の実施も何人もの契約相手方に重畳的に

行わせることが可能である点で，不動産の賃貸借契約の場合とは大いに異なっている。

* 6　有体物の賃借権の場合は，賃借人は賃貸人に対して賃借物を利用させるように請求する権利があり，その内容として賃借物の引渡しを請求することができる。しかし，特許発明の通常実施権においては，実施権者が権利者に特許発明を実施させるように請求する内容として，引渡しを請求する必要はなく，単に実施権者の特許発明の実施を承認してもらうことで足りる。その意味で，実施権者が権利者に対して取得する請求権は不作為請求権であるということができる。

* 7　ただし，賃貸借契約は有償契約（契約当事者双方が相互に代償としての給付義務を負担する契約を有償契約という。賃貸借契約では，賃貸人は対象物を使用させる義務を負い，賃借人は賃料を支払うべき義務を負っている）であり，無償での貸借契約は使用貸借契約という賃貸借契約とは異なる契約形式になるが，通常実施権の場合は対価の支払は要件ではなく，無償の通常実施権も有効である。

特許発明の実施権者は互いに競争関係に立つことになる。そこで，通常実施権の許諾を受ける者は，特許権者（あるいは専用実施権者）から，他の者には重ねて実施権の許諾をしないとの約束を取りつける場合がある。このような通常実施権を独占的通常実施権と呼び，このような約定のない通常実施権を非独占的通常実施権と呼ぶ（ただし，単に「通常実施権」と表示する場合は，非独占的通常実施権のことを指すのが一般的である）。また，特許権者自身も発明を実施しない旨特約されている場合を完全独占的通常実施権と呼ぶことがある。しかし，独占的であれ非独占的であれ，通常実施権は債権として契約相手方だけに対する請求権であることが原則であり，権利者が約定に違反して他にも許諾した場合には，同人に対して債務不履行の責任を追及できるだけであることを忘れてはならない。

通常実施権の許諾は特許権者（あるいは専用実施権者）と通常実施権者との間の契約で行われるのがほとんどであるが，単独行為である遺言で許諾することもできる。また，設定行為で通常実施権の範囲を限定することができる。

通常実施権は，特許庁に備える特許原簿へ登録することによって，特許権者や専用実施権者あるいはその承継人に対抗することができ

る*8とされていた。しかし，通常実施権の許諾を受けた者であっても，土地賃借権の設定を受けた者が土地所有者に対して当然には登記請求権を取得しないのと同様に，特許権者に対して通常実施権の登録を当然に請求できるものではない（最二小判昭48・4・20民集27・3・580〈隧道管押抜工法事件〉）と解されており，登録を得たい者は通常実施権許諾契約の中で権利者からその旨の約定を得ておく必要があった。このような約定を得ることは実際上困難であることや，登録によって許諾契約（ライセンス契約）の内容が対外的に明らかになってしまうことを避ける趣旨もあって，通常実施権が許諾される例は多いにもかかわらず，登録までされる例はそのうちの1％ほどしかなかった。

> ＊8　対抗することができないということの意味は，登録がなくても権利としては成立して効力を発生するが，かりに特許権者が後日特許権を第三者に譲渡したような場合には，自分は旧特許権者から通常実施権の許諾を受けているとの主張を新特許権者に対してすることができないということである。

そこで2011（平23）年特許法改正では，通常実施権は登録をすることなく，当然にその成立後の特許権や専用実施権の譲受人らに対してその効力を主張できることにした（特許99条：対抗要件なくして主張できるため「当然対抗」制度と呼ばれている）。この場合の通常実施権の許諾は書面で行われている必要はなく，特許発明の実施を黙認しているような場合も含まれうるし，実際に実施しているという外形も必要とされていないため，特許権等の譲受人にとって予想外の実施権者が後日出現するといった危険性もある。また，通常実施権の許諾に際しては特許権者との間で，実施料をはじめ，技術情報の提供や侵害行為者に対して特許権者が差止請求等を行うことなど，様々な付随的な権利義務の約定がされることが多いが，特許権等の譲受人は当然に譲渡人からこれらの包括的な権利義務を承継するわけではない。一方で単に通常実施権者は特許権等の譲受人から特許権侵害の主張をされない（禁止権不行使）というのに止まるというのも極端であり，特許権の通常実施権者が譲受人に権利の効力をどこまで主張できるかは個々の事案ごとに判断していくほかはない*9。

> ＊9　法改正時の2011（平23）年5月に開催された日本工業所有権法学会で民

法や知的財産法の学者あるいは実務家の間で議論されたが，帰一するところはなかった（「通常実施権の当然対抗」日本工業所有権法学会年報35号177頁以下［2012年］参照）。その後，大阪地判令3・3・11判時2546・57〈リサイクルプラント事件〉が，特許権の譲受人が特許料不納により権利を消滅させたことに対して，元の特許権者と実施許諾契約を結んでいた者が，実施契約の債務不履行による損害賠償を請求した事案について，請求を認容し，実施許諾契約の承継を認める判断を示した。

(2) 特許権者等と通常実施権者の関係

特許権（あるいは専用実施権）の譲渡は，通常実施権者の同意の有無にかかわらず可能であり，この場合通常実施権者は前述のとおり登録なくして新権利者に自らが通常実施権者であることを主張することができる。

特許権（あるいは専用実施権）の放棄は通常実施権者の同意なくしてできないし，専用実施権者と同様に通常実施権者の承諾なくして訂正審判を請求して特許の内容を変更してしまうこともできないとされていた[*10]が，2021（令3）年特許法改正でいずれにおいても通常実施権者の同意は不要とされた（特許97条，127条）。

> *10　改正前の東京地判平16・4・28判時1866・134〈雨水の貯留浸透タンク事件〉は，特段の約定のないかぎり，通常実施権者は当該特許の有効性を争うことが許されるから，権利者の訂正審判請求に承諾を与えないことも当然に許されると判示しており，批判（入門259頁など参照）があった。

通常実施権は，実施の事業とともにする場合や特許権者の承諾を得た場合には移転することができる（特許94条1項）。なお，通常実施権は専用実施権者が許諾することもできるが，この場合の通常実施権の移転は特許権者および専用実施権者双方の承諾が必要になる。また，特許権者（および専用実施権者）の承諾を得た場合には通常実施権について質権を設定することもできる（特許94条2項）。通常実施権の移転や質権の設定についての登録を対抗要件としていた特許法99条3項は，2011（平23）年特許法改正で登録制度の廃止により削除された。この場合には民法が適用になるから，たとえば通常実施権の移転を契約成立時の特許権者等に対抗するためには，通常実施権者（譲渡人）から特許権者等

に対する通知か特許権者等による承諾が（民467条1項），契約成立後の特許権の譲受人等第三者に対抗するためには，通常実施権者（譲渡人）から特許権者等に対する確定日付ある通知または特許権者等の確定日付ある承諾（同条2項）が必要になる。質権設定については民法364条に従うことになる。

　なお，専用実施権の場合は特許権者の承諾を得た場合に限り他人に通常実施権を許諾できると規定されている（特許77条4項）が，通常実施権の場合は同様の規定はないものの，特許権者の承諾があれば他人に通常実施権を再許諾することができると解するのが通説である。この場合の特許権者と実施権者，再実施権者（サブライセンシー）間の関係は，不動産賃貸借の場合に賃貸人の承諾を得て賃借人が当該不動産を転借した場合の三者関係に擬して理解することになり，契約関係は実施権者と再実施権者（サブライセンシー）間にしかないが，特許権者も承諾して特許発明を再実施権者（サブライセンシー）に実施させているという立場にあり（中山544頁参照），特許権が譲渡されたとしても，再実施権者（サブライセンシー）は当然にその地位にあることを新特許権者に主張できることになる。

(3) 差止請求権と損害賠償請求権

非独占的通常実施権の場合の差止請求権と損害賠償請求権

　前述のとおり，許諾による通常実施権は特許権者に対して特許発明の実施を認めるように請求する権利，すなわち不作為請求権であることからも，非独占的通常実施権者が，債権の相手方でもない特許権侵害者に対して固有の差止請求権や損害賠償請求権を有するものでないことは明らかである。このような場合，特許権者（あるいは専用実施権者）が侵害者に対して差止めおよび損害賠償請求をすることになる。なお，念のため述べておくが，非独占的通常実施権においては，権利者が同一内容の実施権を重ねて何人に許諾することも原則として自由であり，これによって自らの特許発明の実施ができなくなるものではないから，通常実施権者は，権利者に対して他の者へ再許諾しないように要求することすらできない。

また，非独占的通常実施権においては，かりに第三者が権利者の許諾なしに特許発明を実施したとしても，これによって自らが実施できなくなるものではなく，また，権利者に対して第三者の実施をやめさせるように請求できる地位にもないから，権利者の侵害者に対する差止請求権や損害賠償請求権を権利者に代位して行使できる立場（債権者代位権：民423条）にもない（大阪地判昭 59・4・26 無体裁集 16・1・271〈架構材の取付金具事件〉）。

　このように，非独占的通常実施権の場合には，固有であれ代位構成であれ差止請求および損害賠償請求ともに否定する立場が多数である。

独占的通常実施権者固有の差止請求権

　独占的通常実施権者固有の差止請求権の有無については学説が分かれるが，否定説が多数である。

　通常実施権は権利者に対する債権としての不作為請求権であることからも，第三者である侵害者に対する通常実施権者固有の差止請求権を認めることはできない（大阪地判昭 59・12・20 無体裁集 16・3・803〈セットブラシ事件〉参照）。物権法定主義（民175条）を採用している法制下では，差止請求の認められる物権類似の排他的独占権とするために特別法である特許法を制定し，そこで特許権者および専用実施権者に限って差止請求権を認めているのである（この点は，序章 [1] 1 の＊4 も参照)*11。

> ＊11　賃借権も債権ではあるが，土地や建物の賃借権については物権的保護を与えるための特別立法として借地借家法が制定されている。そしてこのように特別法による対抗要件（家屋の場合には賃借家屋の引渡しを受けて占有していること，土地の場合には賃借土地上の賃借人所有家屋の登記がされていること）を具備した不動産の賃借権の場合には，不動産賃借人に目的物返還請求権等が認められており，これを不動産賃借権の物権化と呼んでいる。しかし，特許の場合の独占的通常実施権といえども，特別法による対抗要件の具備もなく，また，自らが独占的権利を有していることを公に示す手段も存在しないから，不動産賃借権の場合と同視すべきとする前提を欠いている。

独占的通常実施権者固有の損害賠償請求権

　独占的通常実施権者につき固有の損害賠償請求権を認めるのが判例・通説である。

　独占的通常実施権といえども，その独占性は，なんら公示されていな

いし，独占との趣旨も当該実施権者にしか実施権を許諾しないという当事者間の約定にすぎない。特許発明を第三者が無断で実施する行為に対し独占的通常実施権の侵害として当然に損害賠償請求ができるとする合理的理由を見いだすことは困難である。判例・通説は民法709条は権利侵害だけでなく法律上保護される利益の侵害に対しても損害賠償を請求することができると定めていることを根拠に挙げるが，第三者の債権侵害が不法行為となるのは，債権帰属の侵害として債権自体を消滅させてしまう行為や，故意によって給付の実現を妨害する行為，あるいは権利者の債務不履行への加担行為などに限られており（加藤一郎『不法行為〔増補版〕』[1974年・有斐閣] 118頁），第三者の特許発明の無断実施が，独占的通常実施権という債権のそれらのような侵害行為に該当するといえる場合はほとんどなく，第三者が特許発明を無断実施しただけで，独占的通常実施権者の法律上保護される利益が侵害されたと構成することは困難であろう。

　しかしながら，通説は独占的通常実施権者固有の損害賠償請求を許容しており，さらに，たとえば東京地判平10・5・29（判時1663・129〈O脚歩行矯正具事件〉）や知財高判平21・3・11判時2049・50〈印鑑基材事件〉などは，後述の損害額の推定規定（特許102条）との関係でも独占的通常実施権を専用実施権と同等に扱っていることもあって，この問題はなしくずし的に肯定説で決着している。

　法理論というよりは，登録を効力要件とする専用実施権の利用率が低く，登録を経ない独占的通常実施権が専用実施権に代わるものとして活用されている現状に基づいた，政策的観点からの見解である[*12]。

　　＊12　独占性を付与する形式的な契約の存在だけでは足りず，現実に独占的利益を得ているといった事実が必要であるとするものとして中山547頁がある。なお，商標の事件ではあるが，東京地判平15・6・27判時1840・92〈花粉のど飴事件〉は，独占的使用権者が契約上の地位に基づいて登録商標の使用権を専有しているとの事実状態が存在することをもって，独占的使用権者固有の損害賠償請求を認める根拠としており，商標権者が他の競業者にも使用許諾をしているような場合には，侵害者に対する関係でも独占的使用権者固有の損害賠償請求を否定している。このように現実に独占的利益を得ているという外見的に明らかな事情が認められる場合であれば，このような状態か

ら生じている利益を法律上保護される利益と構成することも可能であろうか
と思われる。

独占的通常実施権の場合の差止請求権・損害賠償請求権の代位行使

　独占的通常実施権者固有の権利としてではなく，特許権者の第三者に
対する差止請求権や損害賠償請求権を独占的通常実施権者に代位行使さ
せるとの債権者代位構成（民423条）も提案されている。

　しかし，第三者が特許権侵害行為をした場合に，独占的通常実施権者
が特許権者に対してその第三者に差止めや損害賠償を請求するように当
然に求められるものではない。特許権者は重畳的には実施許諾をしない
と当該実施権者に対して約束しているにすぎないのが通常だからである。

　したがって，特許権者が独占的通常実施権を許諾する際に実施権者に
対して，かりに第三者が侵害行為を行った場合は特許権者において差止
請求や損害賠償請求をするとの義務を負担した場合にのみ，独占的通常
実施権者は特許権者にこのような義務を履行するよう請求できるのであ
って，このような約定のある場合以外は，独占的通常実施権者は特許権
者の第三者に対する差止請求権や損害賠償請求権を代位行使することは
できないというべきである[*13]。

　なお，本項で述べてきたのは，無許諾の第三者が特許発明を実施した
場合に独占的通常実施権者は何をできるかという話である。独占的通常
実施権の許諾を受けていても，特許権者が約定に反して他者に重ねて実
施権を許諾した場合には，その他者の実施は特許権者の独占的通常実施
権者に対する契約上の義務の違反であるが，特許法上は適法であって，
独占的通常実施権者がとやかくいえる筋合いではない。この点を誤解し
ないようにする必要がある。

　　*13　前掲大阪地判昭59・12・20〈セットブラシ事件〉も同様の立場を判示し
　　　　ている。なお東京地判平14・10・3 LEX/DB 28072953〈蕎麦麺製造方法事
　　　　件〉は独占的通常実施権者は特許権者の第三者に対する差止請求権を代位行
　　　　使ができると判示しているが，特許権者は独占的通常実施権者である原告会
　　　　社の代表取締役であった等の事情があるうえ，特許権侵害自体が否定され請
　　　　求棄却された事案である。

(4) 許諾による通常実施権の消滅

　前述のように，特許権あるいは専用実施権の存在は許諾による通常実施権存続の根幹であり，特許権が消滅したとき，あるいは専用実施権者が許諾した通常実施権の場合に専用実施権が消滅したときには，当然に通常実施権も消滅する。特許権の消滅事由については第1章第5節を，専用実施権の消滅事由については前述2(3)を参照のこと。

　許諾による通常実施権自体の消滅事由としては，設定行為で定められた期間の満了や，許諾契約の解除などに伴うもののほか，通常実施権の放棄（特許97条3項。ただし，質権が設定されている場合は質権者の承諾が必要である），通常実施権の取消し（独禁100条），通常実施権者と特許権者（あるいは専用実施権者）が同一人となった場合の混同がある。

③ 法定通常実施権

1　意　義

　公益上の必要から，あるいは当事者間の衡平を図る観点から，特許権者あるいは専用実施権者の意思とは関係なく，法律の規定によって発生する，特許発明を実施することのできる権利であり，法定実施権あるいは法定通常実施権と呼ばれる。排他的独占的な専用実施権のような権利ではなく，債権的な，権利者に対する不作為請求権であるという意味で通常実施権に分類されるが，多くの点で許諾による通常実施権とは異なっている。

2　職務発明により使用者が取得する法定通常実施権

　従業者の職務発明について使用者は通常実施権を取得する（特許35条1項）。

　範囲は特許発明の全範囲であり，対価は不要でかつ対抗要件も許諾による通常実施権とは異なり従前から不要とされていた。したがって，従

業者が特許権を他へ移転しても，この通常実施権があることを当然に主張することができる。

その他については前述した（⇒第1章第3節③「従業者発明」）。

3　先使用による法定通常実施権（特許79条）

　　わが国は先願主義を採用しているので，特許権者とは別のルートで同一発明を研究して完成させたが特許権者に先に出願をされて権利を取得されてしまった者は，当然のことながら特許権を取得することはできない。しかし，出願が後れた者ではあっても，それまでに実施していたりあるいはその直前まで準備を進めていたにもかかわらず，以後いっさい同一技術の利用を禁止してそれまでの努力や投下資本を無に帰させてしまうことは不公平であり不経済でもある[*1]。そこで，特許法79条は，このような出願の後れた者に対して，限られた範囲内ではあるが，先使用による法定通常実施権を付与した。このような，先使用による法定通常実施権を**先使用権**と呼び，法定通常実施権者を**先使用権者**と呼ぶこともある。

> ＊1　先使用権の制度趣旨は，実施していた工場等を廃棄することなどによる国民経済上の不利益の回避にあるとする立場と，公平理念によるものとする立場があり，最二小判昭61・10・3民集40・6・1068〈ウォーキングビーム事件〉は公平説を採用したといわれている。しかし，いずれの側面も有するからいずれかの立場に決する必要はない。

　　特許法79条の先使用権を取得するためには，まず①善意で，すなわち特許出願されている発明の内容を知らないで，これとは別のルート[*2]で，②同一内容の発明[*3]を完成した者であること，あるいはその者からその内容を知得した者[*4]であることが要件となる。

> ＊2　ただし，たとえば，自らの発明について勝手に他者の名前で出願されてしまった（このように，発明者または発明者から特許を受ける権利を承継した者でない者が勝手にした出願を「冒認出願」と呼ぶ。冒認出願については第1章第3節②5を参照）場合の真の発明者のように，特許出願されている発明と同一ルートでの発明を完成させその発明の実施の準備をしている者も特許法79条の先使用権者に含ませるべきであるとの見解（中山575頁など）もある。この見解は，特許法79条の規定文言からは外れることは承知のうえで，同条の立法趣旨である衡平の観点や政策的観点に基づいての見解

ということができる。しかし，冒認出願に限るならば，特許法104条の3により無効審判で無効にされるべき権利に基づく権利の行使は阻止されることや，2011（平23）年特許法改正で冒認出願人から真の権利者への登録名義の移転請求が認められた（特許74条）ことなどを考慮するならば，現在においては，特許法79条の規定文言を無視してまでこの見解に拠るべき必要性は減少しているということができる。

* 3　先使用権の成立する発明は出願発明の技術的範囲に属する発明であることは前提であるが，知財高判平30・4・4 LEX/DB 25449425〈ピタバスタチン医薬事件〉は，それだけでなく技術的思想が共通する発明であることも要件とした。この事例は，特許出願している発明の数値を限定した構成要件に対して，先使用を主張する技術が，特許出願している発明と技術的思想を共通する発明とは構成されていないのに，たまたま限定された数値範囲に属していた場合には先使用権の成立は否定されるとしたものであるが，出願発明と先使用を主張する技術の構成が重なっているにもかかわらず先使用権を主張できないとした結論には疑問も残る。

* 4　「知得」したという文言は単に知りえたということであり，技術情報の詳細を知らずとも，実施品やそのサンプルを仕入れた者なども先使用権を取得できる（東京地判平元・9・27 LEX/DB 27810184〈なす鑵事件〉参照）。

　つぎに先使用権を取得するための要件である「事業の準備」とは，発明実施のために単なる試験や研究をしているというのでは足りず，前述のとおりまず発明は完成していなくてはならないし，その完成した発明を即時に実施する意図があり，かつその意図が客観的に認識される程度に表明されていなければならない（前掲最二小判昭61・10・3〈ウォーキングビーム事件〉）[5]。

* 5　ウォーキングビーム事件は，個別注文があってから生産する大型装置に関する事案であったため，相手方に対して見積仕様書や設計図を提出して交渉していた段階で，その後結局受注に至らなかったとしても，即時実施の意図がありその意図が客観的に表明されていたとされた事例である。また，大阪地判平17・7・28 LEX/DB 28101567〈モンキーレンチ事件〉は，先使用を主張する商品の製造に必要な金型を製作する図面を完成し，金型製作に着手していたならば，事業の準備をしていたものと認められるとしたが，一方で，東京地判平19・10・31 LEX/DB 28132353〈スピーカ用振動板事件〉は，たとえ試作品が展示会に出展されたとしても，量産に対応できる機械の調達や開発が行われていない段階であるならば，即時実施の意図が客観的には表明されているとはいえないと判示している。

先使用による法定通常実施権の範囲は，実施していたか実施の準備
　　をしていた発明およびその事業の目的の範囲に限られる。

　ただし，先使用権は出願発明の特許権の存続する長期間主張できる権
利であるから，事業内容を，同一の実施形態内において，たとえば販路
を拡大するとか，増産するとかといった変更をすることも，程度による
とはいえ，同一の事業の目的内であるとして許される場合もあると思わ
れる。しかし，たとえば製品の販売について先使用権を主張できるにす
ぎない者が，あらたにその生産へ実施形式を変更することができないの
はもちろんである（名古屋地判平 17・4・28 判時 1917・142〈移載装置事件〉）。

　また，先使用権の認められる範囲は，特許発明が出願された際に現に
実施またはその準備をしていた実施形式に限定されるものでないことに
も注意しておく必要がある。一つの発明には数多くの具体的な実施例を
想定することができるから，たまたま特許発明の出願時に先使用権者が
実施していた具体的実施例に先使用権の範囲を限定して，同種の事業の
範囲内であるにもかかわらず，一切の変更を認めないのでは，先使用権
者の事業の継続にも支障が生じてしまい，酷である。この点について，
前掲ウォーキングビーム事件最二小判は，先使用権の範囲を，現に実施
またはその準備をしていた実施形式だけでなく，これに具現された発明
と同一性を失わない範囲内において変更された実施形式にも及ぶとして
いる[6]。

　　＊6　ただし，ウォーキングビーム事件最二小判の判示する先使用権の及ぶ範囲
　　　　の認定は，この範囲を認定するための資料として，たとえば特許発明の場合
　　　　の明細書や特許請求の範囲のような書面が存在しないことから，困難を伴う。
　　　　なお，この認定に際しては，先使用権の対象となる実施もしくはその準備を
　　　　していた発明と相前後して完成して先に出願された特許発明の明細書や特許
　　　　請求の範囲も一つの有力な参考資料になる。
　　　　　また，本文掲記の先使用権が成立する発明と同一性を失わない範囲内の解
　　　　釈においても，たとえば改良発明や利用発明として実施する場合に，改良発
　　　　明や利用発明の基本的な部分については，先使用権の成立する範囲内の発明
　　　　と同一性を失わない範囲内として法定実施権が成立するか，など難しい問題
　　　　が山積している。

先使用権者は自ら特許発明を実施するだけでなく，事業設備を有する他人に注文して，自己のためのみに，いわば自分の手足として実施品を製造させて，その引渡しを受けてこれを他へ販売することもできる（最二小判昭44・10・17民集23・10・1777〈地球儀型トランジスターラジオ意匠事件〉参照）。また，先使用権者が流通に置いた製品の購入者が，これを業として譲渡したり，業として使用したりすることができるのは，その者らが法定通常実施権を援用できるからということもできるし，消尽論で説明することもできる（⇒第2章第5節① 「国内消尽論」＊2）。

先願発明の出願時にすでにその発明の実施である事業が公然と行われていた場合は，先願発明は新規性がない（特許29条1項2号）から，無効である（同法123条1項2号）。したがって，この場合，先使用権者は，先願発明の無効審判を請求することもできるし，先使用権を主張して先願発明の権利者からの主張に防御することも，または特許法104条の3による権利行使阻止の抗弁（第2章第1節③3参照）を主張することもできることになる。

先使用による法定通常実施権は，対価は不要である。許諾による通常実施権とは異なり，以前から対抗要件は不要とされていたため，2011（平23）年特許法改正前から，特許権が他へ移転されてもこの通常実施権があることを当然に主張することができた。

また，実施の事業とともにする場合，特許権者の承諾を得た場合および相続その他の一般承継の場合に限り移転することができ（特許94条1項），特許権者の承諾を得ることができれば先使用権の上に質権を設定することもできる（同条2項）。

4 特許権移転登録前実施による法定通常実施権 （特許79条の2）

2011（平23）年特許法改正で冒認出願の場合に真の権利者が特許権の移転を請求できることになった（特許74条）ことは前述（⇒第1章第3節②5）した。冒認出願人が権利の登録名義を取得している間にその権利を譲渡したり，専用実施権を設定したり通常実施権を許諾していたとしても，それらの行為は真の権利者への登録名義の移転登録によって遡って効力を失う。しかし，権利者へ移転登録がされた際に，冒認や

共同出願違反であることを知らないで，登録名義を取得し[*7]，あるいは譲り受け，専用実施権の設定や通常実施権の許諾を受けていた者が，その発明の実施である事業をし，あるいはその準備をしていた場合であるならば，それらの者は登録名義を得た真の権利者との関係でも，その発明および事業の範囲内で特許権について法定通常実施権を取得する（特許79条の2第1項）とされた。ただし先使用権と異なり，また，後述の中用権（特許80条）と同様に，実施に際しては相当な対価を支払わなくてはならないとされている[*8]（同法79条の2第2項）。

> [*7] 冒認者が善意で登録名義を取得した場合も包含されている点は奇異ではあるが，たとえば特許を受ける権利を承継したものとして出願して登録を得たが，譲渡契約が思わぬ理由で無効であった場合などが考えられるだろう。

> [*8] 後述の中用権（特許80条）とは異なり，本条の法定通常実施権（「冒認中用権」ともいわれる）は実社会でも訴訟でも今後多く扱われる可能性があり，検討しておくべき点も多い。たとえば，特許法79条の2第2項に規定する相当の対価は，権利を回復した特許権者と法定通常実施権を取得した者との間の協議でその額を決することになるが，協議が整わない場合は裁判で決着をつけるほかないだろうし，またその額はどのようにして決するべきだろうか。さらに，実施者が法定通常実施権を取得するのは，真の権利者が名義の移転を得た後であろうが，そうであるならばそれ以前の実施者の冒認者との間での実施契約に基づく実施の法的位置づけや，その間に実施者が冒認者に既に支払っていた実施料の取扱い，などなど多くの問題が残されている（中山585頁，武生昌士「特許法79条の2の意義に関する一考察」『中山信弘先生古稀記念論文集』[2015年・弘文堂] 355頁参照）。

　特許権が他へ移転されても，この通常実施権があることを新特許権者に当然に主張することができる（2011（平23）年改正特許99条）。また，実施の事業とともにする場合，特許権者の承諾を得た場合および相続その他の一般承継の場合に限り移転することができ（特許94条1項），特許権者の承諾を得ることができれば実施権の上に質権を設定することもできる（同条2項）。

5 無効審判請求登録前実施による法定通常実施権 （特許80条）

　同一発明について誤って各別に特許登録がされ，これを信頼して実施をしていたような場合に，後日この特許が無効となり，存続した

ほうの特許権者から権利行使を受けた場合の保護として，無効とされた特許の権利者に法定通常実施権を与えるものである*9。この法定通常実施権は中用権と呼ばれることがある。無効とされた特許の原特許権者ばかりではなく，その特許権についての専用実施権者や通常実施権者もこの法定通常実施権（中用権）を取得する。ただし，先使用権に比べて，中用権が登場する場面は，実社会においても訴訟の場面でも多くはない。

*9　なお，先願特許発明と抵触関係にある後願特許発明は実施することができない（→第1章第4節③2「利用関係」）から，後願特許が無効になったからといってもともと特許発明を実施できなかった後願特許権者には特許法80条の中用権を与える必要はないが，特許法80条1項2号の場合のように，たとえば後願特許が無効とされた時点までは先願発明は未だ特許されておらず後願特許権者は発明を実施することはできた場合であるならば，自らの特許に無効原因があることを知らなかった後願特許権者に中用権を与えて，発明の実施である事業を継続させてもよいことになる。同様に特許法80条1項1号の中用権も，後願特許権が先行して登録されて実施されていた後に先願特許権が登録になった場合や，先願特許が無効となった場合に先願特許権を実施していた者に発生すると解するべきである。

要件は，無効審判請求の予告登録前に，自らの特許に無効原因があることを知らないで，当該発明の実施である事業をし，あるいは実施の準備をしている者であることである（特許80条1項）。ただし先使用権と異なり特許が無効となった後にも当該特許発明の実施継続を認めるのであるから，権利者に対して相当の対価を支払わなければならないとされている（特許80条2項）。

許諾による通常実施権とは異なり，以前から対抗要件は不要とされていたため，2011（平23）年特許法改正前から，特許権が他へ移転されてもこの通常実施権があることを当然に主張することができた。また，実施の事業とともにする場合，特許権者の承諾を得た場合および相続その他の一般承継の場合に限り移転することができ（特許94条1項），特許権者の承諾を得ることができれば実施権の上に質権を設定することもできる（同条2項）。

6　意匠権の存続期間満了後の法定通常実施権 (特許 81 条, 82 条)

特許出願の日より前または同日に意匠出願された意匠権が, 特許発明と事実上抵触関係にある場合, 意匠権の存続期間中は, 意匠権者は特許権の存在とかかわりなく意匠権を実施できるが[*10], 意匠権の存続期間は意匠登録出願の日から 25 年（2019［令元］年改正意匠法 21 条）であるが, この特許権の存続期間中に意匠権が先行して存続期間満了となる場合もありえる。そこで, 意匠権の存続期間満了後においても法定通常実施権を与えて当該意匠の実施が特許権侵害とならないとしたのが特許法 81 条である。実施権の範囲は原意匠権の範囲全体に及び, 現に実施していた範囲には限定されず, 対価の支払も不要である。ただし, 意匠権者から専用実施権の設定や通常実施権の許諾を受けていた者の場合は, その実施権の範囲内でのみ特許の法定通常実施権を取得し, その場合には特許権者に相当の対価を支払わなくてはならない（特許 82 条 1 項, 2 項）。

> *10　逆に, 意匠登録出願の日より前に特許出願された特許権が, 登録意匠と抵触関係にある場合には, この意匠の実施をすることができない（意匠 26 条）。

許諾による通常実施権とは異なり, 以前から対抗要件は不要とされていたため, 2011（平 23）年特許法改正前から, 特許権が他へ移転されてもこの通常実施権があることを当然に主張することができた。また, 実施の事業とともにする場合, 特許権者の承諾を得た場合および相続その他の一般承継の場合に限り移転することができ（特許 94 条 1 項）, 特許権者の承諾を得ることができれば実施権の上に質権を設定することもできる（同条 2 項）。

7　再審請求の登録前の実施による法定通常実施権 (特許 176 条)

無効審決が確定した特許権, あるいは無効審決が確定した存続期間の延長登録にかかる特許権が, 再審によって回復された場合などに, この再審請求の登録前の段階で, 権利が回復されることを知らずに, すでに当該発明の実施である事業をした者, またはその事業の準備をしている者がいた場合には, それらの者には, 実施または準備をしている発

明および事業の目的の範囲内で，法定通常実施権が与えられる（特許176条）。この法定通常実施権は後用権と呼ばれることもあり，先使用権に類似している。ただし，先使用権に比べて，後用権が登場する場面は，実社会においても訴訟の場面でも多くはないので，詳しい説明は省略し，条文を読んでおくことを勧めておく。

　　　対価は不要である。許諾による通常実施権とは異なり以前から対抗要件も不要とされていたので，特許権を他へ移転されても，この通常実施権があることを当然に主張することができる。また，実施の事業とともにする場合，特許権者の承諾を得た場合および相続その他の一般承継の場合に限り移転することができ（特許94条1項），特許権者の承諾を得ることができれば実施権の上に質権を設定することもできる（同条2項）。

8　審査請求期間徒過後で救済が認められるまでの間の実施による法定通常実施権（特許48条の3第8項）

　　　特許出願から3年以内に審査請求をしない場合は，出願は取り下げられたものとみなされる（特許48条の3第4項）（⇒第4章第1節④）が，2014年（平26）年特許法改正で，災害等正当な理由により右期間内に審査請求ができなかった場合は，1年以内に限り救済が認められることになり，さらに2021（令3）年特許法改正で，故意に期間内に審査請求をしなかったと認められる場合以外は，出願審査請求をすることができるようになった日から2か月以内に限り救済が認められることになった（同改正特許48条の3第5項）。そのため，当該出願が取り下げとなった旨の公報が発行された後であり，審査請求期間の救済が認められた旨の公報が発行されるまでの間に，当該出願は取り下げられたものと思って，その発明の実施である事業をしあるいはその準備をしている者には，実施または準備をしている発明および事業の目的の範囲内で法定通常実施権が与えられる（特許48条の3第8項）。

　　　対価は不要であり，対抗要件も不要である。また，実施の事業とともにする場合，特許権者の承諾を得た場合および相続その他の一般承継の場合に限り移転することができ（特許94条1項），特許権者の承

諾を得ることにより実施権の上に質権を設定することもできる（同条2項）。

④ 裁定通常実施権

1 意義

　　権利者の意図にかかわりなく設定される実施権として，法律の規定により設定される前述の法定通常実施権があるが，その他に，公益上の必要から，裁定という行政処分によって強制的に設定される実施権である裁定通常実施権がある。**強制実施権**と呼ぶこともできる。法定通常実施権と同様に，物権的権利ではなく，権利者に対する請求権（債権）であって通常実施権の一種であるが，許諾による通常実施権とは性質を異にする点も多い。

　　後述のとおり特許法は3種類の裁定通常実施権を用意しているが，いずれも実際に裁定が行われたことはなく，積極的に活用されているともいいがたい。規定の存在自体が「伝家の宝刀」としての意味がある制度であるともいえる。したがって，本書においては簡単に3種類の裁定通常実施権を紹介するにとどめておく。

2 不実施の場合の裁定通常実施権（特許83条）

　　特許出願の日から4年を経過しているにもかかわらず，継続して3年間以上特許発明が国内で不実施の場合に，その特許発明を実施しようとする者が，まず権利者に通常実施権の許諾についての協議を申し出て，協議が成立しない場合には特許庁長官に裁定を求めて，通常実施権設定の裁定を得られるようにした制度である（特許83条）。裁定の請求があった場合，特許庁長官は特許権者や専用実施権者に請求書を送達して答弁書提出の機会を与え（特許84条），通常実施権者も請求に対する意見を述べることができる（2011（平23）年改正特許84条の2）。なお，この特許法84条や84条の2などは他の裁定通常実施権の場合にも準用

されている（特許92条7項，93条3項）。

　特許発明が長期間実施されない場合には，特許権を失効させるなどの制裁を科して，特許発明の実施を強制的に行わせる方策もあろうが，権利者自らに無理やり実施させなくとも，実施する希望のある者に実施をさせることができれば，特許法の趣旨にも合致する。

　🌑 3年間継続して不実施であることが裁定のための要件であるから，特許法83条1項による協議の申出後に実施が行われれば，裁定のための要件を充足しないことになる。ただし，単に実施していればよいのではなく，実施は適当にされていなければならない。何をもって「適当な実施」といえるかは法律で明記されていないので，解釈に委ねられているが，裁定を免れるためだけに形式的な実施行為を行った場合が「適当な実施」に該当しないことは明らかである。

　国内では特許発明を実施した生産が行われずに，外国で生産された物の輸入として特許発明の実施がされている場合が，本条にいう日本国内における適当な特許発明の実施といえるかが問題になる。技術開発が遅れている後発発展途上国などでは，自国の産業育成や雇用促進のために，輸入のみが行われていても国内での適当な実施とはいえないとされて，国内での特許発明の実施としての生産を行うために強制実施権が設定される場合がある。しかし，多数の国で特許権を取得している権利者が各国で特許発明を実施して生産をすることは物理的にも経済的にも容易ではなく，技術先進国を標榜するわが国としては，適当な量の特許発明実施品が輸入されているのであれば，これをもって適当な実施がされていると認めざるをえないと思われる。

　🌑 裁定による通常実施権の範囲，対価額，対価支払の方法および時期については裁定において定められる（特許86条2項）。この実施権は移転したり質権の対象とすることはできない（特許94条1項，2項）が，ただし，実施の事業とともにする移転は可能である（同条3項）。

3　利用関係にある場合の裁定通常実施権（特許92条）

　🌑 特許法72条に規定する利用関係にある場合，権利者の許諾を得なければ利用発明の実施はできない。なお，利用発明に関しては第1

章第 4 節 ③ 2「利用関係」を参照*。

そこで利用発明の実施を図るために，利用発明の権利者は，まずは元になる発明の権利者（あるいは実用新案権者，意匠権者）に通常実施権の許諾についての協議を求め，協議が成立しない場合には特許庁長官の裁定を求めて，元になる特許発明（あるいは登録実用新案，登録意匠）につき通常実施権設定の裁定を得られるようにした。被請求人側は一方的に発明等を実施されるだけでなく，当該利用発明の実施を許諾しクロスライセンスとするように請求することもできる（特許 92 条 2 項）。

> ＊　念のため再度まとめて述べておくと，特許発明が先願である他人の特許発明を利用する場合には，当該特許発明は実施することができない（特許 72 条）が，裁定実施権の制度を利用することができる。しかし，特許発明が先願である他人の特許発明と抵触する場合は，当該特許発明は実施できないだけではなく，裁定実施権の制度を利用することもできない。むしろこのような抵触特許発明の存在は登録の過誤というべきものである。

裁定による通常実施権の範囲，対価額，対価支払の方法および時期については裁定において定められる（特許 92 条 7 項，86 条 2 項）。この実施権は移転したり質権の対象としたりすることはできない（特許 94 条 1 項，2 項）が，ただし，実施の事業とともにする移転は可能である（同条 4 項）。

4　公益上必要な場合の裁定通常実施権（特許 93 条）

特許法 93 条は，公共の利益のため特に必要な場合の裁定通常実施権について定めている。本条による協議の申出後に行われる裁定申立ての名宛人は経済産業大臣となっている。特許庁の上級官庁として経済産業全般の行政事務を統轄する経済産業省の大臣が名宛人となっていることからも明らかなように，本条による裁定が行われるのは，公益性と重要度が高い場合である。

たとえば，エイズ治療薬のような人道上緊急に実施すべき特許発明の場合を想定してみればよい。特許権者が国内で実施はしているが，少量であったり高額であったりした場合，このまま手をこまねいていたのでは国民の生命身体に多大な影響が及ぶため，国内企業に安価で大量に治

療薬を製造させる必要が生じるであろう。現実に同様の問題は近時南アフリカ共和国などで発生し，話題となった。本条では，特許発明がわが国で実施されているか否かは要件となっておらず，かりに実施が適当にされていたとしても本条による裁定実施権の設定は可能である。したがって，本条による実施権の設定は高度に公益性の高い特殊な場合に限定されるべきであろう。ただし，本条による裁定申立人は，政府に限らず，この特許発明の実施を希望する者であれば誰でもなることができる。

　　裁定による通常実施権の範囲，対価額，対価支払の方法および時期については裁定において定められる（特許93条3項，86条2項）。この実施権は移転したり質権の対象としたりすることはできない（特許94条1項，2項）が，ただし，実施の事業とともにする移転は可能である（同条3項）。

第2節　権利の譲渡
── 権利を売却して代金を取得する

　特許権は私権であるから自由に移転することができる。ただし，権利の帰属を明示する趣旨で移転登録が効力発生要件となっている（特許98条1項1号）。相続による一般承継の場合は登録は効力発生要件ではないが，特許庁長官に対する注意喚起として速やかに行うことが奨励されている（同条2項）。

　権利が共有に係るときは相共有者の同意がなければ持分といえども譲渡できない（特許73条1項）。また，移転登録が効力発生要件であるが，前述（⇒第1章第3節②5「冒認出願」）のとおり権利を請求項ごとのようにその一部の移転登録を認める制度は現存しないので，一部移転はできないことになる*。

　専用実施権や通常実施権の移転については該当個所を参照のこと。

　　*　著作権法61条1項は「著作権は，その全部又は一部を譲渡することができる」と規定しており，複製権，演奏権等の支分権ごとの譲渡やさらにその一部の譲渡も可能と解されている（高林・著作権206頁）。しかし，特許の

場合には「製造権」「輸出権」ごとにあるいは請求項ごとに各別に譲渡する旨の登録はできないから，登録を効力要件とする以上そのような一部譲渡は不可能ということになる。

第3節　担保権の設定
──権利を担保として資金を獲得する

　特許権，専用実施権および通常実施権は質権の目的となりうる（特許95条，77条4項，94条2項）が，特許を受ける権利には質権は設定できない（同法33条2項）。特許権および専用実施権においては登録が質権設定の効力発生要件である（特許98条1項3号）。特許権者等の承諾を得て，通常実施権に質権を設定した場合には登録を対抗要件としていたが，2011（平23）年特許法改正で99条3項が削除された。この場合は指名債権を目的とする民法364条（指名債権を目的とする債権質）に規定する第三債務者（特許権者等）に対する通知またはその者による承諾が対抗要件になることは前述した。なお，この質権は，質権との名称にもかかわらず，質権者は原則として当該特許発明を実施することができず，この点では民法に規定する質権（民342条以下）よりは，むしろ担保権設定後も権利者の使用継続を許す抵当権（同法369条以下）に類似する。特許権に質権設定をする際の登録免許税額は債権額の1000分の4とされており比較的高額であることも一因となってか，2016（平28）年において特許権について設定あるいは移転が登録された質権は47件に過ぎず，2019（令元）年も208件であったが，2022（令4）年には1389件に急増しているが，その理由は不明である。

　質権以外の特許権の担保化の方策としては，譲渡担保*1，仮登録担保あるいは財団抵当*2制度の利用などが想定できる。このうちの譲渡担保は，特許原簿上の名義を担保権者に移転することになるが，そのための登録免許税額は一律1万5000円と低額であり，また，譲渡担保権であれば特許を受ける権利にも設定できるとの利点もあるが，担保権者が特

許権名義人となることに起因する特許管理上の負担の面などでの不利益もある。なお，特許登録令2条は仮登録について規定しており，仮登記担保[*3]と同様の趣旨で特許権の仮登録担保制度の活用も想定できるが，特許権の仮登録がされたのは2011（平23）年は2件，2016（平28）年でも44件，2017（平29）年から2019（令元）年は各年0件であったが，2022（令4）年には80件となっているものの，仮登録担保が積極的に活用されているという状況にはないように思われる。

ベンチャー企業などのように，不動産などの有形資産がなく，特許権などの知的財産権が主たる資産である場合，これを評価して担保権を設定して資金を得ることができれば，企業活動の発展が期待できる。しかし，実際には，未だ発明が実施されていなかったり，あるいは実施されて間もない場合には資産評価[*4]自体に困難を伴う。このような知的財産権の価値評価の信用性が確保できた後に初めて，質権の設定，譲渡担保，仮登録担保などの法形式を利用してこの資産を担保化することが可能となる。

*1　譲渡担保　たとえば土地の場合であれば，債務不履行がなかった場合には土地の移転登記を戻すことを約して，貸金の担保として貸主にいったん土地所有権の移転登記をしておき，原則的に借主が引き続き土地を利用するという形をとる。借金が返せなくなった場合は，土地の価格と債権額の清算をしたうえで，土地を明け渡すことになる。

*2　財団抵当　企業経営のための土地，建物，器械，知的財産権などを一括して一個の財団として，この上に抵当権を設定するもの。民法ではこのような集合物に対する抵当権は認めていないが，工場抵当法などの特別法によって認められている。

*3　仮登記担保　債務不履行のあった場合は土地の所有権を債権者に移転すること（代物弁済予約）を目的として，金銭を借りるに際して債権者宛てに停止条件付所有権移転仮登記をしておく。実際に借金が返せなくなった場合には，仮登記を本登記にするのと引き換えに，土地の価格と債権額間の清算が行われることになる。

*4　知的財産権を含めた資産の担保評価法が各種紹介されているが，最終的には当該発明の重要性を計らなければ資産全体としての信頼性のある評価はできない。しかし，職務発明を承継した場合の相当の対価額の算定や特許権侵害の場合の損害額の算定などと同様に，無体の財産権の評価には多くの困難を伴う。

第4節　信　託
—— 権利を預けて資金調達や一括管理をする

　上記のような知的財産権を利用した資金調達の困難さを軽減する一つの方策として，2004（平16）年信託業法改正により知的財産権の信託が全面的に解禁された。従前の信託業法によると，信託会社が引受けできる財産からは知的財産権が除外されており，著作権等管理事業法による著作権等の信託などの限られた場合を除き，知的財産権の信託を業として行うことはできなかった。

　知的財産権が信託として譲渡されると，受託者は知的財産権を管理し，管理過程で産み出される利益を受益権として流通させることによって，本来，単体で流通が困難な知的財産権の流動化を図ることができ，知的財産権を利用した資金調達がしやすくなる。また，著作権等管理事業法による日本音楽著作権協会（JASRAC）のように，受託者が多数の権利者から知的財産権の信託譲渡を受けることにより一括管理することも可能になった。ただし，「信託譲渡」とはいえ，特許庁への権利移転登録が効力発生要件であることや，受託者が権利の名義人すなわち特許権者となることなどは，通常の譲渡の場合と変わらないことに注意しておくべきである。

第4章

特許取得手続

《この章の課題》

　前章までで，特許を取得できるのはどんな場合であり，取得すると何ができるのかを見てきた。実際に特許を取得するためには，出願をして審査を経て特許査定を受け，特許料を納付して設定登録される必要があるが，その手続はまだ説明していない。本章はこの手続を扱う。

　特許取得の手続は複雑な部分があり，出願内容の変更手続など，特許の成否や特許発明の技術的範囲を左右するデリケートな問題を含む部分を中心として，細かな規定が多数置かれている。本章では特許取得手続を扱うが，その詳細までは立ち入らず，制度の趣旨に重点を置いて説明する。

1 総 説

　特許権は，特許出願された発明が特許の要件を具備しているか否かの審査を通過して，行政処分である特許査定がされて特許原簿に登録されることによって，初めて権利として成立する。本節では，まず，特許出願から審査に至るまでの手続を概説するが，これに先立ち，特許出願から，特許が登録に至るまでのおおよその手続の流れを次頁に図示しておく。

2 特許出願 (特許 36 条)

1 意 義

　特許出願とは，特許庁長官に対して特許査定（権利を付与する行政処分）を求めて願書を提出する行為である[*1]。特許を受ける権利を共有する者は全員が共同で出願しなければならない（特許38条）ことは第1章第3節 2 4で述べた。また，出願後の特許を受ける権利につき仮専用実施権が設定されている場合には，出願人は実施権者の承諾がない限り出願を放棄したり取り下げたりすることはできない（特許38条の5）。

　願書に添付する書類として，明細書，特許請求の範囲，必要な図面および要約書がある。これらの書類については，第2章第1節 2 を参照のこと。

　*1　2004（平16）年特許法改正により，無審査で登録された実用新案を，登録出願から3年以内に限り特許出願に差し換えることのできる制度が新設さ

特許出願から登録まで

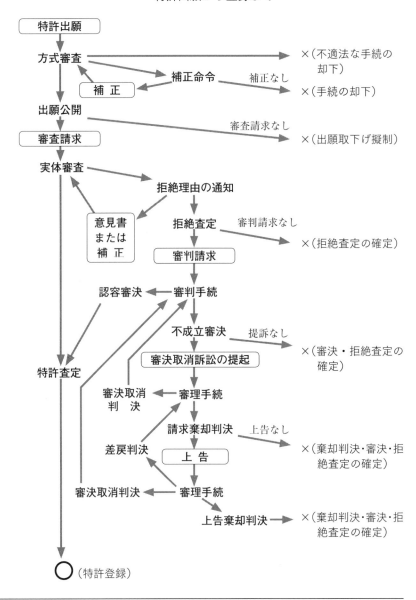

れた（特許46条の2）。従前は実用新案登録出願の特許庁への係属中に特許出願への変更ができる制度（特許46条）だけがあったのを改めたものである。この点は第7章を参照のこと。

2　方式審査

🔘　出願が法令に定められた方式に適合しているか否かの審査を方式審査という。

提出された書類に手続上の不備*2がある場合は，特許庁長官は，相当の期間を指定して手続の補正をするように命じ（特許17条3項），指定された期間内に補正がされない場合には，手続が却下される（同法18条）。

>　*2　未成年者や成年被後見人は親権者等の法定代理人によらないと出願手続ができないし，被保佐人の場合は出願手続をするにあたっては保佐人の同意が必要である（特許7条）から，未成年者本人や被保佐人が出願をしてきた場合には，特許法17条3項により，法定代理人の資格証明や保佐人の同意書などを追完するようにとの趣旨で，手続補正が命じられる。その他の手続違反や出願書類に貼付すべき印紙が不足している場合などにも，手続の補正が命じられる。間違いを指摘して直ちに修正させるための，いわば行政サービスとしての手続である。

🔘　出願手続に補正できない不備がある場合，従前は，法的根拠はないものの，運用として，受付段階で出願書類が受理されずに返還されていた。このような書類の返還行為が行政処分，すなわち「不受理処分」といえるか，単なる事実行為にすぎないのかについて争いがあったが，これを行政処分としたうえで不受理処分を取り消した判決（たとえば東京地判昭46・1・29無体裁集3・1・11〈トイレットペーパー事件〉など）も多く存在していた。

しかし，1996（平8）年特許法改正により従前の運用が改められ，不適法な出願手続であって補正できないものについても手続却下処分を行うことが規定（特許18条の2）された。ただし，これに基づいて手続却下をする場合であっても，出願人に対して事前に却下理由が通知されて，弁明書を提出する機会が与えられる。

🔘　特許出願手続が却下された場合，その出願は初めからなかったものとみなされ，先願としての地位を失う（特許39条5項）。

3 手続却下処分に対する不服申立て

🔘 手続却下処分に対しては行政事件訴訟法によりその取消しを求めて訴えを提起することができる（2014（平 26）特許法改正による 184 条の 2〈審査請求前置主義〉の削除）*3。この訴訟は通常の行政訴訟であって，特許法 178 条以下で規定する東京高裁（知財高裁）を一審とする審決取消訴訟（⇒第 5 章第 3 節）ではない。

    * 3　なお，手続却下処分に対しては，直接出訴するほかに，2014（平 26）年改正行政不服審査法 4 条による審査請求をして却下処分の取消しを求めることもできる。

③ 出願公開 （特許 64 条）

1 意　義

🔘 方式審査を通過した出願は，出願から 1 年 6 か月を経過すると一律に，特許出願日，出願人の氏名などとともに，明細書，特許請求の範囲，図面の内容，要約書等が公開特許公報で公表される*1。

    * 1　意匠法や商標法には出願公開制度はなかったが，1999（平 11）年改正商標法では商標についても出願公開制度が導入された（商標 12 条の 2）。なお，1993（平 5）年改正実用新案法では，実用新案登録出願は方式審査をしただけで実体審査なくして権利の登録が認められることになったので，当然に出願公開の制度はない。

🔘 出願公開制度は 1970（昭 45）年特許法改正で，前述（⇒第 1 章第 2 節 ⑥）の拡大先願の制度（特許 29 条の 2）や後述の審査請求の制度（同法 48 条の 3）とともに導入された。出願公開された先願には特許法 29 条の 2 の拡大先願たる地位が与えられる。この点は前述した*2。

    * 2　米国では前述（⇒第 1 章第 5 節 ② の＊3）のとおり，従前は特許権の存続期間は登録から 17 年とされており，また出願公開制度もなかったため，いわゆるサブマリン特許が出現していた。現在では特許の存続期間はわが国と同様に出願から 20 年とされており，1999 年特許法改正で出願から 1 年 6 か月後の出願公開制度も導入された。ただし，出願人が非公開請求を行い，この出願が合衆国出願に限られていることを証明した場合には，公開は行われ

ない（米国特許法 122 条(b)(2)）。

2　補償金請求権

🔘　出願が公開された後には，公開特許公報を見て出願発明を模倣する
者が出現する危険があるため，出願公開された発明の特許出願人に
は，その発明を無断で実施している者に対する補償金請求権（特許 65
条）が与えられる*3。この補償金請求権は権利成立前の段階で法が特に
認めた法定請求権であるが，間接侵害（特許 101 条）や権利行使阻止の抗
弁（同法 104 条の 3）などの特許法の規定，共同不法行為（民 719 条）や 3
年の損害賠償請求権の消滅時効（同法 724 条）の民法の規定が準用されて
いる（特許 65 条 6 項）ことには注意しておくべきである。

> ＊3　なお，2008（平 20）年特許法改正で導入された出願中の特許を受ける権
> 利についての仮専用実施権の設定や仮通常実施権の許諾（特許 34 条の 2 お
> よび 34 条の 3）は，出願中の特許を受ける権利についての補償金請求権を
> 行使しないことを契約内容とするものである（同法 65 条 3 項参照）。

🔘　特許権は登録されることによって権利として成立するものであり，
出願公開された特許出願であっても，登録までに至らないものが多
い。したがって出願公開された段階で直ちに無断実施行為に対する補償
金請求権を与えることは妥当ではない。

🔘　特許法 65 条は，出願公開による補償金請求をするための要件を以
下のとおりとしている。

① 業として出願発明を実施している者に対して，特許出願している発明の
内容を記載したうえで，権利侵害についての警告状を発すること*4。た
だし相手方が出願公開されたことを既に知ったうえで実施している場合
には重ねて警告する必要はない（特許 65 条 1 項）*5。
② 補償金請求権行使の時期は権利の登録後に限られること（特許 65 条 2 項。
なお，1994 年に廃止された出願公告制度〈特許要件の実体審査を経て拒絶理
由が発見されなかった特許出願の内容を公告して，公衆に異議申立ての機会
を与える制度〉の下においては，出願公告後に限られるとされていた）。
③ 請求できるのは，警告後から設定登録までの間の出願発明の相当実施料
額に限られること（特許 65 条 1 項）。

> ＊4　警告は，特許出願に係る発明の内容が記載された書面において，「特許権

の設定の登録がされた場合に警告後の行為につき補償金請求権を行使する」
旨の明示の記載までは必要でなく，書面において，特許権の設定登録がされ
た場合に警告後の行為につき補償金請求権を行使する可能性があり，その警
告が補償金請求の前提としてされていることが少なくとも黙示に示されてい
れば足りる（知財高判平 22・5・27LEX/DB 25442277〈中空ゴルフクラブ
ヘッド事件〉）。

＊5　いったん警告状を発した後に手続の補正によって特許請求の範囲が補正さ
　　れることがあるが，特許請求の範囲を減縮する補正であって補正の前後を通
　　じて第三者が発明の技術的範囲に属する物品を製造等しているのであれば，
　　再度警告状を発することなく補償金を請求できるとするのが判例（最三小判
　　昭 63・7・19民集 42・6・489〈アースベルト事件〉参照）である。

　　なお，特許出願人が当該発明を出願後直ちに実施しているような場
　　合には，出願から 1 年 6 か月経過するまでの実施について補償金請
求をできないとするのは不都合であるため，1999（平 11）年特許法改正
によって出願人が早期の出願公開を請求できることにした（早期出願公開
制度：特許 64 条の 2）。

　　特許出願について特許権の設定登録がされなかった場合はもちろん，
　　いったん登録されても後に無効審決が確定して特許権が初めからな
かったものとみなされる場合には，補償金請求権は初めからなかったも
のとみなされる（特許 65 条 5 項）。ただし，権利行使後のことではあるが，
補償金支払請求の認容判決の確定後に当該特許の無効審決が確定した場
合には，請求認容判決に対する再審で対象特許の無効審決が確定したこ
とを主張することはできない（特許法 104 条の 4 ⇒第 2 章第 1 節 ③ 3 (3)特許法
104 条の 3 参照）ことには注意しておくべきである。

④ **審査請求**（特許 48 条の 3）

　　特許出願は出願から 3 年以内に審査請求があったとき[1]に限って実
　　体審査に入る。特許出願から 3 年の間には，出願発明が真に時間と
労力をかけて登録をめざすべきものなのか否かが判断できるだろうとの
発想に基づいた制度である。

　審査請求制度は，前述のとおり出願公開制度とともに 1970（昭 45）
年特許法改正で導入された。審査請求制度導入以前は，価値の低い
発明に関する出願であろうとも出願された以上は一律に出願の順序に従
って審査されていたため，審査が大幅に遅延していた。

　審査請求制度は，多くの出願の中から真に価値ある出願のみに審査を
集中するために採用された制度である。

　たとえば，出願公開後に特許出願人から警告書を受け取った相手方
のように，出願人以外の者でも特許の成否に多大な関心のある者が
いるため，審査請求は出願人のみならず誰からでも行うことができると
されている*2。また，このような事情の存在を理由として，優先的に審
査してくれるように求めることができる（優先審査制度：特許 48 条の 6）。
ただし，優先的に審査するか否かは特許庁長官の裁量にかかる。

　出願から 3 年以内に審査請求のなかった出願は取り下げられたもの
とみなされる（特許 48 条の 3 第 4 項）。取り下げられた出願には先願

たる地位も残らない（特許 39 条 5 項）。

なお，2019（令元）年度の特許出願件数は 30 万 7969 件であり，2020（令 2）年度は 28 万 8472 件，2021（令 3）年度は 28 万 9200 件であり，2022（令 4）年度は 28 万 9530 件であり，2019（令元）年度の審査請求件数は 23 万 5182 件，2020（令 2）年度は 23 万 2215 件，2021（令 3）年度は 23 万 8557 件，2022（令 4）年度は 23 万 3780 件であるから，例年大体出願件数の 80％ ほどが審査請求され，残りは取り下げられたり，あるいは審査請求されることなく取下げが擬制されている。

5 実体審査（特許 47 条）

　実体審査は特許庁長官の指定した審査官[*1]が行う。2022（令 4）年現在で，審査請求してから審査官による審査結果の最初の通知までの期間は平均 10.1 か月となっており，2012（平 24）年度の 20.1 か月と較べ，特許庁の努力により期間が急速に短縮化されてきている。

> *1　特許庁で実体審査を担当する者として審査官と審判官がいる。審査官や審判官の行う実体審査は行政目的を完遂することのみを目的とするのではなく，当該出願が登録要件を具備しているか否かを出願人やその他の者の意見を徴しながら判断するものであって，特許庁長官からは独立して行われる準司法的判断ということができる。そこで，職務の中立性を確保するために，裁判官の場合と同様に，審査官には除斥の制度（特許 48 条）が，審判官には除斥や忌避の制度（同法 139 条，141 条）が定められている。

　審査官は，当該出願が登録要件を具備しているか否かを専ら書面により審査し[*2]，特許法 49 条に列挙されている拒絶理由があるものとして，拒絶査定をしようとするときは，その拒絶の理由を記載した書面（拒絶理由通知：特許 50 条）を特許出願人に送付する。これに対して出願人は，意見書を提出して応答したり，また補正書を提出して審査官の指摘した点を回避したりする手続をとる。

> *2　ただし，特許出願人が希望すれば面接程度は行われ，2013（平 25）年からは，1997（平 9）年以降行われていた ISBN 回線利用のテレビ会議システムによる面接を廃止し，インターネット回線利用の新たなテレビ会議システ

ムを用いた面接（オンライン面接）が行われるようになった。特許庁統計によると，2019（令元）年度の実績で面接合計が3748件，内オンライン面接が170件，出張面接が773件であったが，2022（令4）年度の実績では面接合計が1712件であり，内オンライン面接は1227件，出張面接は23件となっている。出張面接が激減し，オンライン面接が激増しているのは，コロナウィルス感染症の影響であることは明らかである。

第2節　補正・出願分割・国内優先権制度
── なんとか特許を認めてもらうために

① 総　説

　特許出願手続中に出願内容を変更することができれば，拒絶理由を回避して拒絶査定を免れたり，成立後の特許権の管理が容易になるなど便宜である。しかし，特許出願日は，特許の要件である新規性や進歩性の基準日になる重要な日であるから，出願内容の変更の効果が出願日に遡るのであれば，変更を安易に認めることはできない。したがって，出願人の便宜と基準日としての出願日の重要性ひいてはこれから生ずる公衆の利益との調和を図ったうえで，出願内容の変更は，制限的にのみ認められることになる。

　本節では，読者の理解の容易さの観点から，特許出願手続中の出願内容の変更手続として，補正，出願分割および国内優先権制度をまとめて説明する。なお，出願変更についても簡単に触れる。

2 補 正

1 意義と基本原則

　特許庁に出願手続が係属している間は，出願内容に誤りがある場合などには　特許出願人は，自発的にその補正をすることができる（特許17条1項）。また，前述のとおり，特許出願の方式審査の一環として，特許庁長官は出願手続の方式違反について補正命令を発して補正させることもある（同条3項）。補正は手続補正書を提出することによって行われる（同条4項）。ただし，補正のうちで，特許法17条の2から17条の5までに規定しているように補正できる時期と内容が制限されている場合があることは後述する。なお，補正の効果は当然のことながら出願時に遡る。

　特許法17条の2から17条の5までに規定している補正の内で特に重要な補正は，明細書，特許請求の範囲や図面の補正（以下，これらの種類の補正をまとめて「明細書の補正」と呼ぶこととする）である。

　明細書の補正を含めて，補正は出願時に遡って出願内容を変更するものであるから，新規性や進歩性あるいは先願の判断基準時たる出願時点における明細書で開示されている発明の内容を拡張してしまう補正が許されないのは当然であり，これを新規事項追加禁止の要件（補正は，願書に最初に添付した明細書，特許請求の範囲または図面に記載した範囲内でしか行えない〈特許17条の2第3項〉とする要件）という。この場合の，「当初明細書に記載した範囲」の要件について，従前は，出願当初明細書に明示的に記載された事項に限るという厳格な運用が出願実務で採用されており，明細書の補正が厳しく制限されていた。しかし，知財高大判平20・5・30判時2009・47〈ソルダーレジスト事件〉は，明細書等に具体的に当該事項が記載されているか否かではなく，明細書や図面のすべての記載を総合することで導かれる技術的事項との関係で，当該事項を書き加えることが新たな技術的事項を加えることになるか否かといった基準で判断されるべきであるとの判断を大合議で判示したため，明細書の補

正の要件が事実上緩和されるに至っている。

とはいえ明細書の補正は出願発明の内容の変更を伴うものであるから，補正を許す時期や内容について厳格な制限がある。以下では，明細書の補正の許容要件について簡単に解説する。

2　明細書の補正

①　拒絶理由通知（特許50条）を受けるまでの間であれば，特許査定謄本の送達を受けるまで（ただし，現実に一度も拒絶理由通知を受けることなく特許査定に至るのは実体審査の対象となる出願の14％ほどにすぎない），いつでも明細書の補正ができる（同法17条の2第1項）。

②　拒絶理由通知を受けた後の明細書の補正は，補正できる時期を以下に限定した。

　A 最初の拒絶理由通知（出願人に初めて指摘する拒絶理由通知）で指定された期間内（特許17条の2第1項1号）

　B 最初の拒絶理由通知を受けた後にさらに特許法48条の7の文献公知発明に係る情報の記載が不備である旨の通知を受けた場合には，その通知で指定された期間内（同項2号）

　C 最初の拒絶理由通知に対する補正によりさらに通知を必要とされた場合の拒絶理由通知（これは，最後の拒絶理由通知と呼ばれる）を受けた場合には，最後の拒絶理由通知で指定された期間内（同項3号）

　D 拒絶査定不服審判請求をするのと同時（同項4号）

③　そして，特許請求の範囲を補正できる範囲も，①と②AおよびBの場合には明細書に記載された範囲内での補正ならば特許請求の範囲を拡張することも縮小することも可能である[*1][*2]が，②CおよびDの場合には，

　a 請求項の削除
　b 特許請求の範囲の減縮
　c 誤記の訂正
　d 明りょうでない記載の釈明

に限定され（特許17条の2第5項），特許請求の範囲を小さくする方向での補正や誤記の訂正しか許されない。また， bの特許請求の範囲の減縮

の場合には減縮後の発明が特許要件を備えるものでなければならない（特許17条の2第6項，同法126条7項。これを「独立特許要件」という）。

    ＊1   ①の明細書等の補正は，願書に最初に添付した明細書，特許請求の範囲または図面の範囲内であれば，特許請求の範囲を補正して技術的特徴の異なる別の発明に変更することも可能である。また，②の補正も従前は同様に扱われていたが，2006（平18）年特許法改正で拒絶理由が通知された後の補正では補正の前後の発明は特許法37条の発明の単一性の要件を満たすものでなければならないと明記した（特許17条の2第4項：シフト補正の禁止）。これは，実体審査に着手し特許請求されている発明に対して拒絶理由を通知した後に，審査対象となっていなかった別発明に特許請求の範囲を補正すると実体審査を最初からやり直すことになる非効率を避けるためのものである。このような別発明に対しては後述の分割出願をすればよいことになる（⇒③＊2参照）。

    ＊2   2006（平18）年特許法改正によって，分割出願（⇒③）がされた場合に，分割出願と原出願が同じ理由によって拒絶されるべきものであるときにはその旨を拒絶理由通知に併せて通知する制度（特許50条の2）が新設された。この場合の拒絶理由通知は，形式的には当該分割出願に対する関係では②Aの最初の拒絶理由通知に該当するが，特許法50条の2の通知が併せてされている場合には，以後は②Cの最後の拒絶理由通知と同等のものとして扱われることになる。この点は後述の補正が不適法であった場合の措置についても同じであるから注意しておくこと。

  ②Cの場合には，新規事項追加禁止の要件（特許17条の2第3項）のほか，発明の単一性の要件（同条4項）や独立特許要件（同条6項）などの要件を充足しない補正は却下（同法53条1項）したうえで，最後の拒絶理由通知で指摘した拒絶理由で拒絶査定をすることになる。補正の要件違反を別に拒絶理由としたのでは，審査が最終段階にあるにもかかわらず，それに対する新たな拒絶理由通知をしなければならず，さらにそれに対して明細書の再補正が行われる可能性もあるなど審査の迅速性を確保し難いからである。この補正却下決定には不服を申し立てることはできない（特許53条3項）。②Dの場合にも同様に拒絶査定不服の審判において不適法な補正は却下される（特許159条1項）。上記の補正が却下される場合以外，すなわち①，②AおよびBの場合には，補正が新規事項追加禁止の要件と発明の単一性の要件を充足していないことは拒絶理由（特許49条1号）になるし，新規事項追加禁止の要件を充足し

ていないときには権利が登録されたとしても無効事由（同法 123 条 1 項 1
号）になる。

　なお，権利成立後の明細書の訂正は，特許庁に出願手続が係属して
いない以上，特許法 17 条の手続の補正として行うことはできず，
訂正審判として（特許 126 条），あるいは特許無効審判手続中での訂正請
求（同法 134 条の 2）や特許異議申立手続中での訂正請求（同法 120 条の 5
第 2 項）としてするほかはない。これらの明細書訂正の許容限度は，前
述の最後の拒絶理由通知を受けた後における明細書の補正の許容限度と
類似している（これらの訂正手続については⇒第 5 章第 1 節 ④「訂正審判（特許
126 条）」）[3]。

＊ 3　権利成立後に特許請求の範囲や明細書が訂正されると権利の及ぶ範囲が変
　　　動してしまい第三者の利益を害することになるから，発明の範囲を明確にす
　　　るか縮小する方向でしか訂正は認められないのが大原則になる。しかし，権
　　　利成立前の明細書の補正の場合には出願公開による補償金請求権（特許 65
　　　条）の及ぶ範囲が変動する以外には第三者に対する関係を考慮する必要はな
　　　いから，ある程度まで進んだ実体審査のやり直しをすることによる非効率を
　　　避けるために制限される（田村善之『知的財産法〔第 5 版〕』〔2010 年・有
　　　斐閣〕226 頁）といった意味合いが濃いといえる。

③ 出願の分割

　特許出願人は，前述の明細書の補正ができる時または期間内（特許
44 条 1 項 1 号），特許査定の謄本の送達を受けて 30 日以内（同項 2 号）
あるいは拒絶査定の謄本の送達を受けて 3 か月以内（同項 3 号）に，複
数の発明を含む出願の一部を分割して新たな出願とすることができる。
原出願と分割出願の出願人は同一でなければならず，分割出願にかかる
発明は分割時の原出願明細書，特許請求の範囲または図面に記載された
ものでなければならないし[1]，かつ明細書の補正の場合と同様に原出願
の当初明細書，特許請求の範囲または図面に開示されていたものでなけ
ればならない。

　＊ 1　ただし，原出願の当初明細書に記載されていたが分割出願時の明細書に記

載のない事項であったとしても，補正によって書き加えることができた事項であるならば，これを分割出願することは可能である（東京高判平14・12・12 LEX/DB 28080486〈電気掃除機事件〉）。

　複数の発明であっても特許法 37 条に定める発明の単一性の要件を満たすかぎり一つの願書で特許出願することができるが，同条に規定する単一性要件違反を理由に拒絶理由通知を受けた場合などには，出願を分割して各別の出願とすることができれば救済されることになる。そのほかにも，原出願の明細書または図面に記載されているが特許請求の範囲には記載されていない発明を分割して別出願とする場合や*2，特許請求の範囲に記載された発明の一部につき拒絶理由通知を受けたときに拒絶理由通知を受けた発明について分割出願をしてもう一度審査を受ける一方で，他の発明について特許査定を受けて権利化すれば，特許管理上も便宜である。

　*2　前述の明細書の補正によって，出願当初の明細書または図面に記載されているが特許請求の範囲には記載されていない発明を特許請求の範囲に含ませることも可能であるが，拒絶理由通知を受けた後は，この発明が特許請求の範囲に記載されている発明との関係で特許法 37 条に定める単一性の要件を充足しない場合（特許 17 条の 2 第 4 項）には，分割出願によるほかない。

　分割が適法な場合にはその効果は出願時に遡る（特許 44 条 2 項）。分割が不適法な場合には，分割出願をした時点を基準として実体審査が行われることになる*3 *4。

　なお，分割出願にかかる特許権の存続期間は元の出願発明のそれと同様であるが，元の出願が放棄されたり，拒絶査定が確定するなどして消滅しても，分割出願にかかる特許権には影響がない。

　*3　出願日が遡及しない結果，分割出願は通常は元の出願の公開公報発行後に行われることから，元の出願の公開公報により新規性が否定されることになることが多い。

　*4　なお従前は，分割出願された発明が原出願と同一発明である場合は不適法とされ，分割出願は出願日が遡らない結果，原出願が先願（特許 39 条 1 項）となって拒絶された（なお前掲最三小判平 12・4・11〈キルビー事件〉もこのような分割出願要件違反を理由とする特許の無効が侵害訴訟の場面で取り上げられた事案であるが，旧特許法（大正 10 年法律 96 号）が適用になる事案であって，現行特許法の解釈に係わるものではないことに注意し

ておくこと）。その後，分割出願された発明が原出願と同一発明でないこと
を分割の適法要件とする運用（審査基準）が廃止され，さらには 1998（平
10）年特許法改正で，先願を放棄し取下げあるいは先願の拒絶査定が確定し
た場合は先願の地位が失われる（特許 39 条 5 項）こととされたから，その
場合には原出願が先願となって分割出願が拒絶されることはなくなった。

④ 出願の変更

特許出願，実用新案登録出願，意匠出願の間では，互いに出願形式
を変更できる。たとえば，実用新案登録出願を特許出願に（特許 46
条 1 項），意匠登録出願を特許出願に（同条 2 項）変更することや，特許出
願を実用新案登録出願や（新案 10 条）意匠登録出願に（意匠 13 条）変更す
ることができる。それぞれ変更できる期間には制限があるので，条文を
確認しておいてほしい。

　出願変更による新たな出願は，もとの出願日に出願したものとみなさ
れ（特許 46 条 6 項，44 条 2 項），もとの出願は取り下げたものとみなされ
る（46 条 4 項）。

　なお，出願変更は後述（⇒第 7 章 ③ 1「実用新案登録に基づく特許出願制
度」）の実用新案登録に基づく特許出願とは全く異なる制度であるので，
注意しておく必要がある。

⑤ 国内優先権制度 （特許 41 条）

1　意　義

特許出願が特許庁に係属中に，出願人がさらに研究を重ねた結果，
あるいは明細書の記載を再考した結果，当初の明細書を補充した方
がよいと思われる場合でも，明細書の補正では前述のように新規事項の
追加は禁止されている（特許 17 条の 2 第 3 項）し，別出願としたのでは係
属している前の出願が先願（同法 39 条）あるいは公知技術（同法 29 条 1

項）となって出願が拒絶されることにもなりかねない。このような場合に，先に出願した発明を包含した後願やあるいは先に出願した発明を改良した発明についての後願を，先の出願と一体のものとして扱って出願審査をしてもらえれば便宜である。特許法41条はこのような要望に応じて1985（昭60）年特許法改正で導入された規定であり，国内優先権制度と呼ばれる。

　先の特許出願の内容を拡大することなく，その特許出願についての明細書の補正が許される限度においては先の特許出願日を基準として審査し，これをはみ出る後願の部分については後の出願日を基準として審査して，結局は後の出願日を存続期間の基準となる出願日とする包括された特許として成立を認めるものである*1。

> *1　前述の出願の分割は複数の発明を包含する出願から発明を減らして単数にするための手続であるが，国内優先権制度は，先の出願に特許法37条が許容する範囲内の複数の発明を加えることを可能とするものといえる。

2　国内優先権の利用態様

　前述のような制度趣旨からも明らかであるが，国内優先権を利用した出願はおよそ次の3タイプに分けることができる（竹田244頁）。

　① 実施例補充型　　先の出願の明細書に記載されていなかった実施例を追加して出願する場合。

　② 上位概念抽出型　　先の出願発明が具体的な実施例を基礎とするものであった場合に，これを包含する抽象的な上位概念としての発明を出願する場合。

　③ 発明の単一性利用型　　物の発明についての出願と，物を生産する方法の発明が別出願として係属しているような場合に，これを包含する一つの発明として出願する場合（前述の出願の分割と逆に出願の併合とでもいうべき場合である）。

3　要　件

　国内優先権制度利用のための手続的要件は多岐にわたるが，基本的には特許法41条の条文を丹念に読めばわかることであるから，こ

こでは詳しくは述べない。

　ただ，大切なことは，国内優先権を主張した出願は，同一人による出願が特許庁に係属している（優先権主張段階で先の出願が，放棄，取下げあるいは却下されていたり，査定や審決が確定していたりしない）ことと，先の出願から1年以内（なお，2021［令3］年特許法改正で，故意でなく1年以内に優先権主張がされなかった場合について期間制限の緩和が認められることになった）に優先権を主張して出願することが必要であることである[*2]。

> ＊2　先の出願から1年以内の時点で先の出願について特許査定や拒絶査定が確定していることは，通常であれば考えられない。

4　効果

　後の出願発明が先の出願の明細書に記載されている発明であったときには，特許要件を先の出願日を基準として判断してもらえる（特許41条2項，3項）。ただし，先の出願の明細書にない新規事項についての優先権主張は認められないので，新規事項については当該出願日を基準として特許要件が判断されることになる。これらの判断は請求項ごとに行われる[*3] [*4]。

> ＊3　明細書の補正では前述のように新規事項は追加できないから，当初上位概念を構成する広い発明を出願し，後に明細書に記載されていない具体的な実施例を追加する（前述の実施例補充型のような）補正や，逆に先に出願した具体的発明の上位概念を構成する広い発明を明細書に取り込む（前述の上位概念抽出型のような）補正は，許されない場合がある。このような場合に国内優先権制度を使用すれば，先の出願に包含されていた請求項に関しては先の出願時をもって，包含されていない請求項については後の出願時をもって特許の要件が判断されて，両者を包括した全体としての特許の有効性を確保することができる。

> ＊4　ただし，たとえば実施例補充型として，新たな実施例を補充して先の請求項と同じ請求項で後の出願をした場合であっても，実施例の追加によって発明の内容が先の請求項に含まれないものにまで拡張してしまう場合（なお，最三小判平3・3・19民集45・3・209〈クリップ事件〉は，これとは逆に実施例を削除することによって発明の内容が縮小したものとされた事例であって参考になる）には，その超えた部分については優先権主張の効果は認められないことになることに注意しておくべきである（東京高判平15・10・8 LEX/DB 28082854〈人工乳首事件〉参照）。なお，近時の東京地判令4・

3・18 LEX/DB 25572087〈二重瞼形成用テープ事件〉は，優先権を主張して追加した実施例は当初明細書に実質上開示されていたものであるとして，優先権主張の効果を認めた。基本書としての本書の性格上これ以上の説明は差し控えるので，詳細は高林龍「『当初明細書に記載した事項』と明細書に開示された発明の要旨」知管 60 巻 8 号（2010 年）1223 頁を参照のこと。

優先権主張を伴う出願がされた場合，先の出願の日から経済産業省令（特許法施行規則）で定める期間を経過した時に先の出願は取り下げられたものとみなされる（2014［平 26］年改正特許法 42 条 1 項。同改正前は先の出願の日から 1 年 3 か月後と法律で定められていたのを，省令に委ねることにしたものである）。

国内優先権は，先の出願の発明を後の出願へ乗り換えさせ，出願時遡及の利益を享受している部分とそれ以外とを一括するものである。権利の存続期間は優先権主張を伴う後の出願時から起算されるから，これにより実質的に特許権の存続期間が 1 年以内限りにおいて延びることになる。

第3節　査 定
―― 審査官の最終的判断に基づく行政処分

1 総 説

特許法における査定には，特許査定と拒絶査定があり，いずれも，特許出願に対する審査官の最終的判断に基づく行政処分である。

特許出願を容認する特許査定に対して不服のある出願人はいないので，特許査定はその謄本が特許出願人に送達された段階で直ちに確定するが，出願を否認する拒絶査定は，法律の規定する不服申立手続（⇒第5章）によって取り消すことができなくなった段階で確定する。

2 特許査定

審査官は特許出願について拒絶の理由を発見しないときは特許査定をしなければならない（特許51条）*。

特許査定は審査官の判断を示すものであって，理由を付したうえで，文書をもって行われる（特許52条1項）。特許査定があり，特許査定の謄本が特許出願人に送達され（特許52条2項），送達後30日以内に特許料が納付されると（同法107条1項，108条1項），特許権の設定登録がされ（同法66条2項），**特許権が発生**する（同条1項）。

> * 特許法51条の規定ぶりから明らかなように，拒絶理由を見いだす点については審査官が立証責任を負担しており，出願発明が特許の要件を具備していることの立証責任を特許出願人が負担しているのではない。しかし，審査官側がいったん拒絶理由を発見して出願人に通知（拒絶理由通知）した場合には，出願人はこの拒絶理由が不適当である旨を審査官に納得させるか，拒絶理由を受け入れて明細書を補正するかしなければならないことになる。ただし，拒絶査定がされた後の不服審判や審決取消訴訟においては，前掲知財高大判平17・11・11〈パラメータ特許事件〉は特許法36条6項の特許請求の範囲の記載要件（サポート要件）につき，また知財高判平21・11・11 LEX/DB 25441415〈ヘキサミン化合物事件〉は同条6項1号のサポート要件および同条4項1号の実施可能要件双方について出願人が証明責任を負うと判示しており，石原直樹「主張責任・立証責任及び証拠調べ」竹田稔＝永井紀昭編『特許審決取消訴訟の実務と法理』（2003年・発明協会）173頁も，特許法36条に規定する出願書類の記載要件については出願人側が，同法29条に規定する新規性や進歩性については特許庁側が主張立証責任を負担するとしている。

3 拒絶査定

拒絶査定は，審査官が，特許出願が特許法49条の各号に列挙する拒絶理由に該当するとの最終的判断に基づいて行う行政処分である。審査は請求項ごとに行われ，拒絶理由の通知も請求項ごとに明記される。

拒絶査定に先立って拒絶理由を特許出願人に通知して，意見書の提出や補正の機会を与えなくてはならない（特許50条）ことは前述した。

なお，特許請求の範囲の1請求項に拒絶理由があると出願全体が拒絶されることになる（東京高判平14・1・31判時1804・108〈複合軸受モーター事件〉）ので，拒絶理由通知を受けた特許出願人は，出願全体を生かすためには，拒絶理由に対して意見書を提出して反論するか，当該請求項を補正したり削除したりしておく必要が生ずる。

拒絶査定は，特許査定と同様に謄本が特許出願人に送達される（特許52条2項）。拒絶査定を受けた者がこの査定に不服のあるときは，送達日から3か月以内に不服申立てとして審判を請求することができ（特許121条1項），この審判を拒絶査定不服審判と呼ぶ。審判手続については，第5章第1節「審判」において後述する。

特許行政争訟

《この章の課題》

特許要件を満たす発明だと思ったのに拒絶査定がされた場合には，出願人は不服である。逆に，特許要件を満たしていないと思われる技術に特許査定がされたのでは，その技術を自由に実施できるはずなのにできなくなる者は不服であるし，それ以外の者にとっても具合いが悪い。

このような場合に，利害関係人等が，審査官が下した行政処分（査定）の再検討を審判官に求める。この再検討の手続が審判（第1節。審判には，これ以外の事項を検討対象とするものもある）と特許異議手続（第2節）である。

審判官の検討結果は，やはり行政処分（審決・決定）として示される。この行政処分をさらに争うには，裁判所に行政訴訟（審決取消訴訟：第3節）を提起することになる。ここでもし審決が取り消されると，その判断に従ってあらためて審判等が行われる。

以上のような，行政庁内の審判手続と，裁判所での審決取消訴訟は，まとめて「特許行政争訟」と呼ばれる。本章ではこれを扱う。

第1節　審判
── 査定の再考やその内容の訂正を求める

1 総説

　審査官が最終的判断として行った行政処分である拒絶査定や特許査定
は，行政庁内の上部組織である審判官が審判手続で下す判断（すなわち
審決）によって取り消したり変更したりすることができる。たとえば，
拒絶査定に不服がある者の申立てによってこれを取り消して特許査定を
するのは，行政処分である審決による。このほか，特許査定によって登
録された特許を無効であるとして遡って消滅させたりすることも，同じ
く行政処分（審決）によってのみ可能である[*1]。

　審判は，3人または5人の審判官からなる合議体で行われ（特許136
条1項），その合議は過半数により決する（同条2項）。特許庁長官が各事
件を担当する審判官を指定し，そのうちの1名を審判長に指定する（特
許138条1項）。審判官は，審査官以上に特許庁長官から独立した立場で，
準司法的手続である審判手続を担当する者であり，裁判官と同様に除斥
や忌避の対象となる（特許139条〜144条）。

　審判は，民訴法に近似する手続に沿って行われる，裁判に類似した準
司法的手続[*2]ということができるが，あくまでも行政庁による判断であ
り行政処分であるから，審決に不服のある者が裁判所に出訴することが
できるとするのは憲法上の要請（憲76条2項）である。ただし，審判が
準司法的手続であること等を配慮して，審決取消訴訟は第一審を東京高
等裁判所とする二審制となっている。審決取消訴訟については第3節で
後述する。

　　＊1　2014（平26）年特許法改正で導入された付与後異議手続における特許取
　　　　消決定も，無効審判手続に類似する手続で特許権を遡って消滅させる行政処

分である。

＊2　民事訴訟に類似する手続ではあるが，民事訴訟と大きく違う点として，職権審理主義（特許152条）が採用されており，当事者や参加人が申し立てない理由についても審理できる（同法153条1項）ことが挙げられる。ただし，申し立てていない請求の趣旨について審理することはできない（特許153条3項）し，申し立てられていない理由について審理したときは，当事者および参加人に通知して意見を述べる機会を与えなければならない（同条2項）。

② 拒絶査定不服審判（特許121条）

1　意　義

🔘　拒絶査定を受けた者で査定に不服のある者は謄本の送達を受けてから3か月以内に審判を請求することができる（特許121条1項）。審査官の行った拒絶査定の再考を求める手続であるから，審判には相手方となるべき者がいないこともあって，審判での審理は原則として書面審理（特許145条2項）で行われる。なお，拒絶査定不服審判のように相手方当事者のいない審判手続を，後述の無効審判手続のような当事者対立構造をとっている審判手続と区別する趣旨で，「査定系審判手続」と呼ぶことがある。

🔘　特許出願人は，審判請求をするのと同時に明細書，特許請求の範囲または図面の補正をすることができる（特許17条の2第1項4号）。補正があった場合は，審判に先立って，審査時に担当した元の審査官に再度審査させなければならず（**審査前置制度**と呼ばれる：特許162条），その結果，拒絶理由が解消されたと審査官が判断した場合には，拒絶査定を取り消して特許査定をする（同法164条1項）。

2　拒絶査定不服審判での審理対象

🔘　審判での審理の対象は，不服の申し立てられた拒絶査定の理由の適否ではなく，結論の適否である。この点は，間違えないようにしなければならないが，審理されるのは，当該特許出願に特許法49条の規

定する拒絶理由があるか否かである。したがって，審判では，原査定の拒絶理由と異なる拒絶理由を採用して，拒絶査定の結論を維持することもできる*1。

審判手続は，審査の続審（特許158条）として特許出願の実体審査を行うものであるから，特許出願に原査定の拒絶理由のほかに拒絶理由はないと判断した場合には，特許査定が行われるのが原則である。

この点は，後述の，審決の違法性の有無を審理対象とする審決取消訴訟とは構造を異にする点であるので，注意しておくこと。

> *1　ただし，原査定とは異なる拒絶理由を発見した場合には，特許出願人に明細書の補正や意見書の提出の機会を与えるために，新たに拒絶理由通知をしなければならない（特許159条2項）。

3　拒絶査定不服審判における審決

審決は審判官の意見の表明であるから，裁判所の判決の場合（民訴253条1項）と同様に，理由を付さなくてはならない（特許157条2項）。

審決には以下のものがある。

① 審判請求却下審決（特許135条）

不適法な審判請求であって，補正ができないものの場合。

② 審判請求棄却審決

主文としては通常「本件審判の請求は，成り立たない。」とされるため，「不成立審決」と呼ばれる場合もある。

③ 審判請求認容審決

A　拒絶査定を取り消して特許査定をする場合　　主文としては通常「原査定を取り消す。本願の発明は特許すべきものとする。」とされる。

B　拒絶査定を取り消してさらに審査官に審査を命ずる場合（特許160条1項）　　主文としては通常「原査定を取り消す。本願は，さらに審査に付すべきものとする。」とされる*2。このような審決が確定した場合*3には，この審決の判断はその後の審査を担当する審査官を拘束する（特許160条2項）から，その後の審査を担当する審査官は審決の判断と抵触する判断をすることはできない。

＊2　原査定の理由が維持できないと判断した場合には原査定を取り消して特許査定をするのが原則である。審査官に差し戻して再度審査を命じるのは，元の審査手続が形式的な理由のみによって拒絶査定をしていたような場合であり，審判において特許査定をしてしまうと，審査と審判という2つの審級をおいている実質的意義が失われるような場合に限られる（審判便覧61-07参照）。

＊3　差戻審決であっても原査定の取消しを求めた審判請求人には不服はありえないから，この審決に対する取消訴訟を提起することはできず，この審決は審判請求人に謄本が送達されると同時に確定する。

　拒絶査定を維持する審決に不服のある審判請求人は審決取消訴訟を提起することができる。審決取消訴訟については第3節で解説する。なお，2023（令5）年特許庁統計によると，2022（令4）年の特許査定件数は18万7794件，拒絶査定件数は5万7927件である。また，同年に拒絶査定不服審判が請求されたのは1万9647件であるが，そのほとんどが拒絶査定不服審判手続開始前の段階で明細書または図面の補正がされ，そのうちの50％（9604件）ほどは補正により拒絶理由が解消されたとして特許査定に至り，それ以外が審判部で審理される。審判においては，1565件が拒絶査定不服審判請求成り立たずとの審決に，5942件が請求を認容するとの審決に至り，その余は取下げ・放棄で終局している。

③ 無効審判（特許123条）

1　意義

　特許査定という行政処分と特許権設定登録によって特許権が成立する。しかし，いったん成立した特許権に瑕疵があったにもかかわらずその存続を認めると，特許権者は発明の実施を独占することによって不当な利益を得る反面，他の者は当該発明の実施が妨げられ，産業発達が妨げられるなどの弊害が生ずる。無効審判制度は，このような瑕疵ある権利の存在によって不利益を被る者が行う再審査の請求ということも

できる。無効審決の確定によって特許権は初めから存在しなかったものとして，対世的に消滅する（特許125条）*1。

なお，2013（平25）年における特許無効審判請求の件数は247件であったが，後述の特許異議申立制度創設後の2019（令元）年には113件に減り，2022（令4）年には97件となっている。

> *1　前述（⇒第2章第1節③3⑵）のように，最三小判平12・4・11（前掲）〈キルビー事件〉は，無効原因が存在することが明らかである特許権に基づく差止め，損害賠償等の請求を権利の濫用として禁ずる判断を示し，その後，2004（平16）年改正特許法104条の3によって，無効審判により無効にされるべきものと認められる権利の行使は許されないと規定されたが，侵害訴訟におけるこの判断には既判力以外の対第三者効はなく，また特許権を遡って消滅させる効力もない。

🔵 無効審判は特許権単位でなく請求項ごとに請求することができる（特許123条1項）。また，特許権が存続期間満了により消滅した後であっても，特許権者から存続期間中の権利侵害を理由として損害賠償請求を受けることもありうるので，無効審判は存続期間満了後といえども請求することができる（特許123条3項）*2。

> *2　いわば天寿を全うして消滅した特許権であっても，墓を暴いて，無効審判によって，最初から生まれていなかったことにすることができるということである。

🔵 特許の無効事由は特許法123条1項に列挙されている。大体においては特許法49条に規定する特許出願の拒絶理由と共通しているが，特許請求の範囲の記載が特許法施行規則の定めに従っていない場合（特許36条6項4号），発明の単一性の要件（同法37条）違反，あるいは文献公知発明に係る情報の非開示（同法36条4項2号，47条の7）は，拒絶理由ではあるが，いずれも形式的要件であるので，審査で看過されていったん権利が成立した後には，無効事由とはされていない。なお，共同出願違反や冒認出願を理由とする無効事由は，真の権利者へその特許権（持分権）の移転登録がされた後には解消する（2011（平23）年改正特許123条1項2号，6号）。

2 無効審判の審理

　　無効審判は，審判を請求する者（審判請求人と呼ばれる）[*3]が特許権者を相手方（被請求人と呼ばれる）として請求する。また，審判の結果に利害関係を有する者は，当事者を補助するために請求人側にでも特許権者側にでも参加することができるし，共同審判を請求できる者は請求人として審判に参加することができる（特許148条）。

　　以上のように，無効審判手続は，通常の民事訴訟類似の当事者対立構造をとり，審判手続も口頭審理が原則とされている（特許145条1項。ただし書面審理も可能である）ことから，「当事者系審判手続」と呼ばれることがある。口頭審理は審判廷で公開で行われる（特許145条5項）。従前は，原則と例外が逆転して書面審理が原則となっていたが，現在は口頭審理が原則的に導入されており，さらに2021（令3）年特許法改正により，口頭審理に当事者がオンラインを利用して参加して手続きを進めることができるようになった（同6項，7項）。

> [*3]　2014（平26）年特許法改正で何人（なんびと）も申し立てることができる後述（⇒第2節）の特許異議の制度が導入されたのに伴い，無効審判は特許を無効とすることに法律上の利益を有する者（ただし，共同出願違反や冒認出願を理由とする無効審判の場合には当該特許にかかる発明について特許を受ける権利を有する者）に限り請求できるとされた（特許123条2項）。

　　審判手続には，前述のとおり多くの民訴法同様の規定が適用され，広く民訴法の規定が準用されている（特許151条）。たとえば，被請求人は答弁書の提出機会を与えられ（特許134条1項），口頭審理においては期日ごとに審判書記官により期日調書が作成される（同法147条1項）。当事者や参加人の申立てにより証拠調べが行われ（特許150条1項），審理の併合や分離が行われることもある（同法154条）[*4]。なお，証拠調べが職権でも行える（特許150条1項）ことや，自白に拘束力がない（同法151条）ことなど，職権主義が支配しており，この点で民事訴訟と異なっていることは前述のとおりである。

> [*4]　2003（平15）年特許法改正により，当事者対立構造の特許無効審判手続は，より民訴法に近づけられ，無効審判請求書に記載する請求の理由は，特許無効の根拠となる事実を具体的に特定し，事実ごとに証拠との関係を記載したものでなければならない（特許131条2項）とされた。これに反する請

求書に対しては審判長が補正命令を発し（特許 133 条 1 項），これにも応じなかった場合には手続が却下される（同条 3 項）。

　無効審判が請求された場合，権利者側はそれへの対応として，特許請求の範囲や明細書の内容を訂正して当該特許から無効理由を除去するため，訂正審判請求や訂正請求*5 をすることがある。この点は後述する。

　　*5　後述するように訂正審判請求は査定系審判手続であり，無効審判請求は当事者系審判手続であって，従前は両手続は別個に進行することとなっていたが，1993（平 5）年特許法改正によって，無効審判手続中での特許請求の範囲や明細書の内容の訂正は，訂正審判に代えて無効審判中の手続である訂正請求で対応すべきものとされた。この場合訂正請求は無効審判が特許庁に係属中に限り可能であるが，特許無効審決の取消訴訟が提訴された後には，再び訂正審判の請求が可能であった。そして，その訂正審判において訂正を認める審決が確定すると，特許無効審決の取消訴訟では審決がほぼ自動的に取り消されることとなり，事件が特許庁と裁判所とを往復するいわゆる「キャッチボール現象」が問題となった。このような問題を解決するために，2011（平 23）年特許法改正で，審判長が無効審決をしようとする場合には当事者や参加人に対して審決の予告（特許 164 条の 2 第 1 項）をして，特許権者に訂正請求をするチャンスを与える代わりに，審決取消訴訟段階での訂正審判の請求を禁止する制度を導入した。この点はさらに ④「訂正審判」において述べる。

　無効審判の請求の理由についてその要旨を変更する補正が認められない（特許 131 条の 2 第 1 項）が，各別に無効審判請求を申し立てるよりも，同じ手続内で理由を差し換えて審理し，一回解決を図った方が便宜な場合がある。そこで，2003（平 15）年特許法改正で，無効審判請求の理由の要旨を変更するものであっても，審理を不当に遅延させることのないことが明らかであって，かつ無効審判において訂正請求がされたことによって補正の必要が生じた場合やその補正に係る請求理由を審判請求時の請求書に記載しなかったことに合理性があって被請求人がその補正に同意している場合は，審判長の許可によって補正ができることにした（特許 131 条の 2 第 2 項）。

3 無効審判における審決

無効審判における審決は，拒絶査定不服審判における審決同様の①審判請求不適法却下審決のほか，以下のものがある。

② 審判請求棄却審決

主文としては通常「本件審判の請求は，成り立たない。」とされる。

③ 審判請求認容審決

A 全部認容審決　　主文としては通常「特許第○○号の請求項1及び請求項2にかかる発明についての特許を無効とする。審判費用は，被請求人の負担とする。」などとされる。

B 一部認容審決　　主文としては通常「特許第○○号の請求項1にかかる発明についての特許を無効とする。同請求項2にかかる発明についての審判請求は成り立たない。審判費用は，これを二分し，その一を請求人の負担とし，残部を被請求人の負担とする。」などとされる。なお，無効審判において特許権者から訂正請求がされている場合には，訂正を認めて，無効審判請求を一部または全部を認容しあるいは棄却する場合も，訂正を認めずに無効審判請求を一部または全部を認容しあるいは棄却する場合もありえることになる（特許134条の2第9項）。

無効審決が確定した場合には，前述のとおり，特許権は初めから存在しなかったものとみなされる（特許125条）。しかし，当該特許権に基づく侵害訴訟で請求認容確定判決を得ていた場合にその効果を再審（民訴338条1項8号）で覆らすことは確定判決に対する信頼を失わせ，その影響も大きいことから，2011（平23）年特許法改正で請求認容確定判決に対する再審（民訴338条1項8号）で対象となった特許の無効審決が確定したことを主張することはできないとした（特許104条の4）ことは前述した（⇒第1章第5節③）。

無効審判における審決が確定してその旨の登録がされた場合は，同一事実および同一証拠に基づいては，何人も同じ無効審判請求をすることはできないとの一事不再理の原則が適用されていた。したがって，かりに出願時前のある公知文献Aによって本件特許が無効である旨主張して甲が無効審判請求をし，審判請求不成立審決がされて確定しその旨

の登録がされた場合には，甲のみではなく，乙であれ丙であれ何人たりとも，同一の公知文献Aに基づいて本件特許の無効審判請求をすることはできないとされていた[*6]。ただし，別の公知文献Bにより同一特許の無効審判請求をしたり，別の無効事由，たとえば特許請求の範囲の記載要件違反を理由として同一特許の無効審判を請求することは，乙や丙はもちろん甲においても可能である。

　特許は常に無効とされる可能性を包含しており，権利者は無効審判が請求される都度，これに対応する負担を権利期間満了後に至るまで負っていることを考えるならば，馴合いで無効審判不成立審決を得たような場合はともかくとして，対第三者の関係でも一事不再理の原則を採用することには意義があると考えられるが，2011（平23）年特許法改正では，第三者の手続保障の観点が強調されて，特許法167条の第三者効が廃止され，一時不再理効は審決が確定したときに当事者および参加人に対してのみ及ぶとされた[*7]。

　　＊6　逆に特許を無効にする審決が確定した場合には，特許権は出願時に遡ってなかったことになるので，誰も再度無効審判を請求する必要はない。

　　＊7　ただし，たとえば特定の公知技術からの進歩性欠如を理由とする無効審判請求が権利者乙と請求人甲間で真摯に争われた結果不成立となったが，その審決確定後に，丙が全く同じ公知技術から同様の進歩性欠如を理由として再度の審判請求をしてきた場合には，ためにする紛争の蒸し返しであるとして権利の濫用の法理などにより新審判請求を却下できる場合もあるだろう。

④ 訂正審判（特許126条）

1　意　義

　訂正審判は，特許査定という行政処分および登録によって成立した特許権の内容を出願時に遡って変更し，訂正された内容で登録されたものとする行政処分である（特許128条）。

　いったん成立して排他的独占権として対第三者効を取得した権利の内容を公示している明細書，特許請求の範囲および図面の記載を，後日の

手続で出願時に遡って変更することは，公示内容から既に派生している公衆の利益や法的安定性の要請からも原則的には認められず，訂正審判手続と後述の訂正請求によってのみ，かつ，権利の及ぶ範囲を狭める方向でのみ認められる。

訂正審判は，特許権者自らが権利成立後に明細書等の記載内容に欠陥があることに気づく場合のほか，侵害訴訟の場面で権利の有効性に疑義が生じたりしたために，これらに対する対抗措置として特許権者が率先してその内容を訂正して無効事由を除去しようとする場合などに，申し立てられる。したがって，審判請求人は，特許権者に限られ（特許126条1項），他者が審理へ参加することはできない（同法166条）。ただし，専用実施権者，質権者や許諾による通常実施権者などがいる場合には，その者の承諾を得なければ特許権者といえども訂正審判を請求することはできない（特許127条）*1。

また，特許権の存続期間が満了して消滅した場合でも，存続期間中の権利侵害を理由として損害賠償を請求することはできるから，その審理過程でも同様に明細書等を訂正する必要が生ずることがあるので，訂正審判は特許権の消滅後であっても請求することができるとされている。ただし，無効審決の確定によって特許権が初めから存在しなかったものとみなされた場合は，訂正審判は請求できない（特許126条8項）。

なお，2020（令2）年における訂正審判請求の件数は120件（内請求成立84件）であったが，2022（令4）年には213件（内請求成立173件）に増加している。

*1 許諾による通常実施権者らからの承諾も必要とされていたが2021（令3）年特許法改正で要件から外れた。

訂正審判は，拒絶査定不服審判と同様に，当事者対立構造をとらず，審理には審判請求人（特許権者）しか登場せず，書面審理を原則とする（特許145条2項）ため，「査定系審判手続」と呼ばれることがある。

2　訂正できる事項

明細書，特許請求の範囲や図面の訂正が認められるのは，以下の範囲内に限られる（特許126条1項）。

①特許請求の範囲の減縮
②誤記または誤訳の訂正
③明りょうでない記載の釈明
④請求項引用の記載方法の修正*2

そして，明細書に新規事項を追加する訂正は認められない（特許126条5項）し，特許請求の範囲を実質上拡張または変更することも許されない（同条6項）*3 *4。

*2　複数の訂正個所がある場合に請求の一部についてのみ訂正を許す審決をすることはできない（最一小判昭55・5・1民集34・3・431〈トレラー駆動装置Ⅰ事件〉）とされていた。しかし，後述の訂正請求においては，特定の請求項に複数の訂正個所がある場合ではなく，各別の請求項につき訂正請求がされている場合には同判例の射程外であり，請求項ごとに訂正の許否を判断することになると判示された（最一小判平20・7・10民集62・7・1905〈発光ダイオードモジュール事件〉こともあり，2011（平23）特許法改正では訂正請求（特許134条の2第2項）ばかりでなく訂正審判請求も請求項ごとに行うことができることにした（同法126条3項）。これに伴い訂正対象となる請求項が他の請求項の記載を引用している場合には，これのみで内容がわかるように他の請求項を引用しない記載に修正する必要が生じたために，同年改正で④（特許134条の2第1項4号）が追加された。

*3　新規事項追加禁止の要件は補正の場合と共通しているから第4章第2節②を参照。特許請求の範囲の減縮は通常は特許請求の範囲を実質上拡張することにはならないであろうが，形式上は特許請求の範囲を減縮し，たとえば特許請求の範囲に構成要件を付加しているが，その結果，当初の発明とは別の目的や効果が付加されることになるような場合は，特許請求の範囲を実質上変更することになろう（東京高判昭55・8・27無体裁集12・2・427〈熱ローラ装置事件〉参照）。

*4　前述（⇒第2章第1節③6）の最二小判平27・6・5〈プラバスタチンナトリウム事件上告審〉は，物を構造や特性等で特定することが不可能または非実際的な場合でないのに，特許請求の範囲に物の製造方法を記載するプロダクト・バイ・プロセス・クレームは明確性要件（特許36条6項2号）に違反すると判断したので，同判決前に既に物の発明として登録されている方法的記載をクレーム中に含む特許を，訂正審判や訂正請求で物を生産する方法の発明に訂正して生き延びさせることができるかが問題になる。従前の判例や特許庁の実務ではこのような訂正は特許請求の範囲を実質上変更するもの（特許126条6項）として許されないとするものもあった（知財高判平19・9・20LEX/DB28132110〈ホログラフィック・グレーティング事件〉な

ど）が，その根拠は明確でなく，前最二小判後は訂正は認められるべきであるとする立場が趨勢（高林龍「プロダクト・バイ・プロセス・クレームの今後の展望」『渋谷達紀教授追悼論文集』[2016年・発明推進協会] 130頁，中山526頁）であり，既にこれを認める訂正審決も出されている。

また，上記①および②の事項の訂正をした後の発明が，特許法49条に規定する拒絶理由がなく，独立して特許を受けることができるものでなければならない（**独立特許要件**と呼ばれる：特許126条7項）。訂正後の発明については審査手続を経ていないことになるので，訂正審判手続の過程でこの発明について改めて拒絶理由があるか否かを審査するとの趣旨の規定である。

3　訂正審判における審決

訂正審判における審決は，拒絶査定不服審判における審決同様の①審判請求不適法却下審決のほか，以下のものがある。

② 審判請求棄却審決

主文としては通常「本件審判の請求は，成り立たない。」とされる。

③ 審判請求認容審決

主文としては通常「特許第○○号の明細書を本件審判請求書に添付された訂正明細書のとおり訂正することを認める。」などとされる。

訂正審判は，前述のように当事者対立構造をとっていないので，訂正審判請求を認容する審決に対して不服申立てをする者はありえず，審決謄本が審判請求人に送達されることによって直ちに確定する。

訂正審判手続の当事者以外にも，訂正審判請求を認容する審決に異議のある者がありうるが，このような者は，誤った明細書等の訂正がされたことを無効事由として（特許123条1項8号），別に無効審判を請求することになる。

4　訂正請求

前述（⇒ ③「無効審判」＊5）のとおり1993（平5）年特許法改正により，無効審判を請求された特許権者は，審判手続の中で明細書，特許請求の範囲または図面の訂正を請求できることとなった（特許134条の

２）。これらの手続を訂正請求と呼ぶ。

　訂正が認められる範囲は，①特許請求の範囲の減縮，②誤記または誤訳の訂正，③明瞭でない記載の釈明，④請求項引用の記載方法の修正であり（特許134条の2第1項），その他の要件も，訂正審判において訂正が認められるための要件と同様である（同条9項）*5。

> ＊5　ただし，訂正審判の際に必要な独立特許要件（特許126条7項）だけは，無効審判が申し立てられている請求項についての訂正に際しては，不要となっている（同法134条の2第9項後段）。訂正後の請求項の特許要件は，無効審判手続の過程でいずれにせよ審査されるためである。

　⬤　無効審判手続において明細書等の訂正が認められる場合は，無効審判における審決の結論中で訂正を認めることが記載される（特許134条の2第9項，128条）。

　⬤　無効審判手続と無効審判手続中での訂正請求に関しては，前述（⇒ ③「無効審判」＊5）のとおり，訂正請求は無効審判が特許庁に係属中に限りできるとされていたため，無効審判の審決取消訴訟が提訴された後には，特許権者は無効審判手続中での訂正請求ではなく単独で訂正審判請求をすることができた。そして無効審判の審決取消訴訟係属中に訂正審判における訂正を認める審決が確定した場合の両者の関係を調整するために，後掲＊6記載の2003（平15）年特許法改正などの工夫が重ねられたが，結局，事件が特許庁と裁判所とを往復するいわゆる「キャッチボール現象」を防ぐことができないでいた*6。

　そこで2011（平23）年特許法改正では，この点を整理して，①訂正審判は特許無効審判が特許庁に係属した時から（審決取消訴訟係属中であれ）審決が確定するまでの間は一切請求できないこと，②係属中の無効審判において審判長が無効審決をしようとする場合は当事者や参加人に対して審決の予告を行い（特許164条の2第1項），同時に被請求人（特許権者）に対して明細書等の訂正請求をするための相当の期間を指定する（同条第2項）こととした。これによって，無効審決取消訴訟提訴前の段階の無効審判手続中で事前に明細書等の訂正請求をするチャンスが被請求人（権利者）に与えられることになった。

> ＊6　1993（平5）年特許法改正による訂正請求制度導入から2011（平23）年

特許法改正に至る経緯を知っておくことは，無効審判，訂正審判と訂正請求との関係を理解しておく上で役に立つので，以下で簡単に説明しておく。

まず，無効審決が先に確定してしまうと，訂正審判における訂正の対象となる特許権が遡及的に消滅するから訂正審判請求はその目的を失って不適法になる（最三小判昭59・4・24民集38・6・653〈トレーラー駆動装置Ⅱ事件〉）。逆に，無効審判の審決取消訴訟の係属中に，特許請求の範囲の減縮を目的とする訂正審決が確定すると，訂正前の発明を対象としてされた無効審判における審決は取消しを免れないことになる（最三小判平11・3・9民集53・3・303〈大径角形鋼管製造方法事件〉）。1993（平5）年特許法改正で，無効審判手続が特許庁に係属している間は，この手続中でしか明細書等の訂正請求はできないとされたが，無効審判の審決取消訴訟係属中に訂正審判請求をすることは何ら禁止されていなかったので，両審決確定の先後をめぐる問題が残っていた。

そこで，2003（平15）年特許法改正では，無効審判手続の特許庁への係属中ばかりでなく審決取消訴訟の裁判所への係属中にも訂正審判を請求することができないとし，ただし，無効審判の審決取消訴訟提起から90日以内に限って権利者は訂正審判請求をすることができるとした（同年改正時特許126条2項）。これによって無効審判の審決取消訴訟係属中に訂正審判請求がされ，両手続がばらばらに進行したのでは上記問題が相変わらず解決されないことになってしまうので，無効審判の審決取消訴訟を審理する裁判所は，提訴後90日以内に訂正審判が請求されたかまたは請求されそうな場合において相当と認めるときには，口頭弁論を開くことなく決定で簡単に無効審判における審決を取り消すことができることとした（同年改正時特許181条2項）。決定で審決が取り消された後は，無効審判手続が再開されることになるが，訂正審判請求は無効審判手続の中で訂正請求に振り替えられることになる（同年改正時特許134条の3第4項，第5項）。2003（平15）年特許法改正で導入された決定による審決取消しの手続（同年改正時特許181条2項）は，結局は裁判所と特許庁間の手続の往復を増やす結果となってしまっていたこともあって，2011（平23）年特許法改正で解決が図られることになった。

⑤ 期間補償のための存続期間延長登録の無効審判（特許125条の2）

2016（平28）年改正で導入された期間補償としての存続期間延長登録（⇒第1章第5節②）に，特許法125条の2第1項1号ないし4号に規定

する無効事由（同67条の3第1項各号に規定する拒絶理由と同じ）がある場合は，利害関係人（125条の2第2項）は延長登録の無効審判を請求することができる。延長登録無効審決が確定した場合には，当該超える期間について延長がされなかったものとみなされる（特許125条の2第4項）。

　延長登録の無効を主張する法律上の利益を有する第三者が審判請求人となって，特許権者を被請求人として請求する当事者系審判手続である。無効審判同様に，権利が存続期間満了で消滅した後といえども請求することができる（特許125条の2第3項）。実際に請求される例は殆どないので，読者が該当条文を読んでおくことを期待して，詳しい解説は省略する。

---

6 **安全性確保のための処分を理由とする存続期間延長登録の無効審判** (特許125条の3)

　安全性確保のための処分を理由とする存続期間の延長登録（⇒第1章第5節 ③）に特許法125条の3第1項1号ないし5号に規定する無効事由（同67条の7第1項1号ないし5号に規定する拒絶理由と同じ）がある場合，利害関係人（特許125条の3第2項）は延長登録の無効審判を請求することができる。延長登録無効審決が確定した場合には，当該超える期間について延長がされなかったものとみなされる（特許125条の3第3項）。

　延長登録の無効を主張する法律上の利益を有する第三者が審判請求人となって，特許権者を被請求人として請求する当事者系審判手続である。無効審判同様に，権利が存続期間満了で消滅した後といえども請求することができる（特許125条の3第2項）。実際に請求される例は多くはないが*，医薬品の保護期間延長をめぐって医薬業界で特許訴訟が頻発しているので，詳しい解説は省略するが，各自で条文を確認しておくことを勧めておく。

　　*　近時の知財高判令3・3・25 LEX/DB 25571461〈止痒剤事件〉は医薬品の特許存続期間延長登録を無効とした審決の取消訴訟であり，審決の一部が取り消されている。

第2節　特許異議手続
——公のために特許の取消しを求める

[1]　総　説

　　特許異議申立てによる特許取消決定は，特許査定という行政処分および登録によって成立した特許権を初めから存在しなかったものとみなす行政処分である（特許114条3項）。したがって，特許異議申立制度は，いったん成立した権利を遡ってかつ対外的に消滅させるための制度である点で，無効審判制度と共通する*。しかし，無効審判が特許権者と第三者間の紛争解決のための制度として機能する側面が強く当事者系審判手続と位置付けられるのに対して，特許異議申立制度は，私人による公のための特許処分の見直し請求との側面が強く，そのため利害関係のない全くの第三者であっても申し立てることができ（特許113条），手続は原則的に特許庁と特許権者との間で進められる査定系審判手続と位置付けられる。

　　＊　2014（平26）年特許法改正で新たに導入された特許異議申立制度は，2003（平15）年特許法改正でいったん廃止された制度を多少の手直しのうえで再導入したものである。

　　特許異議申立てにおける手続（特許異議手続）は審判手続ではないが，審理は，審判と同様に3名または5名の審判官の合議体で行われる（特許114条1項）。無効審判とは異なり全件書面審理である（特許118条1項）が，審判長が取消決定をするときは，特許権者および参加人に対してその旨を通知し，相当の期間を指定して，意見書を提出する機会を与え（120条の5第1項），特許権者に明細書等を訂正する機会を与える（同2項）こと（⇒第1節 ④4「訂正請求」）などでも無効審判と同様の制度が

採用されているほか，審判手続に関する多くの規定が準用されている（特許120条の8）。また，特許取消決定に対して不服のある当事者，参加人等は東京高等裁判所に決定取消しを求めて出訴することができる（特許178条1項，2項）。

② 異議手続と無効審判との相違点

異議手続と無効審判との主な相違点を列挙すると，以下のとおりである。

① 異議は何人（なんびと）でも申立てできるが，無効審判は請求する法律的利益のある者のみが提起できること。この違いは異議申立制度があくまで私人による公のための審査制度であることによる。

② 異議は申し立てられる期間が特許公報発行後6か月に限られる（特許113条柱書）が，無効審判はたとえ権利の存続期間が満了して消滅した後でも請求することができること。

③ 異議理由は，無効理由と共通するものが多いが，冒認出願（特許123条1項6号）や共同出願の要件の不具備（同項2号）などは，異議理由とはなっていないこと。

④ 異議申立手続には特許権者を補助するための参加しか認められていない（特許119条）が，無効審判では請求人を補助する参加も認められていること。

⑤ 異議申立手続では，無効審判の請求登録前の実施による通常実施権（中用権：特許80条）同様の権利が認められていないこと。

⑥ 複数の申立てがあった場合は，原則併合して審理する（特許120条の3）こと。

⑦ 異議申立手続では，無効審判の場合の一事不再理原則（特許167条。なお，第1節 ③3「無効審判における審決」参照）同様の規制はないこと。また，特許維持決定が確定しても，別途同一事実および同一証拠に基づいて無効審判を請求することは妨げられない。

2022（令 4）年における特許異議申立件数は 1322 件であり，同年の
　　特許無効審判請求申立件数の 97 件の 13 倍以上となっており，登録
された特許権の簡易な手続による再審査として大いに活用されていると
いうことができる。

③ 異議手続における申立人の地位

　　特許異議申立ては，私人が公のために登録されている特許権の再審
　　査を求める申立てとして制度設計されている。したがって，異議申
立後には，特許法 113 条各号に定める異議理由があるか否かを，異議申
立人の主張にかかわらず審判官が審理して（特許 120 条の 2。ただし，異議
が申し立てられていない請求項について審理することはできない），特許取消決定
（特許 114 条 2 項）か，特許維持決定（同条 4 項）をする。
　　特許取消決定をしようとするときは，前述のように特許権者に理由を
通知して，意見書を提出したり，明細書等の訂正請求をする機会を与え
なければならない（特許 120 条の 5）とされている一方で，2003（平 15）
年特許法改正でいったん廃止された特許異議申立制度では，特許権者か
らの訂正請求に対して，異議申立人が再反論する機会は保障されていな
かったが，再導入に際してはこの点は改められ，異議申立人にその機会
が保障された（特許 120 条の 5 第 5 項）。ただし，前述のとおり特許異議手
続はあくまで特許庁と特許権者間の査定系審判手続であって異議申立人
は当事者ではなく，特許登録を維持する旨の決定に対して不服申立てを
することはできない（特許 114 条 5 項）。
　　特許異議申立ては特許取消理由通知後は取り下げることができない
　　（特許 120 条の 4）が，それ以前の段階では取下げは可能である。ま
た，商標登録異議制度に関する事案であるが，最二小判昭 56・6・19
民集 35・4・827〈商標登録異議手続受継申立事件〉は，異議申立人の
地位の承継を否定しており，特許異議の場合も，取消理由通知前の段階
で異議申立人が死亡したときや法人が合併等により消滅したような場合

には，地位の承継は認められず*¹，異議申立ては取り下げられたものと扱うのが妥当であろう*²。

*1　無効審判等の当事者の地位の承継は認められるから，手続中に当事者が死亡した場合は，審判手続は相続人等が手続を受継するまで当然に中断する（特許24条，民訴124条）。最一小判昭55・12・18判時991・79〈接点の製造装置事件〉は，審決取消訴訟係属中に被告となっている無効審判請求人が死亡した場合，その相続人が訴訟の手続を受継すべきものであって，訴訟が終了するものではないと判示している。

*2　特許庁の運用によると，申立人の死亡の事実が判明した時点で，合議体により決定をもって異議申立てを却下するとのことである。

第3節　審決取消訴訟
── 審決の違法を主張して司法判断を求める

1　総　説

第1節で述べた審判における審決は，いずれも行政庁の判断すなわち行政処分であり，この点においては第2節の特許異議申立手続における特許取消決定も同様である。特許庁における審判および特許異議申立ての各手続は，前述のとおり準司法的手続であり，行政機関がこのように「前審」として審判することは妨げられない（裁3条2項）。しかし，行政機関は終審として裁判を行うことはできない（憲76条2項）。これら行政機関の判断に不服のある者は裁判所に出訴することができるとすることは憲法上の要請である。

特許庁の審決，特許取消決定や後述の特許法178条1項に規定する特許庁の行政処分に対する不服申立訴訟は，審決取消訴訟と総称され，行政事件訴訟法が適用になる**行政訴訟**である。訴訟手続には，まずは特許法の規定（特許178条〜184条）が適用になり（行訴1条），ついで行政事件

訴訟法の規定が適用され，同法に定めのない事項については民訴法の規定が適用される（同法7条）。本節では，審決取消訴訟の概要を説明した後に，審決取消訴訟固有の法的問題点のいくつかに触れる。

② 審決取消訴訟の概要

1 訴えの提起

● 審決取消訴訟の対象となるのは，前述の審決（拒絶査定不服審判における審決，無効審判における審決，訂正審判における審決および存続期間の延長登録の無効審判における審決）および特許取消決定と，特許異議申立書や審判，再審あるいは訂正の請求書の却下決定である（特許178条1項）。

これらの審決および決定に不服の者（当事者，参加人または参加を申請して拒否された者：特許178条2項）が，この審決等の謄本の送達を受けて30日以内に出訴しないかぎり（同条3項），この判断が確定してしまうことになる。

● 審決取消訴訟は東京高裁[*1]を専属管轄[*2]とする（特許178条1項）。

東京高裁が専属管轄とされ，実質上一審手続が省略されているのは，特許庁における審判あるいは特許異議申立てにおける手続が，前述のように民事訴訟法が適用あるいは準用されて行われる準司法的手続ということができることと，その判断には技術的専門的知識が必要とされていることから，特許庁における技術的専門的知識に基づいた判断を準一審における判断と評価すべきであるとしたためである。

＊1　東京高裁内で審決取消訴訟のほか知的財産権関係侵害訴訟の控訴審を担当していた知的財産権部（4か部）は，2005（平17）年4月から新たに東京高裁内の特別な支部である知的財産高等裁判所（知財高裁）として位置づけられた（知的財産高等裁判所設置法）。知財高裁は東京高裁の一支部であるから，特許法178条に規定する審決取消訴訟の管轄はあくまで東京高裁にあり，これを設置法2条2号により知財高裁が取り扱うこととされているのである。知財高裁には特許庁の審査官や審判官あるいは弁理士の経験のある裁判所調査官（裁57条）が総計11名ほど配属され，常勤職員として裁判官に対して技術的事項の調査報告事務を行っているほか，2003（平15）年民訴

法改正によって創設された非常勤の専門委員（民訴92条の2以下）の候補者名簿も整備されている。専門委員は，知的財産権をめぐる訴訟に限らず専門的な知見が必要である訴訟において，争点整理，証拠調べや和解手続で裁判官に専門家の立場から説明する者として事件ごとに裁判官が指定する。専門委員の中立性・公平性を確保するために，除斥および忌避（民訴92条の6），関与決定の取消し（同法92条の4），指定にあたって当事者の意見を述べる機会の保障（同法92条の5）などが規定されているほか，裁判官への専門委員の説明は口頭や書面で行い，当事者にも開示されることとされている。また，2004（平16）年民訴法改正では知的財産関係事件における裁判所調査官の権限の拡大と明確化（民訴92条の8）が図られ，除斥および忌避の制度（同法92条の9）も創設された。なお，知財高裁が知的財産関係事件の控訴事件を扱う側面については，第6章第2節④1「管轄裁判所」でも後述する。

　ところで，知財高裁や東京地裁・大阪地裁の知的財産権部の裁判官の資格は，一般事件を担当する裁判官と同一である。

　裁判官を志すのは，理科系が不得意であるとの理由で文科系に進んだ者が多いためか，以前は知的財産権事件を担当することを躊躇する裁判官も多かった。裁判官として知的財産権事件を担当する者にどの程度の技術的知識が必要であるかは議論が分かれるところである。ある高名な裁判官は，裁判官としては，H_2Oが水であること程度がわかれば十分であると述べたとのことであるし，またある裁判官は，特許庁から来ている裁判所調査官など必要ないほどの技術的知識が必要であると述べたとのことである。しかし，いずれも妥当ではあるまい。高度な技術的知識が必要とまでは言わずとも，技術をわかろうとする意欲は必要であり，その内容がある程度理解できることも必要であるが，裁判官は技術者（当業者）でないことは当然であって，あくまで法律解釈論を行う法律家である。

＊2　専属管轄とは，当事者の合意や応訴などによっても別の裁判所での審理がいっさい不可能とされている管轄（民訴13条）である。かりに別の裁判所に提訴された場合でも，事件は東京高裁に移送される（民訴16条1項，20条）。

2　当事者

　特許無効審判手続と存続期間の延長登録の無効審判手続は，当事者系審判手続と呼ばれるように，当事者対立構造をとっており，審判官は裁判官と類似した判断者としての立場にある。

　この場合，審判請求を棄却された場合の請求人，逆に審判請求が容れ

られた場合の特許権者（被請求人），およびそれぞれの側の参加人は，この判断に不服がある場合には，私人である相手方を被告として，審決取消訴訟を提起する（特許179条ただし書）ことになる[*3]。この出訴によって審決の確定が阻止される。

> *3　当事者系審判手続における審決の取消訴訟は，原告および被告の双方ともに私人であって，行政庁を当事者としていない点で行政訴訟として異色である（通常の行政訴訟においては，処分または裁決をした行政庁が取消訴訟の被告となる：行訴11条）。この訴訟が行政事件訴訟法に規定する抗告訴訟中の取消訴訟（行訴3条2項）であるか，当事者訴訟（同法4条）であるかについては議論が分かれる（最三小判平4・4・28民集46・4・245〈高速旋回式バレル研磨法事件〉での園部裁判官の補足意見参照）。この性質の相違によって結論が左右される問題は多くはないが，特殊な抗告訴訟と解すべきであろう。

　上記以外の特許庁の判断である，拒絶査定不服審判手続や訂正審判手続での審判請求不成立審決や特許取消決定[*4]のほか審判請求不適法却下審決（特許135条）あるいは異議申立書や審判もしくは再審や訂正の請求書の却下決定[*5]に対しては，これに不服のある審判請求人等[*6][*7]は，特許庁長官を被告として（特許179条本文）審決取消訴訟を提起することになる。この出訴によって審決の確定が阻止される。

> *4　拒絶査定不服審判手続や訂正審判手続と特許異議手続は前述のように査定系審判手続と呼ばれており，審判請求を容認する審決や異議申立てを却下する決定の場合には，不服を申し立てる者はおらず，この審決や決定謄本が審判請求人や特許権者に送達されることによって，直ちに確定する。
>
> *5　特許法178条に規定された「請求書の却下」決定以外の特許庁による手続の却下決定に対しては，行政不服審査法2条による審査請求を行うことができ，申立てが認められない場合は，行政事件訴訟法により訴えを提起して却下処分の取消しを求めることになる。
>
> 　なお，審判請求書の却下決定や審判請求不適法却下審決に関する不服申立てとしての審決取消訴訟については実例も少なく，格別に論ずべき点もないので，以下では逐一記述はしないことにする。
>
> *6　特許異議手続は査定系審判手続と呼ばれるが，無効審判手続とも類似している（前述⇒第2節 ②「異議手続と無効審判との相違点」）。そこで特許異議手続には特許権者を補助するために参加することができ（特許119条），参加人が原告となって取消訴訟を提起する場合はありうる。
>
> *7　特許法178条は，審決取消訴訟に関する一般条項であるため，同条2項で

審決取消訴訟の原告・被告

対象とする審決・決定		原告	被告
当事者系 無効審判	審判請求棄却（不成立）審決	審判請求人 請求人側参加人	特許権者
存続期間の延長登録の無効審判	審判請求認容審決	特許権者 特許権者側参加人	審判請求人
査定系 拒絶査定不服審判	審判請求棄却（不成立）審決	出願人・特許権者	特許庁長官
訂正審判	審判請求認容審決	—	—
特許異議手続	特許維持決定	—	—
	特許取消決定	特許権者・参加人	特許庁長官

は参加人も原告になれると記載されているが，同法161条によれば拒絶査定不服審判手続には参加の規定（特許148条）は適用されず，同法166条によれば訂正審判手続も同様であるから，両審判には参加人はありえず，その審決取消訴訟の原告となることもない。

　　権利が共有されている場合は，特許を受ける権利の共有の場合も特許権の共有の場合も，審判は共有者全員を請求人または被請求人としなければならない（特許132条2項，3項。このような共同審判形態を，民事訴訟法上の共同訴訟形態の区分にならって，「固有必要的共同審判」と呼ぶ場合がある）。しかし，特許を受ける権利あるいは特許権の共有の場合の審決取消訴訟の当事者適格に関しては特許法に規定がない。

　この点につき，判例は，特許を受ける権利の共有の場合には共有者全員が原告となって拒絶査定不服審判の審決取消訴訟をすべき（最三小判平7・3・7民集49・3・944〈磁気治療器事件〉。⇒第1章第3節②4の＊9）であるが，特許権の共有の場合は，共有者の一人が保存行為として無効審判の審決取消訴訟を提起することができる（特許取消決定の取消訴訟についてであるが，最二小判平14・3・25民集56・3・574〈パチンコ装置事件〉。⇒第1章第4節④2）とする＊8。

　＊8　特許権の共有と特許を受ける権利の共有の場合で，持分権者が単独で保存行為として審決取消訴訟を提起できるか否かに関する結論が180度異なって

しまうことを合理的に説明できるかについては見解の分かれるところである。判例の立場は，権利の生成をめざす過程では共有者全員の協力が常に必要であるが，権利成立後はそこまで強い協力関係を要求せずともよいとするもののようである。しかし，かりに審決取消訴訟は持分権者が単独で提起・遂行できたとしても，特許法が改正されない以上は，審決が取り消された後に再度行われる審判手続は固有必要的共同審判として共有者全員が請求人（訂正審判の場合）または被請求人（無効審判の場合）とならなければならない。したがって，訴訟を持分権者が単独でやったとしても，その後は再び共有者と一緒に手続を続行するか，相共有者の持分を承継して，特許庁長官宛の届出をしておく必要があることには注意しておかなくてはならない。

3　審理

　審決取消訴訟での判断の対象は，審判手続における手続的違法と審決における実体上の違法の双方である。いずれの場合もこの違法が審決の結論に影響を及ぼすものであることが取消理由となる。

　ただし，実際に審決取消訴訟で主張される取消理由の多くは実体上の違法を主張するものであり，とりわけ，審決が，①出願発明あるいは特許発明の理解を誤った，②出願発明あるいは特許発明の新規性・進歩性といった特許要件や先願性を判断するために対照される他の発明の理解を誤った，③出願発明あるいは特許発明と対照される他の発明との同一性や進歩性あるいは先願性などについての判断を誤った，と主張するものが多い。

　審決取消訴訟の審理は，③で述べる審決取消理由の主張の制限があるほかは，通常の行政訴訟手続と大きな相違はない[*9]。行政訴訟であるから，一般の民事訴訟とは異なり，職権で証拠調べをすることができる（行訴24条）が，証人尋問でなければ明らかにできない事実はほとんどないし，書証として提出されるものの多くも定型化している（書証として，原告から審判手続で審理された資料が提出されるのが通常である）ので，これに加えて職権で証拠調べがされることはほとんどない。

　　*9　ただし，特許の分野での審決取消訴訟ではほとんどすべての事件が，まずは弁論準備手続（民訴168条）に付される。高裁における審理は全件が裁判官3名（裁18条，ただし，5名の裁判官で合議体を構成する場合（大合議と呼ばれている）もある：民訴310条の2，特許182条の2）からなる合議

体で行われるが，弁論準備手続は，そのうちの１人が受命裁判官として担当して，主張や証拠の整理を行うものである。そして，通常は，弁論準備手続での整理が終了すると，第１回口頭弁論期日が開かれて，訴状や弁論準備手続の結果が陳述され，弁論が終結して，判決言渡期日が指定される。このように，口頭弁論は１回だけで，それも形式的な手続のみが行われ，実質的な審理はすべて弁論準備手続で行われている。

　　審決取消訴訟の審理を担当するのは，裁判官であって，実体審査を担当する行政庁ではない。したがって，たとえば拒絶査定不服審判の審決取消訴訟において，審理した結果，拒絶査定を維持した審決の判断が違法であると判断した場合に，さらに進んで本件特許出願は登録されるべきものであるとして，拒絶査定を取り消して特許査定をすることはできない。裁判所の判断は審決を維持するか取り消すかの二者択一である。そして，審決取消判決が確定した場合には，再開された審判手続において，さらに審理が行われ，審決または決定がされることになる（特許181条）。

　このように，査定の適否を審理する手続である審判手続と，審決の取消理由（違法）の有無を審理する訴訟手続とでは，基本的構造を異にしていることに注意しなければならない。

4　判　決

　　審決取消訴訟の判決は，訴えが不適法でその不備が補正できない場合に口頭弁論を経ないでする訴え却下判決，その他の訴訟要件の不具備を理由とする訴え却下判決のほかは，請求認容判決（主文は，「特許庁が，同庁平成○年審判○○号事件について平成○年○月○日にした審決を取り消す。訴訟費用は，被告の負担とする。」などとなる）か請求棄却判決（主文は，「原告の請求を棄却する。訴訟費用は，原告の負担とする。」などとなる）がある。

　　審決取消しの確定判決は，その事件について再度審理を担当する審判官を拘束する（行訴33条）から，改めて再開される審判手続では，通常は，先の審決とは異なる結論の審決，すなわち拒絶査定不服審判での不成立審決が取り消された場合には特許査定がされ，特許無効審決が取り消された場合には審判請求不成立審決がされることになる。しかし，

先の審決とは全く別の理由であれば，再度先の審決と同一結論の審決をすることもできる。この点は，後に ④ の【ケース研究3】でさらに検討を加える。

5　上訴

　拒絶査定不服審判不成立審決取消訴訟，訂正審判不成立審決取消訴訟および特許取消決定取消訴訟においては，原告は出願人か特許権者（および参加人）に限られるので，いずれの場合でも請求を棄却された場合には原告である出願人・特許権者が上告人として，特許庁長官を被上告人として最高裁に上告することになる。

　逆に請求が認容されて審決が取り消された場合には被告である特許庁長官が上告人として，出願人・特許権者を被上告人として，最高裁に上告することになる。

　無効審判や存続期間の延長登録の無効審判についての審決取消訴訟においては，敗訴当事者が上告人となって，相手方を被上告人として，最高裁に上告することになる。

　上告期間は，審決取消訴訟の判決の送達を受けた日から2週間である（民訴313条，285条）。ただし，1996（平8）年民訴法改正で，最高裁への上告理由は従来に比べると大幅に制限され，これに代わって上告受理申立制度（民訴318条）が導入された。この点は，一般の民訴法の分野であるから，本書の性格上，これ以上の解説は省略する。

③　審決取消理由の主張の制限

1　問題の所在

　通常の行政処分取消訴訟では，法律による制限のないかぎり，審理対象となる処分に存在する一切の違法事由を主張・立証することが許され，これが行政に対する司法的統制を実効あらしめるものであるとされている。

では，特許の審決取消訴訟の場面で主張できる審決取消理由も，通常の行政処分取消訴訟と同様であるか否か。これについては従来は立場が四分されていた。

　たとえば，無効審判において，審判請求人が，特許発明は出願前公知の甲文献と同一であるとして，新規性の欠如による無効を主張したが，審判請求不成立との審決がされた。そこで，審判請求人は審決取消訴訟を提起して，甲文献から新規性がないとはいえないとしても，①出願前公知の乙文献から新規性がない，②本件特許出願は特許請求の範囲の記載要件（サポート要件〈特許 36 条 6 項 1 号〉）を充足していないから無効である，との 2 つの無効理由を追加主張したとする。この事例において，4 つの学説は次のように相違することになる。

　A説：無制限説　　通常の行政処分取消訴訟と同様に，審決取消訴訟で主張できる審決取消理由には制限がないとする立場である。したがって，①②のいずれの主張もすることができる。

　B説：同一法条制限説　　同一法条における審決取消理由に主張は制限されるとするものであり，本件審決取消訴訟では新規性欠如以外の主張はできないとする立場である。したがって，①の主張はできるが，②の主張はできない。

　C説：制限説　　審判において争われた特定の具体的な公知技術の範囲においてのみ審決取消理由として主張することができるとする立場である。したがって，審判で登場していない乙文献からの新規性欠如の主張もできず，①②いずれの主張もできない。

　D説：実質的証拠法則適用説　　2013（平 25）年改正前独占禁止法 80 条に規定されていた実質的証拠法則が審判手続における判断にも適用になるとの説である。したがって，甲文献が証拠として用いられたうえでの審決の判断である以上は，実質的証拠が当然に存在しているので，その判断を違法とすることはできず，①②いずれの主張も採用される余地はない[*1]。

　　＊1　特許法には実質的証拠法則を定めた規定は存在せず，2013（平 25）年改正で独占禁止法でも実質的証拠法則の根拠条文が削除されたので，この説は現行法の解釈としては採用の余地はなく，あくまで立法論ないしは政策論に

とどまる。ただし，渋谷達紀『特許法』（2013年・発明推進協会）564頁は解釈論としても実質的証拠法則適用説を採用している，希有な例である。

2　メリヤス編機事件最高裁大法廷判決による判例変更

　従前，最高裁は前記A説ないしB説を採用しており，C説を採用していた東京高裁の判決を繰り返し上告審で取り消していた。

　このような状況は，特許実務の混乱を招くことは必定であったため，最高裁は大法廷で事件を審理した結果，過去の判例を変更して，東京高裁が採用していたC説に同調することを宣言した[*2]。その結果，以後の実務はC説（制限説）で統一されるに至った。この判例の要旨は次のようにいう。「特許無効の抗告審判〔現行法にいう無効審判〕で審理判断されなかった公知事実との対比における特許無効原因を審決取消訴訟において主張することは，許されない」[*3]。

> [*2]　最大判昭51・3・10民集30・2・79〈メリヤス編機事件〉。最高裁における審理は原則的に5名の裁判官から構成される小法廷で行われ，15名全員の裁判官で構成される大法廷審理は憲法判断や最高裁の判例変更をする場合などの重大な事件の場合に限られている（裁10条，最高裁判所裁判事務処理規則7条，9条）。工業所有権法（産業財産権法）に関する最高裁判例で大法廷判決はこれまでのところメリヤス編機事件最大判のみである（なお，著作権法に関する大法廷判決としては最大判昭38・12・25民集17・12・1789〈ミュージック・サプライ事件〉がある）。

> [*3]　メリヤス編機事件最大判はいわゆる当事者系審決取消訴訟に関する事案であるが，同判決も理由中で述べているとおり，査定系審決取消訴訟においても変わるところはない。

3　制限説の根拠

　①　特許庁審判官の行う審決は，通常の行政庁の行う処分と異なり，民訴法と同様ないしは類似する規定に従って審理される準司法的手続であり，審決には，判決同様に理由が付されていること。

　②　当事者としても，技術専門庁である特許庁の審判官がする第一次的判断を経由する利益や期待があるともいえること。

　③　拒絶査定不服審判手続において原拒絶査定と異なる理由で査定の

結論を維持しようとする場合には，特許出願人に新たに拒絶理由通知を
して明細書等を補正する機会を与えている（特許159条2項）し，無効審
判手続においても特許権者は明細書の訂正請求をする機会が与えられて
いる（同法134条の2）のに，審決取消訴訟の場面で別の公知技術に差し
換えるなどして審決が維持されてしまうと，特許出願人あるいは特許権
者に明細書の補正や訂正請求の機会を与えることなく，審決を確定させ
てしまうことになりかねないこと。

④　無効審判において審決がされて確定すると，以後同一事実および
同一証拠に基づく再度の審判申立てを認めないとする一事不再理の法則
が適用になる（特許167条）。

そうであるのに，審判段階で全く登場しなかった公知技術やその他の
理由を審決取消訴訟で主張することを認めた結果，審決を確定させた場
合には，審決の理由と判決でいう審決を維持すべきとした理由が齟齬す
ることになり，一事不再理の原則が働く範囲について矛盾が生じてしま
うことになること。

⑤　1998（平10）年特許法改正で，無効審判の請求の理由について，
その要旨を変更する補正が認められないことになった（2003（平15）年改
正前特許法131条2項，現131条の2第1項）*4。これにより審決取消訴訟で
公知技術の変更が認められないこととの整合性がより明確化したこと。

　　　*4　なお，2003（平15）年特許法改正では，無効審判請求の理由の要旨を変
　　　　　更するものであっても，一定の要件を満たす場合には，審判長の許可によっ
　　　　　て補正ができることとされた（前述⇒第1節③2「無効審判の審理」）。

4　審決取消訴訟での新たな主張・立証の許容限度

審決取消訴訟の場面で，審判手続で取り調べられなかった証拠が全
く提出できなくなるのではない点には，注意しておかなければなら
ない。たとえば，審判手続で審理された特定の出願前公知技術（引用
例*5）との対比における特許発明の進歩性の有無との主命題は動かさず
に，この引用例の意味を理解するための資料や，出願当時の技術水準を
示すための資料として技術文献を審決取消訴訟で書証として取り調べて
判断材料としたり，審理の主命題となっている引用例と同種の引用例を

補強資料として提出することなどは許される（最一小判昭 55・1・24 民集 34・1・80〈食品包装容器事件〉）。

＊5　審判手続や訴訟において，特許発明の出願時における新規性や進歩性を争うための資料として用いられた公知技術のことを「引用例」と呼ぶ場合がある。たとえば，甲公知技術（甲文献）という代わりに甲引用例と呼ぶ。

　また，商標の分野のことではあるものの，紛らわしいので一言述べておくが，商標の不使用取消審判（商標 50 条）は，審判請求の登録前 3 年間以内に権利者が商標を使用していたことを主たる立証命題にしているのであるから，審判段階で提出していなかった証拠を審決取消訴訟段階で提出することには何ら制限はない（最三小判平 3・4・23 民集 45・4・538〈シェトア事件〉）。この場合と，前掲（2＊2）メリヤス編機事件最大判の場合とを混同しないようにしなければならない。

④ 審決取消判決の拘束力

　審決取消しの確定判決は，その事件について再度審理を担当する審判官を拘束する（行訴 33 条）ことは前述した。この審決取消判決の拘束力の法的性質や，拘束力の及ぶ範囲をめぐる問題は理解が困難であるが，避けて通ることのできない重要論点である。そこで，本書においても，この問題を扱った判例として著名な前掲（②2＊3）最三小判平 4・4・28〈高速旋回式バレル研磨法事件〉を取り上げ，ケース研究として以下で解説する。

【ケース研究3】

●高速旋回式バレル研磨法事件 ◆◆◆◆◆◆◆◆◆◆◆◆◆◆◆◆

最三小判平4・4・28民集46・4・245

1 事件の概要

(1) YがXの本件(特許)発明は出願前公知の甲引用例から容易に推考できたとして，進歩性欠如を理由として無効審判請求をしたところ，特許庁はこれを容れて特許を無効としたため，Xが審決取消訴訟を提起した（この審決を「第一次審決」と呼ぶことにする）。

(2) 東京高裁は，甲引用例の内容を他の証拠等から理解したうえで認定して，このような甲引用例から本件発明が容易に推考できたとした審決の判断は誤りであるとして，審決を取り消す旨の判決をした。理由は不明であるが，この審決取消判決に対してYが上告しなかったため，この判決は確定した（この判決を「第一次取消判決」と呼ぶことにする）。

(3) 審決取消判決が確定したため，手続は再び特許庁に戻り審判手続が開始され（特許181条2項）たところ，審理を担当した審判官は，第一次取消判決の拘束力（行訴33条1項）に従って，今度は，甲引用例から本件発明を容易に推考することができたとは認められないとして，無効審判請求不成立との審決をした（この審決を「第二次審決」と呼ぶことにする）。

(4) Yが第二次審決に対して審決取消訴訟を提起して，本件発明についての実験結果報告書を提出して，甲引用例についての第一次取消判決の理解は誤りであって，この報告書によって認定されるところによる本件発明の理解に従えば，本件発明は甲引用例から容易に推考できたと主張した。

(5) 東京高裁は，審決取消判決後に再度開始された審判手続においては，同一の甲引用例から本件発明が容易に推考できるとの判断を再びすることは，取消判決の拘束力によって許されないが，再度開始された審判手続やその不服申立訴訟としての審決取消訴訟の場

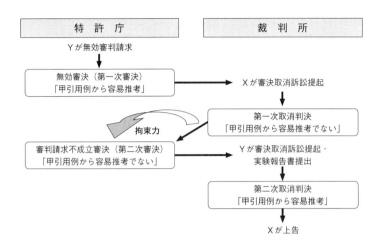

において，実質的に新たな証拠が提出された場合には，第一次審決と同様の判断をすることは妨げられないとして，二度目の審決取消判決をした（この判決を「第二次取消判決」と呼ぶことにする）。

（6）そこで特許権者Xが第二次取消判決の取消しを求めて最高裁に上告した。

以上の手続の経緯は複雑であるから，上に図で示しておく。本件を理解するうえで，この審決および判決の経緯を頭の中に入れておくことがぜひ必要なので，何回か図面と併せて読んでおくことを勧める。

2　論点の整理

本判決の論点は，まず，審決取消判決のいかなる判断部分に拘束力が生ずるのかという点である。

審決取消判決の拘束力の及ぶ範囲を理解する前提として，まず，拘束力の法的性質を理解しておく必要がある。拘束力の法的性質を判決の既判力[*1]と同様のものと理解する立場も従前はあった。しかし，取り消された前処分とその後に行われる処分とは全く別の処分であるから，前処分を取り消した判決の訴訟物に対する既判力が後の処分に及ぶことを説明することは困難である。また，取消判決の

拘束力は，同一処分の繰り返し禁止ないしは同一過誤の反復禁止のための制度であるから，判決主文における判断事項にとどまらず，主文に至る理由中の判断にまで及ぼさせることが前提となると解される。さらに，無効審判における審決の取消訴訟においては，拘束力が訴訟当事者でない関係行政庁に対する効力であることも，既判力としては説明に窮する点である。したがって，現在においては，取消判決の拘束力は既判力と同一の性質のものではなく，行政事件訴訟法33条によって認められた特殊な効力であり，主文を導くのに必要不可欠な理由中の判断部分（ただし傍論を除く部分）にも生ずると解することには，ほぼ異論がない。

*1　民訴法にいう既判力の及ぶ範囲は主文における判断事項のみであり（民訴114条），理由中の判断には既判力は生じない。

　　　既判力について少し解説しておくと，たとえばYが占有する土地の引渡しをXが土地所有権に基づいて請求したが，請求を棄却された場合，この請求棄却の確定判決には既判力が生ずるから，Xが再度同様の原因で訴訟をYに対して提起した場合には，同様の判断がされて，再び請求が棄却されることになる。しかし，Xが売買契約の履行として建物の明渡しをYに求めた場合には，かりに前訴でXの土地所有権取得原因事実としてのXY間の売買の事実があったとは認められないという判断がされていたとしても，その理由中の判断には既判力が及ばない。したがって売買事実ありとしてXの請求を認容することも許される。これが旧訴訟物論といわれるものであり，実務で広く採用されている。ただし，このような場合に，前訴の理由中の判断部分についても，後の裁判を担当する裁判官は事実上これを尊重することが多いし，旧訴訟物論に立ちながらこの理由中の判断にも一定の効力（争点効）を認めようとする説もある。

　　このように審決取消判決の拘束力の生ずる部分を，主文を導くのに必要不可欠な判断部分と解するとしても，必要不可欠な判断部分とはどこなのかが次に問題となる。

　　本件事案のように，甲引用例から本件発明が容易推考であるとした審決の判断は誤りであるとして審決を取り消した第一次取消（確定）判決がある場合に，①本件特許が，たとえば特許請求の範囲の記載要件（サポート要件：特許36条6項1号）を充足していないという

ように，第一次取消判決の採用した無効理由と法条も異にする全く
別の理由で同様の無効審決をすることは拘束力に反しないし，②第
一次審決と同様に本件発明に進歩性がないとの理由で再度無効審決
をするにしても，甲引用例とは全く別のたとえば乙引用例を用いて
判断することも，これが第一次取消判決の拘束力に反しないことに
はほとんど異論がない*2。

> *2　前述のとおり 1998（平 10）年特許法改正で，無効審判の請求の理由
> については，要旨を変更する補正が認められないことになった
> （2003（平 15）年改正前特許 131 条 2 項，現 131 条の 2 第 1 項）ので，
> 審決取消判決確定後に改めて進められる無効審判手続での請求の理由の
> 変更も制限されることになった（なお，その後，2003（平 15）年特許
> 法改正で，無効審判請求の理由の要旨を変更するものであっても，一定
> の要件を満たす場合には，審判長の許可によって補正ができることとさ
> れた。前述⇒第 1 節 ③2「無効審判の審理」）。しかし，拒絶査定不服
> 審判などではこのような制限はないし，審決取消判決の拘束力を論ずる
> うえでは，上記の説明は現行法下でも妥当する。

この点，第二次取消判決は，審判手続において，甲引用例のほ
かに実質的に新たな証拠が提出され，それが採用された結果で
あるならば，同一の甲引用例をもって本件特許に進歩性がないとの
審決を再度することは，第一次取消判決の拘束力の範囲外であるか
ら，可能であると判断している。

したがって，この場合の新たに提出され取り調べられることによ
って，審決取消判決の拘束力の枠を外すことができる「実質的に新
たな証拠」とは何なのかが問題となる。実質的に新たな証拠が，前
②における全く別の引用例を示す証拠である場合には，なんら問題
がないのであるが，第二次取消判決がこの「実質的に新たな証拠」
として採用した具体的な証拠は，前述のように本件発明についての
実験結果報告書であった点が問題となった。

3　審決取消判決の拘束力についての判示

判決は，X の上告を認容して，第二次取消判決を破棄し，Y の請
求（第二次審決取消請求）を棄却した。すなわち，無効審判請求を不

成立とした第二次審決を維持すべきものとした。

その理由の要旨は次のとおりである。

①　第一次取消判決が，本件発明が甲引用例から容易に推考することができたとした第一次審決の判断が誤りであるとした結果，甲引用例からの本件発明の容易推考性について，改めて行われる審判手続で審判官がこれと異なる判断をすることは，取消判決の拘束力によって許されない。したがって，このような第一次取消判決の拘束力に従ってされた第二次審決の判断には違法はない。

②　第二次取消判決が採用した「実質的に新たな証拠」は，第一次取消判決の拘束力の及ぶ判断，すなわち，本件発明が甲引用例から容易に推考できたか否かの判断を再考するための証拠であるから，これを用いて第一次取消判決の拘束力に反する主張・立証をすることは許されない。

4　検 討

審決取消判決の拘束力の及ぶ範囲に関する規定は特許法にはなく，本論点は，審決取消訴訟の制度論に近い。そこで，本判決と，審決取消理由の主張の制限に関する前掲（③2）最大判昭51・3・10〈メリヤス編機事件〉および，無効審判における一事不再理を規定した特許法167条との関連から考察を加えると，次のことを指摘することができる。

①　前掲メリヤス編機事件最大判が判示するとおり，審判手続で審理判断されなかった特許無効理由などを審決取消訴訟の場で審決取消理由として主張することは許されない。そして，同一法条（たとえば特許法29条1項による発明の新規性の有無）に基づく主張であったとしても，審判手続で審理判断されなかった引用例に基づいて新たに審決取消訴訟の場で審決取消しを求めることもできない。

②　しかし，審決取消訴訟の場では，審理対象となった当該引用例の内容を理解するための資料等を書証として提出することができることは，前掲（③4）最一小判昭55・1・24〈食品包装容器事件〉が判示しているとおりであるから，審決取消訴訟の場では，審

判で判断対象となった当該引用例について審理を集中させて，補強証拠も十分に提出させたうえで判断をすべきことになる。

③　無効審判における審決の取消訴訟での判決が確定した場合，その後の手続は判決の内容によって次のようなものになる。

(i)　当該引用例から特許発明が容易推考であるとはいえないとした審決を維持する判決が確定した場合には，一事不再理の原則（特許167条）により，同一人（当事者および参加人）は同一の引用例を証拠として進歩性欠如を理由とする無効審判を再度請求することは許されなくなる。

(ii)　当該引用例から特許発明が容易推考であるとした審決を維持する判決が確定した場合には，当該特許を無効とした審決が確定する。

(iii)　当該引用例から特許発明が容易推考であるとはいえないとした審決を容易推考であるとして取り消す判決[*3]が確定した場合には，その後に再開される審判手続では，当該引用例から特許発明が容易推考であるとはいえないとする再度の当事者の主張や審決が封じられる結果，無効審決がされることになる。

(iv)　当該引用例から特許発明が容易推考であるとした審決を容易推考であるとはいえないとして取り消す判決[*3]が確定した場合には，その後に再開される審判手続では，当該引用例から特許発明が容易推考であるとする再度の当事者の主張や審決が封じられ，当該引用例に関する判断には終止符が打たれることになる。本判決は(iv)の事例に関するものである。

④　③の(i)の場合に，この確定判決の判断は再審によってしか再考できないのと同様に，(iv)の場合にも，この確定判決の判断の再考は再審によってしか認めるべきではないことを指摘したのが本判決であり，このことは(iii)の場合であっても同様である。結局，本判決によって，当該引用例からの容易推考性をめぐる紛争が特許庁と裁判所の間を何度も往復して解決が遅延することが防止できることになる。

＊3　容易推考であるとはいえないとした審決を取り消す場合，容易推考であると最終的な判断を示して取り消すのではなく，容易推考であるとはいえないとした審決の判断過程に結論に影響する違法があることのみを

指摘して取り消すことがある。容易推考であるとした審決を取り消す場合も同様である。審決を取り消す場合において，特定の引用例から容易推考であるか否かの最終判断に至ることが常に可能でありまた常に適切であるということはできないものの，判断過程に結論に影響する違法があるとして審決を取り消したならば，結論に影響するとされた審決の違法事由についてのみ審決取消判決の拘束力が働くことになり，後に再開される審判手続では，その違法の点を取り除いて，さらに同一の引用例から容易推考であるか否かを審理することができることになってしまい，結局は，当該引用例からの容易推考性をめぐる紛争が特許庁と裁判所との間を何度も往復することになりかねない。審決取消訴訟を担当する裁判所としては，このような無駄を省くために，可能な限りにおいて，容易推考性をめぐる最終的な判断を示してゆくように訴訟進行の工夫をすることが望まれる。基本書としての性質上，これ以上の説明は控えるので，最近審決取消判決の拘束力に関して（傍論として）判示した知財高判平 29・11・21 LEX/DB 25449060〈アレルギー性眼疾患用処方物事件〉に関して論じた高林龍「審決取消判決の拘束力」『片山英二先生古稀記念論文集』［2020 年・青林書院］329 頁を参照して欲しい。

第6章

権利侵害救済手続

《この章の課題》

　特許権侵害が成立する実体的要件については第2章で説明した。

　特許権侵害は不法行為であるから，権利者は民法の規定に従って損害賠償請求ができるほか，特許法の規定に従って侵害の差止め・予防などを請求することができる。特許法にはそのほかに，それらの請求を根拠づけるための負担を軽減する特別規定も置かれている。本章では特許法のそうした規定をまず解説する（⇒第1節）。

　そのうえで，権利侵害の疑いが生じてから特許侵害訴訟の提起，判決・執行に至るまでの手続の流れを概観する（⇒第2節）。これによって，知識の整理をするとともに特許法のダイナミズムに触れてもらいたい。

① 総　説

　無体の財産である特許権は占有して管理することができないから，他者による侵害は容易に行われる。その反面，権利の外延が明確ではないから侵害行為の立証が困難である。さらに，侵害行為によって権利者自身が特許発明の実施ができなくなることがないから，権利者の被った損害額の立証にも困難が伴う。そこで，特許権が無体の財産であることに起因する侵害行為からの救済の困難性を軽減するために，特許法やその周辺法に特別規定が用意されている。本節では，これらの特別規定を解説し，その過程で権利侵害救済手続一般を概説する。

② 損害賠償に関する特別規定

1　過失の推定規定（特許 103 条）

　特許権侵害を理由とする損害賠償請求の根拠条文は特許法にはなく，不法行為についての民法 709 条以下が根拠条文となる。したがって，不法行為が成立するためには，当然のことながら，侵害者の故意・過失が要件となる。通常の不法行為では，これは請求側が立証しなければならない。

　しかし，特許法 103 条は，「他人の特許権又は専用実施権を侵害した者は，その侵害の行為について**過失があったものと推定する**」と規定して，立証責任を転換した。

侵害者の過失が推定される根拠は，特許庁での実体審査を経て特許査定がされ，特許原簿に登録されて成立した特許権の存在と特許発明の内容が，特許公報で公に知らされている（特許66条3項）ことにある[1] [2]。

> *1　特許法103条と同様の過失推定規定は，実体審査を経て権利が成立してその内容の公示が行われる意匠権（意匠40条）および商標権（商標39条による特許法103条の準用）にはあるが，実体審査手続を経ない実用新案権や，一切の審査手続を経ていない著作権法や不正競争防止法にはない。

> *2　設定登録から特許公報発行までの間は過失は推定されない（意匠法40条の過失の推定規定に関して大阪地判昭47・3・29無体裁集4・1・137〈道路用安全さく事件〉，特許法103条の過失の推定規定に関して大阪地判平13・7・26 LEX/DB 28061576〈壁紙糊付機事件〉）。ただし，東京地判平27・2・10 LEX/DB 25447070〈水消去性書画用墨汁組成物事件〉は，特許法103条の過失の推定規定に関して，特許公報の発行前であることのみから過失の推定が覆されると解することは相当ではないと判示しているが，賛成できない。

理論上は，侵害者が，特許権が存在しているとの認識を欠如していたことに相当の理由があったこと，あるいは権利を侵害しないと信じるのに相当な理由があったことを立証すれば，過失の推定は覆ることになるが，実務上はこの推定が覆ることはほとんどないといわれている。たとえば，弁理士の非侵害との鑑定意見を信じたなどの主張もこの推定を覆すことはできない（大阪地判昭59・10・30判タ543・263〈手提袋の提手事件〉）[3]。また，製造業者だけでなく流通業者であっても「業としての譲渡」について過失が推定される[4]。しかし，たとえば特許権侵害を理由に損害賠償請求を提起され，一審で権利侵害しているとは認められないとして請求が棄却されたが，控訴審で結論が逆転して請求が認容された場合に，一審判決から控訴審判決に至るまでの被告の実施行為など，過失の推定が覆ってもよい場面も想定されないわけではない（ただし，知財高判平24・3・22 LEX/DB 25444446〈餅事件終局判決〉はこのような場合も過失の推定は覆らないとしている）。

> *3　米国では故意で特許権の侵害がされた場合には懲罰的損害賠償（序章 ② 3(3)参照）が課されうるため，実施にあたって事前に専門家の意見を徴しているとして，少なくとも故意侵害ではないことを立証することがある。し

かし，これをもって過失がないという立証になりえないことは，わが国の場合と同様である。

＊4　不正競争防止法では2条1項3号の形態模倣品を譲渡する流通業者については，形態模倣品であることについて悪意または重過失があった場合に限り責任を負うとされ，一部責任が軽減されている（不正競争19条1項5号ロ）。

2　損害賠償額算定に関する特別規定（特許102条）

特許権は，前述のように，他者によって侵害されていても，その間に権利者自身の実施が不可能にはならず，重畳的な利用が可能である。したがって，有体物のように，相手方が利用したことがすなわち権利者自身が利用できなかったことにはならない。また，特許発明を実施した商品とこれを実施しない代替品が市場で競合する場合も多いし，権利者の生産能力が低い場合もあるから，かりに相手方が侵害行為を行わなかったとしたら，同量の特許発明の実施品を権利者が製造して売り上げることができたかは，直ちには決せられない場合が多い。このように，特許権侵害を理由とする損害額の主張・立証および算定には，無体の財産権であることによる困難性が必然的に伴う。

そこで特許法102条は，損害額算定のための3種類の特別規定を設けて，権利者の損害額の立証を容易にした。現行特許法102条の2項と3項は従前から存する規定であるが，1項は1998（平10）年特許法改正で新たに導入された規定である。もちろん，権利者は特許法102条の1項から3項までを利用して損害額を計算して主張するか，民法709条により通常の方法で逸失利益を計算して損害額として主張するか，あるいはその他の，たとえば相手方の侵害行為があったことによって特許発明の実施品の販売価格の値下げを余儀なくされたり，実施料収入が減少したことなどによる損害を含めて請求することも任意に選択できる。

なお，損害賠償請求のほかに民法703条以下の不当利得返還請求をすることもできる。あえて同請求を選択するメリットは少ないが消滅時効期間（民166条1項1号）が不法行為のそれ（同724条1号）よりも長いことに起因する場合が多い。

(1) 特許法102条1項

特許法102条1項は，特許権者または専用実施権者が販売している
製品と特許権の侵害製品が市場における競合製品となっている場合
において，特許権の**侵害製品の販売数量**に，権利者が**侵害行為がなけれ
ば販売できた物**[*5]の単位数量当たりの利益額を乗じたもので[*6]，権利者
の実施能力に応じた額を超えない額[*7]を，損害額とするものである。た
だし，権利者には侵害者と同等の販売能力がない場合もあるので，侵害
者がこの点を主張・立証すれば損害額が一部減額される[*8]。特許権者は
特許製品を市場で独占的に販売することができる地位にあるから，侵害
品が販売されなかったとしたら，これに代替できる特許製品は特許権者
のみが販売できたはずであるとの理解を前提に構成された規定である。
特許法102条2項の推定規定が後述のようにオール・オア・ナッシング
として運用されてきたことの反省から，認定額を減額する際の考慮要素
を規定している点に特徴がある。

    *5 権利者が侵害行為がなければ販売できた物とは，特許発明の実施品である
必要があるか否かについては説が分かれ，実施品である必要はないとする判
例（東京高判平11・6・15判時1697・96〈蓄熱材事件〉）もあるし，権利
者製品は侵害品の需要が少しでも向かう性質のものであれば足りるとする競
合品説も有力であり，知財高大判令2・2・28判時2464・61〈美容器事
件〉は「侵害品と市場において競合関係に立つ特許権者等の製品であれば足
りる」と判示した（ただし，対象となった事案では特許権者は特許発明の実
施品を製造販売していた）。しかし，特許法102条1項による計算は，発明
を実施した権利者製品と侵害品とが競合するからこそ，侵害品が売れなけれ
ば権利者製品が売れたという関係が存在することを前提としている。したが
って，権利者自らが特許発明を実施していないのに特許法102条1項の計算
が成り立つ場合というのは，権利者製品と侵害品が単なる競合関係にあるだ
けでは足らず，侵害品が売れなければ権利者製品が売れたといった代替性が
認められるような特殊な場合に限定されると解すべきである（中山399頁も
参照）。ただし，権利者製品と侵害品が，同一商品ではなく，たとえば特許
発明を実施した原材料と加工品であり商品形態が異なる場合でも，両製品が
市場で，侵害品が売れなければ権利者製品が売れたといった排他的な競合関
係にあると認められればよいといえる（東京地判平13・7・17 LEX/DB
28061454〈記録紙事件〉参照）し，前述（第2章第3節④「間接侵害があ

ったときの救済」3「損害額の推定」）のとおり，当該間接侵害該当部品自体を権利者が製造等していなくても，特許発明を実施していれば足りると解すべきである。

＊6　権利者の利益額を算定するにあたっては，原材料費や仕入価など権利者が侵害数量分を追加的に販売するために必要となった経費（変動経費）のみが控除される。したがって，権利者が当該発明のために要した研究開発費などは控除の対象とはならないし，かりに侵害者としては新たな設備費や研究開発費等の諸経費が必要であったとしても，これらの侵害者側の事情も控除の対象には当然ならない。なお，これらの点は前掲知財高大判令2・2・28〈美容器事件〉において同様に判示されている。また同知財高大判は，権利者側の限界利益の算定に際して，原告が製造販売している特許発明の実施品においてその売上に貢献している特許の特徴部分とそれ以外の特徴やその顧客吸引力等を総合考慮すると，その利益の6割は覆滅される（権利者の請求できる限界利益額から減じられる）と判断している。

＊7　権利者側で主張額が自らの実施の能力に応じた額を超えていないことを主張・立証する。逆に，侵害者側で権利者には譲渡数量の全部または一部を販売することができないとする事情があることを主張・立証する。ただし，権利者側の実施の能力は潜在的な能力で足りると柔軟に解されている。なお，これらの点も前掲知財高大判〈美容器事件〉において同様に判示されている。

＊8　販売することができないとする事情として，前掲知財高大判令2・2・28〈美容器事件〉は，(1)特許権者と侵害者の業務態様や価格等の相違（市場の非同一性），(2)市場における競合品の存在，(3)侵害者の営業努力（ブランド力，宣伝広告），(4)侵害品および特許権者の製品の性能（機能，デザイン等特許発明以外の特徴）を指摘している。以前は，これらの事情は販売することができないとする事情とは認められないとする一連の東京地裁判決（たとえば東京地判平14・3・19判時1803・78〈スロットマシン事件〉。この判決は，同事情として，侵害品がその性質上限定された期間内においてのみ需要され，当該期間内に消費されるものである場合，たとえば生鮮食料品であった場合などを指摘している）もあったが，現在ではみられなくなっている。ただし，前掲美容器事件知財高大判の前記判示によっても，＊6記載のとおり権利者の限界利益の算定に当たって控除される権利者製品における特許発明の特徴以外による貢献と，販売することができない事情として控除される前記(1)，(3)，(4)などの特許発明とは関わらない相手方製品販売に際しての貢献との区分や，これらの事情と後述する侵害品における対象特許発明の寄与率との区分は明確とはいえない状況にある。また，特許権者が特許発明実施品を製造販売している場合においては，市場における侵害品以外の競合品の存在が，販売することができないとする事情となるとする点（前記(2)）には

疑問がある。ただし，基本書としての性質上これ以上の説明は控えるので，詳しくは高林龍「特許法102条2項の再定義」『中山信弘先生古稀記念論文集』[2015年・弘文堂] 456頁，および高林龍「特許権侵害の損害賠償に関する2件の知的財産高等裁判所大合議判決回顧——特許法102条1項と2項は統一的な立場から解釈できるのか」L&T別冊8号 [2022年] 51頁を参照して欲しい。

特許権の侵害製品の販売個数を立証することは，後述の文書提出命令の申立てを活用することなどによって，権利者としてもある程度は可能であるが，侵害製品を販売することによって侵害者が得た利益額を立証することは，他人の懐を覗かなければならないことであるだけに，難しい。そこで，外形的に明らかにすることが可能な侵害製品の販売個数に，権利者自らが販売することによって得られる単位数量当たりの利益額（これは権利者側の内部資料で容易に立証できる）を乗じることによって，権利者の被った損害額が計算できるとしたのが，1998（平10）年特許法改正によって新設された本項である。

ただし，権利者側にとって，自らの製品販売に際しての利益額を明らかにすることが営業秘密等にかかわるため憚られる場合には，特許法102条2項や3項を利用するか，あるいは原則どおり民法709条に基づいて請求するほかはない。

2019（令元）年に特許法102条1項が改正され2020（令2）年4月1日から施行された。同改正の実質は，改正前1項を1項柱書と1号とに分割し，そのほかに権利者に実施の能力がない等の理由で1号の算定にあたって控除された数量分について同条3項による相当実施料額の支払を合算して請求できるとする同条1項2号を新設したものである。

改正前には特許法102条1項で損害賠償を請求したが，権利者において販売することができない事情があるとして控除された部分について，重ねて同条3項による損害賠償を請求することができるかについては，これを肯定する前掲（＊5）東京高判平11・6・15〈蓄熱材事件〉などがあったが，大阪地判平19・4・19判時1983・126〈水中眼鏡事件〉や知財高判平23・12・22判時2152・69〈ピペラジン事件〉等はこれを否定していた。ただし，特許法102条1項で権利者に実施の能力がないとして請求が一部棄却される部分については，重ねて同条3項による損

害賠償を請求することはできると解されていた。

　したがって，2019（令元）年改正特許法102条1項2号が，権利者に実施の能力がないとの理由で控除された数量分について同条3項による相当実施料額の支払を合算して請求できるとした限りにおいては，同年改正は従来の運用と変わりのないものといえるが，そのほかに同条3項の相当実施料の支払を合算して請求できる場合，すなわち販売することができない事情があるものとして1号の算定にあたって控除された特定数量分の範囲については，条文上明確とはいえず，解釈に委ねられている。

　🔘　2019（令元）年改正後の特許法102条1項2号の適用について判示した例は未だ少ないが，たとえば，知財高判令4・3・14 LEX/DB 25572106〈ソレノイド事件〉は，前掲知財高大判令2・2・28〈美容器事件〉の判示した＊8記載の⑷侵害品および特許権者の製品の性能により減額された部分については重ねて3項による相当実施料の請求はできないが，同⑶侵害者の営業努力，により減額された部分については重ねて3項による相当実施料の請求はできると判示している。しかし，特許法102条1項2号は，1号により減じられた数量について権利者が別途実施許諾をすることができた場合であったならばその数量について重ねて3項による相当実施料の支払いを請求できるとしたものであるが，前掲美容器事件知財高大判の判示した＊8記載の⑶，⑷は，いずれも相手方製品の販売に際しての特許発明以外の貢献により売り上げられた数量を減じた場合であるから，特許発明以外の貢献による売上げすなわち特許発明の貢献がゼロで売り上げられた部分について重ねて権利者が実施許諾をすることはあり得ないのではあるまいか。一方で，前掲美容器事件知財高大判の判示した＊8記載の⑴の市場の非同一性により減じられた数量については，侵害者はいずれにせよ特許発明の実施品を販売しているのであるから，権利者が売り上げられなかったとして減じられた部分について重ねて権利者が相当実施料の支払いを受けることはできると解される＊9。

　なお，寄与率に関しては次の特許法102条2項の項も参照のこと。

　　＊9　この点第7版での記述を改める。詳しくは＊8記載の高林龍・L&T別冊

8号51頁以下参照。なお，後に検討する特許法102条2項に関する知財高大判令4・10・20 LEX/DB 25572417〈椅子式マッサージ機事件〉は権利者に実施の能力がないとして減じられた部分と，推定覆滅事情として前掲知財高大判令2・2・28〈美容器事件〉の判示した*8記載の(1)と同様の市場の非同一性を理由として推定が覆滅された部分については重ねて同条3項による相当実施料の請求ができると判示した。同知財高大判については特許法102条2項の項を参照して欲しい。

(2) 特許法102条2項

特許法102条2項は，特許権の侵害製品を製造・販売することで**侵害者が得た利益額**を特許権侵害により権利者の被った損害額と推定する，法律上の事実推定規定である*10。ただし，損害額を推定するものであって，損害発生の事実まで推定するものではないから，侵害行為がなかったならば権利者が利益を得られたであろうとの事実は権利者が主張立証しなければならず，損害発生の事実は権利者自ら特許発明を実施している場合には認められるので，従前は特許法102条2項を適用するためには権利者自らが特許発明を実施していることを要件と解するのが通説・判例であった。しかし，1998（平10）年特許法改正で102条1項が新設され，同項の解釈として権利者は特許発明を実施していなくとも，侵害者製品と競合する製品を製造販売していればよいとする立場が有力となっている（⇒(1)*5）のと平仄を合わせるように，102条2項においても権利者は侵害者製品と競合する製品を製造販売していればよいとする判例（たとえば，東京地判平21・10・8 LEX/DB 25441386〈経口投与用吸着剤事件〉）も現れていたところ，知財高大判平25・2・1判時2179・36〈紙おむつ処理容器事件〉は，同項適用においては特許権者が当該特許発明を実施していることは要件ではないとの判断を大合議で示した。

* 10　特許法102条2項は推定規定であることから，侵害者側が推定を覆す事情の主張・立証に成功すると，全面的に本項の適用が排斥され，権利者側は民法709条に基づいて自らの損害を主張・立証するか，特許法102条3項により実施料相当の損害金を請求するしかなくなるとするオール・オア・ナッシングの解釈が採用されてきた。しかし，1998（平10）年改正特許法102条1項が割合的に損害賠償額を認定する道を開いたことを契機として，同条2項についても推定の量的な一部覆滅を認める判例（東京地判平11・7・

16 判時 1698・132〈悪路脱出具事件〉）が現れ，知財高大判平 25・2・1 判時 2179・36〈紙おむつ処理容器事件〉は，特許権者と侵害者の業務態様等の相違などの諸事情は推定された損害額を覆滅する事情として考慮されるべきものであるとの判断を大合議で示した。その後，知財高大判令元・6・7 判時 2430・34〈二酸化炭素含有粘性組成物事件〉は，侵害者が得た利益と特許権者が受けた損害との相当因果関係を阻害する，たとえば(1)特許権者と侵害者の業務態様等の相違（市場の非同一性），(2)市場における競合品の存在，(3)侵害者の営業努力（ブランド力，宣伝広告），(4)侵害品の性能（機能，デザイン等特許発明以外の特徴）などの事情（これらの事情は特許法 102 条 1 項 1 号において販売することができない事情として前掲知財高大判令 2・2・28〈美容器事件〉の判示した＊8 記載の(1)ないし(4)と共通している）のほか，特許発明が侵害品の部分のみに実施されている事情を推定覆滅の事情として考慮できると明示した。

　前掲知財高大判平 25・2・1〈紙おむつ処理容器事件〉が特許法 102 条 2 項の適用において特許権者が当該特許発明を実施していることは要件ではないとした判示は，その後の前掲知財高大判令元・6・7〈二酸化炭素含有粘性組成物事件〉でも同様の判示がされていたが，いずれも特許権者が特許発明を実施しているといえる事案であったため，両判示の射程をめぐって，特許権者は特許発明を全く実施していない場合でもよいのか，あるいは特許発明は実施していなくとも侵害品と競合する製品を製造販売していることが要件となるかについては定説がなかった。ところが，前掲知財高大判令 4・10・20〈椅子式マッサージ機事件〉は，特許法 102 条 2 項の適用において特許権者が当該特許発明を実施していることは要件ではないと判示しつつ，競合品を販売している場合においては同項を適用することができるとしたため，同条 1 項と同様に同条 2 項の適用の場面でも競合品を販売していることが要件であると解する立場が現在は多数といえる状況にある＊11。

　＊11　特許法 102 条 2 項と趣旨を同じくする著作権法 114 条 2 項については，従前から同項の適用には権利者自身が侵害者同様の著作物の販売等を行っていることは要件ではないとする判例も散見されていた（高林・著作権 287 頁）。前掲知財高大判平 25・2・1〈紙おむつ処理容器事件〉の判旨の射程をめぐっては本文記載のようにその後の知財高裁大合議判決の判示を含めて様々な議論が展開されているが，私見としては（特許法 102 条 1 項の場合には原則として権利者が特許発明を実施しているか少なくとも代替品を製造販

売等していることを要件と解するべきことは前述のとおり（⇒(1)＊5）であるが，推定の一部覆滅による割合的認定がされなかった前＊10記載の過去の状況が改善された現在の同条2項の解釈の場面では，特許侵害製品を製造販売等した者が得た利益から推定の覆滅によって抽出された特許発明の実施により得た利益相当額は，特許権者が特許発明を実施しているか競合品を製造販売等しているか否かに関わらず，市場を独占できる特許権の十全性を棄損したことにより侵害者が得た利益であって，権利者の受けた損害額ということができるだろう。基本書としての性質上これ以上の説明は控えるので，詳細は前掲高林龍「特許法102条2項の再定義」を参照。

侵害者が侵害製品を製造・販売することで得た利益とは，粗利益（販売価格と製造原価の差額）ではなく，限界利益と解するのが，現在の通説・判例ということができる＊12。

＊12　前掲知財高大判〈二酸化炭素含有粘性組成物事件〉はこの点を明示した。また，1998（平10）年特許法改正で102条1項が新設される以前には，「権利者側の限界利益説」ともいうべき立場が判例の主流（たとえば，東京地判平10・10・7判時1657・122〈負荷装置システム事件〉）であった。この説は，権利者が，特許発明の実施のための新たな設備投資や従業員の雇用を必要としない状態の下で，侵害者により特許権の侵害製品が製造・販売されているのであるから，侵害者が得た利益額の算定にあたっても，侵害製品の売上額からその製造・販売自体のために追加的に必要となった経費（変動経費）のみを控除すべきである（権利者にとっては必要でないような経費は控除しない）とする説である。しかし，新設された特許法102条1項では，権利者側の利益率算定にあたって，侵害者側が侵害製品の製造・販売のために必要とした研究開発費や設備投資費などは当然に控除されないこととの対比から，同条2項においては，侵害者側が製造・販売を実現するために追加的に必要とした経費（変動経費）であるかぎり，権利者側の事情にかかわらず控除する（設備投資費なども控除されうる）という「侵害者側の限界利益説」ともいうべき立場が判例の主流（たとえば東京地判平13・2・8判時1773・130〈モデルガン事件〉，東京地判平19・4・24 LEX/DB 28131142〈レンズ付きフィルムユニット事件〉など）となっており，前掲知財高大判〈二酸化炭素含有粘性組成物事件〉はこの点も明示した。

なお，従前は，粗利益説のほかに，侵害者が侵害製品を製造・販売するために要した人件費や設備投資費などのあらゆる経費を売上額から差し引くべきであるとする純利益説もあった。

（特許102条2項と同3項の併用について）
2019（令元）年特許法改正で102条1項が改正され，1号で権利者

において販売することができない事情があるとして控除された部分について，2号で重ねて同条3項の相当実施料の請求ができるとされた点は前述した。同年改正では特許法102条2項は改正されなかったが，102条2項においても推定の覆滅等によって損害額から減じられた部分について，1項2号と同様に重ねて3項の相当実施料が請求できるか否かが論じられていたところ，前掲知財高大判令4・10・20〈椅子式マッサージ機事件〉は権利者に実施の能力がないとして減じられた部分と，推定覆滅事情として前掲知財高大判令2・2・28〈美容器事件〉の判示した＊8記載の(1)と同様の市場の非同一性を理由として推定が覆滅された部分については重ねて同条3項による相当実施料の請求ができると判示した＊13。

> ＊13　私見は，＊11記載のとおり特許侵害品を製造販売等した者が得た利益から推定の覆滅によって抽出された特許発明の実施により得た利益相当額は，特許権者が特許発明を実施しているか競合品を製造販売等しているか否かに関わらず得たであろう利益ということができると解するから，＊10記載の知財高大判令元・6・7〈二酸化炭素含有粘性組成物事件〉が推定覆滅事情として判示した(1)特許権者と侵害者の業務態様等の相違（市場の非同一性），(2)市場における競合品の存在，(3)侵害者の営業努力（ブランド力，宣伝広告），(4)侵害品の性能（機能，デザイン等特許発明以外の特徴）などの事情や，特許発明が侵害品の部分のみに実施されている事情を考慮して抽出された特許発明の実施により得た利益相当額は，特許権者に本来帰属すべき利益である一方で，推定が覆滅された部分は特許発明とかかわりのない事情によって得た利益であるから，推定が覆滅された部分について重ねて特許法102条3項の相当実施料の支払いを求めることはできないと解する。なお前掲知財高大判令4・10・20〈椅子式マッサージ機事件〉が判示した，権利者に実施能力がなかった場合や特許権者製品と侵害品の市場が非同一だったとの事実あるいは市場における競合品が存在したとの事実は，特許法102条2項の適用において特許者が特許発明を実施しているか競合品を製造販売等しているか否かを問わない私見においては，本来推定覆滅事由とはなりえない。基本書としての性質上これ以上の説明は控えるので，詳細は前掲高林龍L&T別冊8号51頁を参照。

（寄与率・寄与度について）

特許法102条の1項および2項に共通する問題として，特許発明と関係しない侵害者製品のデザインなどが販売量増大に貢献したような場

合，あるいは一つの製品が当該特許発明のほかにも，いくつかの別の特許発明を実施していたり，商標権や意匠権をも利用していたような場合に，侵害者製品売上への当該特許発明の寄与と，その余の要素の寄与割合を考慮すべきか，あるいは考慮する必要はないかという問題がある。

　一つの製品を販売することによって得られる利益が，それぞれの知的財産権やその他の要因によって産み出されている場合には，そのうちの一つの特許権の侵害を理由にしてこの利益の回収を主張する者が請求できる相手方利益の額は，当該特許発明がこの利益を産み出したことへの寄与率に従って配分される部分に限られるべきである。先に請求した権利者が全体利益のすべてを自らの損害として取得できるとしたり，あるいは侵害者は全体利益額をそれぞれの権利者に重ねて吐き出さなければならないとすることを，理論的に説明することは困難である*14。そこで，現在は，寄与度を考慮する立場が主流（たとえば，東京地判平15・12・26判時1851・138〈液体充填装置事件〉，知財高判平25・4・11判時2192・105〈生海苔共回り防止装置事件〉など）となっている。ただし，侵害行為における特許発明の寄与を損害賠償額の減額要素とする場合に，特許法102条1項1号の「販売することができないとする事情」あるいは同条2項の推定の覆滅事由として考慮するのか，前掲知財高大判令2・2・28〈美容器事件〉のように権利者の限界利益額算定の際に考慮するのか，またはこれらの事情とは異なる減額事情として考慮するのかは明確とはいえない状況にあった。この点，前掲知財高大判令元・6・7〈二酸化炭素含有粘性組成物事件〉は，特許法102条2項につき「特許発明が侵害品の部分のみに実施されている場合においても，推定覆滅の事情として考慮することができるが，特許発明が侵害品の部分のみに実施されていることから直ちに上記推定の覆滅が認められるのではなく，特許発明が実施されている部分の侵害品中における位置付け，当該特許発明の顧客誘引力等の事情を総合的に考慮してこれを決するのが相当である」と判示した。また，同知財高大判は，覆滅事由は侵害者側が主張立証すべきである旨明示している*15。

　　*14　たとえば侵害者製品が当該特許発明の実施品であるがために製品が販売できたという事情がある場合もあろうが，この場合は特殊事情を参酌するこ

とによって侵害者製品に関して特許発明の寄与度が100％と認定されるにすぎず，寄与度考慮説に変わりはない。

＊15　前掲知財高大判令2・2・28〈美容器事件〉は，前述のとおり特許権者の限界利益の算定の場面で売上に貢献している特許の特徴部分を参酌し，さらに特許法102条1項1号の販売することができない事情においても侵害品における特許発明の貢献度を考慮して減額している。同判決においてもまた前掲知財高大判令元・6・7〈二酸化炭素含有粘性組成物事件〉においても，「寄与率」「寄与度」という言葉は使用していないことから，「寄与度」「寄与率」は曖昧な概念であり，以降は寄与度の参酌はされなくなったなどという誤解が生じているが，上記両判決はいずれも特許発明の貢献度（寄与率）を考慮した場面を判示したものであることに注意しておくべきである。

(3) 特許法102条3項

🔘　特許法102条3項は，土地の無断使用者に対して土地所有者が賃料相当損害金を不法行為による損害賠償として当然に請求できるのと同様に，権利者が実施者（侵害者）に対して，特許発明の実施に対して受けることのできる金銭の額を損害賠償として請求できるとするものであり，賠償額の最低限度を法定している。

🔘　同項は，1998（平10）年特許法改正により，旧102条2項が現行のように同条3項に移行すると同時に，「その特許発明の実施に対し通常受けるべき金銭の額に相当する額の金銭」という従来の文言から，「通常」との文言が削除されたものである。

　「通常」との文言が削除されたのは，同項で請求できる相当実施料額は，当該事件の特殊性を考慮して決せられるべきであり，必ずしも世間一般で通用している実施料率等によるものではないとの趣旨を明確にするためである。たしかに，特許発明を無断実施した者も，事前に特許権者と特許発明の実施許諾契約を結んだ者も，結局は同額の実施料を権利者に支払えば足りるとしたのでは，権利侵害行為を助長することにもなりかねないが，従前は，侵害行為によって権利者が受けるべき通常の金銭の額として，世間一般で実施許諾契約が行われる場合の約定による実施料率を参考にして算出される率（たとえば販売価格の3％）を，損害賠償の際にも用いる下級審の判例が多かった。また，具体的な実施許諾契約

によって実施権者から受領していた実施料よりも低額を本項による損害額とした判例（たとえば，東京地判平2・2・9判時1347・111〈クロム酸鉛顔料侵害事件〉）などもあった。

特許法102条3項に規定する相当実施料額は，具体的には，権利者の実施状況や市場開発努力，特許発明の技術内容や重要性，他の者への実施許諾の状況などを考慮して決定されることになるが，侵害者が特許発明を実施して得た利益額も重要な考慮要素となる[16] [17]。

> *16　したがって，特許発明をこれから実施させようとして契約を締結する際に決せられる約定実施料率と，侵害行為が既に行われ，これによって侵害者の売上額等も判明した後に算定されるべき実施料率が異なることは当然であり，このことは，「通常」との文言の有無にかかわらない。しかし，前述のような従前の下級審判例の動向を踏まえて，同項の趣旨をさらに明確化するために，「通常」との文言を削除する改正がされたものといえる。
>
> *17　相当実施料額の算定基準となる販売価格を権利者製品の販売価格に置くと，許諾を受けた者もこれと同等の品質の製品を同一価格で販売することが前提となってしまうから，多くの場合には特許法102条3項の解釈としても侵害製品の販売価格を基準として相当実施料額が算定されている。しかし，特許法102条3項と同様の算定方法を規定している著作権法114条3項の解釈に関してであるが，海賊版DVDが不当廉売されたような場合に廉売価格を基準に算定するのは相当でないとして，正規品DVDの表示小売価格を基準に算定した判決（知財高判平21・9・15 LEX/DB 25441297〈黒澤明映画DVD事件〉）もある。

(4) 特許法102条4項

2019（令元）年特許法改正で102条4項が新設され，旧4項は新5項となった。特許法102条4項は，102条1項2号や3項により算定される相当実施料額は，前(3)記載のとおり，侵害行為が行われた後に損害賠償として支払われるべき相当な額であり，実施に先だって契約によって設定される通常の実施料額でないことを確認した規定である。同改正法の施行は2020（令2）年4月1日であるが，施行前の前掲知財高大判令元・6・7〈二酸化炭素含有粘性組成物事件〉も，前(3)の特許法102条3項の趣旨を明確化して，特許権侵害をした者に対して事後的に定められるべき相当実施料率は，むしろ，通常の実施料率に比べて自ず

と高額になるであろうことを考慮すべきであるとしたうえで，「(1)当該特許発明の実際の実施許諾契約における実施料率や，それが明らかでない場合には業界における実施料の相場等も考慮に入れつつ，(2)当該特許発明自体の価値すなわち特許発明の技術内容や重要性，他のものによる代替可能性，(3)当該特許発明を当該製品に用いた場合の売上げ及び利益への貢献や侵害の態様，(4)特許権者と侵害者との競業関係や特許権者の営業方針等訴訟に現れた諸事情を総合考慮して，合理的な料率を定めるべきである」と今回の改正法の趣旨を先取りするような判示をしていた。

(5) 特許法 102 条 5 項

特許権侵害による損害賠償は民法 709 条に基づくほか，特許法 102 条 1 項ないし 3 項を利用して請求することができる。この場合特許法 102 条 3 項が最低限度の賠償額であることを注意的に示しているのが同条 5 項前段である[*18]。また，侵害者が権利侵害について故意または重過失がなかったこと，すなわち軽過失であったことを主張・立証した場合には，特許法 102 条 3 項の賠償額を上回る部分に関して裁判所は賠償額を減額することができる。米国特許法は故意侵害の場合に 3 倍まで損害賠償額を増額することができると規定している（⇒序章[2]3(3)）が，わが国の特許法 102 条 5 項は，軽過失による侵害の場合には権利者の損害を完全に補填する必要がない旨規定していることになる。軽過失につき免責を認めている失火責任法の規定が現代にそぐわなくなっているのと同様に，見直しが必要な規定ではないかと思われる。

  [*18] 特許法 102 条 3 項と同趣旨の商標法 38 条 3 項の解釈において，最三小判平 9・3・11 民集 51・3・1055〈小僧寿し事件〉は，侵害者は損害の発生がありえないことを抗弁として主張・立証して損害賠償の責めを免れることができるとしている。これは，商標権の価値に着目したうえでの判断であって，特許権の場合に射程が及ぶものではない。

3　相当な損害額の認定（特許 105 条の 3）

1996（平 8）年民訴法改正で，損害額の認定に関する 248 条が新設された。同条は，損害が生じたこと自体は認められるが，損害の性

質上その額を立証することが極めて困難である場合に，裁判所が弁論の全趣旨や証拠調べの結果を総合して相当な損害額を認定できるとしたものである。

　1999（平 11）年特許法改正では，上記民訴法 248 条と同様の趣旨の規定である特許法 105 条の 3 が新設された。同条は，民訴法 248 条の「損害の性質上その額を立証することが極めて困難であるとき」との要件に代えて，「損害額を立証するために必要な事実を立証することが当該事実の性質上極めて困難であるとき」と規定している。たとえば，被告の特許権侵害製品の販売数量の立証が困難な場合は，民訴法 248 条の場合に該当するか疑義が生ずる可能性があるため，これらの場合も含めて裁判官の自由心証に委ねる趣旨を明確にしたものといえる[19]。

　　＊19　以前の下級審の判例中には，損害の発生自体を認めながらその額の立証がないとして請求を棄却した例もあった。上述の民訴法や特許法の改正は，裁判官のこのような安易な処理を禁じたものである。もっとも，この法改正以前においても，損害の発生自体の立証があるのであれば，最小限度の額の認定が不可能なことは通常はありえなかったのではないかと思われる。

③ 差止請求等に関する特別規定

1　差止請求に関する規定（特許 100 条）

> 特許法第 100 条（差止請求権）　特許権者[1]又は専用実施権者は，自己の特許権又は専用実施権を侵害する者又は侵害するおそれがある者に対し，その侵害の停止又は予防を請求することができる。
> 2　特許権者又は専用実施権者は，前項の規定による請求をするに際し，侵害の行為を組成した物（物を生産する方法の特許発明にあつては，侵害の行為により生じた物を含む。第 102 条第 1 項において同じ。）の廃棄，侵害の行為に供した設備の除却その他の侵害の予防に必要な行為を請求することができる。

　　＊1　専用実施権を設定した特許権者であっても第三者の権利侵害に

対して自ら差止請求訴訟を遂行することができる（前述⇒第3章第
1節②2「専用実施権」の＊3）。

　知的財産権法を制定する趣旨が，知的財産について排他的独占権と
して物権的な権利を付与し，権利侵害に対する差止請求および予防
請求などを認めることを一つの目的としていることは，序章で述べた。
特許法100条は，その代表例といえるものである。

　特許法100条に規定する差止請求権は，所有権に基づく返還請求など
と同様に，物権的請求権類似の権利であるから，権利侵害についての侵
害者の故意・過失は要件ではない。また，現実に被告が行っている侵害
行為の差止めだけでなく，将来にわたり行われるであろう侵害行為の差
止めを予防請求として行うことも，必要性があれば認められる。

　差止めを実効あるものにするため，侵害組成物（実施によって生産さ
れたもの）の廃棄，侵害供用設備（実施するために用いる物，たとえば金
型，触媒，工場設備等）の除却など侵害行為の停止や予防に必要な措置を
請求することができる（特許100条2項）＊2。著作権法112条2項のような
「専ら」との限定文言はないが，特許に係る物以外にも使用できる半製
品や，他の用途にも用いることのできる前記の金型，触媒や工場設備の
ような物は，原則として廃棄や除却の対象とすることはできない。なお，
特許法100条2項の廃棄等は同条1項の差止請求に付随してのみ請求で
きる。これは，特許権のような保護期間の制限のある権利については，
たとえ保護期間中に製造された侵害組成物であっても，保護期間満了後
にその廃棄等を請求することはできず，差止請求ができる期間内に限り
廃棄請求もできることを理由とする。

　＊2　最二小判平11・7・16民集53巻6号957頁〈生理活性物質測定法事件〉
　　　は「『侵害の予防に必要な行為』とは，特許発明の内容，現に行なわれ又は
　　　将来行われるおそれがある侵害行為の態様，特許権者が行使する差止請求権
　　　の具体的内容等に照らし，差止請求の行使を実効あらしめるものであって，
　　　かつ，差止請求権の実現のために必要な範囲内のものであることを要する」
　　　と判示している。

　直接侵害（特許100条）のほかは間接侵害（同法101条）の場合に限っ
て差止めが請求できる（⇒第2章第3節④参照）＊3＊4。

　＊3　間接侵害には該当しないが，複数関与者によって特許発明が実施されてい

る場合に誰に対して差止請求ができるかついては第2章第4節を参照。

＊4　衡平法（equity）上の救済として差止めが認められる米国では，米国特許
　　法283条が，権利侵害を防止するため衡平の原則に従って差止めを命じるこ
　　とができると規定しており，同法271条(b)によれば，積極的に特許の侵害を
　　引き起こさせた者，すなわち特許侵害の教唆者・幇助者は，侵害者としての
　　責任を負わされるから，その教唆・幇助行為は差止めの対象となる。

わが国で特許法100条により特許権の侵害に対して差止請求が認められるのと同様に，米国でも特許権侵害が認められるならば原則として差止請求が認められるとの運用がされてきたが，連邦最高裁判所はeBay Inc. v. MercExchange, L.L.C., 547 U.S. 388（2006）において，差止めが認められない場合の特許権者の不利益とこれが認められた場合の相手方の不利益等を衡平法上の観点から比較衡量して差止めの成否を判断すべきであるとの判断を示した。わが国でも知財高大決平26・5・16判時2224・89〈アップル対サムスン事件〉が，技術標準化団体に属する者どうしでの標準化必須特許権の侵害差止仮処分申請といった場面において，仮処分申請が権利の濫用となるとした判断を大合議で示して注目されたが，このような標準必須特許をめぐる特殊な訴訟でなくとも，たとえばごく小さな部品の特許権侵害を理由としてその部品を組み込んだ大型機器の製造販売の差止請求のように，場合によって権利の濫用として阻止される場合等も想定される。

2　生産方法の推定規定（特許104条）

1975（昭50）年特許法改正で，物質特許が認められ，特許法32条の特許を受けることができない発明から，飲食物または嗜好物，医薬および化学物質が除外された（⇒第1章第2節7）が，この改正前には，物質自体の特許を取得する代替手段として，この物質を生産する方法について特許を取得するほかはなかった。

このような状況下で，外国企業などの多くが特許侵害訴訟の場で多く利用したのが特許法104条の生産方法の推定規定である。同条は，その生産方法により生産された物が特許出願前に国内で公然知られた物でないとき（すなわち，わが国で新規な物であったとき）は，同一の新規物を製造

している者は，特許発明と同一の方法でこの新規物を生産したものと推定すると規定している。

　　　　権利者が，特許法104条の生産方法の推定規定を利用して主張した場合，被告側として同一の新規物を製造していることが争えないのであれば，同条による推定を覆滅するための主張をするほかはない。最も有効な主張は，特許発明とは異なる被告方法を率先して開示することであるが，被告方法は営業秘密（ノウハウ）であるとして開示せずに，たとえば，特許発明の方法を実施するならば必ず生じる中間生成物が，被告方法では生じていないので，特許方法とは異なるなどと主張して，推定を覆そうと争うことになる。このように，被告側が，被告方法を全面的に開示せずに，訴訟段階で情報を小出しにするため，訴訟が長期化する傾向が顕著であった[*5]。

　しかし，1975（昭50）年特許法改正で物質特許制度が導入されて以降は，特許法104条の生産方法の推定規定が訴訟で利用される場面は相当に減少している[*6]。

　　[*5]　東京地判平12・3・27判時1711・137〈トラニラスト生産方法事件〉は，被告の反証によって特許法104条の生産方法の推定が覆ることを認め，原告の請求を棄却した事案であるが，訴訟中に被告が被告方法に関する情報を小出しにして訴訟を遅延させたのは不適切な訴訟活動であったとして，勝訴した被告に訴訟費用を負担させるとの，異例の判断を示している。

　　[*6]　ただし，近時の知財高判令4・2・9判時2561＝2562・88〈エクオール含有抽出物の製造方法事件〉が，含有成分の量で特定された混合物についても新規物質であるとして特許法104条の適用を認めたため，同条の適用範囲についての議論が再燃するに至っている。

④ 訴訟手続法上の特別規定[*1]

　　[*1]　一般的に「特許侵害訴訟」という場合は，特許権に関係する訴訟で行政訴訟である審決取消訴訟以外で一審を地方裁判所とする民事事件を広く意味することがあるが，特許法の訴訟手続関係法規で規定する「特許権または専用実施権の侵害に係る訴訟」は，権利侵害による差止請求と損害賠償請求およびこれに関連する請求のことをいい，職務発明に関する対価請求や実施料請求訴訟などは包含されないと解されて，運用されていることに注意しておく

必要がある。

1　具体的態様の明示義務（特許104条の2）

　特許侵害訴訟の審理において，従前，多くの時間と当事者の労力を要していたのは，侵害対象製品の特定であった。訴訟手続は，民訴法の原則である主張立証責任の分配により，原告が主張・立証すべき事実と被告が主張・立証すべき事実が割り振られて，これに沿って互いの主張・立証が行われるところ，1996（平8）年民訴法改正にともない，被告は原告の主張を否認する場合は，単に否認するにとどまらず，否認する理由を述べなければならないとされた（民訴規79条3項）。

　この民事訴訟規則の運用によって，特許侵害訴訟の審理においても，従前よく見受けられたような，被告として原告が主張している被告製品（侵害製品）の特定をすべて否認するだけで，自らは被告製品をいっさい明確にしようとしない対応は，今後は許されなくなると期待されていた。

　1999（平11）年特許法改正では，民事訴訟規則79条3項をさらに強化した規定として，特許法104条の2が新設され，相手方は，権利者が侵害品として主張する物件の具体的態様を否定するときは，自己の行為の具体的態様を明らかにしなければならないとされた。ただし，この規定をもってしても，相手方製品を特定すべき主張立証責任はあくまで権利侵害を主張する権利者側が負っていることには変わりはない。この点には注意を要する。すなわち，権利者側は，相手方製品の具体的態様を特定して主張する必要があるのであって，この主張をいいかげんにやっただけでは，相手方にその製品の具体的態様を積極的に開示するように求めることはできない。相手方製品の具体的態様の調査をすることなく，相手方の出方待ちで訴訟を起こすことが許されないのは，民訴法や特許法の改正の前後を通じて不変の原則である。

2 文書提出命令の拡充

(1) 民事訴訟法の基本規定の拡充

　自らが所持していない書類を書証として裁判所に提出しようとする者は，書類の所持者に対する文書提出命令の申立てを裁判所に対してする（民訴219条）。文書の所持者で当該文書の提出義務を負担する者は民訴法220条に法定されているが，訴訟の相手方にとどまらず第三者も義務者に含まれる。

　民訴法220条の1号から3号は，1996（平8）年民訴法改正前の規定と同様のもので，相手方が当該訴訟で引用した文書を自ら所持している場合（1号），挙証者が文書の所持者にその引渡しや閲覧を求める権利を有する場合（2号），文書が挙証者の利益のために作成されたかまたは挙証者と文書の所持者との間の法律関係について作成された場合（3号）である。

　1996（平8）年民訴法改正で，新たに220条4号が追加され，文書提出義務が国民の一般義務化された。

　ただし，文書提出義務が国民の一般義務化されたといっても，これには広範な例外がある。すなわち，自己や配偶者などが刑事訴追を受け，または有罪判決を受けるおそれのある事項やこれらの者の名誉を害すべき事項を記載した書類（民訴220条4号イ），公務員の職務上の秘密に関する文書（同号ロ），医師や弁護士などが職務上知りえた秘密を記載した書面，技術または職業の秘密に関する事項が記載された書面（同号ハ），さらに専ら文書の所持者の利用に供するための文書（同号ニ），が提出義務の例外となっている。また，上記イからニまでに掲げる文書に該当するか否かを裁判官のみが確認する手続も用意されている（民訴223条6項。この手続は「インカメラ手続」と呼ばれることがある）。

　裁判所の文書提出命令にもかかわらず相手方が文書を提出しない場合には，命令の申立てをした者の当該文書の記載に関する主張を真実と認めてしまうとの制裁（民訴224条1項）は従前からあったが，1996（平8）年民訴法改正で，場合によってはその文書によって証明しようとする事実そのものについての主張を真実と認めてしまうとの制裁

（同条3項）が加わった。また，第三者が命令に応じない場合は20万円以下の過料に処せられる（民訴225条）。

　文書提出義務が国民の一般義務化されたとはいえ，裁判所から文書提出命令を出してもらうためには，その文書が訴訟における証明を要する事項と関連することや，その必要性を裁判所に対して明らかにしなければならず（民訴221条），探索的に提出命令の申立てをすることはできない。この点において，文書提出命令を米国のディスカバリー制度と同列に論じることはできない。

(2) 特許法の特別規定

　特許侵害訴訟において，損害額の立証をするためには，裁判所は，従前から必要な範囲で広範な書類の提出を命ずることができた（1999「平11」年改正前特許105条）。1996（平8）年民訴法改正前には，民訴法の規定する文書提出義務の範囲が限定されていたのに対して，特許法では広く国民の一般的義務として書類提出義務を認めており，民訴法の特別法として特徴的であった。ただし，1999（平11）年改正前特許法105条の書類提出命令は，損害額の立証の場合のみに適用場面が限定されていた。

　1999（平11）年特許法改正では，損害額の立証に加えて，侵害行為の立証のためにも広範な書類提出義務を規定した（特許105条1項）ほか，民訴法同様に提出を拒める正当な理由の有無を判断するためのインカメラ手続も規定した（同条2項）。さらに2004（平16）年特許法改正では，インカメラ手続の際に裁判官が見る書類を相手方当事者や訴訟代理人にも開示して意見を聴くことができる制度が導入された（特許105条3項）。そして，開示された証拠中に営業秘密が含まれている場合，裁判所は当該証拠を当該訴訟目的外で使用しないようにとの「秘密保持命令」を当事者や訴訟代理人らに対して発し（特許105条の4〜105条の6）[*2]，同命令違反には罰則が適用されることにした（同法200条の2，201条）。

　　＊2　秘密保持命令はインカメラ手続により書類が開示された場合に限らず，訴訟で提出される準備書面や証拠に営業秘密が含まれている場合に，当事者の

申立てによって発せられる（特許105条の4）。なお，その後，秘密を保持しておくべき要件を欠くに至った場合には秘密保持命令を受けた者や秘密保持命令の申立てをした者は裁判所に対してその取消しを申し立てることができる（同法105条の5）。

前述のように，改正民訴法も文書提出義務を国民の一般義務化したため，現時点において，両法規の規定する提出義務の広狭にはさほどの差異はなくなったが，特許法の書類提出義務に関する規定は，民訴法の規定の特別法の立場にあり，優先適用になる。しかし，たとえば提出義務違反の制裁などのように特許法に規定のない事項に関しては，民訴法の規定が適用になる。なお，特許法による書類提出義務を負担するのは当事者のみであって，第三者は含まれない。

相手方が書類の提出を拒めるのは，正当な理由がある場合に限定されている（特許105条1項）。特許侵害訴訟の場面では，特に技術上の秘密であるとする提出義務不存在の主張をどこまで認めるかが問題であり，民訴法の規定と特許法の規定の違いが問題になる。この点は，規定の体裁上も特許法の方が広く裁判官の裁量の余地を認めているから，民訴法に規定する文書提出義務の例外規定に該当するだけでは特許法にいう正当な理由がある場合に該当するということはできない。文書所持者において，その提出を拒むことについて正当な理由があることをより積極的に裁判所に対して説明する義務を負うと解すべきであろう*3。

*3 東京高決平9・5・20判時1601・143〈トラニラスト製剤事件〉は，前述の改正民訴法，1999（平11）年改正特許法の施行前の事案であるが，特許権侵害に基づく損害の立証のための文書提出命令に関して，当該薬品に関する貸借対照表，営業報告書，総勘定元帳など18種類の書類を列挙したうえ，さらに当該薬品の販売のために直接要した販売経費を示す文書という概括的表現で文書を特定して，その提出を命じている。そして，これらの書類の提出は他の薬品を含む被告の営業活動全体を開示することになり営業秘密を侵害するとの被告の反論も排斥し，かりにこれらの書類が営業秘密を包含していても，各文書が当該薬品についてのみの独立した形態となっていない以上やむをえない旨述べている。

証拠調べの過程で当事者から文書提出命令の申立てがあると，裁判所は，申立ての要件を吟味したうえで，これが充足されていると判断した場合にはまず相手方に任意の提出を促すのが一般的である。特に

特許侵害訴訟においては，権利侵害についての審理を終えて，侵害が認められるとの心証に基づいて損害賠償へ審理が進んだ段階で損害立証のための書類提出命令の可否が検討されることが多い。そのため，この段階で裁判所に任意の提出を促された当事者はこれに応じなければ提出命令が発せられることが予想されるから，任意提出に応じる場合がほとんどであって，実際に書類提出命令が発せられる例はさほど多くはないのが現状である。

3　査証制度の新設 (特許 105 条の 2 ～ 105 条の 2 の 10)

　2019（令元）年特許法改正で新たな査証制度（特許 105 条の 2 ～ 105 条の 2 の 10）が新設され，2020（令 2）年 10 月 1 日から施行された。この査証制度は訴訟提起後の証拠収集手段として，現行法では前述の文書提出命令や裁判所の検証に際しての検証物提示命令（民訴 232 条）等があるが，たとえば製造方法に関する特許やコンピュータ・プログラムの特許などの場合，現場に裁判所が指定する中立公平な第三者（査証人）が出向いて，製造方法を確認したり，システムを作動させるなどといったことができる制度として新設された。相手方の工場等に臨んで機器の作動状態等を現認するため，相手方の営業秘密に触れることも想定されるので，以下のような慎重な手続が要求されている。

　訴訟当事者が査証を申請するに際しては，①証拠の収集に必要性があること（必要性の要件），②相手方が権利を侵害している蓋然性があること（蓋然性の要件），③他の手段では証拠を収集することができないこと（補充性の要件）の 3 要件が必要とされており，かつ裁判所による相手方の意見聴取の結果その負担が不相当な場合等には申請は認められない（特許 105 条の 2 第 1 項）。

　裁判所が申請を認める場合には，中立公平な第三者を査証人と定め，査証内容を明記した査証命令を発するが，相手方は命令に対して即時抗告をすることができるし（特許 105 条の 2 第 4 項），裁判所の指名した査証人に対して忌避の申立てをすること（特許 105 条の 2 の 3 第 1 項）もできる。

　査証人は査証命令に記載された範囲内において特許法 105 条の 2 の 4

に規定した行為（工場内への立入りや質問，書類の提示要求など）をすることができ，その場に執行官を同道させることもできるが，執行官は抵抗を排除するための威力を用いたり，警察の援助を求めたりすることはできず，査証への抵抗は文書提出命令の場合と同様に，裁判所において立証されるべき事実に関する申立人の主張を真実と認めることができる（特許105条の2の5）とされているにすぎない。また，原則として査証に申立人は立会うことはできない。

　　査証が終了した場合に査証人は報告書を裁判所に提出する。この報告書に営業秘密等が記載されており申立人に開示されるのを避けたい相手方は，裁判所に対して不開示の申立て（特許105条の2の6第1項，2項）をすることができる。裁判所が不開示申立てに正当な理由があるか否かを判断するに際しては文書提出命令の際と類似した手続が行われる（特許105条の2の6第4項。105条3項参照）。

　不開示申立てを却下する決定や不開示とする決定に対して当事者は即時抗告することができる（特許105条の2の6第5項）。

　なお，開示された報告書は申立人が閲覧謄写した（特許105条の2の7第1項）うえで，書証として提出することになる。

　　以上のような査証制度は2019（令元）年特許法改正に鳴り物入りで導入されたが，後述の訴え提起前の証拠収集処分（民訴132条の4）（⇒第2節③5）が新設後もほとんど活用されていない現状や，たとえば現行法下でも，裁判官が検証現場に臨む際に検証物提示命令を発したうえで同道を求めた専門家に検証物の撮影をさせて検証調書を作成するなどといった手続は制度上も採用可能でありかつ実際にも一般の民事訴訟において活用される例があるにもかかわらず，特許権の侵害訴訟で活用された例はほとんどなかったことからも，査証制度が今後有効に活用されるか否かは，当事者や裁判所による運用の如何にかかっているといえるだろう。

4　当事者尋問等の公開停止（特許105条の7）

　　憲法82条1項は，裁判の対審および判決は公開の法廷で行うと規定している。しかし，たとえば不正競争防止法に基づく営業秘密の

不正開示を理由とする差止めや損害賠償請求訴訟，あるいは特許侵害訴訟で，営業秘密を公開の法廷で開示して証拠調べ等が行われたのでは，秘密が維持できなくなるという矛盾が生じていた。これを避けるための措置として，1996（平8）年民訴法改正で秘密保護のための訴訟記録の閲覧等の制限規定（民訴92条）が設けられたが，証拠調べ自体を公開の法廷で行うという原則は維持されており，訴訟上の工夫があれこれ提案されていたものの，問題解決には至っていなかった。憲法82条2項は裁判の対審を非公開とできる場合を公序良俗を害するおそれのある場合に限定しているのがネックになっていたが，2003（平15）年に制定された人事訴訟法で人事訴訟に関して一定の場合に審理を非公開とすることができると規定された（人訴22条）のと並行して，特許侵害訴訟の審理についても検討が加えられた結果，2004（平16）年特許法改正で一定の場合に審理を非公開とすることができるとの規定（特許105条の7）が導入されるに至った。非公開にできるのは当事者本人（法定代理人を含む）尋問と証人調べに限られ，その営業秘密に関する陳述が侵害の有無についての審理・判断に不可欠であることと，その陳述の公開が当事者の事業活動に著しい支障を生ずることが明らかであることとが認められる場合に，裁判官が当事者の意見を聴いたうえで全員一致により裁判を非公開とする決定を行うことになる。同様の規定は不正競争防止法13条と実用新案法30条（特許105条の7の準用規定）にあるが，他の知的財産権法にはない。

5　計算鑑定人制度（特許105条の2の12）[*4]

> [*4]　2019（令元）年特許法改正で新たな査証制度についての特許105条の2〜105条の2の10が新設。さらに2021（令3）年の第三者意見募集制度の新設に伴い，105条の2から105条の2の12に移された。

　特許法105条の2の12は，裁判所が損害額の立証のための鑑定を命じた場合には，当事者は鑑定人に対して必要な事項を説明しなければならないとする規定であり，1999（平11）年特許法改正で新設された[*5]。従前から，損害額の立証のために裁判所が鑑定を命ずる例はあったが，これが法律に規定されたことから，今後はより積極的に運用され

ることが期待されている。

　＊5　東京地判平19・12・25判時2014・127〈マンホール構造事件〉は計算鑑
　　　定の結果を踏まえて損害額が認定された事案である。

　なお，本条が当事者に鑑定人に対する説明義務を課した点は新規で
あるが，この説明義務違反に対する制裁規定はない。しかし，説明
義務違反をした当事者の対応は当然に裁判官の心証形成に作用すること
になる。

第2節　特許侵害訴訟の実務

１ 総説

　特許をめぐる訴訟は，第5章第3節で述べた行政訴訟としての審決取
消訴訟のほかに，特許権侵害を理由として侵害行為の差止めや損害賠償
などを求める民事訴訟としての特許侵害訴訟がある。特許権侵害が行わ
れていることが疑われる段階から，最終的には判決を得て，判決を執行
することによって権利の救済を実現するまでの手続は，基本的には，法
曹としての専門家である弁護士だけでなく，知的財産権法と技術的側面
の専門家である弁理士（→序章⑥2「弁理士」）が補佐人又は訴訟代理人
（特定侵害訴訟代理業務試験に合格し，付記を受けている場合であって，弁護士が同一
依頼者から受任している事件についてのみ）として協力して，特許法の知識ばか
りではなく，実体法である民法や手続法である民事訴訟法，民事保全法，
民事執行法などの知識と技術的知見を総動員して遂行する手続である。
　本書の性格上，特許侵害訴訟の実務の全般を詳しく解説することはで
きないが，これらの手続の流れや要所要所での重要事項を知っておくこ
とは，特許法を単なる机上の理論ではなく，ダイナミックに活用されて
いる法として理解するうえでも有用であると思われる。以下，順を追っ
て，簡単に説明する。

2 特許侵害訴訟の種類

1 意 義

　訴訟というと，法廷を連想する者が多いであろうが，法廷で行われる訴訟手続は**口頭弁論期日**と呼ばれるものであって，口頭弁論期日は原則として本案訴訟の場合に開かれる。したがって，常識的にイメージされる意味での訴訟とは「本案訴訟」すなわち正式裁判である。訴訟には，この他に，迅速かつ簡易な手続として行われる「保全処分」（「仮差押仮処分」）と呼ばれる手続があることは，意外と知られていない。

2 本案訴訟

　特許侵害訴訟の本案訴訟としては，およそ以下のものがある。
　① 侵害差止めおよび予防請求（特許100条。侵害差止請求に付随する廃棄請求および除却請求を含む）
　② 損害賠償請求
　③ 信用回復措置（謝罪広告等）請求（特許106条）　ただし，特許権という財産権が侵害される行為によって，権利者の信用が毀損される場合というのは通常は想定できない。認容例としては，わずかに，意匠権の事例で神戸地判昭61・4・21（判タ620・179〈肋骨骨折固定帯意匠事件〉）が紹介されている程度である。
　④ 差止請求権または損害賠償請求権の不存在確認請求　権利者が警告状等によって権利侵害であるとの主張をしていながら，侵害訴訟を提起してこない場合などには，警告状で侵害者と名指しされた者の方から，積極的に権利者に対して，差止請求権または損害賠償請求権の不存在確認請求を提起する利益が認められる。「特許に無効理由が存在することが明らかであるときは，その特許権に基づく差止め，損害賠償等の請求は，特段の事情がない限り，権利の濫用に当たり許されない」と判示した，最三小判平12・4・11（民集54・4・1368〈キルビー事件〉）も，富士通側が権利者であるテキサスインスツルメント社を相手に提起した，

損害賠償請求権不存在確認請求訴訟である。

　⑤　その他の請求としては，実施契約に基づく実施料支払請求，職務発明の対価支払請求，出願公開による補償金請求などがある。ただし，特許法の訴訟関係法規で規定する「特許権または専用実施権の侵害に係る訴訟」には，これらの訴訟は含まれないことは前述（⇒第1節④＊1）した。

3　保全処分（仮の地位を定める仮処分としての差止仮処分）＊1

> ＊1　保全処分は，大きく仮差押えと仮処分に分けられ，さらに仮処分は係争物の仮処分と仮の地位を定める仮処分（「断行の仮処分」とも呼ばれる）に分けられる。このうち，仮差押えと係争物の仮処分は特許侵害訴訟との関連は薄いが，簡単に説明しておくと，仮差押えは，金銭債権の支払の担保となる債務者の一般財産を，将来の支払不能に備えて予め暫定的に差し押さえる手続であり，係争物の仮処分は，特定物の給付債権の執行不能に備えて予め債務者の当該特定物の処分を暫定的に禁止する手続である。
>
> 　仮の地位を定める仮処分としての差止仮処分は，仮の処分であるとはいえ，申請人がたとえば特許権者としての地位にあることを前提として，その権利侵害に対する応急措置として侵害行為の差止めを命じるものであり，認められるのは「債権者に生ずる著しい損害又は急迫の危険を避けるためこれを必要とするとき」（民保23条2項）に限定されている。

　保全処分と本案訴訟の手続上の相違はおおよそ次のとおりである。
　①　本案訴訟での立証は証明によるが，保全処分では疎明（民保13条）で足りる。疎明とは，一応確からしいという程度の心証レベルであり，書類や在廷証人などのように即時に取り調べることができる証拠によってのみ行われる（民訴188条）。これに対して，本案訴訟で要求される証明とは，「特定の事実が特定の結果発生を招来した関係を是認し得る高度の蓋然性を証明することであり，その判定は，通常人が疑いを差し挟まない程度に真実性の確信を持ち得るものであることを必要と［する］」（最一小判平11・2・25民集53・2・235〈肝硬変医療過誤訴訟〉。最二小判昭50・10・24民集29・9・1417〈ルンバール訴訟〉参照）。

　なお，疎明が不十分な場合は債権者（申立人）が担保を提供することで疎明を補強することができる（民保14条）。ただし，保全命令は債務者に一定の行為の禁止等の不利益を課すものであるから，いくら迅速性

が要求されるとしても疎明が全くない場合に担保を提供させて命令を発することは許されないものと解される。

　② 保全処分では口頭弁論期日を経る必要はない（民保3条）。ただし，仮の地位を定める仮処分の場合には，相手方の言い分を審尋期日（あるいは口頭弁論期日）で聴く必要があるが，事情がある場合はこれらの手続を省略することができる（同法23条4項）。

　なお，口頭弁論期日においては，双方が主張・立証を尽くした後の段階で弁論を終結して，その後に判決に至るが，審尋期日においてはこのような手続は一切不要である[*2]。

> ＊2　アップルコンピュータのiMacの形態に関する不正競争仮処分事件（東京地決平11・9・20判時1696・76〈ソーテック事件〉）では，債務者が裁判所の提示した提出期限までに準備書面を提出しなかったとして，提訴後1か月以内の段階で，債権者に1億円の担保を提供させたうえで，差止仮処分が認められたが，裁判所は決定中で，債務者はその意見を聴くために裁判所が指定した審尋期日に答弁書や準備書面を提出せず，期日に口頭での意見を求められたのに対しても正当性に関する理由を説明しなかったため審尋期日を打ち切ったとの審理経過を付言している。

　特許侵害差止仮処分を管轄する裁判所は，本案である侵害訴訟の管轄裁判所である（民保12条1項）[*3]。特許侵害差止仮処分を認容する決定は，仮の判断であるとはいうものの，本案訴訟の差止認容判決と同様に相手方の行為を現実に差し止めるものであり，相手方に決定的ダメージを与える場合もある。そこで，裁判実務上の運用としては，差止仮処分と本案訴訟が双方提起されている場合には，両者を並行的に審理して，仮処分のみが先行して審理判断されないことも多い。

> ＊3　上述のように特許侵害差止仮処分の審理は本案事件とは異なるところも多いが近似するところもある。特許権侵害訴訟の審理に際して提出される書面に営業秘密が包含される場合にいて，2004年（平16）特許法改正で秘密保持命令の制度（105条の4〜105条の6，200条の2，201条）が導入されたことは前述した（⇒第1節④）が，最三小決平21・1・27民集63・1・271〈液晶モニター事件〉は，秘密保持命令制度が適用できる「特許権又は専用実施権の侵害に係る訴訟」には仮処分事件も包含されるとの判断を示した。

仮処分は，あくまで本案判決による解決までの間の暫定的処分である。本案訴訟が提起されていないときは，仮処分決定後に，債権者（申立人）が今度は原告となって債務者を被告として本案訴訟を提起しなければならない。いつまでも本案訴訟が提起されない場合は，債務者側から裁判所に対して債権者に本案訴訟を提起するように命じてもらい（この手続を「起訴命令の申立て」という），それでも本案訴訟が提起されない場合は，仮処分決定は取り消される（民保37条）。

③ 特許侵害訴訟の提起に先立って

1 侵害品に関する情報の入手および分析・検討

前述のように侵害製品の特定については権利者側が主張立証責任を負担している。わが国では，米国のように証拠を探索するためのディスカバリー制度は採用されていないので，侵害製品が一般市場に流通しているような場合は別として，侵害製品を入手することは容易ではない。後述の証拠保全手続や訴え提起前における証拠収集の処分（民訴132条の4）が一部活用できるほか，弁護士の場合は弁護士法23条の2の規定に基づく照会*1を活用するなど，各自で工夫して侵害製品を入手したり侵害行為に関する情報を探索するほかはない。

> ＊1　弁護士が受任している事件について，所属弁護士会を通じて公務所や公私の団体に照会して必要な事項の報告を求めることができる制度である。ただし照会先が報告に応じない場合にも制裁はなく，任意の履行が期待できるに止まる。

明確になった相手方製品や方法が特許権を侵害するものであるか否かの検討を行う。そのために検討すべき事項は，すでに本書の該当個所で述べたので繰り返さない。

2 警告状の発送

侵害製品を検討した結果，これが特許権を侵害しているとの結論を得た場合には，訴訟の提起に先立って相手方に警告状を発送するの

が有効である。また，特許出願公開による補償金請求（特許65条）（→第4章第1節③2）をするためには事前に警告状を発送しておくことが必要となる。さらに，特許法101条2号および5号の主観的間接侵害規定（→第2章第3節②2）に基づいて主張する場合にも，警告状を発しておくことによって，相手方に故意がないとの主張を封ずることができる。

　　警告状の発送は，将来の立証のために，配達証明の付いた内容証明郵便で行うのが原則である。

　　ただし，相手方製品が特許権を侵害していないにもかかわらず，これを侵害品であるとして相手方ばかりでなく業界に広く警告状を発送したり，業界紙で警告したりした場合には，不正競争防止法2条1項21号の虚偽の陳述流布行為として，逆に相手方から損害賠償等を請求されることにもなりかねない。したがって，警告状発送の段階から，専門家である弁護士や弁理士と十分に相談をしておく必要がある。

3　事前の話合い（和解交渉）

　　警告状の趣旨にもよるが，訴訟を提起する前に，いったんは私人間で話合いによる解決を模索するのが通常であろう。なお，2002（平14）年弁理士法改正で，弁理士は審決取消訴訟のほか，特許等の侵害訴訟でも訴訟代理人になれる道が開かれた。その他，弁理士は通常実施契約締結代理や相談業務なども行える（弁理士4条3項）。

　　私人間での話合いによる解決が困難である場合には，裁判所以外の公的紛争処理機関を利用する手段もあるが，この点は後述する。

4　証拠保全手続（民訴234条）

　　訴えを提起して，原告被告双方の主張が整理された後に証拠調べが行われるまで待っていたのでは，証拠が散逸したり，秘匿されたりしてしまい，証拠調べの実効性が得られなくなる危険がある場合には，当事者の申立てにより，訴訟提起前や訴訟提起の初期の段階で予め証拠調べのみを行っておく手続として，証拠保全手続（民訴234条）がある。

　　証拠保全を申し立てる裁判所は，訴え提起前ならば検証物の所在地を管轄する地方裁判所または簡易裁判所（民訴235条2項）であり，訴え提

起後ならその証拠を使用すべき審級の裁判所（同条1項）であるから，訴え提起前の証拠保全は東京や大阪以外でも行えることになる。

　証拠保全手続で取り調べられた証拠は，その後の訴訟において，当事者の申出により裁判所によって証拠として採用される。

　たとえば，重要証人が病床にあって余命いくばくもないとか，商業帳簿の保存期間が経過して廃棄されてしまいそうである場合，あるいは医療カルテが改竄されるおそれがある場合などが，採用される典型例である。証拠の秘匿や改竄のおそれを理由とする証拠保全の場合には，裁判官が申立人と一緒に，抜き打ち的に現場に赴いて[*2]証拠調べとして検証をしたり写真撮影などを行うことになる。

> ＊2　証拠保全として証拠調べをする場合は，相手方を呼び出す必要がある（民訴240条）が，事前に呼び出したのでは，証拠を改竄や秘匿されるおそれがあるので，裁判官が現場に到着する1時間ほど前に相手方に通知して，証拠調べには立ち会わせている。

　知的財産権関係訴訟では，特に著作権や商標権をめぐる訴訟で，いわゆる海賊商品が保管されている倉庫などに裁判官が赴いて証拠保全手続としての検証を行うような例がある。これらの場合，現場を押さえられることにより相手方の反論が封じられ，訴訟にまで至らずに事件が解決されることもある。しかし，証拠保全手続は，裁判の場での証拠調べを，緊急の措置として予め行うものにすぎず，相手方に提出義務のない文書の提出を求めたり，相手方の同意なしに立ち入って検証したりすることはできない。証拠保全手続は証拠を探索するための手続ではないことに，留意しておく必要がある。

5　訴え提起前の証拠収集処分（民訴132条の4）

　2003（平15）年民訴法改正で導入された制度であり，訴え提起前に立証に必要であることが明らかであるのに，自らが収集することが困難な証拠について，事前に相手方に提訴予告通知をするなどの手続を経たうえで，裁判所が処分として，①文書送付嘱託，②官公庁等への調査嘱託，③専門家の意見陳述嘱託，④執行官の現状調査命令，を行う制度である。制度導入後20年ほど経つがその間ほとんど活用された実績

はないが，特に③と④を活用すれば特許権侵害訴訟提起前の証拠収集にも利用できる可能性のある制度である*3。

* 3　2019（令元）年特許法改正で訴え提起後の新たな証拠収集方法として査証制度が新設された（→第1節 ④ 3）が，これに先立って訴え提起前の証拠収集方法についても審議された。しかし，訴え提起前の証拠収集処分として，秘密保持義務を課された第三者の技術専門家が執行官と同道して技術的サポートを行うことなどで対応できるので新たな制度は不要であるとの結論に至った経緯がある。しかし，2003（平成15）年の訴え提起前の証拠収集処分の制度導入以降17年を経た現在に至るまで，この制度が有効に活用された例は全くないのが実情である。

④ 訴えの提起

　訴え提起手続は民訴法の理論あるいは実務として学ぶべき事項であるから，本書では特許侵害訴訟において特徴的な点のみを簡単に解説しておく。

1　管轄裁判所

　特許侵害訴訟の訴額は通常は140万円を超えているであろうから，一審の管轄裁判所は地方裁判所となる（訴額が140万円を超えない場合は簡易裁判所が一審裁判所となる：裁33条1項1号。以下では訴額が140万円を超えていることを前提に解説する）。

　民訴法上の土地管轄は，原則として被告の住所地（民訴4条）に生じ，他に不法行為地（同法5条9号）や義務履行地（同法5条1号。債権は債権者の現在の住所で支払うのが原則とされている（民484条）から，損害賠償訴訟では原告住所地が義務履行地になる）にも生ずることになる。特許権等（特許権，実用新案権，回路配置利用権またはプログラムの著作物についての著作者の権利）に関する訴訟についても，2003（平15）年民訴法改正までは，これらの地を管轄する地方裁判所に土地管轄が認められ，それに加えて，名古屋高裁管内以東の地に管轄が生ずる事件については東京地裁に，それより西の地に管轄が生ずる事件については大阪地裁に，並存的管轄が

認められていた。しかし，同改正によって，それらの権利に関する訴訟は，名古屋高裁管内以東の地に管轄が生ずる事件については東京地裁が，それより西の地に管轄が生ずる事件については大阪地裁が，専属的に管轄することとされ（民訴6条1項）*1，東京地裁と大阪地裁が専属管轄裁判所としてした終局判決に対する控訴は東京高裁の専属管轄とされた（同法6条3項）*2 *3。

*1 　第1節④「訴訟手続法上の特別規定」*1 にいう特許法の訴訟手続関係法規で規定する「特許権または専用実施権の侵害に係る訴訟」とは異なり，民訴法6条に規定する「特許権等に関する訴え」には，差止請求や損害賠償請求，職務発明の対価（利益）支払い請求のほか，専用実施権や通常実施権の設定契約に関する訴訟なども含まれ，特許権を侵害する旨の虚偽の事実を告知したことを理由とする不正競争による営業上の利益侵害に係る訴訟なども含まれるとして運用されている。

　　東京地裁には4か部，大阪地裁には2か部の知的財産権部があり，それぞれに技術専門家である裁判所調査官が配属されて，技術的事項についての裁判官の理解を補助している。その結果，専門色の強い知的財産権事件の処理が円滑に行われており，専属管轄化以前でも，特許事件に関しては，全国に提起される事件の約85％が東京および大阪地裁に集中していた。なお，2004（平16）年民訴法改正で知的財産関係事件における裁判所調査官の権限の拡大と明確化（民訴92条の8）が図られたことや，2003（平15）年民訴法改正によって専門委員（同法92条の2以下）の制度が創設されたことは第5章第3節②「審決取消訴訟の概要」の*1で述べたが，裁判所調査官は東京地裁や大阪地裁にも配属され，また専門委員候補者名簿も整備されており，技術的専門性の高い事件について事件ごとに専門委員が指定されて，主に後述する技術説明会に立ち会うなどして特許侵害訴訟に関与している。

*2 　東京高裁が管轄する知的財産権関係侵害訴訟の控訴事件は，2005（平17）年4月からは東京高裁内の特別な支部である知的財産高等裁判所が取り扱っている（知財高裁2条1号）。

*3 　東京地裁または大阪地裁が専属管轄裁判所として行う特許等侵害訴訟の審理・裁判や，東京高裁（知財高裁）がこれら裁判所の一審終局判決に対する控訴審として行う審理・裁判および一審裁判所として行う審決取消訴訟の審理・裁判は，5人の裁判官からなる大合議体ですることができる（民訴269条の2，310条の2，特許182条の2）。これによって，運用しだいでは，複数ある専門部の間での判断の統一を図ることもできる。

したがって，たとえば，原告は青森に，被告は鹿児島に住所があり，被告の特許権侵害行為は被告工場所在地の広島で行われたという事案について，原告が，特許権侵害を理由として被告に対して差止めと損害賠償を請求する場合は，大阪地裁（被告の住所地である鹿児島は福岡高裁管轄区域であり，また不法行為地である広島は広島高裁管轄区域であるから）か東京地裁（義務履行地である青森は仙台高裁管轄区域であるから）に訴えを提起することになり，鹿児島地裁，広島地裁，青森地裁には訴えを提起できないことになる[*4]。ただし，これらの事件の中には専門技術的事項を欠くものなどもあるから，そのような事情による著しい損害または遅延を避けるために必要があると認められる場合には，裁判所は当事者の申立てや職権により事件の全部または一部を，通常事件ならば土地管轄を有する地方裁判所（上記の例でいえば，鹿児島地裁，広島地裁，青森地裁）に移送することができるとした（民訴20条の2第1項）。この場合，一審終局判決に対する控訴審裁判所も東京高裁ではなく各地の高等裁判所になる（同法6条3項ただし書）。

> [*4] ただし，専属管轄の場合は合意や応訴によって専属管轄権を有する裁判所以外に管轄が生じることはないが，特許権等に関する訴えについては合意や応訴によって専属管轄権を有しない方の（東京か大阪の）裁判所にも管轄権が生ずる（民訴13条2項）。

なお，ついでに述べるならば，2003（平15）年民訴法改正によって，意匠権等（意匠権，商標権，プログラム以外の著作物の著作者の権利，出版権，著作隣接権，育成者権，不正競争防止法2条1項の営業上の利益）の侵害をめぐる訴訟について，特許権等をめぐる訴訟について従前認められていた東京地裁または大阪地裁の並存的な管轄と同様の管轄を東京地裁または大阪地裁に認めることにした（民訴6条の2）。ただし，この場合，大阪地裁での一審終局判決に対する控訴審裁判所は通常どおり大阪高裁であって，東京高裁ではない。

2　提訴後の情報（証拠）収集[*5]

> [*5] 提訴後の証拠収集に関する文書提出命令や査証制度といった特許法の訴訟手続上の特別規定については第1節[4]で説明したので本項ではその余の民訴法によるものについて簡単に説明しておく。

(1) 各種嘱託申請

提訴後に当事者が裁判所を通じて情報（証拠）を収集する手段としては，調査嘱託（民訴186条），鑑定嘱託（同法218条），文書送付嘱託（同法226条），検証物送付嘱託（同法232条，226条）などがある。特に有効なのは調査嘱託と文書送付嘱託である。前者は裁判所から官庁その他の団体を嘱託先として必要な調査を依頼するものである。嘱託先は裁判所に対してこれに応じるべき公法上の義務を負っていると解されているので，弁護士照会（⇒③1）よりも効果が期待できるし，これによって得られた結果は，口頭弁論で提示されれば，当事者から改めて書証として提出せずとも証拠となる。また，文書送付嘱託は書証とすべき書類を当事者が所持していない場合の書証の申出手段の一つであって，文書の所持者に対して裁判所から文書の任意の送付を嘱託するものである。

(2) 当事者照会の制度（民訴163条）

当事者照会の制度は1996（平8）年民訴法改正で米国のディスカバリー中の質問書（interrogatory）にならって導入された制度と説明されている。訴訟当事者は，訴訟が裁判所に係属した後（すなわち，訴状が被告に送達された後）には，主張や立証の準備に必要な事項について，相手方に書面で照会し，相当期間内に書面で回答するように求めることができる。

当事者照会の手続や訴え提起前の照会の手続には裁判所は一切関与せず，相手方が期間内に回答しない場合でも制裁はないし，照会者は裁判所に相手方に対する回答命令を発するよう求めることもできない*6。このような，照会に対する相手方の不誠実な対応は，訴え提起後であれば弁論の全趣旨となり裁判所から不利な心証を形成される場合はあろうが，要するに相手方の任意の協力に負う制度であって，問題が生じた場合には裁判所が介入する米国のディスカバリーの制度とは異なる。

> *6　回答を得ることがどうしても必要な事項であれば，訴訟係属後に，裁判所に対して弁論期日外または弁論期日において釈明権の行使を促す申立てをすることになる（民訴149条）。

⑤ 訴訟以外の公的解決手段

1　調　停

裁判官1名と調停委員2名からなる調停委員会が，紛争当事者から事情を聴取し，双方から譲歩を引き出して合意に導く手続が調停である。調停で合意が成立して調書に記載されると，確定判決と同一の効力が認められる（民調16条，民訴267条）。

知的財産関係の調停として特色があるのは，東京地裁で1998（平10）年から，大阪地裁では1999（平11）年からスタートした「専門調停制度」である。この制度は，訴訟が提起された後の段階で，知的財産権部の裁判官を調停主任とし，技術専門家である弁理士や専門弁護士2名が調停委員となって調停委員会を構成し，これらの専門家がチームを組んで調停を行うものである。また，2019（令元）年10月から東京地裁と大阪地裁の知的財産専門部では「知財調停」として制度を充実化させて，その積極的な活用を広く奨励している。

2　仲　裁

紛争当事者が裁判官以外の第三者（仲裁人）の判断に従う旨を合意して，すなわち仲裁契約を締結して，仲裁人が双方の言い分を聴取したうえで判断を下す手続である。仲裁判断は確定判決と同一の効力を有する（仲裁45条1項本文）が，強制執行するためには執行決定を得る必要がある（同項ただし書）。

1998（平10）年，知的財産権をめぐる紛争に関して，日本弁護士連合会と弁理士会との協力で工業所有権仲裁センター（現日本知的財産仲裁センター）が設立され，弁護士，弁理士や元裁判官らが仲裁人候補者として登録されている。また，国際的な知的財産紛争を仲裁で解決するための組織として東京国際知的財産仲裁センターが2018（平30）年9月に開設された。

知的財産権事件を仲裁で処理する長所としては，

A 非公開であるため，企業秘密が外部に洩れないこと

B 訴訟とは異なり，形式にとらわれない処理が可能であること

C 国際的な事件において仲裁判断がされた場合，外国仲裁判断の承認及び執行に関する条約（ニューヨーク条約）により，締結国の裁判所を通じてその仲裁判断を拘束力のあるものとして承認し，かつ，執行することができること

を挙げることができるが，一方，短所として，

a 解決が判決のように公開されず，判例の集積もなく，法理論の深まりが期待できないこと

b 費用や時間などで，必ずしも訴訟より優位でないこと

c 手続法が不備で，証人の出頭確保や保全措置などに問題があること

が挙げられる。

3 税関による水際取締りの活用

特許権のほか意匠権，商標権，著作権等の知的財産権侵害物品は輸入禁止貨物であり，税関は職権による認定手続でその没収廃棄等をすることができる。しかし，職権で輸入禁止貨物を見出だすことは容易ではないので，権利者が輸入禁止貨物について事前に全国に8か所ある税関に対して，当該貨物が輸入されてきた場合には認定手続を採るべきことを申し立てる制度として，輸入差止申立て制度がある*。そして，実際に当該貨物が輸入されてきた場合には認定手続が開始されることになる。これらの手続で貨物の輸入が禁じられるのは，物品の外見から侵害品であることが容易に認定できるいわゆる海賊版の商標権や意匠権侵害品がほとんどであり，侵害品であるか否かの判断が容易でない特許製品については，輸入者が争ってきた場合には，専門委員や特許庁長官への意見照会などの制度も用意されているものの，輸入者の意見も徴したうえで，さらには無効事由の有無なども含めた判断が早急に求められることからも，この制度を利用して輸入を実際に阻止することは容易ではない。

* 2022（令4）年末における輸入差止申立て件数は716件であるが，商標権の申立てが454件，意匠権の申立てが124件，特許権の申立ては34件に過ぎなかった。

⑥ 訴訟の進行

　民事第一審手続の進行のうちで，特許侵害訴訟に特徴的な点を挙げると，以下のとおりである。

1　対象物の特定

　特許侵害訴訟で侵害製品の特定の主張立証責任は特許権者側が負担している。ただし，その軽減のために，民事訴訟規則 79 条 3 項，特許法104 条の 2 が活用できることは前述した。

　また，従前は，図面および文章で表現された侵害製品について原告被告双方に争いがないように特定することをめざして，多大な時間と労力がかけられていたが，最近は，侵害製品を商品番号や形式番号で簡易に特定して審理を進めるとの運用がとられている。

2　技術的範囲の解釈

　特許侵害訴訟での審理の中心であるが，すでに該当個所（第 2 章第 1節）で説明した。

3　権利行使阻止の抗弁（無効の抗弁）の審理

　第 2 章第 1 節 ③(3)「特許法 104 条の 3」で説明したとおり，2004（平 16）年特許法改正で 104 条の 3 が新設されて以降，特許侵害訴訟では侵害論として従来から行われていた技術的範囲の属否の判断だけではなく，特許権が無効審判により無効にされるべきものと認められるか否かの審理が必ずといってよいほどに行われるようになった。したがって，現在では従来の侵害論は充足論（技術的範囲の属否）と無効論（権利行使阻止の抗弁の正否）の両者から判断されるのが通例である。

4　技術説明会

　特許発明や侵害者製品および周辺技術の理解を，当事者と裁判官とで

共通にするために，進行協議期日（民訴規95条）ないしは弁論準備手続期日（民訴168条）として開かれる説明会である。技術専門家である裁判所調査官が裁判官を補助する制度が充実するにつれて，一時，技術説明会が開かれることが少なくなっていたが，近時は再び技術的専門性の高い事件について裁判所調査官ばかりでなく専門委員の立ち会いの下で実施される例が多くなっている。また，現在では，前記の侵害論（充足論と無効論）の審理を凡そ終えた段階で裁判所が釈明事項を事前に当事者に明らかにしたうえで技術説明会を実施し，その後に心証開示をして，損害賠償の審理に入るか否かを明らかにする例が増えている。

5 二段階審理

　特許侵害訴訟の審理で特徴的なのは二段階審理である。二段階審理とは，まずは侵害論（充足論と無効論）の審理を先行させて，その段階で前記の裁判所による心証開示が行われ，特許権侵害との心証が示されて初めて損害賠償の主張・立証に移行するということである。開示される心証が侵害を否定する方向であれば弁論を終結して請求棄却判決をすることになるし，侵害が認められるとする方向であった場合，訴訟に損害賠償請求も併合されているならば，さらに損害賠償額の立証に進むことになる。裁判所から明確な心証が開示された場合は，当事者は裁判所の上記訴訟指揮に応じるのが通常である。

　損害賠償額の立証に入る前の段階で，一応の区切りをつける趣旨で，特許権侵害の原因は理由があるとの中間判決（民訴245条）をする場合もあったが，現在ではあえて中間判決をする必要性は低下しているように思われる。なお，中間判決に対しては独立して控訴することはできず，その後に言い渡される終局判決に対して控訴するほかはない*。

　　*　中間判決は控訴審でも行われる。均等侵害成立を認めて注目され【ケース研究1】でも取り上げた前掲知財高中間判平21・6・29〈中空ゴルフクラブヘッド事件〉も中間判決であり，主文は，「被控訴人製造製品は控訴人特許発明の技術的範囲に属する。同特許は無効審判により無効とされるべきものとは認められない」といった内容となっている。

6 損害賠償額の審理（損害論）

損害額算定に関する特別規定（特許102条）や，損害額の算定が困難な場合の救済規定（民訴248条，特許105条の3）の活用ができる（⇒第1節 ②2・3）。

7 無効審判や同審判の審決取消訴訟との兼ね合い

特許侵害訴訟の審理でもうひとつ特徴的なのはいわゆるダブルトラック審理である。特許侵害訴訟では侵害論として無効論の審理が行われることが常態化していることは前述したが，被告側が別途特許庁に対して当該特許の無効審判を提起する場合も多く，さらに権利者側が訂正請求や訂正審判請求をした場合にこれらの手続きと特許侵害訴訟の進行をどのように調整するかも問題になる。紙幅の関係から詳細な説明は省略するが第2章第1節 ③(3)「特許法104条の3」や第5章第1節「審判」の項を参照しておいて欲しい。

8 第三者意見募集制度（特許105条の2の11）

特許権等の侵害訴訟に独特の制度として，2021（令3）年特許法改正で第三者意見募集制度（日本版アミカスブリーフ制度）が新設された。侵害訴訟は民事訴訟であり確定判決は訴訟当事者間等に既判力を生ずるのみで，対世効を有するものではないが，特許権等の侵害訴訟の帰趨は事実上同種の問題について広い影響を及ぼすことがあるので，特許権等の侵害訴訟を担当する一審の東京，大阪の地方裁判所と控訴審の知的財産高等裁判所は訴訟当事者の申立てにより，必要があると認めるときは，他の当事者の意見を聴いた上で，広く一般に対して，当該事件に関する法律の適用等についての意見を求めることができるとする制度である。第三者からの意見は裁判所に提出され，当事者がその意見書を謄写して，書証として裁判所に提出することになる*。

> * 前掲知財高大判令5・5・26 LEX/DB 25572920〈コメント配信システム事件〉では，法改正施行後初めてこの制度が活用された。

9 訴訟上の和解 (民訴89条, 267条)

　民事訴訟進行の過程では, ①訴え提起の初期段階, ②主張整理が終了して証拠調べに入る前の段階, ③口頭弁論終結直前または終結後の三段階で和解を勧める機会がある。①の段階は, 当事者間で訴え提起の前段階での事前交渉が煮詰まっていたが, 何らかの事情でやむを得ず訴え提起に至ったような特殊な事情のある場合以外では和解が成立することは困難である。特に特許侵害訴訟では, 侵害論 (充足論と無効論) の審理が終了して損害立証に入るか否かを決する段階や, 最終の③の段階においては, 裁判官が既に形成した心証に基づいて積極的に当事者を説得して和解を勧めることができるので, 和解の成立率が高くなる。2014 (平26) 年から2022 (令4) 年に東京地裁と大阪地裁が受理した特許権侵害訴訟事件のうちで判決に至ったものは529件である一方で, 226件が訴訟上の和解で終了している。そのほかにも当事者間で和解が成立したことにより取り下げられたものもあるだろうから, 話し合いで解決に至る事件はかなり多いといえる。

⑦ 上 訴

　上訴とは, 一審判決に対する不服申立てである控訴と, 控訴審判決に対する不服申立てである上告を含んだ概念である。上訴に関しても, 基本的事項については, 民訴法関連の基本書を参照してもらいたい。

1 控 訴

　管轄裁判所については前述したので繰り返さない (⇒ ④1「管轄裁判所」)。一審判決に対する控訴期間は, 判決の送達を受けた日から2週間である (民訴285条)。控訴審は, 一審同様の事実審裁判所であって, 新たな事実認定を行うこともできる。この点では, わが国と同じ三審制を採用しているが, 事実審は一審限りであり, 控訴審と上告審は双方とも法律審となっている米国連邦裁判所とは異なっている。

2　上　告

　　一審が地方裁判所，控訴審が高等裁判所の場合の上告裁判所はわが国唯一の最高裁判所である。控訴審判決に対する上告期間は，判決の送達を受けた日から 2 週間である（民訴 313 条，285 条）。上告審は，法律審であって事実認定は行わず，控訴審で適法に確定された事実には上告審といえども拘束される（民訴 321 条）。

　　最高裁への上告については，1996（平 8）年改正民訴法で，米国の裁量上告制度に類似の制度（上告受理申立制度）が導入された。上告受理申立制度は，権利として最高裁に上告できる場合を原審の判断に極めて重大な違法事由がある場合に限定した（民訴 312 条）見返りとして，当事者から上告受理申立てがあった場合に，最高裁判所が裁量的に上告を受理することができる制度として新設されたものである。上告受理申立理由は，原判決に最高裁の判例に反する判断がある事件や法令の解釈に関する重要な事項を含むと認められる事件であることである（民訴 318 条）。

8　判決の執行

　　特許侵害訴訟の認容判決としては，おおよそ，損害賠償請求を認めて金銭の支払を命ずるものと，差止請求を認めて侵害行為をしてはならないと命ずるものとに分けることができる。前者の判決の執行は金銭執行に，後者は非金銭執行に分類することができる。

1　金銭執行

　　金銭執行には以下のものがある。これらについては，特許侵害訴訟に特有の問題はないので説明を省略する。
　　　① 不動産に対する強制執行（民執 43 条以下）
　　　② 動産に対する強制執行（民執 122 条以下）
　　　③ 債権その他の財産権に対する強制執行（民執 143 条以下）

2 非金銭執行

🔵 不動産または人の居住する船舶等の引渡しまたは明渡しの執行は，執行官が債務者の目的物に対する占有を解いて，債権者にその占有を取得させる方法で行われる。これを直接強制という（民執168条）。

一方，作為義務または不作為義務の執行は直接強制することはできず，代替執行（民執171条）または間接強制（同法172条）の方法による。

🔵 代替執行とは，作為義務の内容が代替性を持つ場合，すなわち債務者自身によって履行されても第三者によって履行されても結果において差違がない場合（たとえば，被告にブロック塀を設置するよう命ずる判決の場合など）の執行方法であって，執行裁判所が債権者の申立てに基づき，債務者の費用をもってその作為を債務者以外の者にさせることを債権者に授権する決定（授権決定）を発する。

不代替作為義務や不作為義務の執行は間接強制によるほかはない。間接強制は，執行裁判所が債務者に対し遅延の期間に応じ，または相当と認める一定の期間内に履行しないときは直ちに，債務の履行を確保するために相当と認める一定額の金銭を債権者に支払うべき旨を命ずる方法（たとえば，不作為を命じられた被告がこれに反する行為をした場合に，行為をやめるまで1日5万円の支払を命ずるなど）によって行う。裁判所はこの決定をする場合には，あらかじめ債務者を審尋しなければならない。

🔵 特許権に基づく差止請求は，相手方に不作為を求めるものであり，相手方が作為することがすなわち違反行為である。このような不作為義務の場合には，前述のとおり直接強制をすることはできず，間接強制による。

差止請求に附帯して，侵害供用設備の除却や，侵害組成物の廃棄が命じられた場合には，代替執行または間接強制で執行することになる。

信用回復措置として謝罪広告が命じられた場合には代替執行によっている。

第 7 章

実用新案法

《この章の課題》

　本書は特許法の本であるが，実用新案制度は特許制度と非常によく似た制度なので，実用新案法も取り上げておく。

　実用新案法が保護対象とする考案は小発明とも呼ばれる。1885（明18）年に特許制度がわが国に導入された段階では，まだ高度の技術開発能力がなかったため，小発明である考案を奨励する趣旨から，1905（明38）年に実用新案法が制定された。その後，実用新案制度は大いに活用され，判例も多い。特許と非常に近い制度であるため，特に1993（平5）年改正前の実用新案法に関する判例は特許法においても先例として扱われてきた。

　ただ，近時は，わが国の技術開発能力の発展に伴って，実用新案法の重要性は低下している。そこで，本章では実用新案法を簡単に紹介するにとどめる。

① 考案と発明の相違

🔵 考案とは，「自然法則を利用した技術的思想の創作をいう」（新案2条1項）。発明の定義規定（特許2条1項）に比べると，「高度」との文言がない点しか違っていない。

🔵 しかし，発明には物の発明と方法の発明および物を生産する方法の発明があり，いずれも特許の要件を充足するが，考案の場合は，小発明であるとの性質上，「物品の形状，構造又は組合せ」に係るもののみが実用新案登録を受けることができる。したがって願書には図面の添付が必須となっている（新案5条2項）。方法の考案あるいは物を生産する方法の考案は登録要件を欠く（新案1条，3条）*1。

> *1　実用新案登録請求の範囲に，物の製造方法ないし工程が記載されている場合がある。たとえば，「A部材とB部材を貼り合わせた後に，A部材の表面にCを被覆したことを特徴とするD」などとする実用新案登録請求の範囲の記載を想定すると，物品の構造を記載する際に，このような記載の方がかえって理解しやすい場合もある。そこで特許庁の実務として，このような記載のままで登録が認められることがある。物の発明の特許請求の範囲に，対象となる物の製造方法が記載されている場合のことを，プロダクト・バイ・プロセス・クレームと呼ぶことは前述した（⇒第2章第1節③6）が，実用新案登録請求の範囲に上記のような記載がある場合もそれと同様の問題がある。この点，最三小判昭56・6・30民集35・4・848〈長押事件〉は，考案の技術的範囲に属するか否かの判断にあたっては製造方法の相違を考慮の中に入れるべきではないとしている。基本的には，実用新案登録請求の範囲におけるこのような方法や順序に関する記載は，物品の形状，構造の特定や説明としての意味を有するものと解すべきであろう（なお，プロダクト・バイ・プロセス・クレームに関する上掲記述部分を参照）。

🔵 考案は，「きわめて容易に考案をすることができたとき」に進歩性がないとされる（新案3条2項）。発明の場合は「容易に発明することができた」ときに進歩性がないとされるのに比較すると，理念上は，推考することが容易ではあるがきわめて容易とはいえない場合には進歩性はあることになる*2。

その他新規性要件（新案3条1項），先願（同法7条），拡大先願（同法3条の2），産業上の利用可能性要件（同法3条1項柱書）などの点は特許と同様である。

*2　念のため特許と実用新案の用語の対比をしておく。発明に対応する概念が考案，特許請求の範囲に対応する概念が実用新案登録請求の範囲，特許発明に対応する概念は登録実用新案，発明の詳細な説明に対応する概念は考案の詳細な説明，特許権に対応する概念が実用新案権である。

② 1993（平5）年改正実用新案法の特徴

従前は特許の場合と同様に，実用新案登録出願に対しても，新規性や進歩性などの登録要件に関する実体審査が行われていたが，1993（平5）年の法改正は，これを大幅に改革して，無審査による登録制度を導入した。そして，特許の場合の出願に対する方式審査と同様の方式審査のほかは，実用新案法6条の2に規定された基礎的要件についてのみ審査を行い，不具備に対しては補正命令を発して，補正がない場合に出願手続を却下する（新案2条の3）が，新規性や進歩性などの実体的な登録要件については審査することなく，実用新案権の設定の登録がされる（同法14条2項）こととなった*1。

*1　改正前の1986（昭61）年の時点で，特許出願は32万件であり，実用新案登録出願は20万件と拮抗していたが，1993（平5）年の時点では，特許出願は36万件と増加したのに比して，実用新案登録出願は7万件と激減していた。実用新案は小発明を対象とするにもかかわらず，特許と同様の実体審査に手間隙をかける割には存続期間が短いことなどが，実用新案登録出願減少の理由であると考えられていた。

実用新案権の存続期間も，従前の出願公告から10年（ただし，出願から15年を超えることはできない）を，出願から6年に短縮した（新案15条。ただし，③で解説する2004［平16］年改正で再び延長された）。

新制度では，実用新案登録出願をしても登録要件に関する実体審査がされることなく設定登録がされてしまい，登録によって権利は発生する（新案14条1項）から，特許権の場合と違って，権利が登録され

ていることによっても，実体的な登録要件具備についてのお墨付きをもらったことにはならない。

そこで，実用新案権者が，権利侵害を主張するためには，これに先立って，まずは特許庁長官に対して技術評価（新案12条）を請求し，その報告書である**実用新案技術評価書**を相手方に提示して警告した後でなければ権利を行使できない（同法29条の2）とされている[*2]。

> *2　技術評価書を提示した警告をすることは，権利侵害を主張するための要件となっているから，これをすることなく訴えを提起した場合は，訴えは不適法却下となるはずであるが，再度技術評価書を提示して警告してから再訴することができるから，実際には訴え提起後に技術評価書を添付して警告をすれば瑕疵は追完できるとしてもよいだろう。ただし，否定的技術評価の技術的評価書を得ていたのに，これを提示せずに相手方と取引先に警告等をした事案において，大阪地判平27・3・26判時2271・113〈安定高座椅子事件〉は，取引先への警告は不正競争防止法の虚偽事実の陳述流布による営業上の利益侵害行為に該当するとともに，相手方への警告は法の趣旨に反する違法な行為である旨指摘している。
>
> 　なお，技術評価書を提示して警告することによって，それ以前からの侵害行為に対する損害賠償を請求することは可能である。ただし，実用新案権侵害の場合には過失が推定されないから，警告前の段階で被告に過失があったことを権利者側が立証しなくてはならず，この立証は容易ではない（大阪地判平18・4・27判時1953・157〈二輪車用ハンドル事件〉参照）。

🔵 技術評価書は審査官が作成する。
　技術評価書は，事前に審査官による実体審査を経ることなく成立した実用新案権が，実体的登録要件を具備しているか否かを事後的に評価した結果の報告書（鑑定書）であるということができる。したがって，要件を具備している旨の評価書も，具備していないとする評価書もあるが，いずれにせよ，事後的に行われる査定に類似する判断であって，無効原因の有無はその後の実用新案登録無効審判手続（新案37条）で決せられることになる[*3]。

　なお，存続期間満了後といえども過去の損害賠償が問題となることがあるので，実用新案権の消滅後でも技術評価を請求することができる（新案12条2項）し，権利者以外の何人（なんぴと）であっても技術評価を請求することができる。

＊3　ただし，技術評価書は実用新案登録請求の範囲の請求項ごとに請求できる
（新案規8条様式第6）ため費用も低廉である一方で，技術評価は行政処分
とはいえないから，進歩性が欠如しているなどと評価されたとしても，これ
を不服として取消訴訟で争うことはできない（東京高判平12・5・17 LEX/
DB 28050961〈照明装置付歯鏡事件〉）。

　権利行使後に実用新案登録無効審判で登録を無効とする旨の審決が
確定した場合には，権利者は相手方に対して無過失責任を負う（新
案29条の3）。この場合，登録要件がある旨の技術評価書に基づいて損
害賠償等の請求をした場合には無過失責任の原則は適用にならないが，
権利者が技術評価書では対象とならなかった無効原因を自ら知っていた
ような場合には，必ずしも免責されない＊4。

＊4　結局，技術評価書がその考案の実体的登録要件を認めるものであったなら
ば，審査を経た特許権に基づいて損害賠償等の請求をした場合と同様に扱わ
れることになる。すなわち，特許権に基づいて差止め等を請求した後に，仮
に権利が無効となったとしても，この訴訟提起に過失ありとして不法行為が
成立する余地はほとんどないのと同様である。

　権利行使を受けた相手方が，実用新案登録無効審判を請求して，裁
判所に対して侵害訴訟の訴訟手続の中止を求めた場合には，裁判所
は訴訟手続を中止することができる（新案40条2項）ことは特許の場合
（特許168条2項）と同様である。

　新制度が導入された後も実用新案登録出願は減少を続け，2000（平
12）年には1万件以下にまで減少していた（同年の特許出願件数は約44
万件である）。小発明を保護する実用新案制度は＊5，技術立国を標榜する
わが国にとって，安らかな死を迎えるべきであるとする議論も生じてい
た。

＊5　ただし，現在は大企業に成長しているブリヂストンが業を起こすきっかけ
となったのが地下足袋に関する実用新案権であり，パナソニックではランプ
の二股ソケットに関する実用新案権であったことからも明らかなように，実
用新案制度がわが国の産業発展に大きく貢献してきたとの事実を忘れてはな
らない。

③ 2004 (平16) 年特許法・実用新案法改正

1 実用新案登録に基づく特許出願制度

出願が特許庁に係属している間は，実用新案登録出願を特許出願に変更することができる（特許46条。その逆もできる：新案10条）。しかし，実用新案登録出願から登録までは平均5か月であるので，その間に特許出願に変更することは実際には困難である。この制度では，ひとまず実用新案として出願しておいて，より安定性の高い権利を長期に確保する必要が生じたときには特許出願に切り換えたいという要望に沿うことができなかった。これが，実用新案登録出願件数が減少し続ける要因の一つであると考えられたため，2004（平16）年特許法改正によって，いったん登録された実用新案に基づいて新たに特許出願をすることができるとする制度（特許46条の2）が新設された。

実用新案登録出願時に特許出願したものと扱うためには，先願主義の原則からも，いったん登録された実用新案より権利が拡大することは許されない。したがって，特許出願がその基礎となった実用新案登録出願の明細書，実用新案登録請求の範囲または図面の範囲内にある場合に限って，実用新案登録出願時に特許出願したものと扱ってもらえることになっている（特許46条の2第2項）。そして，実用新案権と内容を同じくする特許出願が並存することは権利関係を複雑にするだけであるから，特許出願した場合には登録された実用新案権は放棄しなければならない（特許46条の2第1項）。さらに，技術評価書の請求は事後的に行われる審査請求に類似する手続であるから，特許出願による実体審査と並行して行うのは手続の重複になることや，特許出願についての審査請求期間が3年以内である（特許48条の3）ことなどから，実用新案登録に基づく特許出願ができる時期は，実用新案登録出願から3年を経過しておらず，かつ技術評価書の請求がされる前であることなどの限定（同法46条の2第1項）がある。

実用新案登録に基づく特許出願制度の導入によって，出願人としては，まずは特許出願をして3年以内に審査請求をするか否かを決断するルートと，実用新案登録出願をして迅速に権利化を図ったうえで，3年以内にこれを特許出願として権利の安定的かつ長期的な保護を求めていくか，あるいはそのまま実用新案権として維持していくかを決断するルートとを，選択できることになり，実用新案登録出願がより有効に利用されるための途を拓いたということができる。

2　存続期間の延長

　　前述のとおり，1993（平5）年改正実用新案法は，権利の存続期間を出願から6年に短縮した。これは，実用新案をライフサイクルの短い製品について迅速に権利化を図るものとして設計したためであるが，特許権の存続期間が出願から20年である（特許67条）のと比べて極端に短いため，改正にもかかわらず実用新案登録出願件数が減少し続けた一つの原因ではないかと考えられた。そこで，2004（平16）年改正実用新案法15条は，権利の存続期間を出願から10年に延長した。

3　訂正の許容範囲の拡大

　　特許の場合は登録後に特許請求の範囲の減縮を目的とする訂正審判（特許126条）や訂正請求（同法134条の2，134条の3）が可能であるが，実用新案の場合は請求項の削除を目的とした訂正のみが認められ，権利の有効性を確保するために登録請求の範囲を減縮することができなかった。一方で，実用新案は実体審査を経ることなく登録されるので，権利の登録後の訂正を認めると，当初は不当に広い登録請求の範囲を記載しておき，後日その訂正が何度も繰り返されることになりかねない。そこで，2004（平16）年改正で，登録請求の範囲の減縮，誤記の訂正および明瞭でない記載の釈明を理由とする訂正を，1回に限り認めることにした（新案14条の2）。ただし，実用新案登録は実体審査を経ていないから，訂正後の考案について「独立実用新案要件」は要求されていない*。

　　*　　なお，2011（平23）年実用新案法改正で，特許の場合にはすでに採用されていた実用新案登録を受ける権利に基づく仮通常実施権（出願段階におい

て許諾される通常実施権）の制度が導入された（新案4条の2）。

以上のような工夫を加えてきた実用新案制度であるが，2022（令4）年の出願件数は4513件であって，減少傾向には歯止めがかかっているとはいえないし，同年度の技術評価書請求件数も231件に止まっている。

第 8 章

特許をめぐる条約

《この章の課題》
　知的財産保護の特色として国際協調の重要性が挙げられること，その
ための多くの条約が締結されていることは，序章で述べた。本章では，
特許をめぐる条約として特に重要なものを取り上げて，概要を説明して
おく。

① パリ条約

1883 年にパリで調印された工業所有権の保護に関する条約である。加入国は，工業所有権保護のための同盟である世界知的所有権機関（WIPO）を組織する。1883 年以来，幾度か改正されており，2022 年 4 月現在のパリ条約締約国は 179 か国に及ぶ。

わが国は，1899（明 32）年に原始条約に加入し，1975（昭 50）年に全改正条約に加入している。

特許法 26 条は，特許に関する条約の定めの効力を認めているので，パリ条約の規定は直接的に適用される。

パリ条約の基本原則は次の 3 つである。

① 内国民待遇（内外人平等）の原則

工業所有権の保護に関して，他の同盟国の国民が内国民に課される条件および手続に従うかぎり，内国民と平等の待遇を与える原則（パリ条約 2 条）のことをいう。

② 権利独立の原則

【ケース研究 2】（最三小判平 9・7・1 民集 51・6・2299〈BBS 並行輸入事件〉）の個所（第 2 章第 5 節 ③ 3）で説明した。

③ 優先権制度の創設

同盟の一国で正規の第一国出願をした者は，その出願日（優先日）から，一定の期間（優先期間：特許では 12 か月）内にした他の同盟国における第二国出願について優先権を取得する。優先権とは，第二国出願についても，第一国出願日をもって先願性が判断され，同じく第一国出願時を基準として新規性や進歩性などの特許要件が判断されることを意味する。

たとえば，日本特許庁に特許出願をし，他に米国とドイツにも出願を予定している場合には，各国での出願に際して日本における特許出願の優先権を主張すれば，日本での出願から 12 か月後までは，各国での先願としての地位を確保しておくことができるし，その間に新規性喪失事

由などが生じていても，これによる影響を受けないで済む。ただし，日本，米国，ドイツの各特許出願は，それぞれの国で定められた出願要件を充足しなければならない。また，権利の存続期間は第二国出願日を基準として算定される。

優先権制度は，各国の特許制度が異なることを前提として，各国で各別の特許権を取得する際の不具合の解消を図るものということができる。

第二国出願の特許請求の範囲（クレーム）に記載された発明が，第一国出願の明細書，特許請求の範囲，図面に記載されているならば，第一国出願の優先権を主張することができる（パリ条約4条H）。また，同一国あるいは複数国でされた複数の出願をまとめて第二国出願をして，複数の優先権を主張すること（複合優先）や，第一国出願に別発明を加えて第二国出願として，部分的に優先権を主張すること（部分優先）もできる（パリ条約4条F）*。

> ＊　前述の国内優先権制度（→第4章第2節⑤）は，パリ条約による優先権を主張すると，第一国出願から第二国出願までの1年間を利用して，さらに複合優先制度や部分優先制度を活用することによって，明細書の記載を補充したり，発明の内容を改良したりすることができるとのメリットを，国内出願のみの場合にも拡大するために創設された制度である。

② 特許協力条約 (PCT)

特許協力条約（Patent Cooperation Treaty：PCT）は，1970年にワシントンで調印された。2023年2月現在の締約国は157か国に及ぶ。わが国は1970年に加盟している。特許協力条約はパリ条約19条にいう特別の取極であって，パリ条約の加盟国のみが締約国になることができる。なお，特許協力条約による国際出願は，特許と実用新案を対象としており，意匠や商標は対象としていない。

特許出願手続を共通化して，一つ締約国に出願をすれば，その際に指定した他の国でも同時に出願したことに扱ってもらえるとする制度である。特許権の実体的内容を調和させようとするものではない*1。

たとえば，日本，米国，ドイツに特許出願をしようとする者は，これらの国を指定して日本に国際特許出願をすれば，同時に米国やドイツにも特許出願したものとして扱ってもらえ，1回の出願手続で済む。ただし，特許要件の審査は各国の特許庁が各国の特許法に従って行うことになるので，明細書等の翻訳を米国やドイツの特許庁に提出しなければならないが，この提出期限も，優先日[*2]から30か月以内（2002年4月以前は20か月とされていたが改正された。これに伴ってわが国の特許法184条の4も2002［平14］年特許法改正により翻訳文の提出期限を2年6か月とする旨改正された）となっている（特許協力約22条）。

> 　*1　特許協力条約が定めるのは手続的規定ではあるが，たとえば，「明細書には，当該技術分野の専門家が実施することができる程度に明確かつ十分に，発明を開示する」（5条），「請求の範囲には，保護が求められている事項を明示する。請求の範囲は，明確かつ簡潔に記載されていなければならない。請求の範囲は，明細書により十分な裏付けがされていなければならない」（6条）との規定があり，さらに明細書の記載要件を細かく規定している規則もあることから，特許の実体とも関係してくることは避けられない。

> 　*2　パリ条約の優先権を主張して第二国出願をして，第二国出願を特許協力条約による国際特許出願とした場合でも，第一国出願から起算して30か月以内に各指定国に翻訳文を提出しなければならない。

　国際特許出願を受け付けた特許庁のうち，2022年7月現在で日本特許庁（JPO）や米国特許商標庁（USPTO）など24特許庁については，各国特許庁での文献調査の重複を避けるために，特許要件としての先行技術文献の国際調査を行い，その結果を各国の審査で活用することとしている。

　また，原則として，優先日から18か月後には，国際特許出願および国際調査報告が国際公開される。さらに，発明の新規性や進歩性，産業上の利用可能性などの要件の具備を国際段階で予備的に審査する制度として国際予備審査制度もある。国際予備審査は出願人の請求によって行われるものであるが，各指定国の特許庁を拘束するものではない。

　特許協力条約による国際特許出願とパリ条約の優先権を主張した出願とを比較するならば，前者は，日本特許庁1か所に日本語で出願できることや，優先日から30か月までに指定国の国内段階に入る期間

を延ばすことができること，優先権書類を1通提出すればよいことなど
の利点がある。

③ WIPO 設立条約

1967年採択，1970年発効。2020年10月末日現在の加盟国は193
か国。

WIPO（World Intellectual Property Organization：世界知的所有権機関）は，
1893年にパリ条約およびベルヌ条約の事務局を統合して設立された知
的所有権保護合同国際事務局（BIRPI）の地位を承継する，国際連合の
専門機関である。

パリ条約，ベルヌ条約や特許協力条約（PCT）あるいは後述の特許法
条約（PLT）などWIPO設立条約を含めて26にも及ぶ多くの知的財産
権関係の条約を管理して，たとえば，特許協力条約（PCT）の国際事務
局として活動するほか，全世界にわたり知的財産権保護の促進を図るこ
とを目的としている。

1993年には，知的財産権紛争に関する仲裁規則や調停規則を定め，
調停センターや仲裁センターを設立した。国境を越えて利用される
ウェブサイトのドメインネームをめぐる紛争などの解決方法として注目
されている。

④ TRIPs 協定

知的所有権の貿易関連側面に関する協定（Agreement on Trade-
Related Aspects of Intellectual Property Rights: TRIPs）。1994年4月署
名，1995年1月1日発効。わが国は1994年に加盟。2020年9月末日現
在の加盟国は164か国。

GATT（関税及び貿易に関する一般協定）加盟国の交渉の結果成立した

WTO（世界貿易機関）設立協定の，知的財産権に関する附属協定（「知的所有権の貿易関連の側面に関する協定」）である。WTO加盟国は各附属協定を一括して受け入れなければならないが，このうちのTRIPs協定は，知的財産権の保護に関して，最低限遵守すべき条項を定め，これにつき加盟各国に対して国内法令の整備を義務づけるものである。TRIPs加盟国は，まずはパリ条約を遵守し（2条1項），**内国民待遇**（3条）を与えなければならない。さらに，**最恵国待遇**（加盟国内で最も有利な地位にある第三国国民に与えるのと同等の待遇を他の加盟国民にも与えることをいう：4条）も規定している。

　各国の知的財産保護法制にはそれぞれの国の発展レベルに連動する相違があり，世界的に共通化されているわけではないが，TRIPs協定はそのうちで一致できる部分を定めて共通化していこうとするものである。わが国はいち早くその趣旨に沿って法改正を行っている。

　特許に関する実体規定の中から主だったものを，以下で紹介しておく。

　特許の対象（27条）　　新規性，進歩性および産業上の利用可能性のあるすべての技術分野の発明が，物であるか方法であるか，発明地の如何，または輸入されたものであるか国内で生産されたものであるかを問わず，保護されなければならない（ただし，途上国には5年〜10年の猶予期間がある）。対象から除外できるものは，公序良俗に反する発明，「人又は動物の治療のための診断方法，治療方法及び外科的方法」「微生物以外の動植物並びに非生物学的方法及び微生物学的方法以外の動植物の生産のための本質的に生物学的な方法」である。植物の品種は，特許によるかそれ以外の特別法によるかはともかくとして，保護しなければならない。

　与えられる権利（28条）　　物の特許は生産・使用・販売の申出・販売・輸入に及び，方法の特許は方法の使用とその方法から少なくとも直接に得られた生産物の使用・販売の申出・販売・輸入に及ぶ。特許権者は権利を譲渡・承継し，実施許諾することができる。

　開示要件（29条）　　加盟国は，出願人に当業者が実施できる程度に明確かつ十分な発明の開示，最良の実施例，外国での情報の提供を要求

できる。

強制実施権（31条）　国家緊急事態その他極度の緊急事態の場合，あるいは合理的な商業上の条件下での実施許諾契約交渉にもかかわらず許諾を得られない場合，有償・非排他的・譲渡不能かつ範囲・期間を限定した強制実施権を与える制度の創設を可能とする。

取消しまたは消滅（32条）　特許を取り消しまたは消滅させる決定については司法上の審査の機会が与えられる。

特許の保護期間（33条）　出願日から20年以内に満了させてはならない。ただし，上限はない。

5 特許法条約 (PLT)

　特許法条約（Patent Law Treaty : PLT）は，2000年6月1日にジュネーブで採択された特許出願手続の国際的な制度調和と簡素化を図るための条約であり，わが国でも2016年に発効し，2021年4月現在の加盟国は43か国である。条約の管理は世界知的所有権機関（WIPO）が行っている。

　前述の特許協力条約（PCT）は締結国が国際出願をする際の手続制度を定めたものであり，特許法条約（PLT）は国内手続の国際的な調和と簡素化を図ったものである。詳しくは https://www.jpo.go.jp/news/kokusai/wipo/plt_20160210.html を参照して欲しい。

第8版あとがき

　2002年の初版刊行の3年後に第2版を刊行し，その後3年周期で改訂を重ねて来て今年（2023年），第8版を刊行することになったが，今年の本書の改訂作業はこれまでとは大いに様相を異にするものとなった。というのは，私は今年（2023年）3月に早稲田大学を定年により退職し，同大学名誉教授となるとともに4月から知的財産法を扱う実務家（弁護士）として働くことになったことに起因する。

　裁判官として17年間実務に係わり，その後28年間研究者・教育者として知的財産法に係わってきて，私は実務家である裁判官出身の学者として実務と理論双方に目配りした特許法の概説書（教科書）を企図し本書を執筆・改訂してきたが，今回教育者の職務を辞して，実務家（弁護士）として，特許訴訟実務の現場に復帰してみて，以下に述べるように，本書の改訂には新たな視点も加えることができたように思う。

　これまで本書の改訂は，4月から始まる春学期の特許法の15回の授業の進度に合わせて，新たな判例や法改正，それらを分析した論考などを参照しながら，その都度行い，これを春学期終了後の夏休み期間中に取り纏める形で行ってきた。授業を担当することがなくなった今回の改訂にあたっては，どのような手順で改訂作業をするのか当初悩んだが，結局は学者のときと同様に毎週1回合計15回，本書の輪読会を事務所の弁護士や裁判所調査官を経験した弁理士等と共に実施して，改訂事項についても検討することにした。私は裁判官出身の学者として，特許訴訟の実務にも通暁していると自負しているが，28年間学者として教育・研究に専念してきたことから，特許訴訟の実務についての細かい知識の補充は十分ではなかったと自覚するようなこともあった。しかし，断っておくが，実務と理論双方に目配りしてこれまで改訂を重ねてきた本書の地位や価値の基本は，特許訴訟の実務についての細かい知識が加えられたとしても，いささかも揺るがないということである。

今回も改訂作業が一段落した8月末，3年ぶりに山小屋3泊で北アルプスに妻と行った。猛暑の影響もあるが，3年前と同じルートなのに，6時間で歩けた道に9時間もかかり，山小屋到着が17時になってしまった。それでも，道はしっかりと整備されているし，槍ヶ岳まで続く西鎌尾根の遠景の足元には数々の高山植物が咲き乱れている。歳とともに歩く速度は遅くなっても，地図を持って，しっかりとした山道を辿れば，美しい高山植物を見ながら，山のピークも，ピークとピークを結ぶ稜線も経て目的地の山小屋に到達して，達成感に浸ることができる。大切なことは，諦めない目的意識と，なんとか辿り着けるための体力・気力と，あとはしっかりとした地図としっかりとした道があることであり，そのひとつでも欠けたならば目的を達成することはできない。特許法の学習も同様であって，本書が特許法学習の山行の際のしっかりとした道案内の書であり，あったと，読者に思って貰えることが私の最大の希望である。

　思えば1995年以来，私の研究者・教育者としての活動期間は28年，その前の裁判官としての勤務年数は17年，その後の実務家（弁護士）としての活動期間は7か月ほどとなった。70歳となり早稲田大学を定年退職した後においても，3年周期で本書の改訂をすることができることを，心からうれしく思っている。

　今回の改訂も，これまでと同様に適度な厚さであるとの本書の特色を維持すべく，法改正はもちろん最新判例も取り込みつつ，全体としてわずかな増頁にとどめることに苦心した。その結果，ピークに達する道筋が見え難くなってしまっているのではないかとの一抹の不安もあるが，とにかく今回も9月2日には脱稿し，12月18日に発行する目処が立って安堵しているところである。初版以来3年周期の改訂を経た第8版が，読者の皆様から引き続きご指摘・ご批判を賜ることによって，さらに改良した概説書をめざして行きたい。

　2023年11月

高　林　　龍

初版あとがき

　私は裁判官として勤務した 17 年間のほとんどを民事事件担当裁判官として過ごし，またそのうちの 8 年間は知的財産権関係訴訟を主に扱ってきた。そして，1995 年に学者に転じたが，それまでの数年間たずさわっていた最高裁判所調査官の職務には研究者的な側面があったので，転身しても仕事はあまり変わらないという意識でいた。正直なところ，初めて教壇に立つまでは，教育者になるという自覚は乏しかった。

　4 月の授業開始とともに直ちに大教室で知的財産権法の講義を担当することになった。そのわずか数日前まで，知的財産権関係訴訟などの調査の職務にあたっていたのだから，講義のための準備は十分とはいえなかった。しかしそれほど準備をしなくても，知的財産権法分野のピークともいえる重要論点を裁判官として検討した経験を伝えることができれば，それがすなわち知的財産権法の講義になると考えていたように思う。だが実際には，ピークとピークとを結ぶ稜線部分をも含めて説明しなければ，受講生に知的財産権法の体系を理解してもらうことはできない。最初の講義ではこのことを身をもって体験した。

　以来，講義ごとにレジュメを作成して，学生に配布して講義を行うように心がけてきた。しかし，しばらくは，講義に備えるのは苦痛であり，教壇に立つのは苦手であった。大学で 3 年間ほど講義を行った後，2 年余の在外研究の機会を与えられ，研究者としてあるいは教育を受ける立場で多くの学者のありようを見ながら過ごすことになった。在外研究の副次的効果だったのだろうか，帰国後に再び教壇に立ったとき，講義をすることが嬉しくまた楽しく感じられるようになっていた。米倉明先生が，『民法の教え方』（2001 年・弘文堂）で述べておられるように，研究と教育は相互に邪魔物なのではなく，相互に得しあう関係に立つということが，多少なりとも実感できるようになったということである。

　ちょうどその頃に，有斐閣から本書の執筆依頼があった。

　2000 年夏，病床にあった父に，執筆依頼があったことを報告した。父は，吉藤幸朔先生の『特許法概説』を出版している有斐閣から特許法の本を出すことは名誉なことであるとして，大いに喜んでくれると同時に，立派な本にするようにと励ましてくれた。

その後，2年間にわたり，本書へと成長させるべく講義用レジュメを充実させ，受講生の反応を見ながら改訂することができた。このような余裕を与えてくれた有斐閣に感謝すると同時に，有益な質問や指摘をしてくれた受講生全員にも感謝している。

本書は，現時点における私の実務家兼研究者兼教育者としての集積を示すものである。吉藤幸朔先生や中山信弘先生の優れた概説書の存在にもかかわらず，本書をさらに加える意味があったのかと読者からお叱りを受ける結果になってしまったのではないかとの危惧もあるが，いま，本書を予定どおりに完成させ，いささかの感慨に浸っている。読者諸兄のご指摘を得て，さらに改良した概説書をめざしたい。

本書の執筆にあたって，有斐閣書籍編集第一部の信国幸彦さんには，共同執筆者と呼びたくなるほどにお世話になった。心から感謝している。また，巻末の索引の作成は早稲田大学大学院法学研究科修士課程の今村哲也君にお願いした。読者にとって役に立つ素晴らしい索引を作ってもらった。この場を借りてお礼を申し上げる。

本書は，父の三回忌当日の2002年9月2日に脱稿し，母の三回忌当日の2002年12月18日に発行する。私の最も尊敬する父高林克巳と，私を最も愛してくれた母高林敬子に本書を捧げる。

　　2002年11月

高　林　龍

事 項 索 引

（　）：別の言い方など　　〔　〕：省略してもほぼ同義　　［　］：分野など

判 例 索 引

［国内判例］

●──地方裁判所

[国外判例]

●──米国連邦最高裁判所

●──米国連邦巡回控訴裁判所

著者紹介　　高林　龍（たかばやし りゅう）

1952 年生まれ
1976 年　早稲田大学法学部卒業，司法修習生（第 30 期）
1978 年　東京地方裁判所判事補，その後，那覇，東京，松山の各
　　　　　地方裁判所判事補
1988 年　松山地方裁判所判事
1990 年　最高裁判所調査官
1995 年　早稲田大学法学部助教授
1996 年〜2023 年　早稲田大学法学部教授
2023 年 4 月〜　創英国際特許法律事務所　上席弁護士
　　　　　早稲田大学名誉教授
専攻：知的財産権法
科学技術振興機構の researchmap（https://researchmap.jp/）に
アクセスし，キーワード検索に「高林龍」と入力して検索するこ
とで最近の活動状況を見ることができるので，研究業績等につい
てはそちらを参照されたい。

標準 特許法〔第 8 版〕
Patent Law From the Ground Up, 8th ed.

2002 年 12 月 18 日 初　版第 1 刷発行　　2014 年 12 月 18 日 第 5 版第 1 刷発行
2005 年 12 月 18 日 第 2 版第 1 刷発行　　2017 年 12 月 18 日 第 6 版第 1 刷発行
2008 年 12 月 18 日 第 3 版第 1 刷発行　　2020 年 12 月 18 日 第 7 版第 1 刷発行
2011 年 12 月 18 日 第 4 版第 1 刷発行　　2023 年 12 月 18 日 第 8 版第 1 刷発行

著　者　　高林　龍
発行者　　江草貞治
発行所　　株式会社有斐閣
　　　　　〒101-0051 東京都千代田区神田神保町 2-17
　　　　　https://www.yuhikaku.co.jp/
装　丁　　与儀勝美
印　刷　　株式会社暁印刷
製　本　　牧製本印刷株式会社
装丁印刷　株式会社亨有堂印刷所

落丁・乱丁本はお取替えいたします。定価はカバーに表示してあります。
©2023, TAKABAYASHI Ryu.
Printed in Japan ISBN 978-4-641-24376-7